高等教育路桥工程类专业系列教材

（第2版）

公路工程施工技术

GONGLU GONGCHENG SHIGONG JISHU

主　编　艾建杰　罗清波　　副主编　尹紫红　徐君诚　王　永
参　编　王晓琳　冯晓新　蔡海燕
主　审　杨　涛　王富伟

重庆大学出版社

内容提要

本书以应用型人才培养为中心,在充分调研行业企业需求和广泛征求用书单位使用意见的基础上,结合近年来公路工程施工中的新技术、新工艺、新材料、新设备及现行的各种施工技术规范、标准,系统地介绍了公路工程施工技术的内容和要点,注重强调公路工程施工中成熟且广泛推广的施工工艺,力求做到科学地反映出当前公路工程施工技术水平。

本书共分为 8 个模块,主要内容包括公路工程认知、施工准备、路基工程施工技术、路面工程施工技术、桥梁施工基础知识、桥梁下部结构施工技术、桥梁上部结构施工技术、公路隧道施工技术。为便于学生更好地了解和掌握教材核心内容,每个模块设置知识框架、专业术语、学习要求、练习题与讨论,并配套微课、视频、动画、课件、课后习题答案、施工图纸、施工方案等资源。

本书可作为应用型本科、职业教育(本科)院校土木工程、道路桥梁工程技术、交通工程、工程管理等相关专业教材,又可供相关专业、行业工程技术管理人员学习参考。

图书在版编目(CIP)数据

公路工程施工技术 / 艾建杰,罗清波主编. -- 2 版.
重庆 : 重庆大学出版社, 2025.1. -- (高等教育路桥工程类专业系列教材). -- ISBN 978-7-5689-5121-0

Ⅰ. U415

中国国家版本馆 CIP 数据核字第 20252YH574 号

公路工程施工技术
(第 2 版)

主　编　艾建杰　罗清波
副主编　尹紫红　徐君诚　王　永
主　审　杨　涛　王富伟
责任编辑:肖乾泉　　版式设计:肖乾泉
责任校对:关德强　　责任印制:赵　晟

*

重庆大学出版社出版发行
出版人:陈晓阳
社址:重庆市沙坪坝区大学城西路 21 号
邮编:401331
电话:(023) 88617190　88617185(中小学)
传真:(023) 88617186　88617166
网址:http://www.cqup.com.cn
邮箱:fxk@cqup.com.cn(营销中心)
全国新华书店经销
重庆永驰印务有限公司印刷

*

开本:787mm×1092mm　1/16　印张:21.75　字数:558 千
2020 年 3 月第 1 版　2025 年 1 月第 2 版　2025 年 1 月第 6 次印刷
印数:10 501—13 500
ISBN 978-7-5689-5121-0　定价:59.00 元

前　言（第2版）

　　建设交通强国是党中央立足现实、直面变局、着眼长远，在深刻把握我国及世界经济、科技和社会发展规律的基础上，提出的重大发展战略。这一战略不仅是建设现代化经济体系的先行领域，也是全面建成社会主义现代化强国的重要支撑。

　　随着国家对交通强国战略的重视程度不断提升，创新发展步伐加快，推动公路建设向绿色低碳、高质量和可持续发展的要求更加明确，国家对公路工程施工技术高技能人才的需求也愈发迫切。本书编写团队认真贯彻落实党的二十大精神，对教材进行了全面修订。

　　本书秉持"项目引领、实践导向"的设计理念，采取思政与知识并重、岗位与技能对接、教材与资源相融的教材结构设计理念，切实发挥教材铸魂的育人功能。在教材结构设计上，以"立德树人、价值塑造、能力培养、知识传授"为目标，将职业技能与课程思政有机融入，实现知识传授与价值引领同向同行；在内容编排上，以交通土建类专业学生的就业岗位为导向，遵循职业院校学生的认知特点，紧跟时代发展，融入新技术、新工艺、新材料和新设备，结合工程案例、突出实践，设计了8个模块，图文并茂，内容由浅入深、循序渐进，达到由简到难的效果。

　　本次修订主要做了以下工作：

　　（1）在充分调研行业企业需求和广泛征求用书单位使用意见的基础上，吸纳职业院校专家充实编写团队，对教材内容进行模块化改造，使知识体系更加精炼、清晰、连贯，部分内容以延伸阅读的形式嵌入相应模块，以满足不同专业层次对知识学习深度的需求，突出职教特色。

　　（2）本次修订特别注重将国内外经典及前沿的重大工程案例有机融入教材内容中，旨在通过具体、生动的实践案例，不仅传授专业知识与技能，更注重引导学生对我国公路工程发展历程的深入思考，培养学生精益求精的工匠精神，激发学生科技报国的家国情怀和使命担当，在潜移默化中强化课程思政的育人功能。

　　（3）根据最新研究成果和国家、行业标准，对书中相关知识点进行更新和补充。尤其是模块3，结合《公路路基施工技术规范》（JTG/T 3610—2019）进行知识迭代，确保内容的时效性和准确性。

　　（4）进一步丰富数字资源配套，以适应"互联网+职业教育"的发展需求：针对重难知识点、关键工艺配有微课、动画、视频等资源，可提高学生的学习兴趣和学习效率；配套教学课件、课后习题答案、施工图纸、施工方案等教学资源，助力教师高效授课；充分吸纳优秀工程案例、行业技术发展动态,建立动态化、立体化的教学资源体系。

(5)对教材第1版中存在的部分插图不规范、错误和不足之处等问题进行了全面核查和修正,进一步提升了教材的整体质量。

本书修订后,将教材、课堂、教学资源三者融合,构建以学生为中心的教育生态,推动信息技术与教学的深度融合,充分发挥教材在提升学生政治素养、职业道德、工匠精神中的引领作用。

本书具有以下特色:

(1)坚持问题导向,弘扬劳动工匠风尚。以解决公路工程质量控制问题为主线,注重培养学生解决施工质量控制问题的能力和开展公路工程施工管理的能力,并有机融入劳动光荣意识和工匠精神。

(2)多校联合、校企合作多元合作开发教材,突出职业教育特色。优质领军企业的技术骨干参与了本书的编写,将工程实际需要的知识点、工艺方法、工程案例、工匠精神等融入教材内容。采取以真实生产项目、典型公路施工案例等为载体组织教学,突出职业教育特点。

(3)紧扣行业企业需求,实现岗课赛证有效融通。紧跟产业发展趋势和行业企业人才需求,将新技术、新工艺、新材料、新设备融入教材,以实践应用为导向,将公路工程建造师、1+X路桥工程无损检测职业技能等级标准、路桥工程施工技术应用技能大赛等部分内容融入教材。

(4)强化思政教育与专业素养的深度融合,全面培育学生综合素质。本书在紧跟科技前沿与行业要求的同时,巧妙地将课程思政元素融入专业知识体系,采用案例教学、实例解析、情景模拟等多样化教学方式,深入剖析专业理论背后的价值观念,既传授专业知识,又注重塑造全面人格,提升学生的综合素养。

本书由绵阳城市学院艾建杰、四川锦信建筑工程有限公司罗清波担任主编,西南交通大学尹紫红、中铁十七局集团有限公司徐君诚、河南交通职业技术学院王永担任副主编,绵阳城市学院冯晓新、蔡海燕、王晓琳担任参编,西南交通大学杨涛教授、中铁桥隧技术有限公司王富伟高级工程师担任主审。具体编写分工如下:尹紫红编写模块1、模块5,罗清波编写模块2,王永、罗清波编写模块3,冯晓新、罗清波编写模块4,徐君诚编写模块6,艾建杰编写模块7,王晓琳、蔡海燕编写模块8。艾建杰、罗清波负责全书的统稿工作。

本书在编写过程中得到了南京市交通运输综合行政执法总队严伟高级工程师、四川省绵阳市游仙区交通运输局公路管理所所长彭熙孜工程师、贵州省建筑设计研究院有限责任公司王涛高级工程师、西南交通大学陈怀林在读博士等的指导和帮助,在此表示感谢!本书还参考了许多著作及文献资料,在此对相关作者也表示诚挚的谢意!

由于编者水平有限,书中难免有不足之处,敬请读者批评指正。

编　者

2024年12月

前 言（第1版）

针对现有的公路工程施工类教材出现的内容多而不全、少而不精、成熟施工技术精而不细、新施工技术缺漏的现象，本书从培养应用型人才中心思想出发，广泛收集资料，征求各施工一线技术人员意见，并结合应用型本科院校土木工程专业、道路桥梁及渡河工程专业、交通工程专业及其相关专业的教学需要，既强调公路工程施工中成熟且广泛推广的施工工艺，又结合近年来公路工程施工中的新技术、新工艺、新材料及现行的各种施工技术规范、质量验收标准，力求做到科学地反映出当前公路工程施工的水平。教材在传授专业知识的同时，坚持立德树人，引导学生对我国公路工程发展历程的深入思考，培养学生精益求精的工匠精神，激发学生科技报国的家国情怀和使命担当。

本书共分为8章。第1章概述，对我国公路工程施工的主要内容及施工技术发展做了简要介绍。第2章施工准备，对施工准备中的10项主要内容进行了简要介绍。第3章路基工程施工技术，介绍了填方路基施工技术、挖方路基施工技术及路基坡面防护施工技术。第4章路面工程施工技术，介绍了路面结构、沥青类路面施工技术及水泥混凝土路面施工技术。第5章桥梁施工基础知识，介绍了桥梁的组成及分类、桥梁施工中的模板支架和拱架、钢筋工程、混凝土工程等知识以及桥梁施工中常用的设备。第6章桥梁下部结构施工技术，介绍了桥梁浅基础、桩基础、双圆柱墩、高墩施工技术。第7章桥梁上部结构施工技术，介绍了装配式简支梁桥和连续梁桥施工技术。第8章公路隧道施工技术，介绍了新奥法隧道施工技术。

本书由西南科技大学城市学院艾建杰、四川国禹建设有限公司罗清波担任主编，并负责全书的统稿工作，西南交通大学尹紫红、中铁十七局集团第三工程有限公司徐君诚担任副主编。西南交通大学尹紫红编写第1、5章，四川国禹建设有限公司罗清波编写第2、3章，西南科技大学城市学院冯晓新、四川国禹建设有限公司罗清波编写第4章，中铁十七局集团第三工程有限公司徐君诚编写第6章，西南科技大学城市学院艾建杰编写第7章，西南科技大学城市学院蔡海燕、西南科技大学城市学院王晓琳编写第8章。

本书为学生工作后能够快速进入工作岗位提供了保障,既适用于土木工程专业、道路桥梁及渡河工程专业和交通工程专业的学生,又适用于工程管理、工程造价、工程监理等专业的学生。

本书在编写过程中得到了南京公路管理处严伟高级工程师、中铁大桥(南京)桥隧诊治有限公司王富伟高级工程师、中铁十七局集团第三工程有限公司李新杰高级工程师、重庆交通职业学院陈伟高级工程师、西南科技大学苏华友教授等的指导和帮助,在此一并感谢!

限于编者水平,书中不足之处在所难免,恳请读者批评指正。

编 者

2020 年 1 月

目　录

模块 1　公路工程认知

1.1　我国公路工程的现状及发展

公路是主要以汽车和行人等通行的工程设施。公路工程则是以公路为对象而进行的规划、设计、施工、养护与管理工作的全过程及其工程实体的总称。

1886 年,德国的 Karl Benz 和 Gottlieb Dai mler 在同一年制造出世界上第一辆汽车,他俩成为公认的现代汽车发明者。从 1886 年汽车出现到第一次世界大战结束,是公路发展的早期阶段。这一时期,汽车数量不多,多数公路由原来的马车道改造而成。

1920—1945 年是公路发展的中期阶段,这一时期公路运输开始普及,公路的修建标准逐步成型,欧美各国已初步形成了国家的公路干线网,畜力车相继被淘汰。在这一阶段,公路发展历史上有两件大事:一是高速公路的出现;二是一门新型的学科——交通工程的产生。这两件事把公路的发展推向了现代公路的新阶段。

1945 年至今是公路的飞速发展阶段,这一阶段公路的发展速度很快,特别是 20 世纪 70 年代以来,国外公路运输进入大发展时期,发达国家的公路网体系(包括高速公路网骨架)已基本建成。

20 世纪初汽车进入我国,通行汽车的公路开始发展起来。但在半封建半殖民地的旧中国,公路建设缓慢,到 1949 年全国通行的公路约 8.07 万 km,且大多位于东南沿海地区。中华人民共和国成立后,公路建设速度很快,相应的建造技术也大幅度提高。特别是改革开放后的 40 多年来,公路建设迅速发展,公路通车里程由 1978 年底的 88 万 km 猛增到 2023 年末的 543.68 万 km。其中,高速公路达到 18.36 万 km,里程规模居世界第一。交通运输部数据统计显示,公路建设的固定资产投资也是急速猛增,2023 年交通固定资产投资全年完成 39142 亿元,其中公路建设部分固定资产投资全年实际完成量增至 28240 亿元,占比高达 72.15%。我国公路建设虽然取得重大成就,但仍不能满足国民经济发展的需要和人民对美好生活的向往,因此还需要持续不断地增加公路的建设里程及提高建设标准。

2022 年,党的二十大胜利召开,描绘了全面建设社会主义现代化国家的宏伟蓝图,我国公路工程建设主管部门,在以习近平同志为核心的党中央坚强领导下,以习近平新时代中国特色社会主义思想为指导,高效统筹经济社会发展交通运输各项工作,统筹发展和安全,全力保畅通、扩投资、稳市场、调结构、防风险,奋力加快建设交通强国,努力当好中国式现代化的开路先锋,为稳定宏观经济大盘提供了有力服务保障。

为持续提高公路建设为人民服务的水平,根据《国家公路网规划(2013—2030 年)》提出的目标,到 2030 年国家公路网总规模达到 40.1 万 km,形成布局合理、功能完善、覆盖广泛、安全可靠的国家干线公路网络,实现首都辐射省会、省际多路连通,地市高速通达、县县国道覆盖。1000 km 以内的省会之间可当日到达,东中部地区省会到地市可当日往返、西部地区省会到地市可当日到达;区域中心城市、重要经济区、城市群内外交通联系紧密,形成多中心放射的路网格局;有效连接国家陆路门户城市和重要边境口岸,形成重要国际运输通道,与东北亚、中亚、南亚、东南亚的联系更加便捷。

1)高速公路

我国高速公路路网由 7 条首都放射线、11 条北南纵线、18 条东西横线,以及地区环线、并行线、联络线等组成,约 11.8 万 km,另规划远期展望线约 1.8 万 km。按照"实现有效连接、提升通道能力、强化区际联系、优化路网衔接"的思路,补充完善国家高速公路网,保持原国家高速公路网规划总体框架基本不变,补充连接新增 20 万以上城镇人口城市、地级行政中心、重要港口和重要国际运输通道;在运输繁忙的通道上布设平行路线,增设区际、省际通道和重要城际通道;适当增加有效提高路网运输效率的联络线。

2)普通国道

我国普通国道网由 12 条首都放射线、47 条北南纵线、60 条东西横线和 81 条联络线组成,总规模约 26.5 万 km。按照"主体保留、局部优化、扩大覆盖、完善网络"的思路,调整拓展普通国道网:保留原国道网的主体,优化路线走向,恢复被高速公路占用的普通国道路段;补充连接地级行政中心和县级节点、重要的交通枢纽、物流节点城市和边境口岸;增加可有效提高路网运行效率和应急保障能力的部分路线;增设沿边沿海路线,维持普通国道网相对独立。

3)农村公路

除少数不具备条件的乡镇、建制村外,全部实现通硬化路,新增 3.3 万个建制村通硬化路,改造约 25 万 km 窄路基或窄路面路段,对约 65 万 km 存在安全隐患的路段增设安全防护设施,改造约 3.6 万座农村公路危桥,有序推进较大人口规模的撤并建制村通硬化路 13.5 万 km。

1.2　公路工程施工的主要内容

1)公路工程施工的基本特征

(1)施工周期长

公路工程具有施工周期长的特点。公路工程通常线路较长,占地面积广,并且随着我国城市化进程不断推进,跨省高速公路工程项目也极为常见,由于线路较长,对施工时间有着根本上的要求,这会导致施工周期大大增加。同时,公路施工的地理环境难以控制,很多情况下,施工都面临着极为复杂的地理环境,这也使得施工周期更加具有不确定性。

(2)施工需要较高的协调性

公路工程施工需要较高的协调性。公路工程施工包含了多道工序,且种类繁多,施工是一项整体性工程,必须要在各个部门、不同施工工艺的共同配合下才能顺利展开。因此,公路工程施工要求项目的设计、承建、施工以及政府等多个部门的共同协调下,才能够得以顺利进行,且按照合同规定按期交工。

（3）受客观因素影响较大

公路工程施工是在室外环境中作业,因此必然会受到客观环境的影响。首先,地理环境因素将对施工产生影响,包括当地的地理位置、地形环境、土质与土壤环境等。很多情况下,施工前期的勘测工作很难全面了解到当地的实际情况,因此加大了施工难度。其次,泥石流、地震、塌方、暴雨等自然灾害也会给公路工程施工造成不良影响。

2）路基工程施工的主要内容

公路路基工程施工的主要内容包括路基(路床)本身及有关的土(石)方、沿线的涵洞、挡土墙、路肩、边坡、排水管线等项目。

3）路面工程施工的主要内容

公路路面工程施工的主要内容包括功能层、基层、面层、路缘石及路肩等项目。

4）桥梁工程施工的主要内容

公路桥梁工程施工的主要内容包括基础、承台、桥墩、桥台、桥跨结构、防排水设施、灯光照明及桥台锥坡等项目。

5）隧道工程施工的主要内容

公路隧道工程施工的主要内容包括明洞开挖、明洞浇筑、明洞防水层、明洞回填、暗洞开挖、初期支护、仰拱、二次衬砌、防水隔离层等项目。

6）交通安全设施施工的主要内容

公路交通安全设施施工的主要内容包括交通标志、交通标线、护栏、轮廓标、防眩设施等项目。

1.3　我国公路工程施工技术的发展

1.3.1　路基路面工程

随着汽车工业和交通运输的发展,现代化公路的路基路面工程逐步形成了新的学科分支。我国广大的路基路面工程科技工作者,在路基路面工程建设和科学研究中,取得了许多突破性的成果。

（1）路基强度与稳定性

根据不同类别土的特性,研究了粒料加固、石灰加固、水泥加固、专用固化剂加固等行之有效的技术措施。在多年冻土地区、膨胀土地区、沙漠地区、黄土地区、盐渍土地区等特殊地区,通过研究采用各种有效技术修建公路路基,取得了十分宝贵的经验。

（2）高路堤修筑技术与支挡结构

为了提高路堤路基的稳定性,研究提出的技术措施包括减轻路堤自重,采用轻质粉煤灰或轻质塑料块修筑路基;修筑轻型路基支挡结构,特别是加筋土挡墙的研究和工程建设在我国取得了许多成果,如条带加筋、网格加筋、土工织物加筋等均取得良好效果。

（3）软土地基稳定技术

在软土地基上修筑路基路面,天然地面的自然平衡状态将发生改变,在很长时间内路基将处于不稳定状态。为此,广泛开展了软土的调查与判别方法研究,提出了改变软土性质的技术措施,如砂井或塑料排水板排水固结法、沙层排水加载预压法、无机结合料深层加固法、真空预压法、薄壁管桩法等。在力学分析研究方面,通过现场跟踪观测与建立预测分析模型预估与控制软土地基加固后的工后沉降,从而提高路基的稳定性。

（4）岩石路基爆破技术

利用爆破技术开山筑路在我国有悠久的历史。但是在最近几十年中,我国山区筑路工程技术有新的发展,创造了系统的大爆破技术,每次总装炸药量多达数十吨,一次爆破可清除岩石数十万立方米。大爆破以现代爆破理论为基础,事先进行周密的勘测与调查。经过精心设计的大爆破不仅能降低造价、缩短工期,而且能够使爆破后形成的坡面状况十分接近路基横断面设计要求。

（5）沥青路面

20世纪60年代初,随着我国石油资源的大规模开发,拉开了使用国产沥青筑路的序幕。早期的沥青路面主要采用薄层表面处治层,以改善行车条件。20世纪70年代末,逐步形成了以贯入式沥青路面为主的沥青路面承重结构。20世纪80年代末,开始兴建高速公路,沥青路面成为主要的路面形式。尤其是通过30多年的集中攻关,对无机结合料稳定类基层(也称半刚性基层)沥青路面进行了系统的研究,形成了我国沥青路面的主要结构及我国半刚性基层沥青路面设计、施工及管理成套技术,包括沥青原材料的生产工艺、装备,沥青材料的技术指标与标准、试验设备及方法,沥青混合料的技术指标与标准、混合料设计技术、混合料性能检测设备及方法,沥青路面现代化施工整套设备、施工技术与施工管理等。我国也对粒料类基层和沥青结合料类基层(也称柔性基层)、水泥混凝土类基层(也称刚性基层)沥青路面的设计与使用性能进行研究,逐步形成了适合我国特点的沥青路面结构与材料设计方法。

（6）水泥混凝土路面

20世纪70年代中期,交通运输发展速度加快,为提高部分干线公路、城市道路及厂矿道路承重能力,相继采用水泥混凝土路面结构。随后,针对水泥混凝土路面存在的各种问题,开展了系统而具有相当规模的科学研究,从而在我国形成了修筑水泥混凝土路面的成套技术,包括水泥的性能、指标、标准以及生产工艺,水泥混凝土路面基层的作用,水泥混凝土路面结构性能与设计方法,接缝构造、工作原理以及接缝设计方法;水泥混凝土路面小规模施工和大规模现代化施工成套装备及施工方法,施工组织管理等。20世纪80年代中期,东南大学负责在江苏盐城修筑了我国第一条连续配筋水泥混凝土路面;20世纪90年代中期,又在江苏镇江修筑了更大规模的连续配筋水泥混凝土路面;2001年,在南京修筑了连续配筋水泥混凝土沥青混凝土路面结构,首次进行了长久性沥青路面的尝试,为我国连续配筋混凝土路面使用奠定了一定的基础。对钢纤维混凝土路面、碾压混凝土路面、复合结构混凝土路面等新型路面结构,也开展了系统研究,并取得一批实用性研究成果。

（7）绿色道路路面建设技术

绿色交通是21世纪资源节约型交通建设的主题。近年来,围绕温拌技术开展了温拌沥青路面设计与施工技术、温拌橡胶沥青的设计与施工等系列技术研究,以减少热拌沥青混凝土施工过程中对能源的消耗。围绕再生技术,进行了沥青路面厂拌热再生和厂拌冷再生技术、沥青路面就地热再生技术和就地冷再生技术、全厚式再生技术等系列再生技术的应用研究;结合水泥混凝土路面旧路改造,进行了水泥混凝土路面就地碎石化技术和水泥混凝土路面材料再生利用等技术研究,形成了成套的绿色路面建养技术。

垃圾变废为宝建高速公路

1.3.2　桥梁工程

我国公路桥梁工程施工技术的发展可概括为:中小跨径桥梁施工装配式、工厂化、大型机械化及标准化,大跨径桥梁施工技术成熟化和创新化。

1)中小跨径桥梁施工技术

我国已经全面掌握了中小跨径钢筋混凝土桥梁和预应力钢筋混凝土桥梁施工技术。中小跨径桥梁施工技术从设计与施工相互独立的状态,已经逐渐发展成把设计和施工紧密结合起来,进行标准化设计和施工,采用工厂化加工制作和现场大型机械化施工,全过程标准化施工,精细化管理、自动化监测的系统化施工技术。这种施工技术在我国公路桥梁建设中已得到广泛使用。

东海大桥是我国第一座真正意义上的跨海大桥,其非通航孔桥跨均采用上述施工方法。桩基采用大口径 PHC 桩和钢管桩,工厂制造、接长,现场整体起吊插打;承台采用混凝土预制套箱,整体安装后浇筑封底混凝土,再分批次浇筑承台混凝土;墩身采用预制吊装方案,现浇湿接头;梁部则根据该地区海况,选择了 60 m 和 70 m 两种跨径箱梁,两种箱梁均为工厂预制,大型浮吊整孔安装,5~6 孔一联形成后连续,采用预制安装的方法。该桥仅花了 3 年时间就完成了施工。

杭州湾跨海大桥全长 36 km,水文气象条件非常复杂,施工非常困难。其 50 m 和 70 m 跨径连续梁也是采用工厂化整孔预制、现场大型机械化整孔吊装施工技术。这种针对中小跨径桥梁的整孔预制吊装、运架一体化的工艺体现了现代桥梁发展机械大型化的发展趋势。

东海大桥、杭州湾跨海大桥等超长跨海工程在强潮和台风侵袭的内海和海湾中,创造性地引入了近万根钢管桩、钻孔灌注桩的群桩基础精准定位、快速施打、预制装配等新技术。

2)大跨径桥梁

大跨径桥梁通常是指跨越能力在百米及以上的拱桥、斜拉桥及悬索桥。进入 21 世纪以后,我国大跨径桥梁施工技术已经逐渐成熟化和创新化,全面掌握了大型深水群桩基础施工技术、千米级斜拉桥(塔、索、梁)制造、安装和控制技术、大跨钢箱梁建造、超长缆索制造、混凝土高塔、长大深埋沉管隧道、离岸厚软桥隧转换人工岛及海上长联桥梁施工等施工技术。

2008 年建成的苏通大桥是我国自主设计和建造的世界首座突破千米跨径的斜拉桥,主跨跨径 1088 m,在施工技术方面攻克了深水急流中施工平台搭设及群桩基础施工(131 根、直径 2.8 m、桩长 120 m)和高塔(300.4 m)、长索(577 m)、大跨结构施工控制等十余项世界级关键技术难题,解决了千米级斜拉桥几何非线性及与施工控制对接技术难题,研发了具有自主知识产权的桥梁结构静动力空间分析软件,为设计及施工控制提供了关键技术手段。在国际上首次创建了深水、急流、潮汐河段条件下大型群桩基础全钢护筒施工控制技术,将倾斜度由传统的 1/100 提高到 1/200,研发了多点同步控制整体下沉和定位施工控制技术,实现了世界上最大钢吊箱整体下沉,将定位精度由传统的 50 mm 提高到 20 mm,突破了大型钢吊箱的规模和质量制约。在国际上首次系统地提出了千米级斜拉桥施工全过程自适应几何控制方法并建立了制造安装一体化控制系统,创建了索塔、斜拉索、钢箱梁数字化制造安装控制关键技术。技术应用实现了高塔倾斜度从 1/3000 提高到 1/42000、长索制作精度从 1/5000 提高到 1/20000、主梁标高误差≤L/4000、桥轴线误差≤L/45000,攻克了千米级斜拉桥施工控制技术难题。

2012 年建成通车的泰州大桥为世界上首座跨径突破千米的三塔连跨悬索桥,实现了巨型深水沉井基础施工,研发了世界首创的"沉井钢锚墩+锚系"半刚性定位系统,增强了沉井在施工过程中的操控性,能有效抑制沉井摆动,保证定位精确度,增强了对水文、气象、航运等环境因素的适应性,攻克了钢塔用 150 mm 高强度厚承压板焊接质量及变形控制难题,创下了我国桥梁建设史上熔透焊缝对接厚度之最,掌握了三塔悬索桥上部结构施工关键技术,形成了猫道、主缆、钢箱梁施工成套技术,研发了紧缆机、缠丝机、主缆除湿系统等关键设备。

2018 年建成通车的港珠澳大桥,围绕跨海集群工程建设关键技术,成功掌握了外海厚软基大回淤超长沉管隧道施工关键技术、外海厚软基桥隧转换人工岛施工关键技术、海上装配式桥梁施工关键技术、跨海集群工程混凝土结构 120 年使用寿命保障关键技术及安全环保关键技术等。

2022 年 6 月建成的孟加拉国帕德玛大桥(Padma Bridge)是连接中国及东南亚"泛亚铁路"的重要通道之一,也是中国"一带一路"倡议的重要交通支点工程。帕德玛大桥被认为是世界上最难建造的桥梁之一,为公铁两用桥,全长约 7.7 km。其中,公铁合建主桥长 6.15 km,两岸公路引桥长 3.1 km,铁路引桥长 532 m。该项目总造价约 15.49 亿美元,是孟加拉国有史以来投资额最大的单个工程项目,也是中企在海外承揽的最大单体桥梁工程。帕德玛河的河床都是由粉砂组成,极其松软,深度超过 150 m,不仅承载力极低,而且极不稳定,因此基础施工成为该桥建设的最大难点。基础创造性地采用超长超大直径钢管,每个主墩由 6 根直径 3 m、长 120 m、质量 550 t 的超级"巨无霸"钢桩构成,钢桩的斜度为 1:6。这是目前世界上最深的桥梁钢管斜桩。该结构形式具有承载能力大、抗冲刷效果好的特点,特别适用于地基承载力低、河床冲刷大、地震多发地区。相较于传统的沉井基础和钻孔灌注桩,钢管斜桩能通过其结构特点,承受基础横向荷载,从而达到优化工程数量降低工程造价的目的。通过对该桥钢管斜桩的设计与成功实践,为同类型桥梁工程基础设计提供了一个新方向。

在其他桥梁的建设中,也各有突破,在长江边透水的软弱深厚覆盖层中,润扬长江公路大桥成功地实现了敞开式锚碇深基坑开挖的矩形地下连续墙工法和排桩冻结工法的技术突破;阳逻长江大桥、黄埔大桥发展了圆形地下连续墙施工工艺;南京长江四桥发展了双环形地下连续墙施工工艺。继江阴长江大桥陆域沉放巨型深沉井(平面尺寸 70 m×59 m、深 58 m)之后,泰州大桥创造了沉入 19 m 水深和 55 m 覆盖层的沉井工法新纪录。

3)隧道工程

近年来,我国隧道及地下工程得到了前所未有的迅速发展。截至 2023 年 11 月,我国大陆运营公路隧道 27297 处、3023.18 万延米,2023 年 1 月至 11 月新增 2447 处、344.75 万延米,其中特长隧道 2050 处、924.07 万延米,长隧道 7552 处、1321.38 万延米,先后建成宝天高速公路麦积山隧道(12.29 km)、汶马高速公路狮子坪隧道(13.15 km)、雅康高速公路新二郎山隧道(13.46 km)、陕西秦岭终南山隧道(18.02 km)和乌尉高速公路天山胜利隧道(22.13 km)等特长隧道等,掌握了特长山岭隧道建设技术、软岩隧道大变形控制技术、高瓦斯隧道建设技术、岩爆隧道建设技术、大断面矩形顶管及矩形盾构设计与应用技术,隧道机械化施工水平等方面取得了进一步突破。

（1）地质勘测

近年来,勘测水平不断提高。随着复杂地质条件下大埋深和长洞线隧道工程的不断增多,工程勘察综合利用了遥测遥感、多点高频物探、GIS、GPS 等技术,不仅提高了勘测效率,也大幅提高了控制精度等级。施工技术方面引入了 BIM 技术,建立 3D 数字化模型,把施工中所需物料的信息纳入模型中,对施工中的难点、重点进行模拟演示,严格把控物料的输入与输出。

（2）开挖和支护技术

我国在公路隧道开挖和支护流水线作业领域,先后自主研发了挖装机、液压凿岩设备、自动机械化混凝土喷射设备、拱架安装机、模板台车和移动栈桥等一系列施工设备,极大地上提高了工作效率。在过去,盾构、TBM 掘进机均依赖国外引进,但近年来经过科研施工人员不断地摸索研究,终于自主制造了中国盾构和中国 TBM,且在国内及国际市场上得到了广泛的推广与应用。通过大量工程实践,汲取经验,不断创新、改进和完善了 TBM 和 TBM 技术,攻克了 TBM 在软弱地层掘进脱困与沉降控制核心技术,从而形成了具有中国特色的超浅埋、大宽度、小净距矩形顶管与盾构技术,创造了多项世界隧道施工领域纪录。

（3）防灾与减灾

隧道地质灾害主要包括突水突泥、岩爆、大变形和高瓦斯。突水突泥灾害源的定位定量预报技术取得了较大突破,尤其是对含水构造的静储量估算。灾害预测预警尝试建立以微震为载体的多元信息综合预报预警系统,以实现对灾害源动补给水量和涌水量的预测预警,该技术已在成兰铁路跃龙门隧道进行了现场试验。对大规模突水突泥灾害的治理,涌现出了一系列新型注浆材料及配套工艺、装备,初步解决了高压大流量动水封堵与富水破碎岩体加固的技术难题,如江西吉莲高速公路莲花隧道大规模破碎带突水突泥的治理。大变形问题在乌鞘岭隧道中极为突出,在沪蓉西高速公路等工程中也有出现,其具有变形速率快、总变形量大和持续时间长等显著特点。实际施工中,主要从开挖工法、支护措施等方面进行改进,如采用深孔锚杆、钢管混凝土等,但尚未从根本上解决该问题。锦屏引水隧洞施工中遇到了强烈的岩爆灾害,主要采用导洞释放应力、掌子面洒水等措施进行预防;监测预警主要依赖微震技术,对应力型岩爆具有一定效果。从整体来讲,岩爆灾害的防治仍处于被动状态。隧道工程结构新材料与运营管理的进步以防排水材料、衬砌混凝土材料以及反光材料为代表,隧道结构新材料及工艺不断涌现,如喷涂速凝型防水材料、高性能防腐混凝土、自发光材料等。隧道风险监控方面发展了无线智慧感知及可视化技术,研发了隧道结构健康快速检测车,提出了等效节能照明理念,并以秦岭终南山公路隧道为应用示范工程,突破了长大隧道防灾救灾和通风照明技术的难题;采取竖井送排式纵向通风方式,每座隧道洞内设置 3 处特殊照明带,缓解驾驶疲劳。

练习与讨论

1.1　收集我国公路工程发展历程中典型的工程。

1.2　我国公路工程建设取得了哪些成就?

模块 2　施工准备

【知识框架】

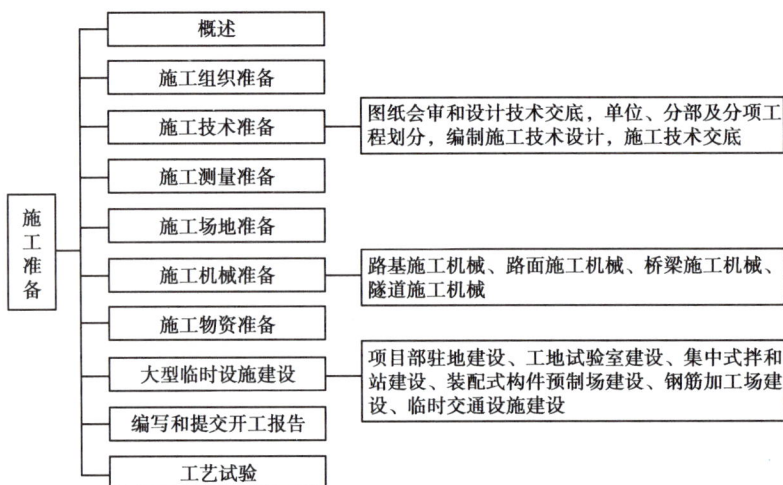

【专业术语】

1.图纸会审:工程各参建单位(建设单位、监理单位、施工单位等相关单位)在收到施工图审查机构审查合格的施工图设计文件后,在设计交底前进行全面细致地熟悉和审查施工图纸的活动。

2.开工报告:由建设项目承包商申请,并经业主批准而正式进行拟建项目永久性工程施工的报告。

【学习要求】

通过对公路工程正式施工前相关准备工作的描述,介绍施工组织准备、施工技术准备、施工测量准备、施工场地准备、施工机械准备、施工物资准备、大型临时设施建设、编写和提交开工报告及工艺试验等内容,要求在把握施工准备各工作之间逻辑关系的基础上,熟悉公路工程施工准备工作的重要性,掌握施工准备各项工作的主要内容。

2.1　概　述

公路工程施工是一个复杂的组织和实施过程,做好施工准备,提高施工的计划性、预见性和科学性,是保证工程质量、加快工程进度、降低工程成本、保障顺利施工的重要环节。

施工准备是指在施工前将各项施工必需的人员、机械、物资、技术、施工条件及生活等方面事宜,提前制订出切实可行的措施,高质量、高效率地完成工程以兑现工程投标时对业主的承诺及获取自身的效益。施工准备的重要性往往容易被工程人员所忽视,而实际其是一项极为重要的工作。俗话说"未雨绸缪""兵马未动,粮草先行",工程施工与军队作战一样,需要大量的物资及人力资源,使用很多机具设备,要统筹安排协调各方面工作。如不事先做好充分准备,仓促上阵,施工中就会缺这少那,临渴掘井,造成停工待料,处处受阻,使施工处于混乱状态。因此,做好施工准备是保证施工顺利进行的前提条件,需要提高对施工准备的重视,统筹规划施工实际状况。

2.2　施工组织准备

施工组织准备主要是在明确工程建设目标与任务的前提下,建立施工项目组织结构、配备专业的管理人员及高效的施工队伍。

高效的施工项目组织机构是保证施工目标完成的首要前提。施工企业中标后,应根据投标承诺以及工程实际需要尽快建立施工项目组织机构(施工项目部),并应按照标准化管理规定设立相关部门并配置专业人员,也可根据企业自身特点增设其他必要的部门和专业人员。

目前,公路工程施工项目组织机构通常按照 6 部 1 室的规划进行机构设置(图 2.1),各相关部门负责人配置应满足表 2.1 的规定。

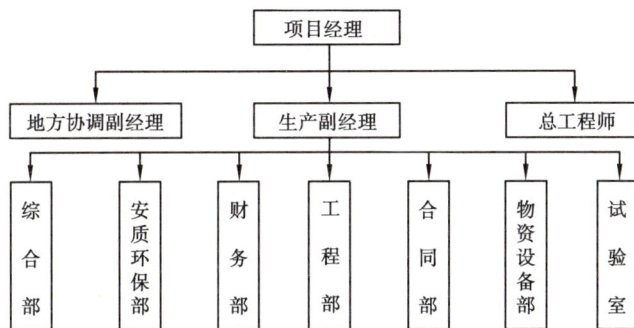

图 2.1　公路工程项目常用组织机构图

表 2.1　项目部部门负责人配置要求

职务或岗位	人　数	技术职称	工作经验	资质条件
项目经理	1	中级以上	8 年以上工作经验,3 年以上项目经理经验	一级建造师 安全证书 B 类
总工程师	1	高级	12 年以上工作经验,3 年以上总工经验	安全证书 B 类
地方协调副经理	1	中级以上	10 年以上工作经验,负责地方工作 5 年以上	—
生产副经理	2~3	中级以上	5 年以上工作经验,副经理岗位 3 年以上	安全证书 B 类
综合部长	1	中级以上	管理工作 5 年以上	—
安质环保部长	1	中级以上	管理工作 5 年以上	安全证书 B 类
财务部长	1	会计师以上	财务管理工作 5 年以上	—
工程部长	1	中级以上	管理工作 5 年以上	—
合同部长	1	中级以上	管理工作 5 年以上	造价工程师
物资设备部长	1	中级以上	管理工作 5 年以上	—
试验室主任	1	中级以上	试验管理工作 10 年以上	部试验检测证

各施工项目部均需要建立严格的责任制,按计划将责任预先落实到有关部门及个人,同时明确各级技术负责人在施工准备工作中所负的责任,从而充分调动各部门和技术人员的积极性,使各级管理人员有职、有权、有责。

在建立完善施工项目组织机构的基础上,根据所承担的工程量大小和工期要求,通过安排或招标方式,建立施工作业劳务工班。结合施工进度计划,估算出全部工程用工工日数、平均日出工人数、施工高峰期日出工人数,以及技术工种、机械操作工种、普通工种等用工比例,配备能够适应其工程质量、工期进度要求的作业工人。

2.3　施工技术准备

施工技术准备主要是为了了解和分析建设工程特点、进度要求,摸清施工客观条件,做好施工现场准备工作,编制施工组织设计,合理部署和全面规划施工力量,配备足够的工、料、机,制订合理的施工方案,充分、及时地从技术、物资、人力和组织等方面为工程施工创造一切必要条件,使施工过程连续、均衡、有节奏地进行,保证工程在规定期限内交付使用的同时,使工程在保证质量的前提下做到提高劳动生产率和降低工程成本。在施工准备的诸项工作中,以网络计划技术为手段的施工组织设计编制应列为中心工作。

2.3.1　图纸会审和设计技术交底

施工单位接受工程任务后应全面熟悉、审核施工图纸、资料和有关文件,领会设计意图,参加建设单位工程主管部门或建设单位组织的设计交底和图纸会审,并做好记录。复核图纸时,对图纸中存在问题及时向有关单位以书面的形式澄清。

设计交底和图纸会审中,着重要解决以下9个问题:

①图纸数量是否齐全,施工说明是否清楚明确。

②设计依据与施工现场的实际情况是否一致。

③建设单位提供的水文、地质等资料是否满足工程施工要求,明确是否需要进一步补充。

④设计中所提出的工程材料、施工工艺的特殊要求,施工单位能否实现和解决。

⑤工程主要结构的受力条件及主要设计数据能否满足工程质量及安全要求,是否符合国家的有关规范、标准。

⑥施工图纸中土建及其他专业(水、电、通信、供油等)相互之间有无矛盾,图纸及说明是否齐全;图纸上的尺寸、高程、轴线、预留孔(洞)、预埋件和工程量的计算有无差错、遗漏和矛盾。

⑦设计对施工条件、施工方法和船机设备性能的考虑及要求。

⑧工程结构物在施工过程中的稳定性和可能发生的变形以及对施工安全、变形观测的要求。

⑨需要设计优化或计划进行重大变更设计的,项目部要提前策划,多方沟通,并通过图纸会审文件的形式加以确认。

2.3.2　单位、分部及分项工程划分

工程开工前,应对工程项目进行单位、分部及分项工程划分,以便在施工过程中顺利开展对工程质量的评定与验收。划分时,应根据施工部署和规范要求进行,报建设单位、监理单位认

可。划分的原则是有利于工程质量的客观评定,有利于施工安排和部署,同时满足有关规范要求。

通常,公路工程施工项目划分单位、分部及分项工程有两种方法:

①按建设单位下发的文件或合同文件的规定划分。

②按公路工程质量检验评定标准划分。

具体方法以建设单位的要求为准。当建设单位没有要求时,按《公路工程质量检验评定标准 第一册 土建工程》(JTG F80/1—2017)执行,公路工程路基路面及桥梁工程的单位、分部、分项工程的划分见表 2.2、表 2.3。

表 2.2 公路工程单位、分部及分项工程划分表

单位工程	分部工程	分项工程
路基工程 (每 10 km 或每标段)	路基土石方工程 (1~3 km 路段)	土方路基、填石路基、软土地基处治、土工合成材料处治层等
	排水工程 (1~3 km 路段)	管节预制、混凝土排水管施工、检查(雨水)井砌筑、土沟、浆砌排水沟、盲沟、跌水、急流槽、水簸箕、排水泵站沉井、沉淀池等
	小桥及符合小桥标准的通道、人行天桥、坡槽(每座)	钢筋加工及安装,砌体,混凝土扩大基础,钻孔灌注桩,混凝土墩、台、墩、台身安装,台背填土,就地浇筑梁、板,预制安装梁、板,就地浇筑拱圈,混凝土桥面板桥面防水层,支座垫石和挡块,支座安装,伸缩装置安装,栏杆安装、混凝土护栏、桥头搭板、砌体坡面护坡、混凝土构件表面防护,桥梁总体等
	涵洞、通道 (1~3 km 路段)	钢筋加工及安装、涵台、管节预制、管座及涵管安装、波形钢管涵安装、盖板预制、盖板安装、箱涵浇筑、拱涵浇(砌)筑、倒虹吸竖井、集水井砌筑、一字墙和八字墙、涵洞填土、顶进施工的涵洞、砌体坡面防护、涵洞总体等
	防护支挡工程 (1~3 km 路段)	砌体挡土墙、墙背填土、边坡锚固防护、土钉支护、砌体坡面防护、石笼防护、导流工程等
	大型挡土墙、组合式挡土墙(每处)	钢筋加工及安装、砌体挡土墙、悬臂式挡土墙、扶壁式挡土墙、锚杆、锚定板和加筋土挡土墙、墙背填土等
路面工程 10 km 或标段	路面工程 (1~3 km 路段)	垫层、底基层、基层、面层、路缘石、路肩等
桥梁工程 (每座或每合同段)	基础及下部构造 (1~3 墩台)	钢筋加工及安装,预应力筋加工和张拉,预应力管道压浆,混凝土扩大基础,钻孔灌注桩,挖孔桩,沉入桩,灌注桩桩底压浆,地下连续墙,沉井,沉井及钢围堰混凝土封底,承台等大体积混凝土结构,砌体,混凝土墩、台、墩台身安装,支座垫石和挡块,拱桥组合桥台,台背填土等

续表

单位工程	分部工程	分项工程
桥梁工程（每座或每合同段）	上部构造预制和安装（1~3跨）	钢筋加工及安装,预应力筋加工和张拉,预应力管道压浆,预制安装梁、板,悬臂施工梁,顶推施工梁,转体施工梁,拱圈节段预制,拱安装,转体施工拱,中下承式拱吊杆和柔性系杆,刚性系杆,钢梁制作,钢梁安装,钢梁防护等
	上部构造现场浇筑（1~3跨）	钢筋加工及安装,预应力筋的加工和张拉,预应力管道压浆,就地浇筑梁、板,悬臂施工梁,就地浇筑拱圈,劲性骨架混凝土拱,钢管混凝土拱,中下承式拱吊杆和柔性系杆,刚性系杆等
	桥面系、附属工程及桥梁总体	钢筋加工及安装、混凝土桥面板桥面防水层、钢桥面板上防水黏结层、混凝土桥面板桥面铺装、钢桥面板上沥青混凝土铺装、支座安装、伸缩装置安装、人行道铺设、栏杆安装、混凝土护栏、钢桥上钢护栏安装、桥头搭板、混凝土小型构件预制、砌体坡面护坡、混凝土构件表面防护、桥梁总体等
	防护工程	砌体坡面护坡、护岸、导流工程等
	引道工程	见路基工程、路面工程分项工程
隧道工程（每座或每合同段）	总体及装饰装修（每座或每合同段）	隧道总体、装饰装修工程
	洞口工程（每个洞口）	洞口边仰坡防护、洞门和翼墙浇（砌）筑、截水沟、洞口排水沟、明洞浇筑、明洞防水层、明洞回填
	洞身开挖（100延米）	洞身开挖
隧道工程（每座或每合同段）	洞身衬砌（100延米）	喷射混凝土、锚杆、钢筋网、钢架、仰拱、仰拱回填、衬砌钢筋、混凝土衬砌、超前锚杆、超前小导管、管棚
	防排水（100延米）	防水层、止水带、排水
	路面（1~3 km路段）	基层、面层
	辅助道路（100延米）	洞身开挖、喷射混凝土、锚杆、钢筋网、钢架、仰拱、仰拱回填、衬砌钢筋、混凝土衬砌、超前锚杆、超前小导管、管棚、防水层、止水带、排水
绿化工程（每合同段）	分隔带绿地,边缘绿地,护坡道绿地、碎落台绿地、平台绿地（每2 km路段）、互通式立体交叉区与环岛绿地、管理养护、设施区绿地,服务设施区绿地,取、弃土场绿地（每处）	绿地整理,树木栽植,草坪、草本地被及花卉种植,喷播绿化

单位工程	分部工程	分项工程
声屏障工程（每合同段）	声屏障工程（每处）	砌块体声屏障、金属结构声屏障、复合结构声屏障
交通安全设施（每 20 km 或每标段）	标志、标线、凸起路标、轮廓标（5～10 km）	标志、标线、凸起路标、轮廓标
	护栏（5～10 km）	波形梁护栏、缆索护栏、混凝土护栏、中央分隔带开口护栏
	防眩设施、隔离栅、防落物网 5～10 km	防眩板、防眩网、隔离栅、防落物网等
	里程碑和百米桩（5 km 路段）	里程碑、百米桩
	避险车道（每处）	避险车道
交通机电工程	其分部、分项工程划分见《公路工程质量检验评定标准 第二册 机电工程》	
附属设施	管理中心、服务区、房屋建筑、收费站、养护工区等设施	按其专业工程质量检验评定标准评定

注：①按路段长度划分的分部工程，高速公路、一级公路宜取低值，二级及二级以下公路可取高值。
　　②分幅桥梁按照单幅划分，特大斜拉桥和悬索桥按照表 2.3 进行划分，其他斜拉桥和悬索桥可作为一个单位工程参照表 2.3 进行划分。
　　③按单孔跨径确定的特大桥取 1，其余根据规模取 2 或 3。
　　④护岸可参照挡土墙。
　　⑤双洞隧道每单洞作为一个单位工程。
　　⑥辅助通道包括竖井、斜井、平行导坑、横通道、风道、地下风机房等。

表 2.3　某特大斜拉桥和悬索桥为主体建设项目划分

单位工程	分部工程	分项工程
塔及辅助、过渡墩（每座）	塔基础	钢筋加工及安装，混凝土扩大基础，钻孔灌注桩，灌注桩桩底压浆，沉井，沉井、钢围堰混凝土封底等
	塔承台	钢筋加工及安装，双壁钢围堰，沉井、钢围堰混凝土封底，承台等大体积混凝土结构等
	索塔	钢筋加工及安装、预应力筋加工和张拉、预应力管道压浆、混凝土索塔、索塔钢锚箱节段制作、索塔钢锚箱节段安装、支座垫石和挡块等
	辅助墩	钢筋加工及安装，预应力筋加工和张拉，预应力管道压浆，钻孔灌注桩，灌注桩桩底压浆，承台等大体积混凝土结构，沉井、钢围堰混凝土封底，混凝土墩、台、墩台身安装，支座垫石和挡块等
	过渡墩	

续表

单位工程	分部工程	分项工程
锚碇(每个)	锚碇基础	钢筋加工及安装,混凝土扩大基础,钻孔灌注桩,灌注桩桩底压浆,沉井,沉井、钢围堰混凝土封底等
	锚体	钢筋加工及安装、锚碇锚固体系制作、锚碇锚固体系安装、锚碇混凝土块体、预应力锚索张拉与压浆、隧道锚的洞身开挖、隧道锚混凝土锚塞体等
	主缆	索股与锚头制作与防护、主缆防护
	索鞍	索鞍的制作与防护
	索夹	索夹制作与防护
	吊索	吊索与锚头制作与防护
	加劲梁	钢梁制作、钢梁防护、自锚式悬索桥主缆索股锚固系统制作等
上部构造浇筑与安装	加劲梁浇筑	混凝土斜拉桥主墩上梁段浇筑、混凝土斜拉桥梁悬臂施工、组合梁斜拉桥混凝土板等
	安装	索鞍安装、主缆架设、索夹和吊索安装、悬索桥刚加劲梁安装、自锚式悬索桥主缆索股的锚固系统安装、自锚式悬索桥吊索张拉和体系转换、钢斜拉桥钢箱梁段拼接、组合梁斜拉桥工字梁段悬臂拼接、混凝土斜拉桥梁悬臂施工等
桥面系、附属工程及桥梁总体	桥面系	钢筋加工及安装、混凝土桥面板桥面防水层和钢桥面板上的防水黏结层、混凝土桥面板桥面铺装或钢桥面板上沥青混凝土铺装
	附属工程及桥梁总体	支座安装、伸缩装置安装、人行道铺设、栏杆安装、混凝土护栏、钢桥上钢护栏安装、混凝土构件表面防护、桥头搭板、桥梁总体等

2.3.3　编制施工技术文件

1)编制实施性施工组织设计

编制实施性施工组织设计主要根据设计文件、现场条件、各单位工程的施工程序及相互关系、工期要求以及定额等进行。实施性施工组织设计,包括施工进度计划、劳动力安排计划、材料机具供应计划、施工平面图及其他文件图表。编制计划要根据落实的工程数量、工地特点、工期要求和施工设备情况进行,实施性计划应切实可行,编制的详细程度视工程实际需要而定。

实施性施工组织设计的主要内容包括:

①编制依据:招标文件、投标书、设计文件和设计图纸、施工合同文件;现场调查资料或报告;各种定额及概预算资料;政策规定、环保条例、上级部门对施工的有关规定和工期要求;国家及行业标准、规范和规程。

②工程概况:工程项目主要情况、施工条件、工程施工特点和难点分析、合同特殊要求。

③施工总体部署:建设总体目标、项目组织机构设置、施工队伍部署、施工任务划分、施工顺序、拟定主要项目的施工方案、主要施工阶段工期分析、建设协调方案等。

④施工技术方案:大型临时工程建设、各分部分项工程施工方法及工艺流程。

⑤施工进度计划。

⑥各项资源需求量计划:劳动力需求计划、材料需求计划、施工机械设备需求计划、资金需求计划、用电配置计划、临时工程用地计划。

⑦施工总平面布置图。

⑧季节性施工技术措施。

⑨质量管理与质量控制保证措施。

⑩安全管理与安全保证措施。

⑪进度管理与工期保证措施。

⑫文明施工与文物保护措施。

⑬环境保护与文明施工措施。

⑭廉政建设措施。

⑮预案措施。

2) 编制专项施工方案

针对施工项目中的危险性较大的分部分项工程,施工单位还应按照《公路工程施工安全技术规范》(JTG F90—2015)的要求编制专项施工方案,对超过一定规模的危险性较大的分部分项工程,施工单位还应组织专家进行论证。

工程案例—施工方案

公路工程危险性较大的分部分项工程范围见表 2.4。

表 2.4　公路工程危险性较大的分部分项工程范围

序号	类　别	需编制专项施工方案	需专家论证、审查
1	基坑开挖、支护、降水工程	①开挖深度不小于 3 m 的基坑(槽)开挖、支护、降水工程; ②深度小于 3 m 但地质条件和周边环境复杂的基坑(槽)开挖、支护、降水工程	①深度不小于 5 m 的基坑(槽)的土(石)方开挖、支护、降水; ②开挖深度虽小于 5 m,但地质条件、周围环境和地下管线复杂,或影响毗邻建(构)筑物安全,或存在有毒气体分布的基坑(槽)的土方开挖,支护、降水工程
2	滑坡处理和填、挖方路基工程	①滑坡处理; ②边坡高度大于 20 m 的路堤或地面斜坡率陡于 1:②5 的路堤,或不良地质地段、特殊岩土地段的路堤; ③土质挖方边坡高度大于 20 m、岩质挖方边坡高度大于 30 m,或不良地质、特殊岩土地段的挖方边坡	①中型及以上滑坡体处理; ②边坡高度大于 20 m 的路堤或地面斜坡坡率陡于 1:②5 的路堤,且处于不良地质地段、特殊岩土地段的路堤; ③土质挖方边坡高度大于 20 m、岩质挖方边坡高度大于 30 m 且处于不良地质、特殊岩土地段的挖方边坡
3	基础工程	①桩基础; ②挡土墙工程; ③沉井等深水工程	①深度不小于 15 m 的人工挖孔桩或开挖深度不超过 15 m,但地质条件复杂或存在有毒有害气体分布的人工挖孔桩工程; ②平均高度不小于 6 m 且面积不小于 1200 m² 的砌体挡土墙的基础; ③水深不小于 20 m 的各类深水基础

续表

序号	类　别	需编制专项施工方案	需专家论证、审查
4	大型临时工程	①围堰工程； ②各类工具式模板工程； ③支架高度不小于 5 m，跨度不小于 10 m，施工总荷载不小于 10 kN/ m²，集中线荷载不小于 15 kN/ m； ④搭设高度 24 m 及以上的落地式钢管脚手架工程，附着式整体和分布提升脚手架工程，附着式整体和分片提升脚手架工程，悬挑式脚手架工程，吊篮脚手架工程，自制卸料平台、移动操作平台工程，新型及异型脚手架工程； ⑤挂篮； ⑥便桥、临时码头； ⑦水上作业平台	①水深不小于 10 m 的围堰工程； ②高度不小于 40 m 墩柱、高度不小于 100 m 索塔的滑模、爬模、翻模工程； ③支架高度不小于 8 m，跨度不小于 18 m，施工总荷载不小于 15 kN/ m²，集中线荷载不小于 20 kN/ m； ④50 m 及以上落地式钢管脚手架工程，用于钢结构安装等满堂承重支撑体系，承受单点集中荷载 7 kN 以上； ⑤猫道、移动模架
5	桥涵工程	①桥梁工程中的梁、拱、柱等构件施工； ②打桩船作业； ③施工船作业； ④边通航边施工作业； ⑤水下工程中的水下焊接、混凝土浇筑等； ⑥顶进工程； ⑦上跨或下穿既有公路、铁路、管线施工	①长度不小于 40 m 的预制梁的运输与安装，钢箱梁吊装； ②跨度不小于 150 m 钢管拱安装施工； ③高度不小于 40 m 墩柱、高度不小于 100 m 索塔等施工； ④离岸无掩护条件下的桩基施工； ⑤开敞式水域大型预制构件运输与吊装作业； ⑥在三级及以上通航等级的航道上进行的水上水下施工； ⑦转体施工
6	隧道工程	①不良地质隧道； ②特殊地质隧道； ③浅埋、偏压及邻近建筑物等特殊环境条件隧道； ④Ⅳ级及以上软弱围岩地段的大跨度隧道； ⑤小净距隧道； ⑥瓦斯隧道	①隧道穿越岩溶发育区、高风险断层、砂层、采空区等工程地质或水文地质条件复杂地质环境，Ⅴ级围岩连续长度占总隧道长度 10% 以上且连续长度超过 100 m，Ⅵ级围岩的隧道工程； ②软岩地区的高地应力区、膨胀岩、黄土、冻土等地段； ③埋深小于 1 倍跨度的浅埋地段，可能产生坍塌或滑坡的偏压地段，隧道上部存在需要保护的建筑物地段，隧道下穿水库或河沟地段；

续表

序号	类　别	需编制专项施工方案	需专家论证、审查
6	隧道工程		④Ⅳ级及以上软弱围岩地段跨度不小于 18 m 的特大跨度隧道； ⑤连拱隧道：中夹岩柱小于 1 倍隧道开挖跨度的小净距隧道，长度大于 100 m 的偏压棚洞； ⑥高瓦斯或瓦斯突出隧道； ⑦水下隧道
7	起重吊装工程	①采用非常规起重设备、方法，且单件起重量在 10 kN 及以上的起重吊装工程； ②采用起重机械进行安装的工程； ③起重机械设备自身安装、拆卸	①采用非常规起重设备、方法，且单件起吊重量在 100 kN 及以上起重吊装工程； ②起吊重量在 300 kN 及以上起重设备安装、拆卸工程
8	拆除、爆破工程	①桥梁、隧道拆除工程； ②爆破工程	①大桥及以上桥梁拆除工程； ②一级及以上公路隧道拆除工程； ③C 级及以上爆破工程、水下爆破工程

2.3.4　施工技术交底

施工技术交底是指在单位工程、分部工程及分项工程施工前，由相关专业技术人员向参与施工的人员进行的技术性交代，其目的是使施工人员对工程特点、技术质量要求、施工方法与措施和安全等有一个较详细的了解，以便于科学地组织施工，避免技术质量等事故发生。

（1）施工技术交底的分级要求

施工技术交底必须在相应工程内容施工前进行。施工技术交底通常应按照 3 级进行。

第 1 级：项目总工程师向项目各部门负责人及全体技术人员进行交底。

第 2 级：项目技术部门负责人或各分部分项主管工程师向现场技术人员和班组长进行交底。

第 3 级：现场技术员负责向班组全体作业人员进行技术交底。

（2）施工技术交底的主要内容

第 1 级交底主要内容为实施性施工组织设计、技术策划、总体施工方案、重大施工方案及超过一定规模的危险性较大的分部分项工程施工方案等。其包括合同文件中规定使用的有关技术规范、监理办法及总工期；设计文件、施工图纸的说明和施工特点以及试验工程项目的施工技术标准、采用的工艺；施工技术方案、工程的重难点、施工主要使用的材料标准和要求，主要施工设备的能力要求和配置；主要危险源、质量保证措施、安全技术措施、季节性施工措施以及有关"四新技术"要求等。

第2级交底主要内容为分部分项工程施工方案、危险性较大的分部分项施工方案等。其包括施工详图和加工图,试验参数及配合比,测量放样桩、测量控制网、监控量测等,爆破设计,施工方案实施的具体措施及施工方法,交叉作业的协作及注意事项,施工质量标准及检验方法,重大危险源的应急救援措施,成品保护方法及措施,施工注意事项等。

第3级交底主要内容为分部分项工程施工工序等。其包括作业标准、施工规范及验收标准,工程质量要求,施工工艺标准及施工先后顺序,施工工艺细则、操作要点及质量标准,质量问题预防及注意事项,施工技术措施和安全技术措施,重大危险源、出现紧急情况下的应急救援措施、紧急逃生措施等。

(3)施工技术交底的方法

①施工技术交底以书面形式进行,可采取讲课、现场讲解或模拟演示的方法。

②项目总工程师在交底前应按照内容写出书面材料,交底后应由接受交底的人员履行签字手续。

③各分部分项主管工程师在交底前应写出书面材料,并经项目总工程师审核,交底后由接受交底的人员签认。

④施工技术交底完成签认手续后,应及时备份并移交项目资料室保存。

(4)施工技术交底的其他要求

①施工技术交底应严格执行合同要求,不得任意修改、删减或降低工程标准。施工技术交底应按优先次序满足合同要求(含合同技术条件、施工图纸等)、国家有关标准、行业标准、企业标准,以及由此衍生出来的规范、规程等。

②如施工方案、工艺和技术措施等前提情况发生变化,应及时对交底内容做补充修改。

③施工技术交底应根据工程特点、施工条件(水文、气候、资源等)等情况,突出重点,有的放矢,内容全面,具有可操作性,不流于形式。

④对于技术难度大、采用"四新技术"关键工序,特殊隐蔽工程和质量事故、工伤事故多发易发工程部位及影响制约工程进度的关键环节,应重点交底,并明确所采取的技术措施和防范对策。

⑤施工技术交底材料应字迹清晰、层次分明、内容完整,建立台账并存档。

2.4　施工测量准备

施工测量工作是公路工程建设的核心环节之一,施工前应建立系统的施工测量管理体制,形成完整的施工测量管理制度,使工程测量规范化、制度化,切实防范测量事故发生。施工准备阶段的测量工作主要包括设计交接桩、控制网复测及加密、编制施工测量专项方案。

2.4.1　设计交接桩

施工交接桩工作是工程质量保证的先决条件之一,施工单位进场后应由总工程师负责开展工程控制性桩点的现场桩橛和交桩资料的接收工作。

交桩内容一般有直线上的转点、曲线上的交点或副交点、直缓、缓圆、曲中、圆缓、缓直等控制桩,有关控制网控制点、三角点、水准点、导线点。

交桩资料一般有 GPS 坐标成果表、控制导线桩坐标成果表、控制导线桩点、中桩逐桩坐标表及坐标系统说明、水准点成果表及位置描述和系统说明、曲线表、断链表(如果有)、断高表(如果有)。

交接桩过程应进行详细记录,形成交接桩纪要并编制完整交接桩文件。交接桩资料属于机密级测量文件,施工单位应严格按照保密文件妥善管理。

2.4.2　控制网复测及加密

施工单位接收测量控制性桩位后,应按照相关文件规定编制《控制性网点复测方案》,经批准后进行现场复测确认。公路控制网复测的目的主要体现在两个方面:一是检核高速公路控制网的设计方案是否合理,验证首次测量的计算质量和成果精度是否达到规定要求;二是对复测成果与原测成果进行比较和分析,全面评估控制点的稳定性,并对控制网的复测及控制点的保护提出合理建议。

复测过程中发现的问题和产生的分歧,应及时联系设计单位、监理单位和建设单位进行协调解决。复测成果应由监理工程师签字后方可采用。

(1)平面控制网复测及加密

①平面控制测量应采用卫星定位测量、导线测量、三角测量或三边测量方法进行。平面控制测量等级与技术要求应符合表 2.5 的规定。

表 2.5　平面控制测量等级与技术要求

公路等级	测量等级	最弱点点位中误差/mm	最弱相邻点相对点位中误差/mm	最弱相邻点边长相对中误差	相邻点间平均边长参照值/m
高速、一级公路	一等	±50	±30	≤1/20000	500
二、三、四级公路	二等	±50	±30	≤1/10000	300

②原有导线点不能满足施工需要时,可增设满足相应精度要求的附合导线点。

③同一建设项目内相邻施工段的导线应闭合,并满足同等级精度要求。

④对可能受施工影响的导线点,施工前应加以固定或改移,从开工至竣工验收的时间段内应保证其精度。

⑤导线桩点应进行不定期检查和定期复测,复测周期应不超过 6 个月。

⑥近年来,随着 GPS 技术的发展,GPS 静态测量因其效率高、精度可靠,在较高等级控制网的建立和复测上,已基本取代了常规导线测量手段。因此,在高等级控制网的建立和复测上应优先选用 GPS 静态测量。

(2)高程控制网复测及加密

①高程控制测量应采用水准测量或三角高程测量的方法进行。

②高程控制测量等级与技术要求应符合表 2.6 的规定。

③沿路线每 500 m 宜有一个水准点,高速公路、一级公路宜加密,每 200 m 有一个水准点。在结构物附近、高填深挖路段、工程量集中及地形复杂路段,宜增设水准点。临时水准点应符合相应等级的精度要求,并与相邻水准点闭合。

④对可能受施工影响的水准点,施工前应加固或改移,并应保持其精度。

⑤水准点应进行不定期检查和定期复测,复测周期应不超过 6 个月。当水准点有可能受到

施工影响时,应进行处理。

表 2.6　高程控制测量等级与技术要求

公路等级	测量等级	最弱点高程中误差/mm	每公里高差中数中误差/mm		附合或环线水准路线长度/km
			偶然中误差	全中误差	
高速、一级公路	四等	±25	±5	±10	25
二、三、四级公路	五等	±25	±8	±16	10

2.4.3　编制施工测量专项方案

首先,开工前,施工单位应根据工程类别和工程实际情况编制施工测量专项方案,并报总监理工程师审批,根据批准的测量方案建网、测量和定位放样。

其次,要特别重视结构物坐标计算和复核工作。如果在实际施工过程中,已经出现较大的工程测量事故,造成了重大的经济损失。为杜绝在开工后发生工程测量事故,开工前施工单位总工程师必须组织技术人员复核结构物的高程和坐标。计算资料应进行两人以上换手测量,计算结果必须经项目总工程师复核,监理工程师认可、签字后生效后使用。

2.5　施 工 场 地 准 备

施工场地准备是对施工范围内阻碍工程顺利实施的物体进行集中处治的工作。一般根据施工合同的规定由相应的责任单位与施工单位共同完成,主要有以下工作:

(1)复查和了解现场

复查和了解现场的地形、地质、文化、气象、水源、电源、料源或料场、交通运输、通信联络以及城镇建设规划、农田水利设施、环境保护等有关情况。

对于扩(改)建工程,应将拟保留的原有通信、供电、供水、供暖、供油、排水沟管等地下设施复查清楚,在施工中要采取保护措施,防止损坏。

(2)确定工地范围

施工单位应根据施工图纸和施工临时需要确定工地范围,即在此范围内有多少土地、哪些是永久占地、哪些是临时占地,并与地方有关人员到现场一一核实(是荒地或是良田、果园等),绘出地界、设立标志。

(3)办妥有关手续

上述占地、移民和障碍物的拆迁等都必须事先与有关部门协商,办妥一切手续后方可进行。

(4)做好现场规划

施工单位按照施工总平面图搭设工棚、仓库、加工厂和预制厂,安装供水管线、架设供电和通信线路,设置料场、车场、搅拌站,修筑临时道路和临时排水设施等。在有洪水威胁的地区,防洪设施应在汛期前完成。

(5)保证道路安全畅通

道路施工需要许多大型的车辆机械和设备,原有道路及桥涵能否承受此种重载,需要进行调查、验算,不符合要求的应做加宽或加固处理,保证道路安全畅通。

2.6　施工机械准备

施工机械是道路桥梁工程施工的主要工具,其能够有效提高施工质量、推进施工进度及节约施工成本。施工前,项目部应根据工程的具体特点,结合企业的施工经验,编制实施性施工组织设计和施工方案,经过经济技术比选后,选择相配套的施工机械及其组合,并提前做好施工机械调运、购买、租赁及进场计划,以保证工程的顺利推进。

2.6.1　路基施工机械

(1)施工机械种类

施工机械有主要包括推土机、装载机、挖掘机、铲运机、平地机、压路机、凿岩机以及石料破碎和筛分设备。根据工程作业要求,选择不同的机械设备。

(2)施工机械选择

对于清基和料场准备等路基施工前的准备工作,选择的机械与设备主要有推土机、挖掘机、装载机和平地机等;遇有沼泽地段的土方挖运任务,应选用湿地推土机。

对于土方开挖工程,选择的机械与设备主要有推土机、铲运机、挖掘机、装载机和自卸汽车等。

对于石方开挖工程,选择的机械与设备主要有挖掘机、推土机、移动式空气压缩机、凿岩机、爆破设备等。

对于土石填筑工程,选择的机械与设备主要有推土机、铲运机、羊足碾、压路机、洒水车、平地机和自卸汽车等。

对于路基整形工程,选择的机械与设备主要有平地机、压路机、推土机挖掘机、边坡打夯机等。

2.6.2　路面施工机械

(1)路面基层机械

基层材料的拌和设备:集中拌和(厂拌)采用成套的稳定土拌和设备,现场拌和(路拌)采用稳定土拌和机。

摊铺平整机械:拌和料摊铺机、平地机、石屑或料场撒布车。

装运机械:装载机和自卸汽车。

压实设备:轮胎式压路机、双钢轮压路机、三钢轮压路机。

清除设备和养护设备:清除车、洒水车、沥青喷洒车。

(2)沥青路面施工机械

根据工作量和工期选择生产能力和移动方式,一般生产能力要相当于摊铺能力的 70% 左右。高等级公路一般选用生产量高的强制间歇式沥青混凝土搅拌设备。高等级公路路面施工机械应优先选择自动化程度较高和生产能力较强的机械,以摊铺、拌和为主导机械,并与自卸汽车、碾压设备配套作业,进行优化组合,使沥青路面施工全部实现机械化。

沥青混凝土摊铺机械:沥青混凝土摊铺机、自卸汽车、沥青撒布车。

沥青路面压实机械:轮胎式压路机、双钢轮压路机。

（3）水泥混凝土路面施工机械

水泥混凝土路面施工设备主要有混凝土搅拌楼、装载机、运输车、布料机、挖掘机、吊车、滑模摊铺机、整平梁、拉毛养护机、切缝机、洒水车等。

滑模式摊铺施工:水泥混凝土搅拌楼、大型滑模摊铺机、混凝土运输罐车、轮式挖掘机;轨道式摊铺施工:水泥混凝土搅拌楼、混凝土运输罐车、卸料机、摊铺机、振捣机、整平机、拉毛养护机等。

2.6.3　桥梁施工机械

（1）通用施工机械

常用的各类吊车:轮胎式起重机、履带式起重机。

常用的各类运输车辆:自卸汽车。

桥梁混凝土生产与运输机械:混凝土搅拌站、混凝土运输车、混凝土泵和混凝土泵车。

预制桩施工机械:蒸汽打桩机、液压打桩机、振动沉拔桩机、静压沉桩机。

灌注桩施工机械:全套管钻机、有套杆旋转机、无钻杆旋转机、旋挖钻桩机、冲击钻机、螺旋钻孔机。

（2）上部施工机械

顶推法:油泵车、大吨位千斤顶、穿心式千斤顶、导向装置等。

滑模施工法:滑移模架、卷扬机油泵、油缸、钢模板等。

悬臂施工法:塔吊、挂篮。

预制吊装施工法:运梁车、架桥机、各种起重设备、倒链。

满堂支架现浇法:万能杆件、贝雷架、各类轻型钢管支架。

2.6.4　隧道施工机械

隧道施工应根据开挖、喷锚支护、挖装运及仰拱等施工工序选择主要机械,并遵守设备配套原则。

超前地质预报:工程钻机。

开挖作业线:开挖台架、风钻、电动空压机、凿岩台车。

支护作业线:湿喷混凝土机械手、混凝土输送车、混凝土搅拌站。

仰拱作业线:自行式仰拱栈桥、挖掘机、混凝土输送车、仰拱纵向滑模、混凝土输送泵、移动布料机。

装渣运渣作业线:装载机、自卸汽车。

防水板作业线:铺设台车。

混凝土衬砌作业线:全液压衬砌台车、混凝土输送车、混凝土搅拌站、养护作业台架。

2.7　施工物资准备

施工物资准备主要是在开工前做好物资需要量计划、物资供应量计划、物资采购计划及物资用款计划。这些物资计划是项目管理的重要组成部分,也是降低施工成本,减少浪费,加速资金周转的主要措施。

（1）物资需要量计划

物资需要量计划是指完成计划期内工程任务所必需的物资用量，它是物资供应量计划、物资采购计划的基础。

（2）物资供应量计划

物资供应量计划是项目物资部门根据物资需要量计划而编制的计划，也是进行物资供应的依据。物资供应计划按时间分为年度、季度和月度供应计划。

$$物资供应量 = 需要量 - 库存量 + 储备量$$

（3）物资采购计划

物资采购计划是物资部门根据批准的物资供应计划，分期分批编制，是采购人员据以采购物资的计划，是保证物资供应的主要措施。

（4）物资用款计划

物资用款计划是为了尽可能少地占用资金、合理使用有限的备料资金而制订的资金使用计划。对施工企业来说，备料资金是有限的，如何合理地使用有限资金，既保证施工的物资供应又少占资金，是企业物资部门的任务。根据采购计划编制物资用款计划，把备料控制在资金能承受的范围内，急用先备、快用多备、迅速周转是编制物资用款计划的主要思路。

2.8　大型临时设施建设

大型临时设施是指为完成公路工程的建设，根据施工组织设计确定所需修建的大型临时建筑物和过渡工程，主要包括项目部驻地、工地试验室、集中式拌和站（水泥混凝土拌和站、无机结合料稳定类材料拌和站及沥青混合料拌和站等）、装配式构件预制场、钢筋加工场及临时交通设施等。大型临时设施建设对投资控制、实现项目总工期起着非常关键的作用。在规划及建设过程中，应根据工程规模、结构类型、施工工期、地理位置及交通条件，综合考虑、仔细论证、优化设置方案及规模、加速进场建设，使大型临时设施建设成为保证工程顺利实施的一把利剑。

2.8.1　项目部驻地建设

（1）驻地选址

①根据施工项目的施工环境，合理选择项目部的设置地点，确定设备停放场地、仓库、办公室和宿舍等的平面布置（图 2.2）。项目部设置地点因地制宜，方便施工，尽量减少对环境的影响。

②住址选址由项目经理负责在进场前组织相关人员按照施工、安全和管理的要求进行调查，确定选址方案。

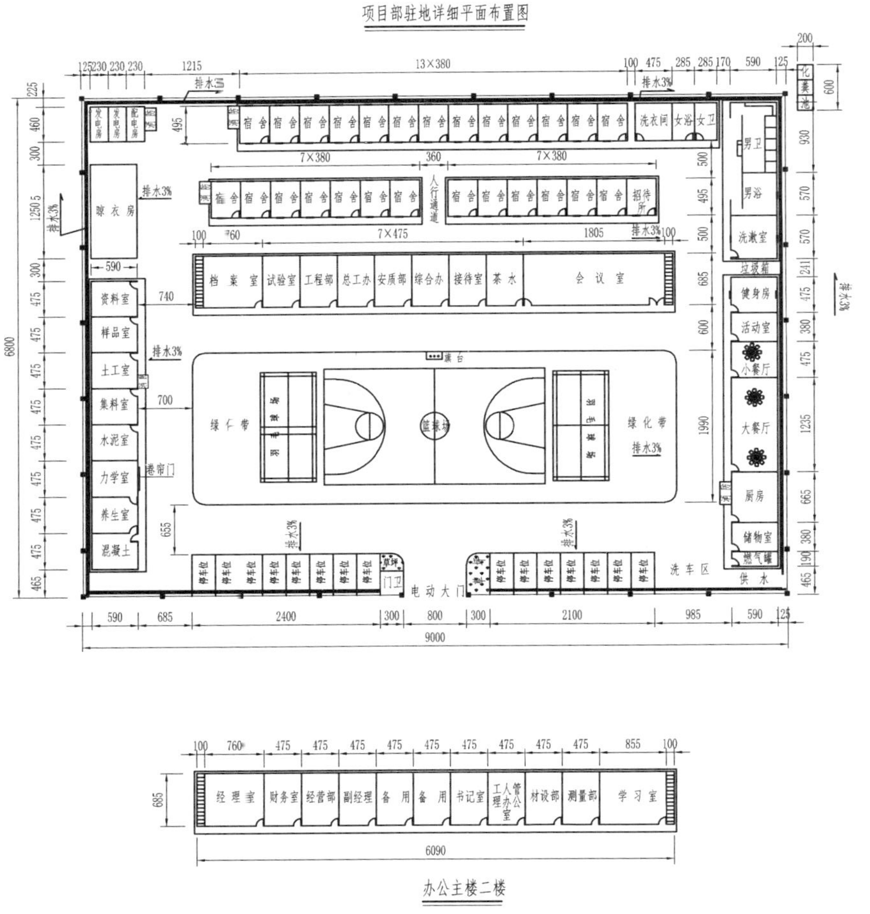

项目规划参数对照表

项目名称	标准参考参数	项目规划参数
项目部占地面积	不小于6000m²	6120m²
三类驻室建筑面积	不小于150m²	196m²
项目部办公用房	不小于800m²	1002m²
生活用房面积	不小于1400m²	1320m²
主要场区占地面积	不小于300m²	300m²
堆料区面积	不小于200m²	200m²
活动场地面积	不小于500m²	639m²
会议室面积	不小于120m²	120m²

项目部驻地详细平面布置图

办公主楼二楼

图2.2 某公路工程施工项目部总体平面布置图

| ×××工程有限公司 | ×××高速公路第1合同段 | 施工项目部总平面布置图 | 设计 | 复核 | 审核 | 比例 | 日期 |

③驻地选址宜靠近工程项目现场的中间位置,应远离地质自然灾害区域,用地合法,周围无塌方、滑坡、落石、泥石流、洪涝等自然灾害隐患,无高频、高压电源及油、气、化工等其他污染源,满足安全、环保、水保的要求,交通、通信便利,水电设施齐全。

④离集中爆破区 500 m 以外,不得占用独立大桥下部空间、河道、互通匝道区及规划的取、弃土场。

(2)场地建设

①可自建或租用沿线合适的单位或民用房屋,但应坚固、安全、实用、美观,并满足工作和生活需求。自建房还应安装、拆卸方便且满足环保要求。

②自建房屋最低标准为活动板房,建设宜选用阻燃材料,搭建不宜超过 2 层,每组最多不超过 10 栋,组与组之间的距离不小于 8 m,栋与栋之间的距离不小于 4 m,房间净高不低于 2.6 m。驻地办公区、生活区应采用集中供暖设施,严禁电力取暖。

③宜为独立式庭院,四周设有围墙,有固定出入口。有条件的,可在出入口设置保卫人员。

④办公、生活住房建筑面积和场地面积应满足办公和生活要求。

⑤办公区、生活区及车辆、机具停放区等布局应科学合理,分区管理,合理规划人车路线,尽可能减少不同区域间的互相干扰。区内场地及主要道路均需要做硬化处理,排水设施完善,庭院适当绿化,环境优美整洁,生活、生产污水和垃圾集中收集处理。

(3)硬件设施

①项目部一般设项目经理室、党委书记办公室、项目总工程师办公室、项目副经理办公室、各职能部门办公室、档案室、试验室、会议室等。

②项目部驻地办公用房面积应满足办公需要,一般不低于表 2.7 的规定。

表 2.7　项目部驻地办公用房面积标准

各室名称	配备标准/m^2	备注
办公室	6	人均面积
会议室	60	具备多媒体功能
档案资料室	20	—
试验室	180	各操作室合计面积

③驻地办公用房应实用、美观、隔热、通风、防潮,各室功能应该满足以下要求:

a.办公室:通风、照明良好,并设有防暑、降温、取暖设备;满足项目信息化管理要求,配备必要的信息化硬件设施,满足施工信息收集、整理、传送以及工程进度、质量、安全、计量、变更等信息化管理要求。

b.会议室:通风、照明良好,并设有防暑、降温、取暖设备;配备必要的会议桌、椅子、写字板、多媒体等常用会议设施。

c.档案室:通风、照明良好,并设有防潮、防火、防盗等设施;所有档案资料由专人负责管理,宜保存在专用档案柜或档案架,应分门别类,做好标识,归档的档案盒式统一。

④驻地生活用房建设应体现以人为本的理念,应实用、美观、隔热、通风、防潮。生活用房应设宿舍、食堂、浴室、厕所等,具备条件的应设文体活动室、活动场地、医疗室等。施工工区生活用房建设的最低标准见表 2.8。

表 2.8   项目部驻地生活用房面积标准

各见室名称	配备标准/m²	备 注
宿舍	3.5	人均面积
食堂(含餐厅)	0.8	人均面积
浴室	0.3	人均面积,总面积不小于 20 m²
厕所	0.2	人均面积,总面积不小于 20 m²

(4)其他要求

①驻地内消防设施应满足《建设工程施工现场消防安全技术规范》(GB 50720—2011)的有关规定,在适当位置设置临时室外消防水池和消防砂池,配置相应的消防安全标志和消防安全器材,并经常检查、维护、保养。

②驻地内应设置消防通道,并保证消防车道的畅通,禁止在车道上堆物、堆料或挤占消防通道。

③驻地内使用的电气设备和临时用电应符合《建设工程施工现场供用电安全规范》(GB 50194—2014)的规定。

④生活污水排放应进行规划设计,设置多级沉淀池,经沉淀过滤达到排放标准。厕所污水应通过集中独立管道进入化粪池,封闭处理。

⑤驻地内应设置一个大型垃圾堆积池,容积不小于 3 m×2 m×1.5 m,将各种垃圾集中存放,定期按环保要求设置。

⑥驻地内应设有必要的防雷设施。在条件允许的情况下,驻地应设置报警装置和监控设施。

⑦驻地内标识标牌设置可参考表 2.9 的规定执行。

表 2.9   项目部驻地标识标牌标准

标识名称	尺寸(长×宽)/cm	颜色字体要求	标识内容及要求	设置位置
项目名称牌	250×35(竖牌)	金底黑字	项目名称及合同段名称	驻地大门
党工委名称牌	250×35(竖牌)	金底红字	—	驻地大门
办公室门牌	28×10	金底红字	—	各办公室门墙上
宿舍门牌	18×10	金底红字	—	各宿舍门墙上
项目管理制度牌(含职责牌)	80×60	白底黑字	岗位职责、管理制度,要求在牌底部有单位名称	办公室、会议室
廉政监督牌	200×150	白底黑字	廉政制度、领导小组、监督小组及监督电话	会议室或驻地院内

标识名称	尺寸(长×宽)/cm	颜色字体要求	标识内容及要求	设置位置
工程简介牌	200×150	蓝底白字	—	会议室或驻地院内
安全保障体系	200×150	蓝底白字	—	会议室
质量保障体系	200×150	蓝底白字	—	会议室
施工组织体系	200×150	蓝底白字	—	会议室
文明施工牌	200×150	蓝底白字	—	会议室或驻地院内
消防保卫牌	200×150	蓝底白字	底部应标有火警电话119	会议室或驻地院内
施工平面图	200×150	蓝底白字	—	会议室或驻地院内
工程立体效果图	400×150	白底彩图	—	会议室或驻地院内
宣传栏	240×120（单窗）	—	可设置多窗	驻地院内

注:表中各标识标牌的尺寸、字体、颜色、标识内容以及位置仅作参考,各项目可做相应调整。

2.8.2 工地试验室建设

我国公路工程实行"政府监督、社会监理、企业自检"的质量保证体系。公路工程试验检测体系是公路建设和管理中不可缺少、重要的基础技术,是施工质量控制的"感觉器官"。工程项目部试验室(工地试验室)的建立是保证施工质量、促进工程进度的重要环节。

施工、监理单位和检测机构应根据工程质量安全管理需要或合同约定,在工程现场设立工地试验室;设立工地试验室的母体机构应取得公路水运工程试验检测机构等级证书,母体检测机构应在其等级证书核定的业务范围内对工地试验室进行授权。同一合同段内施工、监理单位的工地试验室不得由同一家母体检测机构授权设立;工地试验室按照规定到项目质监机构登记备案后,方可开展试验检测工作。

工地试验室应不断提高标准化、规范化和精细化建设及管理水平,不断提高试验检测数据的客观性、科学性和准确性,从而有效发挥试验检测在控制工程质量和指导工程建设中的重要作用,进一步促进工程管理水平的提升。

(1)工地试验室驻地建设

工地试验室(图2.3)选址应充分考虑安全、环保、交通便利及工程质量管理要求等因素,合理布局、明确功能分区、保障组织协调顺畅。工地试验室的建设要求可参照本模块2.8.1节项目部驻地建设部分。

(2)工地试验室组织机构

工地试验室必须完善组织机构,设立试验检测人员岗位职责,建立组织机构框图并上墙(图2.4)。

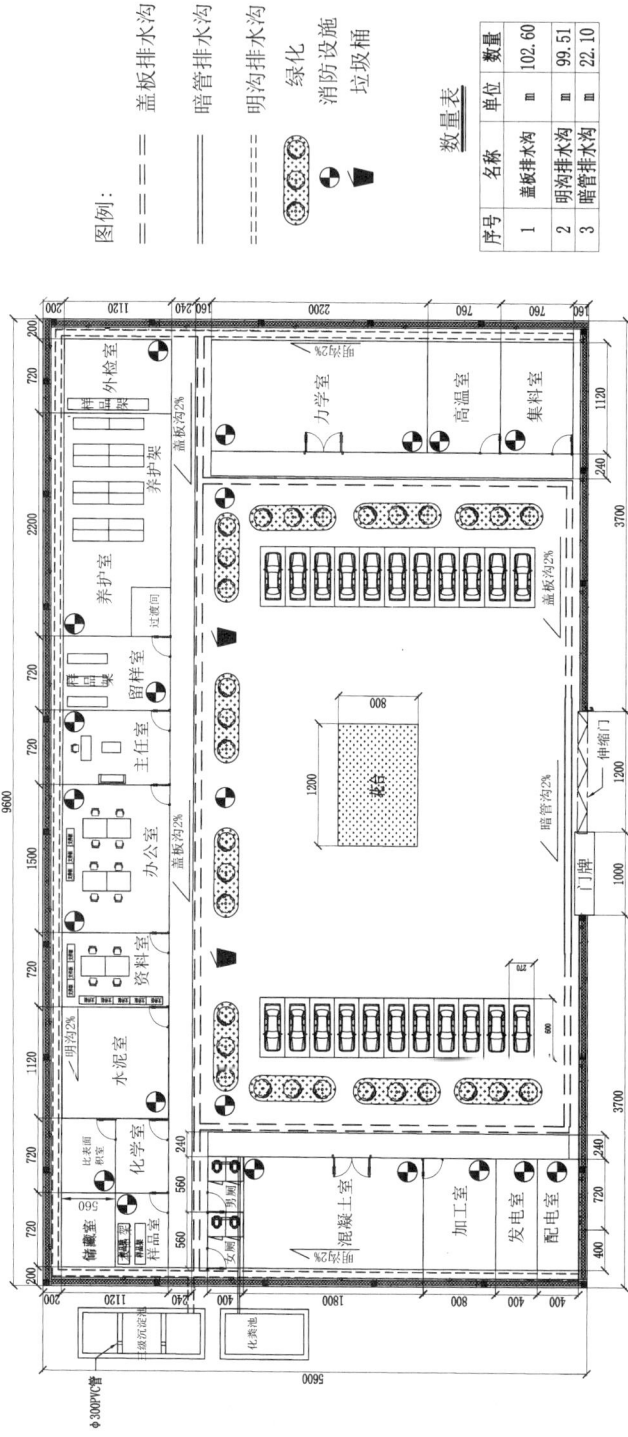

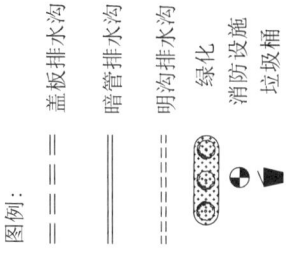

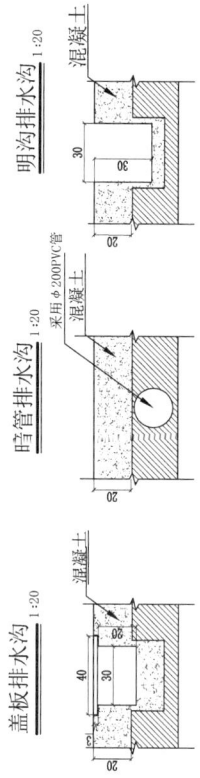

图2.3 工地试验室布置图

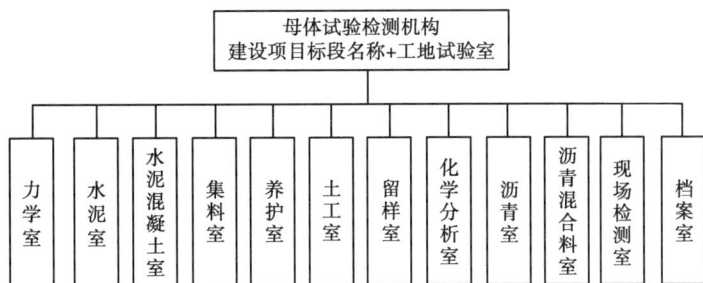

图 2.4　工地试验室组织机构图

（3）人员资质要求

①授权负责人须持有交通运输部核发的试验检测工程师资格证书，具有 3 年以上试验检测工作经验，并需经母体检测机构授权后方可签发工地试验室检测报告。

②工地试验室试验检测人员须具有交通运输部核发的试验检测工程师或省级交通运输厅核发的试验检测员资格证书。

③工地试验室授权负责人、工地试验室试验检测人员均应注册登记在母体检测机构。

④工地试验室试验检测人员所持证书类别应符合项目要求，能涵盖工程涉及专业范围和内容。

⑤工地试验室不得聘用信用较差或很差的试验检测人员担任授权负责人，不得聘用信用很差的试验检测人员从事试验检测工作。

⑥施工及监理单位工地试验室试验检测人员数量应按照招标文件、施工合同及项目所在地交通运输管理部门的要求配备，并满足工程试验检测需要。

（4）仪器设备配置要求

工地试验室应按照合同要求和母体检测机构授权范围内的试验检测项目及参数配备相应的仪器设备和辅助工具，使用频率高的仪器设备在数量上应能满足周转需要。仪器设备的功能、准确度和技术指标均应符合现行规范、规程要求。

（5）体系及文化建设

工地试验室应依据母体检测机构的质量体系文件，结合工程特点，编制简洁、适用、针对性和操作性强的质量体系文件及各项管理制度，并加强质量体系文件和各项管理制度的宣贯工作，并予以记录。

管理制度一般包括试验室工作职责、主要岗位人员职责、试验检测工作制度、人员管理制度、仪器设备管理制度、样品管理制度、档案资料管理制度、安全生产管理制度、工作环境管理制度等，在明确责任的同时还应积极营造"诚实守信、科学规范"的工地检测文化氛围，将"科学、客观、严谨、公正"的理念融入具体试验检测工作中。

2.8.3　集中式拌和站建设

公路工程施工中所涉及的集中式拌和站，主要包括水泥混凝土拌和站（图 2.5）、无机结合料稳定类材料拌和站及沥青混合料拌和站。在公路工程施工中推行水泥混凝土、无机结合料稳定类材料及沥青混合料集中生产，不仅使拌和料机械化、自动化及高效率化，而且还能控制拌和料质量及原材料用量，特别适用于工程量大、工期长、工地集中的大、中型公路工程。

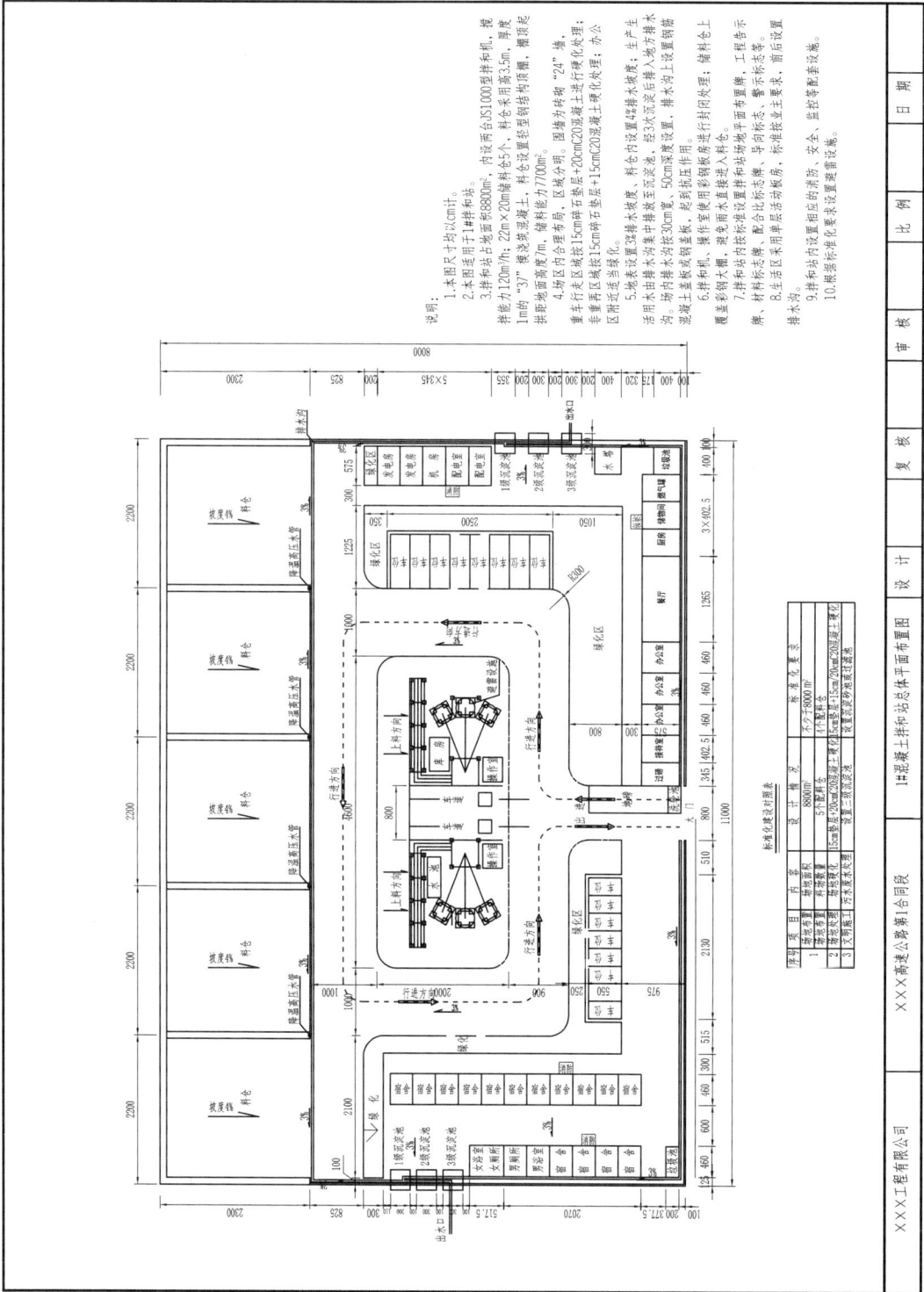

图2.5　某水泥混凝土拌和站平面布置图

1) 选址

集中式拌和站建设具有临时性和建设费用高的特点,拌和站布局的合理性将直接影响拌和站的生产效率。所以,建设方案要进行技术和经济比较与分析,确保布局合理、技术先进、经济合理,以满足施工需要。

①施工总体布置合理,拌和站要选在空旷、干燥、交通便利,并远离工厂、居民区、经济农作物及畜牧业集中的区域,避免对当地居民的生产、生活和居住环境带来不利影响。

②拌和站宜处于地势较高、水源丰富、排水畅通的区域,同时最好避开高尘地段,减少对场内原材料的二次污染。

③尽量靠近主体工程量大的位置,并考虑公路和便道运输便利。

2) 场地规划

拌和站规划应结合现场条件、施工特点及工地标准化的要求,根据拌和站类型、存储骨料种类数量、占地面积等因地制宜,力求紧凑,满足装备生产工艺和生产效率要求。布局方式有一字形、二字形、T形等。根据设备及生产量的要求,场地面积一般选 10~20 亩(1 亩≈666.7 m^2)。

(1)区域设置

场地划分为作业区、材料计量区、存料区、车辆停放、检修区、生活办公区。合理设置给排水系统、污水处理(沉淀池)系统、供电系统、运输道路系统。各区域的设置应符合安全文明工地建设要求,合理利用设备区域布置水池、排水沟、集水坑,电线路和管路规划设计与主机距离尽量要短。

整个场地范围内应设 1.5% 的排水坡,场地四周设置排水沟。尽量实现工厂化封闭式管理,作业区围墙高 1.8 m、生活、办公区围墙高 2.2 m。工地试验室可设在拌和站内或尽量靠近拌和站,以便检测、取样、生产监控。

全面考虑不同地区季节性施工的要求,如北方冬季的保温措施、南方夏季的降温措施。变压器、锅炉房、油罐等的设置安全距离应符合相关规范规定,并远离办公区和生活区。

(2)通道规划

站内通道包括进出场通道、进料通道、上料通道、出料通道及其他通道,通道布设要满足材料运输车辆、混凝土搅拌运输车的净空、载重及会车要求。场地重载区域和进出场道路用 C20 硬化 20 cm 厚,其余区域可考虑 10 cm 硬化厚度。穿越通道的水电路预埋管路要做好保护措施。

(3)料仓规划

材料存储区料仓容积要根据生产量要求设计,同时考虑季节备料和料源情况及运输条件。

一般设计料仓隔墙厚 50~60 cm,隔墙高 2.2~3 m,考虑上料速度和装载机工作效率,进深按 15~25 m 设计,地面设置 1.5% 的坡度。每种料设合格仓和待检仓,料仓容积按如下经验公式估算。各料仓应设材料标识牌和原材料的样品。

$$Q = G \times A \times (1+i) \times N / \gamma \qquad (2.1)$$

式中　Q——料仓容积;

　　　G——施工组织安排生产高峰期的日产量,m^3;

　　　A——施工配合比每立方米材料用量,kg;

　　　i——操作损耗,各类碎石取 1%,砂取 3%;

N——材料检验时间,按天计;

γ——骨料松散容积,kg/m³,碎石取经验值 2200 kg/m³,砂取经验值 1700 kg/m³。

按照环保的要求可设置半封闭和全封闭的材料大棚。大棚高度可根据运输车辆的卸料高度设计为 7~8.5 m,料仓前合理布置水沟。为满足进料和上料要求,减少交叉干扰,料仓和配料机的通道间距要保证在 20 m 左右。

3)拌和机设备选型

(1)水泥混凝土拌和机

水泥混凝土拌和机设备的选型应按混凝土施工组织设计进度安排的供应强度确定,以小时生产能力或月生产能力表示,其划分标准见表 2.10。

表 2.10　混凝土搅拌站的规模划分

规模定型	小时生产能力/ m³	月生产能力/万 m³
大型	>180	>4.5
中型	50~180	0.8~4.5
小型	<50	<0.8

每个拌和站宜配置 2 套搅拌设备,以保证孔桩、梁等混凝土连续供应。一般混凝土方量在 10 万 m³ 以上的拌和站必须设 2HZS120 型以上搅拌机组,才能满足要求。搅拌设备选择应综合考虑方量、峰值、运距等因素。拌和站型号命名规则以 2HZS120 为例:2 表示两台主机,HZ 表示混站,S 表示双卧轴式,120 表示理论生产力(m³/h)。

水泥混凝土拌和站包含搅拌机、供料系统、储料系统、配料与计量系统、气路与液压系统、控制与信息系统、内置及外部信息监控系统等,其设施和设备应成套配置,满足生产需求。水泥混凝土拌和站配置的搅拌主机如采用两台并联方式,搅拌机之间的净距不宜小于 1.5 m,搅拌机与封闭外包装墙的净距不宜小于 0.8 m,以保证巡视、检修人员工作。

液料存储装置应包括外加剂箱和地面水池,外加剂箱每台配置 2 个,容量大于 1 t,应满足连续生产需求。地面水池容量不小于 1 个工作台班生产及清洗设备的用水量要求。

水泥、粉煤灰、矿粉等粉料储存应采用储料罐形式螺旋上料,粉料仓的有效储量应满足混凝土连续生产要求用量,储料罐的数量宜为 4 ~6 个。为防止入料飞溅,出料斗与混凝土搅拌运输车进料口间距宜为 5~10 cm,并用软胶皮过渡。

(2)无机结合料稳定类材料拌和机

无机结合料稳定类材料拌和站拌和设备按工艺性能,可分为非强制跌落式、强制间歇式和强制连续式。公路工程中常使用强制连续式,按其生产率大小,可分为小型(生产率小于 200 t/h)、中型(生产率 200~400 t/h)、大型(生产率 400~600 t/h)和特大型(生产率大于 600 t/h)。部分国内生产的无机结合料稳定类材料拌和设备型号和主要性能参数见表 2.11。

表 2.11 部分国内生产的拌和设备型号及主要性能参数

型号	生产能力 /(t·h⁻¹)	级配种类	计量精度	装机功率 /kW	总质量 /t	生产厂家
WBS200	200~250	4	≤3%	54.1	29	汕头市×××机械修配厂
WBC300	300	4	≤3%	120	42	安徽省××机械厂
WQB400	400	4	—	70	48.3	沈阳××筑路机械制造厂
WCB600	600	4	≤1%	150	—	潍坊××机械有限公司

（3）沥青混合料拌和机

沥青混合料拌和设备按生产能力,可分为小型(生产率在 40 t/h 以下)、中型(生产率为 40~400 t/h)和大型(生产率在 400 t/h 以上)。按混合料生产方式,可分为强制间歇式和连续滚筒式。高等级公路建设应使用强制间歇式,连续滚筒式多用于低等级公路及场地建设。部分国内外生产的沥青混合料拌和设备型号及主要性能参数见表 2.12。

表 2.12 部分沥青混合料拌和设备型号及主要性能参数

型号	计量精度/%	生产能力 /(t·h⁻¹)	燃料	出料温度/℃	装机总功率 /kW	运行控制方式
QLB1000	骨料±0.5、粉料 ±0.3、沥青±0.2	60~80	柴油、标准 重油、煤粉	140~180	268	微机+PLC 控制,全自 动、半自动、手动均可
QLB3000	骨料±0.5、粉料 ±0.3、沥青±0.2	180~240	柴油、标准 重油、煤粉	140~180	720	微机+PLC 控制,全自 动、半自动、手动均可
QLB5000	骨料±0.5、粉料 ±0.3、沥青±0.2	260~320	柴油、标准 重油、煤粉	140~180	830	微机+PLC 控制,全自 动、半自动、手动均可

4)拌和站内施工标牌

①拌和场地施工标牌要结合监理规程有关原材料及混合料报验制度的规定,在材料堆放处设立原材料品名牌及报验牌,在拌和设备前设混合料配合比标牌,并严格按施工配合比施工。

②不同规格的材料应设置明显的标识牌,原材料报验牌上应注明材料品名、用途、规格、产地、检验时间、检验结果、监理工程师是否同意使用等内容。

2.8.4 装配式构件预制场建设

装配式构件预制场主要包括大型构件预制场和小型构件预制场,其中大型构件预制场主要是指预制梁场,小型构件预制场主要是指桥梁栏杆预制场、防护栅栏预制场、边坡防护构件预制场等。这些装配式预制构件都是公路工程中的重要结构构件,其预制场地建设是保证公路工程质量的关键环节。

1)预制梁场建设

预制梁场是装配式预制混凝土桥梁施工的重要组成部分,预制梁场的建设在整个项目中占有重要的地位。选址、预制梁场规模大小的确定、总体布局、管理对整个工程的质量、计划、进度、费用、环保、文明施工起着关键性的作用。实践统计表明,一般预制梁场投资占工程估计的25%,预制梁场建设周期占完成制梁周期的20%。

（1）预制梁场选址

预制梁场场址选择合理与否直接关系到整个项目的工期、成本和效益。预制梁场选址应综合考虑技术层面和经济层面的因素,根据企业管理水平和项目实际情况,对场址选择的确定性因素和不确定因素分别进行科学统筹量化后,遵循"科学管理、施工方便、安全环保"的原则,结合《高速公路施工标准化技术指南》的具体要求,综合规划、合理布局以保证项目工期。

预制梁场选址应考虑的主要因素有项目进度计划、桥梁工程数量及其平面分布、项目影响架梁控制性重点工程、三通一平及超大型机械设备进场条件、征地拆迁赔偿、预制梁场场地地质条件及整平场地土石方工程量。

公路工程通常将预制梁场分为路基外预制场、路基上预制场、桥下预制场、桥上预制场及远距离预制场,各种类型的预制梁场其优缺点见表2.13。

表 2.13　公路工程常用预制梁场的类型

序号	类　型		适用条件	优缺点
1	路基上预制场		地形条件受限,路基宽度较宽且预制梁数量较少	1.运梁距离短; 2.不征地; 3.受路基施工干扰较严重
2	路基外预制场	路基外侧预制场	路基外侧地形满足要求	1.适用范围广; 2.运梁方便
3		桥下预制场	桥下净空足够	1.场地通常都比较窄长,预制梁场布局受限; 2.不征地,充分利用已有资源
4		桥上预制场	受周围环境限制,无场地且远距离制梁经济性特别差时	1.运梁十分困难; 2.安全风险高; 3.要求台座可活动,大梁安装采用跨墩龙门吊较方便
5		远距离预制场	预制梁数量非常大,适用范围广,特别适合于城市立交桥	1.场地不受限制,有利于集中管理; 2.运输距离远,运输费用大

（2）预制梁场规划布局

①预制梁场规模控制。预制梁场规模主要指制存梁台座数量以及制预制梁场占地面积。为节约投资制梁台座和存梁台座,要根据工期和模板等设备合理设置。在满足工期要求的前提下,要尽量节约占地,减少土地复耕。占地面积一般宜控制一定范围,且不得超出设计文件提供的用地面积。

根据梁预制场各生产区面积统计数据,预制场中制梁区与存梁区合计面积占总生产区面积的80%左右。因此,预制场规模主要是由制梁台座与存梁台位数量来确定。梁的预制与架设能力应相匹配,存梁数量以1~2个月的架梁数量为宜。

如何确定制梁台座、存梁台位数量,原则上应该根据施工组织设计以及工期安排设定,也可以参照公式(2.2)估算。但是应以施工组织设计做必要的调整。

$$N_1 = \varphi \, T_1 , N_2 = \varphi \, T_2 K_1 \qquad (2.2)$$

式中　N_1——梁预制场制梁台座数量,个;

　　　N_2——梁预制场存梁台位数量,个;

　　　φ——每日预制梁数量,片/日;

　　　T_1——预制每片梁占用单个制梁台座时间,个·日/片;

　　　T_2——每片梁占用单个存梁台位时间,个·日/片;

　　　K_1——存梁系数,单层存梁时取 1,双层存梁时取 0.6~0.7。

②预制梁场平面布置。预制梁场布置应结合桥梁施工进度、预制梁施工组织流程及施工场地自然条件来进行,以"制梁速度快、质量高和建成费用低"为目的。因此,确定预制梁场布置时主要考虑建设投资费用、整体性因素、交通便利和安全、舒适性等原则。

预制梁场平面布置因地形、生产工艺不同而不同,不能拘泥于某种特定形式。但是预制梁场平面布置也得遵守一定的规律,考虑一些必要的因素,达到"简洁实用,紧凑合理"的目的。不同的移梁方案对预制梁场的布置、移梁设备的选择有着重大影响。移梁方案一般有两种:一是采用滑移梁方案,即移梁台车加专用移梁滑道;二是采用吊移梁方案,即用提梁机吊移梁。

总体来看,预制梁场设计布置有两种基本方式,即横列式和纵列式布置。纵列式布置方式是台座的长度方向顺线路走向,横列式台座的长度方向垂直于线路走向。横列式适合于预制梁场远离线路的情况,而纵列式适合于预制梁场靠近线路的情况。

③预制梁场功能分区。预制梁场内各区域根据不同的职能,可划分为基本生产区、辅助生产区、办公生活区三大部分以及场内便道及其他(图 2.6)。

a.基本生产区:又可划分为钢筋加工区、制梁区、存梁区、提梁区。其中,钢筋加工区是将原材料钢筋按照成品梁的设计要求制作成需要的尺寸和形状的区域,该区域主要布置有钢筋制作区、钢筋存放区、梁体钢筋绑扎区等。制梁区是预制梁场的主要组成部分,是预制施工作业的主要场所,该区域主要设置制梁台座、模板清理存放区等,以及预制梁施工的各种关键性机械设备等。存梁区是用来存放预制梁的区域,该区域包括两种状态的预制梁:一是预制完成但还不能架设的静置预制梁;二是已达到技术要求的时间可以架设但还没有被架设的那部分预制梁,该区域主要包括存梁台座及提梁机行走便道。提梁区主要实现预制梁的转运和装车作业,包括箱梁装车区和提梁站。

b.辅助生产区:主要是为保证制梁作业顺利进行所需要设置的其他辅助性设施设备。该区域主要布置有混凝土搅拌站、砂石存放区、试验室、锅炉房、变压站、钢构件存放区、材料场和库房等。

c.办公生活区:包括办公区和生活区,可分开布置,也可合在一起布置,主要满足预制梁场员工的办公、学习、生活、休息和娱乐需要的场所。该区域活动板房多以两层为主。

d.场内便道及其他:场内便道用于与外界以及场内各功能区联系的通道。制作预制梁所需的各类原材料、设备等需要通过场内便道运输到各个功能区,预制梁的运出及相关功能区之间物料的运输均需要通过场内便道来实现。其他是指预制梁场内的绿化带、排水设施、边角未被利用的地方等。

梁场平面布置图 1:1000

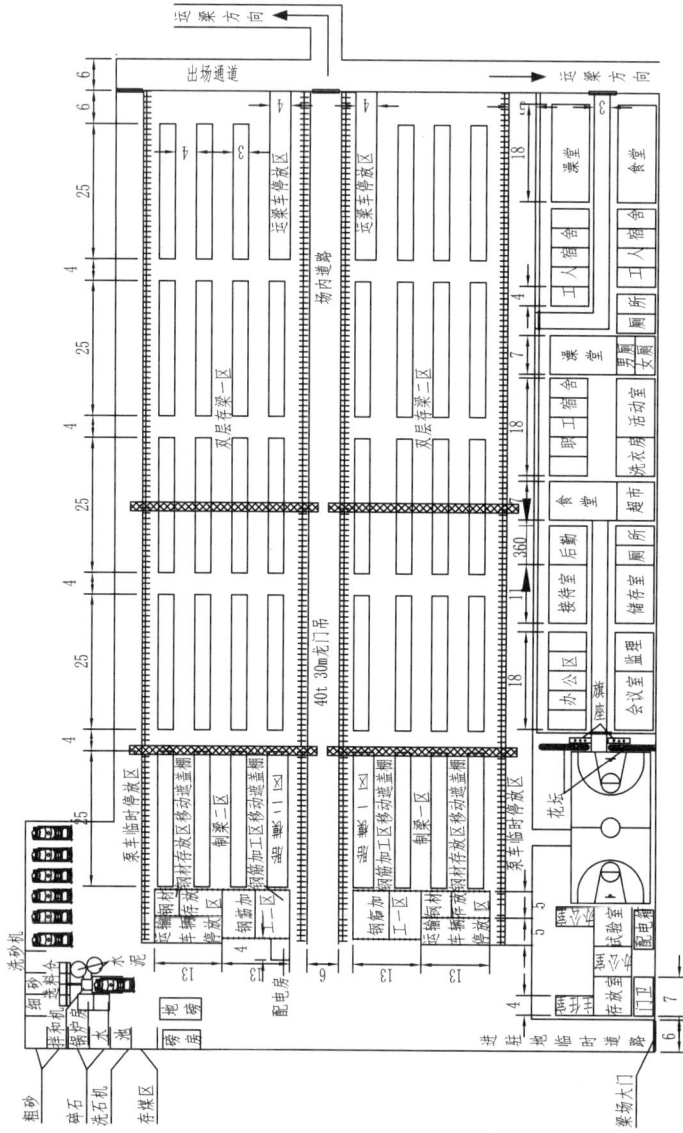

梁场平面布置

运梁方向

出场通道

运梁方向

场内道路

双层存梁区 ③

运梁车停放区

双层存梁区 ①

运梁车停放区

40t 30m龙门吊

泵车临时停放区

制梁一区

制梁二区

预制梁场及拌和站区移动遮阳雨蓬

钢筋加工区移动遮阳雨蓬

预制梁场及拌和站区移动遮阳雨蓬

钢筋加工区移动遮阳雨蓬

预制梁场及拌和站区运输钢筋材料车辆及材料存放停放区

钢筋材料车辆及材料存放停放区

钢筋加工一区

钢筋加工二区

试验室

运输钢筋材料车辆及材料存放停放区

泵车临时停放区

洗砂机

粗砂

细砂

碎石

水泥

洗石机

储水池

水泥

搅拌机

搅拌房

地磅

配电房

地磅

钢材存放室

工区

库房

试验室

配电间

进站临时道路

梁场大门

办公区

办公室

会议室

监理室

花坛

接待室

储存室 后勤

厕所

超市

职工宿舍

浴室

洗衣房

活动室

男卫生间 女卫生间

食堂

厕所

工人宿舍

浴室

工人宿舍

食堂

说明：
1. 本图尺寸单位以m计。
2. 预制梁场及拌和站地设于K0+117.68~K0+198.68左侧，与线路平行布置，场地整平行布置。场地全部采用C20混凝土硬化，硬化过程设1%坡度，场地四周设排水沟引沉淀池。
3. 预制梁场及拌和站共占地3910m²，其中生活办公区面积1942m²。
4. 全线共有箱梁80片，均为25m箱梁。
5. 预制梁场设25m通用梁台座6个，双层存梁区32个双层存梁台座，40t龙门吊4台；HZS60混凝土搅拌楼座，钢筋加工场2个。
6. 制梁台座6个，2个存梁区与主水管连接收设开关，场内设30m 40t龙门吊4台；HZS60混凝土搅拌楼座，冬季施工时采用蒸汽养护，蒸汽养护管与养护水管共用。

某公路梁场平面布置

XX工程有限公司

XX高速公路

梁场平面布置图

梁场平面布置

设计

复核

复核

审核

比例

图号

图2.6 某公路梁场平面布置

（3）其他要求

①场站临时用电应符合《建设工程施工现场供用电安全规范》（GB 50194—2014）的规定。

②场站消防设施应满足《建设工程施工现场消防安全技术规范》（GB 50720—2011）的有关规定，配置相应的消防安全标志和消防安全器材，并经常检查、维护、保养。

③施工机械设备产生的废水、废油及污水应经过处理后排放，不得直接排入河流、湖泊或其他水域中，不得排入饮用水源附近的土地中。

④预制梁场内标识、标牌设置明确，标识清晰，可参考表 2.14 的规定。

表 2.14　预制梁场标识标牌标准

标识名称	尺寸（长×宽）/cm	颜色、字体要求	标识内容及要求	设置位置
预制场简介牌	200×150	蓝底白字	预制梁板数量、供应主要构造物情况及质量、安全保障体系	场地入口处
施工平面布置图	80×60	蓝底白字	—	场内
工艺流程图	80×60	蓝底白字	预制、张拉、压浆工艺流程	相应操作处
操作规程	80×60	蓝底白字	各机械设备操作要求	机械设备旁
材料标识牌	60×50	蓝底白字	—	材料堆放处
混凝土配合比牌	150×150	蓝底白字	—	拌和楼旁
钢筋大样图	60×50	蓝底白字	所加工钢筋尺寸、型号及使用部位等	钢筋（半）成品旁
消防保卫牌	200×150	蓝底白字	底部应有火警电话 119	场内
安全警告警示牌	按国标制作	—	—	各作业点

2）小型构件预制场建设

（1）场地选址

①小型构件预制场选址应以方便、合理、安全、经济及满足工期为原则，结合合同段工程量及运输条件综合选址。

②应满足用地合法，周围无塌方、滑坡、落石、泥石流、洪涝等地质灾害；无高频高压电源及其他污染源，离集中爆破区 500 m 以外，不得占用规划的取、弃土场。

③小型构件预制场可与梁场、水泥混凝土拌和站合并设置，以便于集中管理，保证质量，提高预制效率。

（2）场地建设

①宜采用封闭式管理、场地内应按构件生产区、存放区、养护区、废料处理区等科学合理设置，功能明确，标识清晰。

②预制场的建设规模应结合小型构件预制数量和预制工期等参数来规划，场地面积一般不小于 2 000 m^2。

③场内路面宜做硬化处理，主要运输道路应采用不小于 20 cm 厚 C20 混凝土硬化。基础不好的道路应增设碎石掺石屑垫层，场内不允许积水，四周宜设置砖砌排水沟，并采用 M7.5 砂浆抹面。

④生产区根据合同段设计图纸确定的预制构件种类设置生产线，同时配备小型拌和站 1 座（尽可能利用既有拌和站）。

⑤养护区采用自动喷淋养护系统结合土工布覆盖对构件进行养护，确保构件处于湿润状态。

⑥成品按不同规格分层堆码,堆码高度应保证安全,预制件养护期不得堆码存放,以防损伤。运输过程中应采取措施防止缺边掉角。

（3）其他要求

①小型构件预制应选用振动台,振动台电机功率应经过现场试验。对振动台的性能进行分析与比选,确定振动台的电动功率,一般为 1.2~1.5 kW,振动台数量根据预制构件生产数量确定。

②模板必须使用钢模或高强度塑料模具,入模前应进行拼缝检查。对拼缝达不到要求的,辅以双面胶或泡沫剂。应选用优质脱模剂,保证混凝土外观。在周转间隙应有覆盖措施,防止雨淋、生锈、被污染。

2.8.5 钢筋加工场建设

钢筋加工场是公路工程施工的重要临时设施。根据目前公路工程标准化施工的要求,钢筋必须进行集中加工,以控制钢筋的加工质量。钢筋加工场的建设应按照相关要求建设成为标准化钢筋加工场(图 2.7)。

1)基本规定

①钢筋加工场数量应根据工程规模及工期统筹安排,标准化钢筋加工场面积应不小于 2 000 m²,采用封闭式管理,配备专门的技术人员及管理人员,对施工范围内的钢筋进行集中加工。

②钢筋加工场功能区划分应包括加工制作区、原材料堆放区、半成品及成品堆放区、废料堆放区、运输及安全通道等。废料堆放区设置于场外。对钢筋加工场安装全范围无死角视频实时监控。

③钢筋加工场应成立专业化组织管理机构,并配备满足生产要求的管理人员和生产工人。

2)场地布置

钢筋加工场建设应符合标准化施工的要求,可参照本模块 2.8.2 节执行。

3)机械配备

标准化钢筋加工场应配备数控钢筋弯曲机、数控钢筋弯箍机,其余机械设备视具体情况而定,可参考表 2.15 配备。

表 2.15　常用的标准化钢筋加工场设备配备

序号	机械名称	规格型号	数量	功率/kW	备　注
1	数控钢筋弯曲机	YGTB-32	1	14	弯曲直径 10~32 mm
2	数控钢筋弯箍机	YGTG-12	1	23	单线加工能力 5~12 mm 双线加工能力 5~10 mm
3	钢筋切断机	GQ55	2	3	
4	钢筋调直机	JT4-10	2	3	
5	电弧焊机	BX1-500	5	15	
6	闪光对接焊机	UN-100	2	100	
7	直螺纹滚丝机	HGS-40	2	4	
8	单梁桥式起重机	5T/20 m	2	5	
9	发电机	—	1	120	

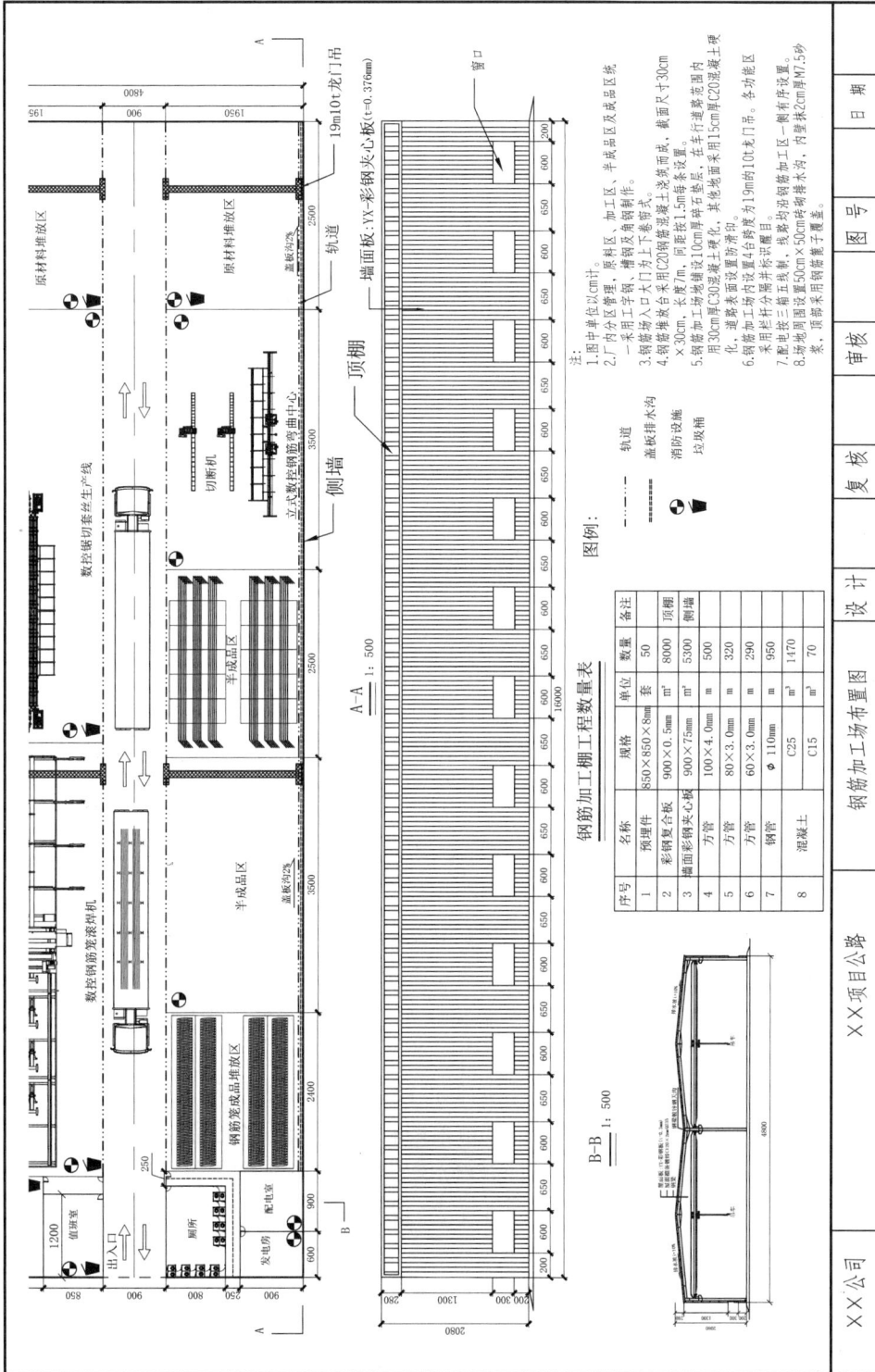

图 2.7 某钢筋加工场总体布置图

钢筋加工棚工程数量表

序号	名称	规格	单位	数量	备注
1	预埋件	850×850×8mm	套	50	
2	彩钢复合板	900×0.5mm	m²	8000	顶棚
3	墙面彩钢夹心板	900×75mm	m²	5300	侧墙
4	方管	100×4.0mm	m	500	
5	方管	80×3.0mm	m	320	
6	方管	60×3.0mm	m	290	
7	钢管	φ110mm	m	950	
8	混凝土	C25	m³	1470	
		C15	m³	70	

图例：

———— 轨道

——————— 盖板排水沟

🔺 消防设施

🔺 垃圾桶

注：
1.图中单位均以cm计。
2.厂内分区管理，原料区、加工区、半成品区及成品区划分，一条用工字钢、槽钢及角钢等式。
3.钢筋场入口处用C20钢筋混凝土浇筑而成，截面尺寸30cm×30cm，同配筋1.5m每条设置。
4.钢筋堆放台采用C20混凝土硬化，长度7m，在半行道设置石垫层。
5.钢筋加工场地面采用10cm厚单石垫层，其他地面采用15cm厚C20混凝土硬化，速表面采用C30混凝土硬化。
6.钢筋加工场内设置4台跨度为19m的10t龙门吊，各功能区速度面设置防滑村。
7.配电箱分离并标识醒目，线路沿钢筋加工区一侧南序设置。
8.场地周围设置50cm×50cm砖砌排水沟，内壁2cm厚M7.5砂浆，顶部采用钢筋篦子覆盖。

A—A 1:500

B—B 1:500

原材料堆放区

原材料堆放区

19m10t龙门吊

轨道

盖板沟2%

半成品区

数控钢筋笼弯曲中心

数控锯切套丝生产线

切断机

立式数控钢筋笼弯曲中心

侧墙

顶棚

墙面板：YX-彩钢夹心板(τ=0.376mm)

窗口

数控钢筋笼滚焊机

半成品区

盖板沟2%

钢筋笼成品堆放区

值班室

出入口

厕所

发电机室

配电室

2.8.6　临时交通设施建设

临时交通设施是为公路工程施工中所需的人员、材料、机械及设备顺利进场而修建的运输通道,主要包括便道、便桥及临时码头的建设。

1)便道建设

(1)一般规定

①施工便道建设应满足施工需要,尽量结合地方道路规划进行专项设计,尽可能地提前实施,完工后尽量留作地方交通使用。新建便道、便桥尽量不占用农田、少开挖山林,节约资源,保护环境。

②施工便道应充分利用既有道路和桥梁,避免与既有铁路线、公路平面交叉,对当地居民生活造成困扰。

③施工便道、便桥应结合施工平面布置,满足工程施工机械、材料进场要求。

④施工便道分为主干线和引入线,主干线尽可能靠近合同各主要工点,引入线以直达施工现场为原则,并考虑与相邻合同段施工便道的衔接。

⑤施工便道应畅通,旧、危桥应加固处理。

(2)建设标准

根据地形条件,确定便道平纵线形及横断面宽度:

①便道分为双车道和单车道两种标准。双车道路基宽度不小于 7 m,路面宽不小于 6 m;单车道便道路基宽度不小于 4.5 m,路面宽度不小于 3.0 m,原则上每 100 m 范围内应设置一条长度不小于 20 m、路面宽度不小于 5.5 m 的错车道。

②便道在急弯、陡坡处应视地形情况适当加宽,并进行硬化处理。

便道路面最低标准应采用泥结碎石或级配碎石。在条件允许的情况下,便道路面可采用隧道洞渣或矿渣铺筑。特大桥、隧道洞口、拌和站和预制场等大型作业区进出便道 200 m 范围路面宜采用不小于 20 cm 厚 C20 混凝土硬化。

便道两侧设置排水系统,在汇水面积较大的低凹处设置涵洞,以满足排水泄洪要求。

(3)其他要求

①施工期间应指定专人(队)负责施工便道的日常检查和养护,及时修复路面坑槽、清理排水沟和涵洞的淤泥、杂物,保障便道通畅。

②每个合同段至少配备 1 台洒水车用于晴天洒水,做到晴天少粉尘,雨天不泥泞,日常无投诉。

③对施工便道应统一进行数字编号,并标明便道通往的方向和主要工程名称。

④便道路口应设置限速标志,与建筑物、城市道路转角、视线不良地段应设置明示标志,跨越(临近)道路施工应设置警告标志,道路危险段应设置防护及警告标牌。途经小桥,应设置限载、限宽标志;途经通道,应设置限宽、限高警告标志。路线明确变化、便道平面交叉处,应设置指路和警告标志。

2)便桥建设

(1)建设标准

①便桥结构按照实际情况专门设计,同时应满足排洪要求,人行便桥宽度不小于 2.5 m,人车混行便桥宽度不小于 4.5 m。若便桥长度超过 1 km,宜适当增加宽度。

②便桥高度不低于上年最高洪水位,桥头设置限高、限重、限超速标牌,桥面设立柱间距 1.5~2.0 m、高 1.2 m 的护栏防护,护栏颜色标准统一,在适当位置设置醒目的警示反光标志。

（2）便桥类型

便桥类型有墩架式梁桥、装配式公路钢桥（俗称贝雷桥）（图 2.8）、浮桥和索桥。目前常采用贝雷梁片建设便桥。

图 2.8 贝雷桥

贝雷桥是两片主桁架之间通过横梁联系，在横梁上面配置纵梁和桥板，并由撑杆及系材固定。两侧主桁架可由单排、双排或三排并列配置，也可架成双层或三层桁架，提高承载能力。

贝雷桥结构由高强钢材制成轻便的标准化桁架单元构件及横梁、纵梁、桥面板、桥座及连接件等组成。

贝雷桥基础常采用混凝土基础和钢管桩基础，施工方法与墩架式梁桥的基础相同。

贝雷桥墩台类型和施工方法与墩架式梁桥的墩台相同。

贝雷桥架设常采用吊机架设法。架设方法和步骤如下：

①利用履带机打设架设孔的钢桩基础和墩身。

②架设第一孔时，在岸边陆地上拼装第一孔两侧桁架，利用履带机安装两侧桁架。在第二孔和其他孔时，利用已架设好的孔拼装架设孔两侧桁架，再利用位于前一孔的履带吊机安装架设孔两侧桁架。

③安装架设孔的横梁、纵梁、桥面板及连接件等。

④在架设下一孔时重复以上步骤。

3）临时码头

临时码头是指当建设工程处在通航地区，为利用水上运输工具进行材料运输，或桥下施工需要工程拖轮和工程驳船运输材料和构件时进行装卸工作而修建的临时性码头。

公路临时码头常采用重力式码头和高桩码头，主要根据使用要求、自然条件和施工条件综合考虑。

重力式码头：由胸墙、墙身、抛石基床、墙后回填体等组成，靠建筑物自重和结构范围内的回填料重量和地基强度保持稳定性。按其墙身结构，分为整体砌筑式、方块砌筑式、沉箱式和扶壁式等。大多采用混凝土或钢筋混凝土预制构件，在施工现场进行安装。整体砌筑式码头常就地浇筑混凝土或采用砌筑块石，一般需要进行干地施工，工程上采用较少。方块砌筑码头由预制混凝土方块或采用天然块石砌筑而成。为节省混凝土数量和增大墙身宽度，常采用空心方块，现场安装后空心部分用砂石料回填。重力式码头整体性好，结构经久耐用，损坏后易于修复，但要求有良好的地基，材料用量较大，一般适用于地基条件好、当地有大量砂石料可供利用的地区。

高桩码头：主要由基桩和桩台两部分组成。根据结构特征，高桩码头分为透空式和挡土式两大类。透空式码头又称栈桥式码头，桩台下是透空的，波浪和水流可穿透过去，对波浪不发生反射，河道上不影响泄洪，可减少港池回淤。码头下岸坡自身保持稳定，码头结构不承受侧向土压力，在工程上得到广泛应用。挡土式码头承受一定的侧向土压力。当采用板桩挡土结构时，又分为前板桩式和后板桩式高桩码头。前者板桩墙打设在桩台前沿，桩台下用土回填，很少采用,但在有严重冰冻和流冰地区,为保护桩基不受冰凌侵害,是一种合理的结构形式;后者板桩墙打设在桩台后沿,码头基本上仍属透空式结构。

基桩采用钢筋混凝土桩或钢管桩,钢管桩强度大,受力条件好,施工方便,但钢材用量大,造价高,易被海水腐蚀,一般适用于要求桩的入土深度和承载力大、施工速度快的深水码头。工程上广泛采用预应力钢筋混凝土桩。

桩台结构有梁板式、无梁大板式、框架式、承台式等。公路工程中临时码头常采用梁板式、无梁大板式和框架式桩台。梁板式桩台由横梁、纵梁、面板、靠船构件等组成,其优点是构造比较简单,桩顶节点高,施工较方便,适用于水位差较小地区;无梁大板式桩台将钢筋混凝土大块面板直接安装在桩帽上而不设纵梁和横梁,其优点是构造简单,施工速度快,但横向刚度小,承受水平力的能力较差,适用于承受垂直力为主、水位差较小的中小型码头;框架式桩台由框架、纵梁和面板组成,其优点是结构刚度大,承受水平力的能力强,并便于设置多层系船平台,但结构较复杂,要求施工水位低,适用于水位差较大、作用于码头上的水平力也较大的情况。

2.9 编写和提交开工报告

各项施工准备工作完成,并具备连续施工作业条件后,施工单位应按照施工承包合同规定的期限向监理工程师提交工程开工报告。开工报告的主要内容有封面、目录、工程开工申请表、工程分项开工申请批复单、施工技术方案申报批复单、施工放样报验单、进场人员一览表、承包人进场机械设备一览表、实施性施工组织设计或施工技术方案。

总监理工程师在对施工现场实际情况和开工报告进行审查后,将在投标书附录规定的期限内发布开工令。

2.10 工艺试验

工艺试验是依据技术规范的规定,在动工之前对路基、路面及其他需要通过预先试验方能正式施工的分项工程预先进行工艺试验(如路基填筑试验段),然后依其试验结果指导大面积施工。工艺试验应按以下要求进行:

①提出工艺试验的施工方案和实施细则并报监理工程师审查批准。

②工艺试验的机械组合、人员配额、材料、施工程序、预埋观测以及操作方法等应有两组以上方案,以便通过试验作出选定。

③试验结束后应提交试验报告,并经监理工程师审查批准。

练习与讨论

2.1 假设你被任命为项目经理,应如何组织项目的开工建设?

2.2 施工技术准备工作有哪些?你认为最重要的是哪部分内容?

2.3 公路工程施工中,需要建设哪些大型临时设施?建设时,应考虑哪些因素?

2.4 请规划设计一施工项目部并用 A3 图纸绘制平面布置图,要求包含所有施工管理部门,且满足管理人员 30 人、工人 100 人工作及生活要求。

2.5 请采用 BIM 技术,规划设计日产量达到 2000 m³ 的水泥混凝土拌和站。

模块 3　路基工程施工技术

【知识框架】

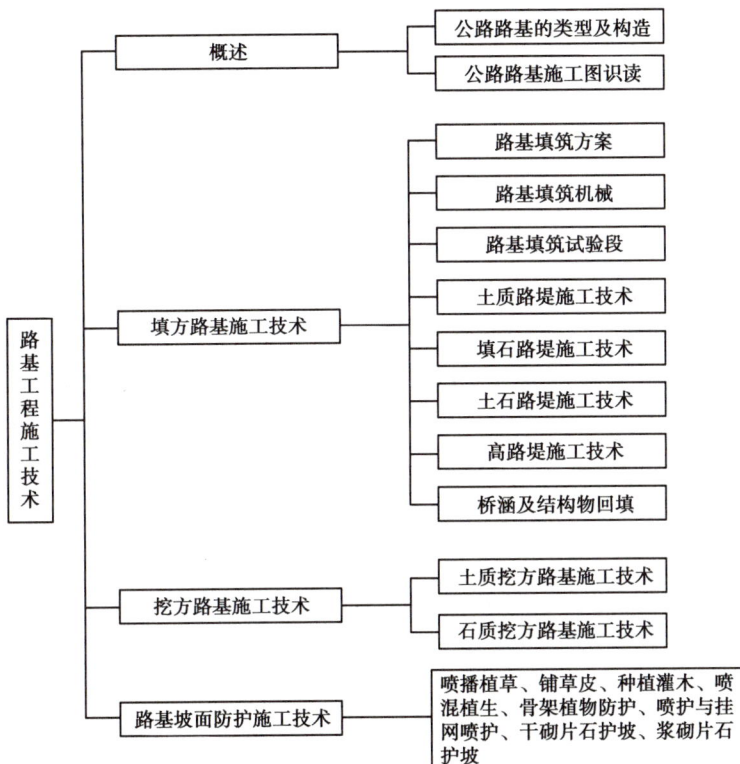

【专业术语】

1.一般路基:修筑在良好的地质、水文、气候条件下的路基。通常认为,一般路基可以结合当地的地形、地质情况,直接选用典型横断面图或设计规定。

2.特殊路基:位于特殊土(岩)地段、不良地质地段,或受水、气候等自然因素影响强烈,如高填方路堤、深挖方路堑,需要进行特殊设计及个别论证和验算的路基。

3.路基:按照路线位置和一定技术要求修筑的带状构造物,是路面的基础,承受由路面传来的行车荷载。

4.路床:路面结构层以下 0.8 m 或 1.2 m 范围内的路基部分,分为上路床及下路床两层。上路床厚度为 0.3 m;下路床厚度在轻、中等及重交通公路为 0.5 m,特重、极重交通公路为0.9 m。

5.高路堤:路基填土边坡高度大于 20 m 的路堤。

6.低路堤:填土高度小于路基工作区深度的路堤。

7.陡坡路堤:地面斜坡陡于 1:2.5 的路堤。

8.深挖路堑:边坡高度超过 20 m 的土质路堑或边坡高度超过 30 m 的岩石路堑。

9.路基设计高程:新建公路的路基设计高程为路基边缘高程,在设置超高、加宽地段,则为设置超高、加宽前的路基边缘高程;改建公路的路基设计高程可与新建公路相同,也可采用路中线高程;设有中央分隔带的高速公路、一级公路,其路基设计高程为中央分隔带的外侧边缘高程。

　　10.塑性指数:液限 ω_L 与塑限 ω_P 的差值(省去%符号),即土处在可塑状态的含水率变化范围,用符号 I_p 表示,即 $I_p = \omega_L - \omega_P$ 。

　　11.崩解性:又称湿化性,是指黏性土浸入静水后,土粒间的结构联结和强度丧失,使土体崩散解体的特性。

　　12.路基工作区:汽车荷载通过路面传递到路基的应力与路基土自重应力之比大于0.1的应力分布深度范围。

　　13.压实度:筑路材料压实后的干密度与标准最大干密度之比,以百分率表示。

　　14.预应力锚杆(索):由锚头、预应力筋、锚固体组成,通过对预应力筋施加张拉力以加固岩土体的支护结构。

【学习要求】

　　通过概述的学习,能够对路基的类型进行判别,在掌握路基构造的基础上能够正确识读公路路基施工图纸。通过填方路基施工技术的学习,能够根据实际工程正确选择路基填筑的施工方案,掌握土方路堤、填石路堤及土石路堤的施工工艺及质量控制要点。通过挖方路基施工技术的学习,能够根据挖方路基的土质,正确选择机械开挖、静力破碎及动态爆破的施工方法,掌握施工工艺流程及质量控制要点。通过路基坡面防护施工技术的学习,掌握公路路基坡面防护的类型,掌握目前公路工程常用骨架植物防护的施工工艺及质量控制要点。

3.1　概　述

路基施工

路基施工作业现场

　　路基工程作为整个公路工程的重要组成部分,也是路面工程的主要承载体,直接影响公路的稳定性、路面的平整度和耐久性。

　　公路路基施工具有复杂性和唯一性,且容易受自然条件和地质条件的影响。近年来,公路路基施工质量事故屡见不鲜,保证路基工程施工质量,有利于提高整个公路工程的施工质量,促进路面施工的顺利进行,防止因路基出现质量问题而发生返工,从而保证按照进度计划顺利完成公路工程施工任务。

　　所以,必须强化施工技术和施工质量安全的管理措施,把路基施工作为高速公路建设过程中的重点对象,进行有效的控制与监督,以提高路基施工水平,保证路基质量,进而提高整个公路工程质量。

　　路基施工质量的不稳定、不规范会直接导致路基工后发生过大的差异化沉降、开裂、塌方等质量事故,给人民财产及生命安全构成重大威胁。

　　每一个公路路基建设人员均应牢记建设使命,不负广大人民的重托切实提高路基规范化施工意识,加强施工质量管理,完善工作责任制度,全面落实公路工程施工技术规范及验收标准,将建设优质工程作为一切工作的中心。

3.1.1　公路路基的类型及构造

　　通常根据公路路线设计确定的路基高程与天然地面高程是不同的,路基设计高程高于天然地面高程时,需进行填筑;路基设计高程低于天然地面高程时,需进行挖掘。由于填挖情况的不同,路基横断面的典型形式有路堤、路堑和填挖结合3种类型(图3.1)。

　　路基横断面在横方向由行车道、中间带、硬路肩和土路肩组成(图3.2),各部分的宽度与道路等级、设计行车速度等有关。公路工程路基设计时,根据规范选用不同的数值。

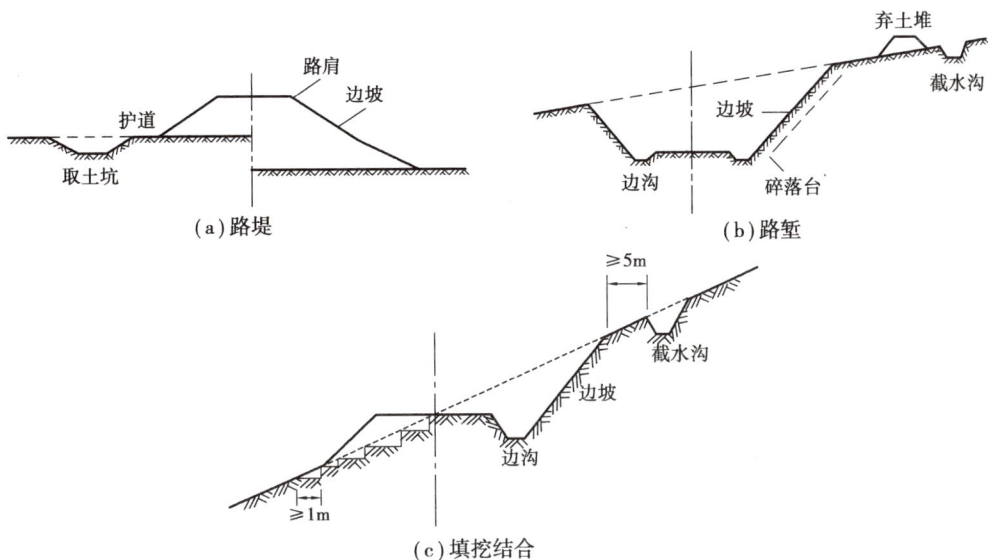

图 3.1　路基横断面的典型形式

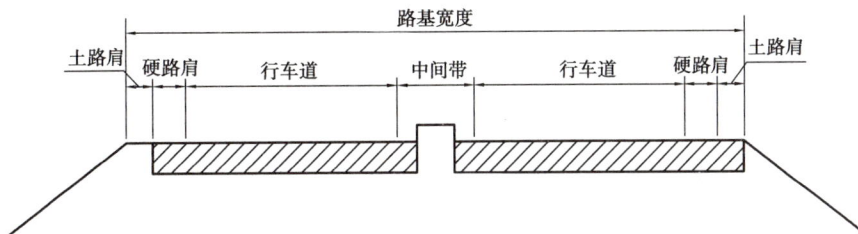

图 3.2　高速公路、一级公路整体式断面形式示意图

路基横断面竖向由路面和狭义的路基组成,路面以下部分的路基根据材料和使用要求又可分为上路床、下路床、上路堤和下路堤(图 3.3)。

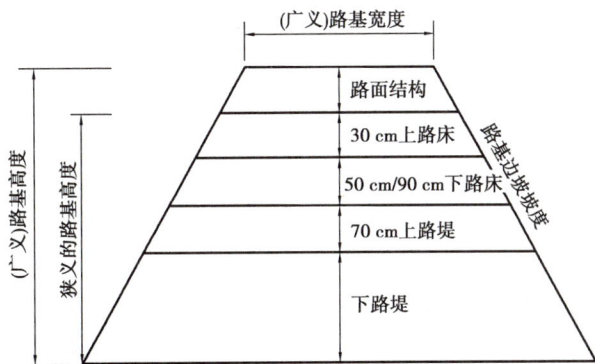

图 3.3　公路路基横断面竖向构造示意图

3.1.2　公路路基施工图识读

公路路基施工图一般有路基标准横断面图、路基设计通用图、路基横断面设计图 3 种主要类型(图 3.4 至图 3.6)。其中,路基标准横断面图是对路基整体设计及各功能区的全景展示;路基设计通用图是在路基标准横断面图的基础上对全线不同类型的路基进行分类后在设计范围内使用的通图;路基横断面设计图是对线路上某个具体的里程断面处路基的设计高程及几何尺寸进行的详细标识。

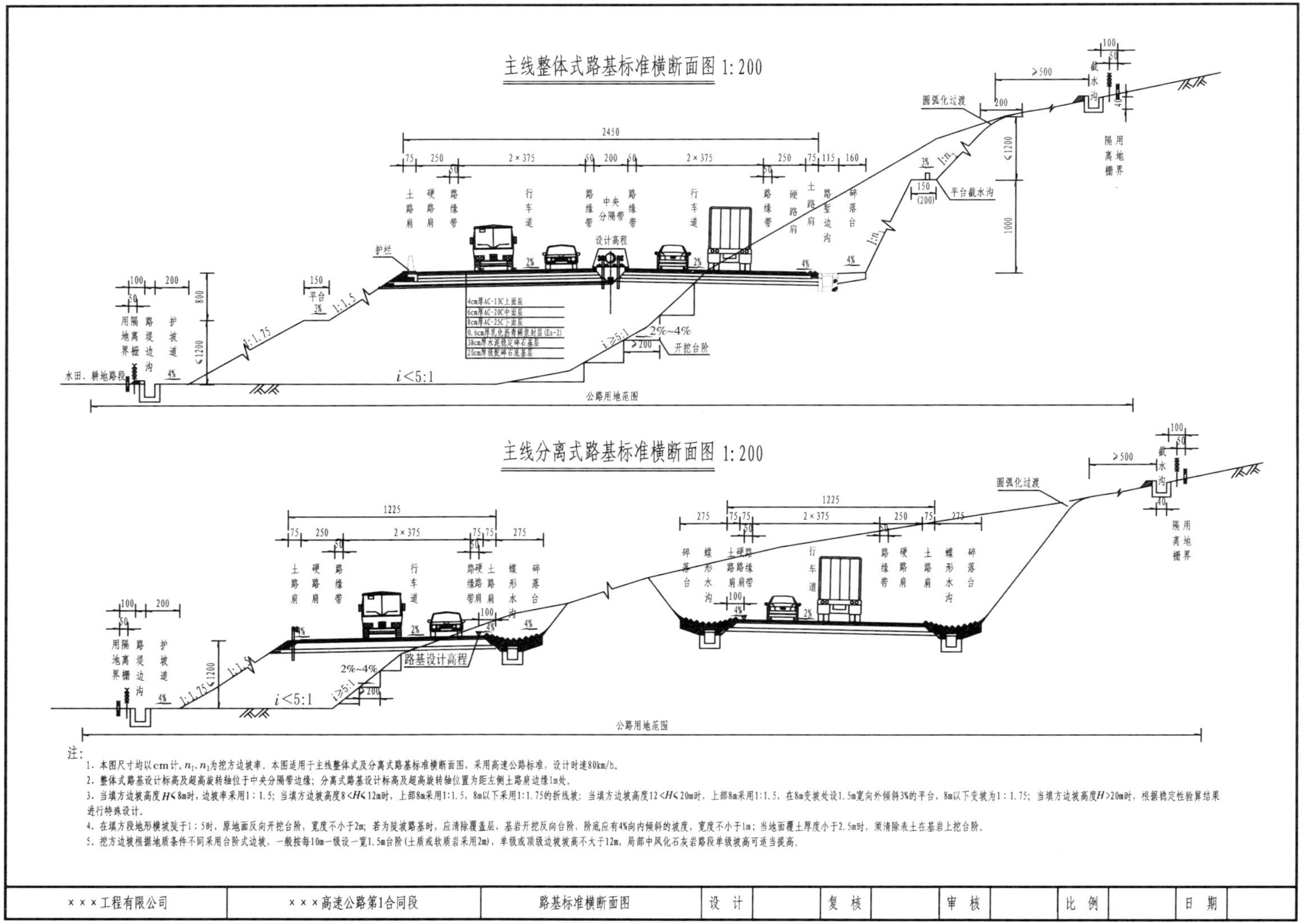

图3.4　某高速公路路基标准横断面图

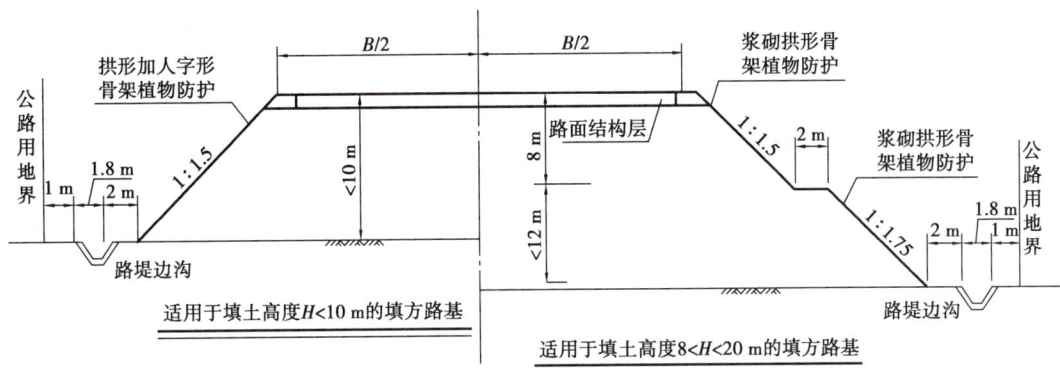

图 3.5 某高速公路路基设计通用图

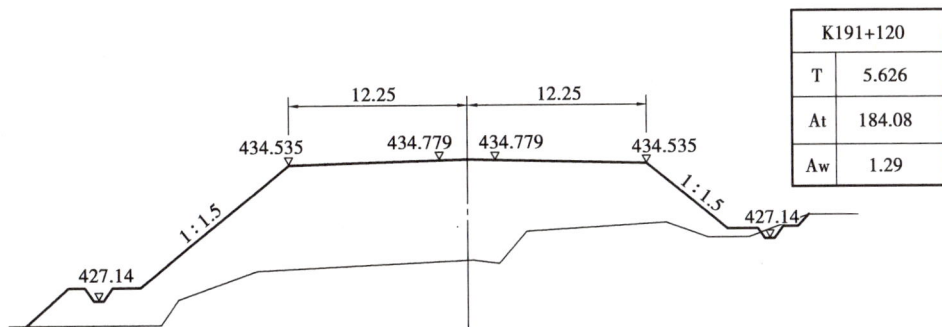

图 3.6 某高速公路路基横断面设计图

3.2 填方路基施工技术

填方路基又称路堤,是指路基设计高程大于原地面高程的路基。根据填方路基的高度不同,又可分为低路堤、一般路堤和高路堤。根据其边坡挡土墙的设置情况,又可分为不设挡土墙路堤(图 3.5)与设挡土墙路堤(图 3.7)。

填方路基的施工的主要工作程序:拟订路基填筑方法、选择路基填筑机械、路基填筑试验及正式施工。

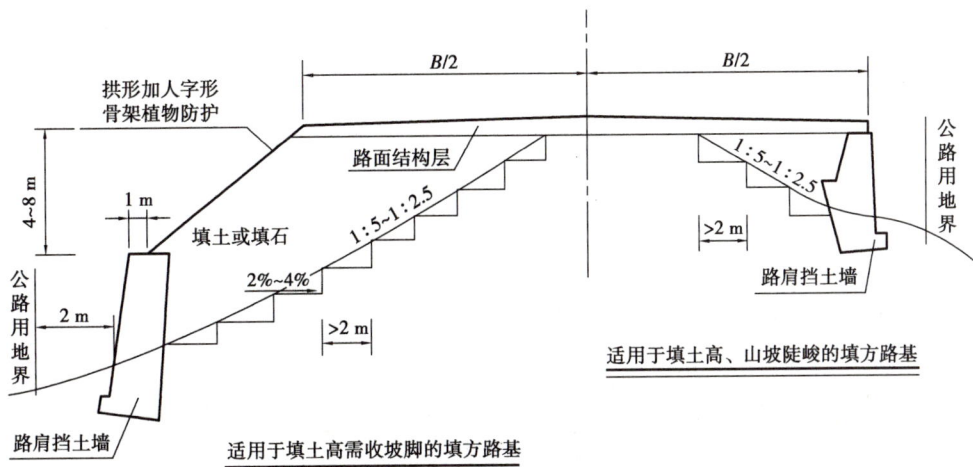

图 3.7 设挡土墙时路堤典型断面

3.2.1　路基填筑方案

（1）填筑方法

路基填筑的常规方法有水平分层填筑、纵向分层填筑、横向填筑及联合填筑（图3.8）。其中，水平分层填筑是应用最广且施工质量最好的一种方法，高速公路、一级公路及铺设高级路面的其他等级公路的路基填筑均应采用水平分层填筑法施工。

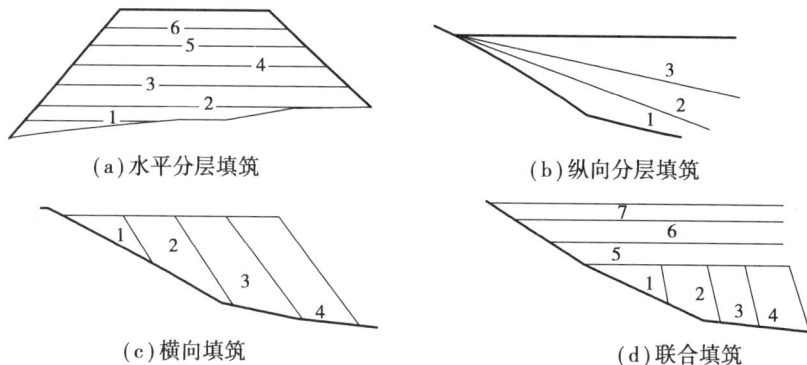

图3.8　路堤填筑施工方法

（2）填筑的一般要求

①性质不同的填料，应水平分层、分段填筑，分层压实。同一水平层路基的全宽应采用同一种填料，不得混合填筑。每种填料填筑层压实后的连续厚度不宜小于500 mm。路基上部宜采用水稳性好或冻胀敏感性小的填料。有地下水的路段或浸水路堤，应填筑水稳性好的填料。

②在透水性差的压实层上填筑透水性较好的填料前，应在其表面设2%~4%双向横坡，并采取相应的防水措施。不得在由透水性较好的填料所填筑的路堤边坡上覆盖透水性不好的填料（图3.9）。

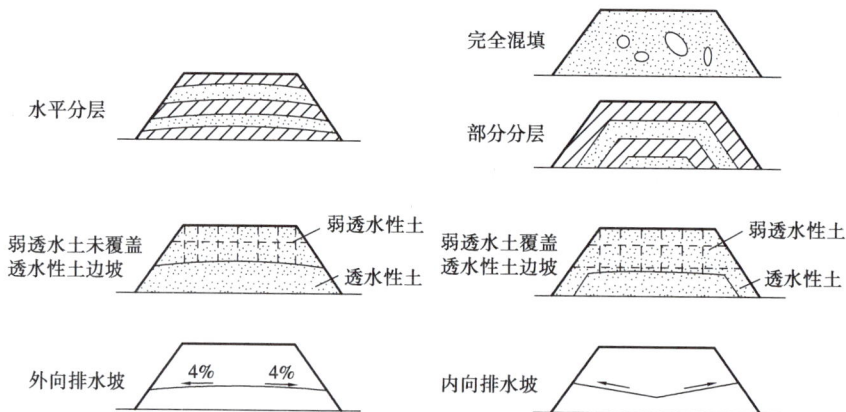

图3.9　路堤分层填筑

③每种填料的松铺厚度应通过试验路段获得，一般为1.3。

④每一填筑层压实后的宽度不得小于设计宽度。

⑤路堤填筑时，应从最低处起分层填筑，逐层压实；当原地面纵坡大于12%或横坡陡于1∶5时，应按设计要求挖台阶，或设置坡度向内并大于4%、宽度大于2 m的台阶（图3.10）。

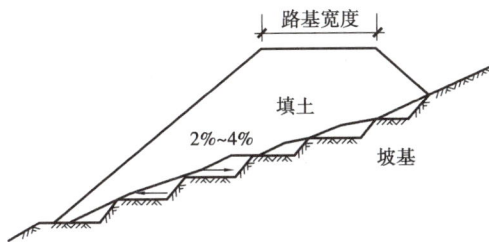

图 3.10　路基边坡挖台阶处理

⑥填方分几个作业段施工时,接头部位如不能交替填筑,则先填路段,应按 1:1~1:2坡度分层留台阶;如能交替填筑,则应分层相互交替搭接,搭接长度不小于 2 m。

3.2.2　路基填筑机械

路基填筑施工常用的机械有挖掘机、推土机、装载机、平地机、压路机、自卸汽车及洒水车等。图 3.11 和图 3.12 所示为常用的路基填筑施工机械。

（a）反铲挖掘机

（b）推土机

（c）平地机

（d）装载机

（e）单钢轮压路机

（f）双钢轮压路机

（g）轮胎式压跑机

（h）三边钢轮冲击碾

(i)羊足碾　　　　　　　　(j)强夯机

图 3.11　路基施工常用的大型机械

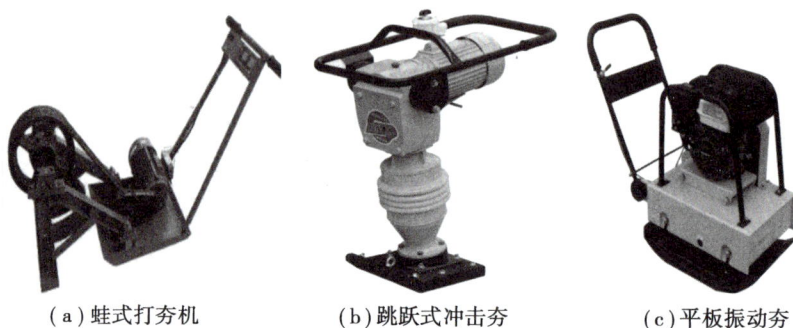

（a）蛙式打夯机　　　（b）跳跃式冲击夯　　　（c）平板振动夯

图 3.12　路基施工中常用的小型机械

3.2.3　路基填筑试验段

下列情况下,应进行试验路段施工:

①二级及二级以上公路路堤;

②填石路堤、土石路堤;

③特殊地段路堤;

④特殊填料路堤;

⑤拟采用新技术、新工艺、新材料的路基。

试验路段应选择在地质条件、断面形式等工程特点具有代表性的地段,路段长度不宜小于200 m,以确定路基预沉留量、路基宽度内每层填料的虚铺厚度、合适的压实方式及机械组合、确定压实遍数等。路堤试验段结束后,应进行技术总结并形成成果报告。成果报告应包括以下内容:

①填料试验、检测报告等;

②压实工艺主要参数:机械组合、压实机械规格、松铺厚度、碾压遍数、碾压速度、最佳含水率及碾压时含水率范围等;

③过程工艺控制方法;

④质量控制标准;

⑤施工组织方案及工艺的优化;

⑥原始记录、过程记录;

⑦对施工设计图的修改建议等;

⑧安全保证措施;

⑨环保措施。

3.2.4　土质路堤施工技术

土质路堤施工是公路路基施工的一项重要内容,其详细的工艺流程见图 3.13。

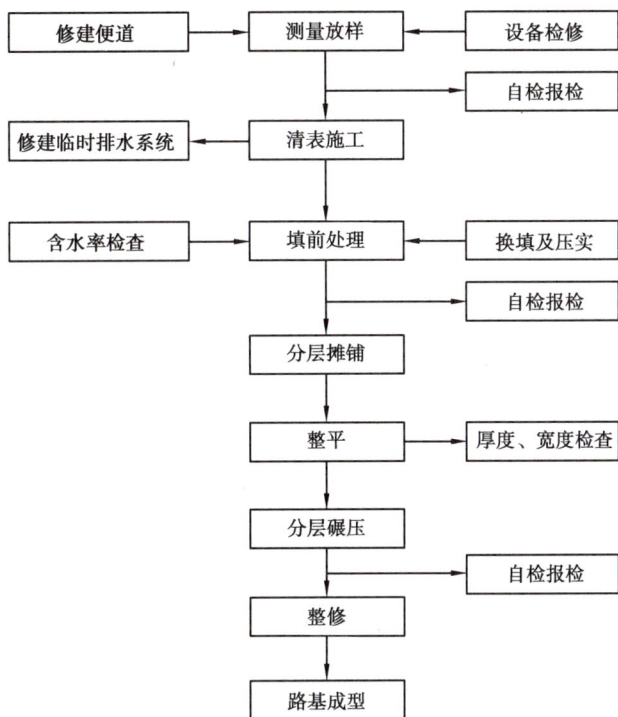

```
修建便道 ──→ 测量放样 ←── 设备检修
                │        ←── 自检报检
                ↓
修建临时排水系统 ←── 清表施工
                │
                ↓
含水率检查 ──→ 填前处理 ←── 换填及压实
                │        ←── 自检报检
                ↓
            分层摊铺
                │
                ↓
            整平 ──→ 厚度、宽度检查
                │
                ↓
            分层碾压 ──→ 自检报检
                │
                ↓
            整修
                │
                ↓
            路基成型
```

图 3.13　土方路堤施工工艺流程图

(1)施工准备

①路基开工前,应在全面理解设计要求和设计交底的基础上,进行现场调查和核对。

②在详尽的现场调查后,应根据设计要求、合同、现场情况等,编制实施性施工组织设计,并按管理规定报批。

③路基开工前,必须建立健全质量、环保、安全管理体系和质量检测体系,并对各类施工人员进行岗位培训和技术、安全交底。

④临时工程应满足正常施工需要,应保证路基施工影响范围内原有道路、结构物及农田水利等设施的使用功能。

(2)测量放样

①路基施工前,应对原地面进行复测,核对或补充横断面,发现问题时应进行处理。

②路基施工前,按设计逐桩坐标恢复路线中桩,计算坡脚位置并在两侧各加宽 30~50 cm 撒出路基边线,作为填土边缘控制线。同时应设置标识桩,对路基用地界、路堤坡脚、取土坑、护坡道、弃土堆等具体位置进行标识。

③对高填路段,每填 3~5 m 或一个边坡平台应复测中线和断面。

④施工过程中,应保护好所有控制桩点,并及时恢复被破坏的桩点。每项测量成果必须进行复核,原始记录应存档。

(3)原地面处理

路基范围内的原地基应在路基施工前按下列要求进行处理:

①稳定的斜坡上,地面横坡缓于1:5时,清除地表草皮、腐殖土后,可直接填筑路堤;地面横坡为1:5~1:2.5时,原地面应挖台阶,台阶宽度不应小于2 m。当基岩面上的覆盖层较薄时,宜先清除覆盖层再挖台阶;当覆盖层较厚且稳定时,可予保留。

②陡坡地段、土石混合地基、填挖界面、高填方地基等都应按设计要求进行处理。

③地基表层应碾压密实。对于一般土质地段,高速公路、一级公路和二级公路路堤基底的压实度(重型)不应小于90%,三、四级公路不应小于85%。低路堤应对地基表层土进行超挖、分层回填压实,其处理深度不应小于路床深度。

④原地面坑、洞、穴等应在清除沉积物后,用合格填料分层回填、分层压实,压实度应符合规定。

⑤对于泉眼或露头地下水,应按设计要求,采取有效导排措施将地下水引离后方可填筑路堤。

⑥地基为耕地、松散土质、水稻田、湖塘、软土、过湿土等时,应按设计要求进行处理,局部软弹部分也应采取有效的处理措施。

⑦地下水位较高时,应按设计要求进行处理。

⑧特殊地段路基应先核对地勘资料,确定设计资料与实际的符合性、处理方法的适用性;必要时,重新补勘地质、水文资料,根据结果重新确定处理方案。

(4)填料的选择

公路路基填料,首先应满足路基强度和回弹模量的要求,其次应结合土石方调配设计对移挖作填、集中取(弃)土、填料改良处理等方案进行技术经济比较,充分利用挖方材料,节约土地,选择挖取方便、压实容易、强度高、水稳定性好的土体作为路基填料。

①宜优先选用级配较好的砾类土、砂类土等粗粒土作为填料,填料的最大粒径应符合规定。

②含草皮、生活垃圾、树根、腐殖质的土严禁作为填料。

③泥炭、淤泥、冻土、强膨胀土、有机质土及易溶盐超过允许含量的土,不得直接用于填筑路基;确需使用时,必须采取技术措施进行处理,经检验满足设计要求后方可使用。

④粉质土不宜直接用于填筑二级及二级以上公路的路床,不得直接用于填筑冰冻地区的路床及浸水部分的路堤。

⑤液限大于50%、塑性指数大于26、含水率不适宜直接压实的细粒土,不得直接作为路堤填料;需要使用时,必须采取技术措施进行处理,经检验满足设计要求后方可使用。

⑥浸水路堤、桥涵台背和挡土墙背宜采用渗水性良好的填料。在渗水材料缺乏的地区,采用细粒土填筑时,可采用无机结合料进行稳定处治。

⑦填料最小承载比和最大粒径,应符合表3.1的规定。

(5)土方运输

土方运输采用挖掘机装车,自卸车运输。为防止运输途中水分散失、扬尘及遗撒,应对运输车辆进行覆盖,并及时对便道进行洒水,减少环境污染。

(6)分层摊铺

路基分层摊铺须严格按照"划格上土,挂线施工,平地机整平"。

①放线和标高控制。沿线路方向每20 m采用全站仪放出线路中桩和填筑边线(宽度按设计宽度每侧加宽30~50 cm),用石灰或旗杆进行标识。用水准仪测出该层填铺厚度控制桩的标高,在路基两侧边缘沿纵向每20 m打一长70 cm边桩,并用红白漆每10 cm交错标注,按设定

的松铺厚度挂线,以控制标高。

②画网格,控制虚铺厚度。根据运输车每车的方量和设定的松铺厚度,通过计算确定单车的卸土面积,按照卸土面积用石灰在下承层上画网格,以便运输车辆按照顺序倾倒填料。

表3.1　路基填料最小承载比和最大粒径的要求

填料应用部位(路面底面以下深度)/m				填料最小承载比(CBR)/%			填料最大粒径/mm
				高速公路、一级公路	二级公路	三、四级公路	
填方路基	上路床		0~0.3	8	6	5	100
	下路床	轻、中等及重交通	0.3~0.8	5	4	3	100
		特重、极重交通	0.3~1.2				
	上路堤	轻、中等及重交通	0.8~1.5	4	3	3	150
		特重、极重交通	1.2~1.9				
	下路堤	轻、中等及重交通	1.5以下	3	2	2	150
		特重、极重交通	1.9以下				
零填及挖方路基	上路床		0~0.3	8	6	5	100
	下路床	轻、中等及重交通	0.3~0.8	5	4	3	100
		特重、极重交通	0.3~1.2				

注:①表列承载比是根据路基不同填筑部位压实标准的要求,按《公路土工试验规程》(JTG 3430—2020)试验方法规定浸水96 h确定的CBR。
②三、四级公路铺筑沥青混凝土和水泥混凝土路面时,应采用二级公路的规定。
③表中上、下路堤填料最大粒径150 mm的规定不适用于填石路堤和土石路堤。

③上料。运输车辆到达现场后,由现场施工员进行指挥,严格按照标识卸放,每网格内倾倒1车填料以控制填料厚度。若按设计图纸,路堤结构中有土工格栅、土工布等土工织物,应先按照设计及规范要求在上料前铺设土工织物,并在上料过程中注意保护土工织物的完整性。

④控制填料含水率。按照填料室内试验,填料施工含水率控制在最佳含水率±2%以内。填料含水率较低时,采用洒水措施;填料含水率较高时,翻松晾晒。

⑤粗平。填料上足后,采用推土机进行摊铺,纵向50~60 m为一个摊铺段,同时人工配合机械对局部进行找平和补料。

⑥精平。粗平完成后,采用平地机精平作业。

⑦集料窝、带处理。在每摊铺段完成后由压路机静压一遍,人工查找集料窝并进行处理,对局部级配较差的填料进行现场拌和。

(7)分层碾压

①按碾压方法(式)分为重力压实(静压)和振动压实两种。

②按照试验段成果完善后的路基填筑方案确定的压实机械及其组合、压实遍数及压实速度进行碾压。碾压应坚持初压(静压1~2遍)、复压(振动2~6遍)及终压(静压1~2遍)的步骤,遵循"先轻后重、先慢后快、先两边后中间,弯道地段先内侧后外侧"的原则,轮迹重叠1/3~1/2,直到达到规范规定的压实度。压实机械对土进行碾压时,一般以慢速效果最好,除羊足碾或凸块式碾外,压实速度以2~4 km/h最为适宜。羊足碾的速度可以快些,在碾压黏土时最高

可达 12~15 km/h。

③碾压应在路基全宽范围内,纵向分行进行。纵向分段压好后,进行第二段压实时,其在纵向接头处的碾压范围宜重叠 1~2 m,以确保接头处平顺过渡。

④碾压一段终了时,宜采取纵向退行方式继续第二遍碾压,不宜采用掉头方式,以免因机械掉头时搓挤土,使压实的土被翻松。故压路机始终要以纵向进退方式进行压实作业。

⑤碾压应从路基边缘向中央进行,压路机轮外缘距路基边应保持安全距离。

⑥碾压不到的部位应采用小型夯实机夯实,防止漏夯,要求夯击面积重叠 1/4~1/3。

(8)分层检验

路基填土压实质量检测随分层填筑碾压施工分层检测,每一压实层压实度检验合格后方可填筑上一层,压实度标准符合表 3.2 的要求。否则应查明原因,采取措施进行补压。

表 3.2   土质路堤压实度标准

填筑部位(路面底面以下深度) /m			压实度/%		
			高速公路、 一级公路	二级公路	三、四级公路
填方路基	上路床		0~0.30	≥96	≥95	≥94
	下路床	轻、中及重交通荷载等级	0.30~0.80	≥96	≥95	≥94
		特重、极重交通荷载等级	0.30~1.20			—
	上路堤	轻、中及重交通荷载等级	0.80~0.50	≥94	≥94	≥93
		特重、极重交通荷载等级	1.20~1.90			—
	下路堤	轻、中及重交通荷载等级	>1.50	≥93	≥92	≥90
		特重、极重交通荷载等级	>1.90			
零填及 挖方路基	上路床		0~0.30	≥96	≥95	≥94
	下路床	轻、中及重交通荷载等级	0.30~0.80	≥96	≥95	—
		特重、极重交通荷载等级	0.30~1.20			

注:①表列压实度以《公路土工试验规程》(JTG 3430—2020))重型击实试验为准。

②三、四级公路铺筑水泥混凝土路面或沥青混凝土路面时,其压实度应采用二级公路的规定值。

③路堤采用特殊填料或处于特殊气候地区时,压实度标准在保证路基强度要求的前提下根据试验路段和当地工程经验确定。

④特殊干旱地区的压实度标准可降低 2~3 个百分点。

①用灌砂法、灌水(水袋)法检测压实度时,取土样的底面位置为每一压实层底部;用环刀法试验时,环刀中部处于压实层厚的 1/2 深度;用核子仪试验时,应根据其类型,按说明书要求办理。

②检测频率为每 1000 m² 至少检验 2 点,不足 1000 m² 时检验 2 点,必要时可根据需要增加检验点。

(9)路床精加工

当路堤填筑接近于路床高程时,要逐步控制填土厚度,路床填筑每层最大压实厚度宜不大于 300 mm,并使顶面最后一层的压实厚度不小于 100 mm。

精平时采用平地机精平,光轮振动压路机压实,反复进行,直到检测数据全部满足技术规范要求为止。

对已精平、完工的路基进行交通管理,避免在雨季车辆行驶造成路基表面破坏。

（10）路基整修

每填筑完一段路堤并稳定后,及时进行边坡清理,削去超宽填筑部分,并进行防护工程以及排水沟砌筑,避免路堤坡脚受雨水冲刷。雨天施工时,随挖、随运、随铺、随压。每层填土筑成2%~4%排水横坡,当天填筑的土层当天完成压实。路堤表层及边坡应加以整理,不得有积水存在。路堤表层含水率接近正常时,方可继续填筑。在整个路堤施工期间,如路基填筑周期较长,应做好临时路基排水设施,保证排水畅通。

（11）交工验收

路堤填筑至设计高程并整修完成后,其施工质量应符合表 3.3 的要求。

表 3.3　土质路堤施工质量标准

序号	检查项目	允许偏差			检查方法或频率
		高速公路、一级公路	二级公路	三、四级公路	
1	路基压实度	符合规定	符合规定	符合规定	密度法:每 200 m 每压实层测 2 处
2	弯沉/(0.01 mm)	满足设计要求	满足设计要求	满足设计要求	—
3	纵断高程/mm	+10,-15	+10,-20	+10,-20	水准仪:中线位置每 200 m 测 2 点
4	中线偏位/mm	50	100	100	全站仪:每 200 m 测 2 点,弯道加 HY、YHL 2 点
5	宽度	不小于设计值	不小于设计值	不小于设计值	尺量:每 200 m 测 4 处
6	平整度/mm	≤15	≤20	≤20	3 m 直尺:每 200 m 测 2 处×5 尺
7	横坡/%	±0.3	±0.5	±0.5	水准仪:每 200 m 测 2 个断面
8	边坡坡度	满足设计要求	满足设计要求	满足设计要求	每 200 m 测 4 点

3.2.5　填石路堤施工技术

填石路堤是指用粒径大于 40 mm 含量超过总质量 70% 石料填筑的路堤。

1) 填料的选择

①山区填石路堤最为常见,石料来源主要是路堑和隧道爆破后的石料。

②硬质岩石、中硬岩石可用作路床和路堤填料;软质岩石可用作路堤填料,不得用于路床填料;膨胀性岩石、易溶性岩石、易风化崩解性岩石和盐化岩石等不得用于路堤填筑。路基的浸水部位,应采用稳定性好、不易膨胀崩解的石料填筑。《公路路基设计规范》(JTG D30—2015) 根据填石料的饱和抗压强度指标进行分类(表 3.4)。

表 3.4　岩石分类表

岩石类型	单轴饱和抗压强度/MPa	代表性岩石
硬质岩石	≥60	花岗岩、闪长岩、玄武岩等岩浆岩类； 硅质、铁质胶结的砾岩及砂岩、石灰岩、白云岩等沉积岩类；
中硬岩石	30~60	片麻岩、石英岩、大理岩、板岩、片岩等变质岩类
软质岩石	5~30	凝灰岩等喷出岩类； 泥砾岩、泥质砂岩、泥质页岩、泥岩等沉积岩类； 云母片岩或千枚岩等变质岩类

风化岩石和软质岩石填筑路堤时,路床应采用硬质岩碎石或其他符合要求的材料填筑,并应采取路堤边部包边封闭或加筋、底部设置排水垫层、顶部设置防渗层等措施,防止填石路堤产生湿化变形。

软弱地基上填石路堤,应与软土地基处理设计综合考虑。

③填石路堤填料粒应不大于 500 mm,并不宜超过层厚的 2/3。路床底面以下 400 mm 范围内,填料最大粒径不得大于 150 mm,其中小于 5 mm 细料含量不应小于 30%,且铺筑层表面应无明显孔隙、空洞。填石路堤上部采用其他材料填筑时,可视需要设置土工布作为隔离层。

2)填筑方法

(1)分层压实法

自下而上水平分层、逐层填筑、逐层压实,是普遍采用并能保证填石路堤质量的方法。二级及以上公路的填石路堤应分层填筑压实。高速公路、一级公路和铺设高级路面的其他等级公路的填石路堤均应采用此方法。

(2)竖向填筑法(倾填法)

以路基一端按横断面的部分或全部高度自上而下倾卸石料,逐步推进填筑。其主要用于三、四级公路且铺设低等级路面的公路,也可用于陡峻山坡施工特别困难或大量以爆破方式开挖填筑的路段,以及无法自下而上分层填筑的陡坡、断岩、泥沼地区和水中作业的填石路堤。

(3)冲击压实法

利用冲击压实机的冲击碾周期性、大振幅、低频率地对路基填料进行冲击,压密填方。它具有分层法连续性的优点,又具有强力夯实法压实厚度深的优点。其缺点是在周围有建筑物时,使用受到限制。

(4)强力夯实法

用起重机吊起夯锤从高处自由落下,利用强大的动力冲击,迫使岩土颗粒位移,提高填筑层的密实度和地基强度。该方法机械设备简单,击实效果显著,施工中不需铺撒细粒料,施工速度快,有效解决了大块石填筑地基厚层施工的夯实难题。对强夯施工后的表层松动层,采用振动碾压法进行压实。

3)填石路堤施工工艺流程

在公路工程施工中,水平分层填筑是填石路堤的常用方法。限于篇幅,本书仅介绍采用水平分层填筑法施工填石路堤的工艺流程(图 3.14)。

```
┌─────────────────────┐      ┌─────────────┐
│   清除表土、填前压实   │ ◄──── │   检测压实度   │
└─────────────────────┘      └─────────────┘
           │
           ▼
┌─────────────────────┐      ┌─────────────┐
│ 恢复中线、布灰点、边线放样 │ ◄──── │   测量基底    │
│                     │      │   顶面高程    │
└─────────────────────┘      └─────────────┘
           │
┌─────────┐   ▼
│ 挖、装、运 │ ──► ┌─────────────────────┐
└─────────┘     │     按网格法上料       │
                └─────────────────────┘
                           │
                           ▼
                ┌─────────────────────┐      ┌─────────────┐
                │   大功率推土机摊平填料    │ ◄──── │   松铺厚度检查  │
                └─────────────────────┘      └─────────────┘
                           │
                           ▼
                ┌─────────────────────┐
                │     重型压路机碾压      │
                └─────────────────────┘
                           │
                           ▼
                ┌─────────────────────┐
                │       孔隙率检测        │
                └─────────────────────┘
                           │
                           ▼
                ┌─────────────────────┐
                │   压实沉降差及外观检测    │
                └─────────────────────┘
                           │
                           ▼
                ┌─────────────────────┐      ┌─────────────┐
                │     路基成型及整修      │ ◄──── │  中线、宽度   │
                │                     │      │  横坡检测    │
                └─────────────────────┘      └─────────────┘
                           │
                           ▼
                ┌─────────────────────┐
                │       交工验收         │
                └─────────────────────┘
```

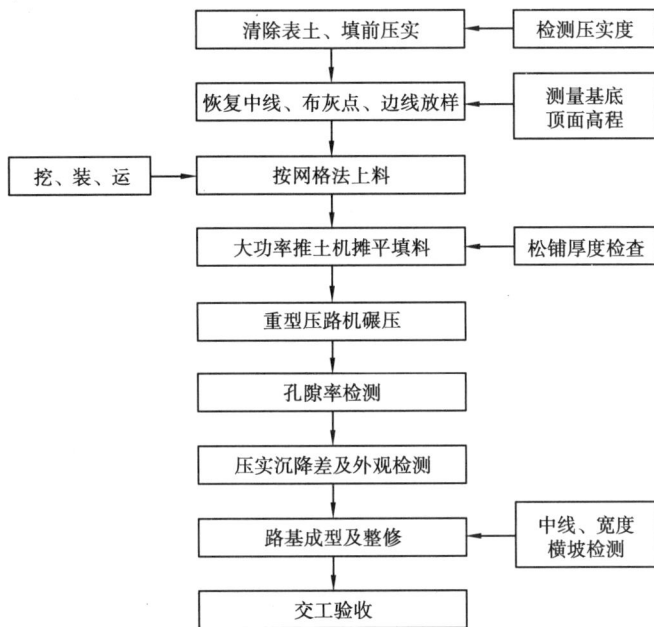

图 3.14　填石路堤施工工艺流程

（1）施工准备

填石路堤施工前,应先修筑试验路段,确定满足孔隙率标准的松铺厚度、压实机械型号及组合、压实速度及压实遍数、沉降差等参数。

路床施工前,应先修筑试验路段,确定能达到最大压实干密度的松铺厚度、压实机械型号及组合、压实速度及压实遍数、沉降差等参数。

（2）测量放样

按照设计图纸及施工工艺要求,采用全站仪或 GPS 放样道路中线及边线,并钉设边桩及中桩,以此作为控制上料厚度及宽度。

（3）分层摊铺

采用方格网法上料,按水平分层、先低后高、先两侧后中央卸料,并采用大功率推土机摊平。个别不平处应配合人工用细石块石屑找平。

岩性相差较大的填料应分层或分段填筑。严禁将软质与硬质石料混合使用。

（4）边坡码砌

中硬、硬质石料填筑路堤时,应进行边坡码砌,码砌边坡的石料强度、尺寸及码砌厚度应符合设计要求。设计无要求时,码砌厚度宜为 1~2 m,码砌石块最小尺寸不应小于 300 mm。边坡码砌与路基填筑宜基本同步进行。

（5）碾压

填石路堤碾压应采用重型压实机(宜选用 18 t 以上)进行碾压。碾压程序及碾压方法应参照试验段获得的相关数据执行。

（6）质量检验

①上下路堤的压实质量检验。填石路堤的压实质量标准宜采用孔隙率作为控制指标(表 3.5)。施工压实质量可采用孔隙率与压实沉降差或施工参数(压实功率、碾压速度、压实遍数、铺筑层厚等)联合控制。

表 3.5   填石路堤压实质量标准

分区	路面底面以下深度/m	硬质石料孔隙率/%	中硬石料孔隙率/%	软质石料孔隙率/%
上路堤	0.8~1.5(1.2~1.9)	≤23	≤22	≤20
下路堤	>1.5(>1.9)	≤25	≤24	≤22

注："路面底面以下深度"列,括号中数字分别为特重、极重交通的上路堤、下路堤深度范围。

　　填石路堤施工过程中,每一压实层可用试验段确定的工艺流程和工艺参数控制压实过程,压实质量可采用沉降差指标检测;施工过程中,每填高 3 m 宜检测路基中线和宽度。

　　②填石路堤填筑至设计高程并整修完成后,其施工质量应符合表 3.6 的规定。

　　③填石路堤成形后,路堤表面应无明显孔洞,大粒径石料应不松动,边坡码砌紧贴、密实无松动,砌块间承接面向内倾斜,坡面平顺;路基边线与边坡不应出现单向累计长度超过 50 m 弯折,上边坡不得有危石。

表 3.6   填石路堤施工质量标准

项次	检测项目		允许偏差		检查方法或频率
			高速公路、一级公路	其他公路	
1	压实		孔隙率满足设计要求		密度法:每 200 m 每压实层测 1 处
			沉降差≤试验路确定的沉降差		精密水准仪:每 50 m 检测 1 个断面,每个断面检测 5 点
2	弯沉/(0.01 mm)		满足设计要求		按现行规范检查
3	纵面高程/mm		+10,-20	+10,-30	水准仪:每 200 m 测 4 断面
4	中线偏位/mm		≤50	≤100	全站仪:每 200 m 测 4 点 弯道加 HY、YH 2 点
5	宽度/mm		满足设计要求		尺量:每 200 m 测 4 处
6	平整度/mm		≤20	≤30	3 m 直尺:每 200 m 测 2 处×5 尺
7	横坡/%		±0.3	±0.5	水准仪:每 200 m 测 2 个断面
8	边坡	坡度	满足设计要求		尺量:每 200 m 测 4 点
		平顺度	满足设计要求		

注:上、下路床填土时,压实度检验标准同土方路基。

3.2.6　土石路堤施工技术

土石路堤是指石料含量占总质量 30%~70% 的土石混合材料修筑的路堤。

1)填料要求

①膨胀岩石、易溶性岩石等不宜直接用于路堤填筑,崩解性岩石和盐化岩石等不得直接用于路堤填筑。

②天然土石混合填料中,中硬、硬质石料的最大粒径不得大于压实层厚的 2/3;石料为强风化石料或软质石料时,其 CBR 值应符合规范规定,石料最大粒径不得大于压实层厚。

2）施工技术

土石路堤施工技术及工艺流程与填石路堤施工技术及工艺流程相类似,只是在个别细节处理有特殊要求,具体如下:

（1）基底处理

土石路堤基底处理,除满足土质路堤基底处理的要求外,在斜、陡坡地段,土石路堤靠山一侧应按设计要求做好排水和防渗处理。

（2）摊铺碾压

①施工前,应根据土石混合材料的类别分别进行试验路段施工,确定能达到最大压实干密度的松铺厚度、压实机械型号及组合、压实速度及压实遍数、沉降差等参数。

②土石路堤不得采用倾填,应分层填筑压实。

③土石混合材料来自不同料场,其岩性或土石比例相差较大时,宜分层或分段填筑。

④压实后透水性差异大的土石混合材料,应分层或分段填筑,不宜纵向分幅填筑;如确需纵向分幅填筑,应将压实后渗水良好的土石混合材料填筑于路堤两侧。

⑤碾压前应使大粒径石料均匀分散在填料中,石料间孔隙应填充小粒径石料、土和石渣。

⑥压实机械宜选用自重不小于 18 t 振动压路机。

⑦中硬、硬质石料的土石路堤应进行边坡码砌,码砌边坡的石料强度、尺寸及码砌厚度应符合设计要求。边坡码砌与路堤填筑宜基本同步进行。软质石料土石路堤边坡按土质路堤边坡处理。

⑧填料由土石混合材料变化为其他填料时,土石混合材料最后一层压实厚度应小于300 mm,该层填料最大粒径宜小于 150 mm。压实后,该层表面应无孔洞。

3.2.7　高路堤施工技术

高路堤是指填土的边坡高度大于 20 m 的路基。

（1）填料选择

高路堤填料宜优先采用强度高、水稳性好的材料,或采用轻质材料。受水淹、浸的部分,应采用水稳性和透水性均好的材料。

（2）基底处理

①基底承载力应满足设计要求。特殊地段或承载力不足的地基应按设计要求进行处理。

②覆盖层较浅的岩石地基,宜清除覆盖层。

（3）填筑施工

高填方路堤填筑应符合下列规定:

①高路堤应优先安排施工,宜预留 1 个雨季或 6 个月以上的沉降期。

②施工中,应按设计要求预留高度与宽度,并进行动态监控。

③宜每填筑 2 m 冲击补压一次,或每填筑 4~6 m 强夯补压一次。

④填筑过程中,应进行沉降和稳定性观测。

⑤在不良地质路段的高路堤与陡坡路堤填筑,应控制填筑速率,并进行地表水平位移监测,必要时应进行地下土体分层水平位移监测。

3.2.8　桥涵及结构物回填

（1）回填范围

一般规定,桥台及涵洞背部填土加强区段的长度为:自台背面起,顶面长度不小于台高加

2 m,底面长度不小于 2 m(图 3.15、图 3.16);拱桥台背填土长度应不小于台高的 3~4 倍。挡土墙背部填土长度不得小于 1 m(图 3.17)。

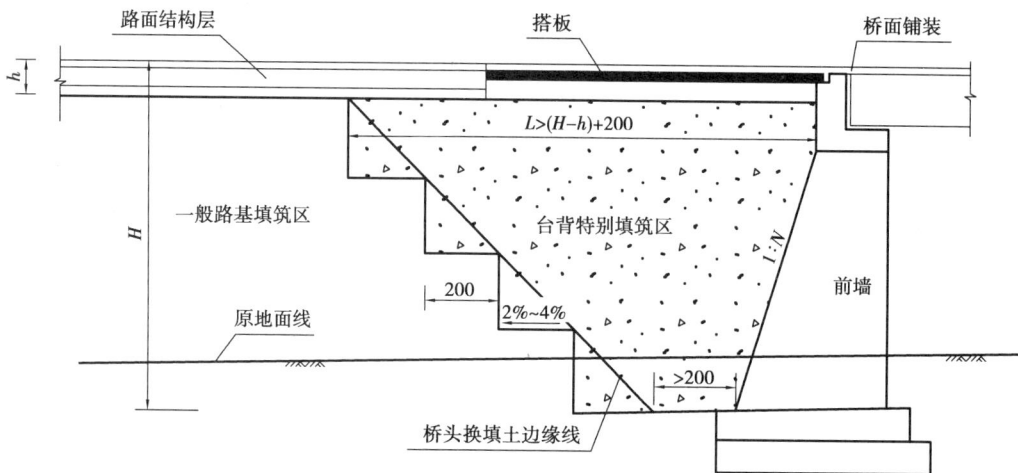

图 3.15　桥台背回填范围示意图(单位:cm)

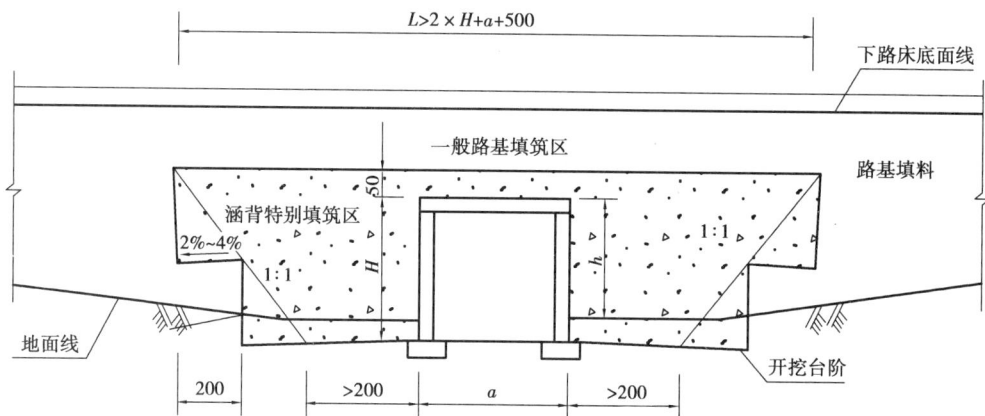

图 3.16　涵洞背回填范围示意图(单位:cm)

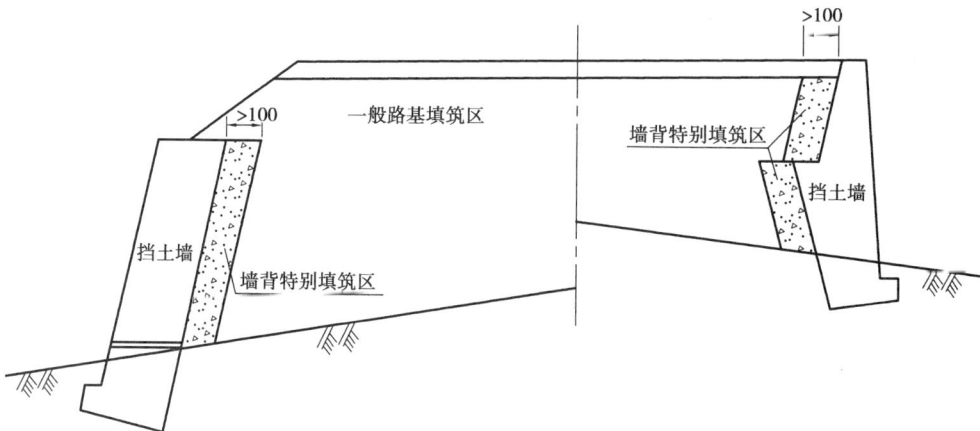

图 3.17　挡土墙背回填范围示意图(单位:cm)

（2）填料选择

填料应采用设计要求的填料，不应含有有机物、冰块、草皮、树根等杂物或生活垃圾，其化学及电化学性能应符合锚杆、拉杆、筋带的防腐和耐久性要求。严禁采用膨胀土、高液限黏土、腐殖土、盐渍土、淤泥和冻土块等不良填料。

（3）基坑回填

基坑回填必须在隐蔽工程验收合格后方可进行。基坑回填应分层填筑、分层压实，分层厚度宜为 100~200 mm。二级及以上公路采用小型夯实机具时，基坑回填的分层压（夯）实厚度不宜大于 150 mm，并应压（夯）实到设计要求的压实度。

（4）施工机械

由于台背后施工空间有限，大型施工机械无法全覆盖作业，因此，台背回填应采用人工辅以小型夯实机械辅助施工（图 3.18）。

图 3.18 人工辅以小型夯实机械施工

（5）台背及与路堤间回填

台背及与路堤间的回填施工应符合以下规定：

①台背回填部分的路床宜与路堤路床同步填筑。

②二级及以上公路应按设计做好过渡段，过渡段路堤压实度应不小于 96%，并应按设计做好纵向和横向防排水系统。

③二级以下公路路堤与回填连接部，应按设计要求预留台阶。

④桥台背和锥坡回填施工宜同步进行，一次填足并保证压实整修后能达到设计宽度要求。

⑤涵洞洞身两侧应对称分层回填压实，填料粒径宜小于 150 mm。

⑥两侧及顶面填土时，应采取措施防止压实过程对涵洞产生不利后果。

⑦台背与墙背回填，应在结构物强度达到设计强度的 75% 以上时进行。

3.3 挖方路基施工技术

挖方路基又称路堑，是指路基设计高程低于原地面高程的路基，通过对原有山体土石方的开挖而形成。挖方路基的典型横断面如图 3.19 所示。

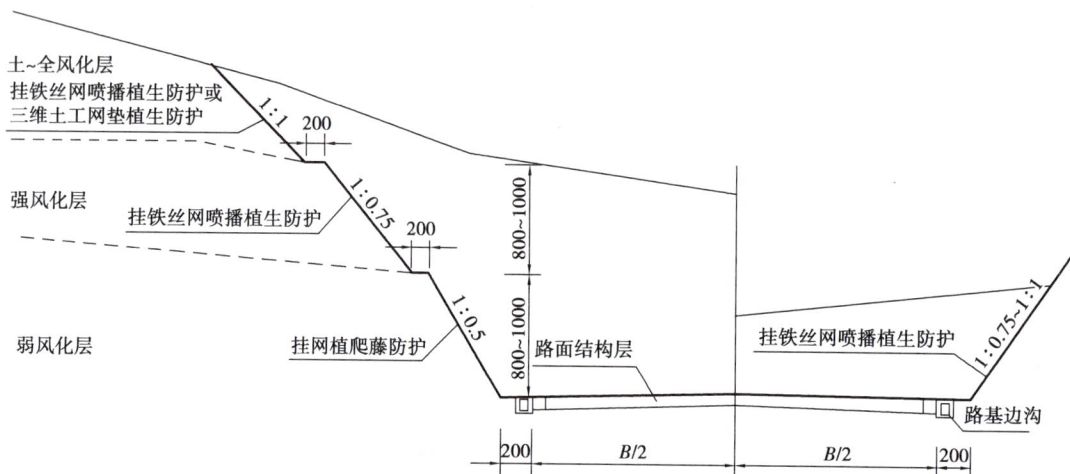

图 3.19　挖方路基的典型横断面(单位:cm)

挖方路基是由天然地层构成的。天然地层在生成和演变的长期过程中,一般具有复杂的地质结构。处于地壳表层的挖方路堑边坡施工破坏了原有山体的平衡且施工过程受到各种自然和人为因素,包括水文、地质、气候、地貌、设计与施工方案等影响,比路堤边坡更容易发生变形和破坏,施工风险性更高。

工程实践证明,路基开挖过程中施工方案选择不合理、边坡太陡、废方堆弃太近、草皮栽种、排水不良、护面铺砌及挡土墙施工不及时等都会引起路堑边坡失稳、滑塌、崩塌及落石,严重时影响整个工程进度。因此,路基挖方施工应根据挖方量、土石质情况、土石方调配方案、运距和施工要求编制施工方案,经过经济与技术比较合理选择开挖方法(图 3.20)。

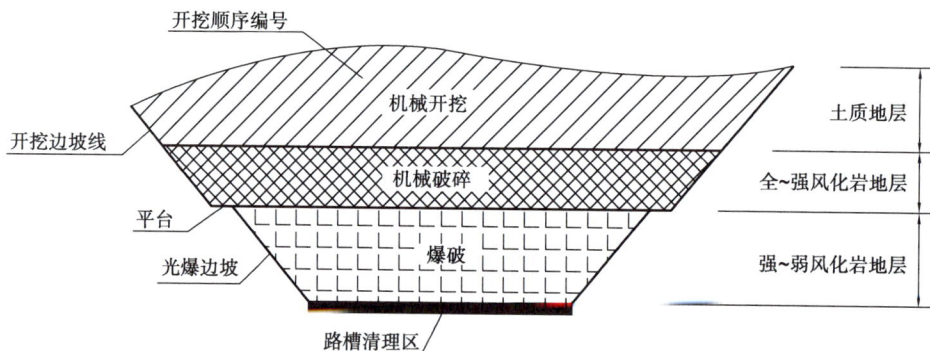

图 3.20　路堑开挖方法选择示意图

①对于土质路堑、软石及强风化岩石路堑的开挖方法,根据路堑深度和纵向长度,结合土石方调配,开挖可选择机械采用横挖法、纵挖法和纵横混合开挖法。硬质岩石地段宜优先选择爆破开挖,条件限制时可采用机械破碎方式开挖。

②短而深的土质路堑采用分层横向开挖法,每层 2 m 左右。采用挖掘机、装载机配合自卸汽车运土,边开挖边修整边坡。

③长而深的土质路堑采用纵挖法,先沿路堑纵向挖掘通道,然后将通道向两侧拓宽。上层通道拓宽至路堑边坡后,再开挖下层通道,如此纵向开挖至路基标高。

④土质路堑开挖较浅,采用单层或双层横向全宽掘进方法,对路堑整个宽度,沿路线纵向一端或两端向前开挖。

⑤土质路堑采用纵向台阶开挖,较平缓地段上的浅路堑可不分层开挖,深路堑地段采用纵向分台阶开挖,从上到下分层依次进行。开挖时从上而下,纵向开挖。如果岩层走向接近于线路方向、倾向与边坡相同且小于边坡时,逐层开挖,不得挖断岩层,并采取减弱施工震动的措施;在设有挡土墙的上述地段,采取短开挖或跳槽开挖法施工,并设临时支护。

⑥土质路堑开挖接近基面后准确修理成型,部分路堑开挖后稳定性差,易坍塌和风化,设计上常采取不同类型的挡护和边坡防护。对此应根据具体情况进行开挖,一般应分段竖向开挖到位,及时施工挡护防护工程,或进行临时挡护防护,禁止拉长槽施工。

⑦石方路堑施工采用钻爆法施工,对深路堑采取深孔爆破和浅孔分台阶爆破相结合的方法,浅路堑采取浅孔爆破。对能用机械直接开挖的软石、土质路堑则采取机械开挖与人工配合开挖。

⑧路堑施工与填方施工相结合,路堑开挖中性能符合要求的弃渣可移挖作为填方填料,性能好的片石可以用于浆砌圬工施工。

⑨整个路堑开挖施工中,结合路堑不同类型并考虑施工要求,选择合适的施工技术类型,并严格遵循开挖施工工艺流程,综合应用机械开挖和人工开挖相结合的方法,为施工任务顺利完成奠定基础。

3.3.1　土质挖方路基施工技术

1)开挖方法

（1）横向挖掘法

横向挖掘法分为单层横向全宽挖掘法和多层横向全宽挖掘法(图 3.21)。

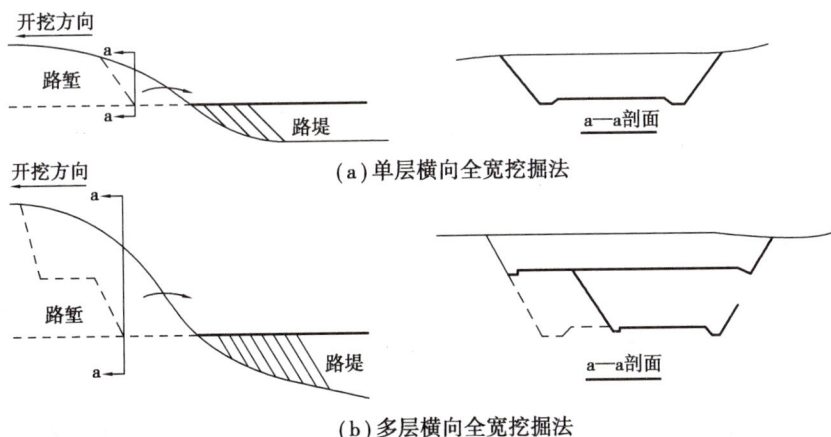

图 3.21　横向挖掘法施工示意图

采用单层横向全宽挖掘法时,需利用一台挖掘机,使其位于道路中心位置,左、右分别挖土,按断面全宽一次性挖掘至设计高程,边挖边沿中线移动,使路堑一次成型。这种方法适用于挖掘深度小、工程量较小、工作面较窄且较短的路堑。

多层横向全宽挖掘法和单层横向挖掘法基本相同,一层挖完后再挖下层,分层挖掘至设计高程。该方法主要适用于深、短且较窄的路堑。

（2）纵向挖掘法

对于土方比较集中的深路堑,可采用多层纵向挖掘法(图 3.22)。先沿路堑挖一通道,然后将该通道向两侧拓宽扩大工作面,该通道可作为运土路线和场内排水的出路。该层拓宽至路堑边坡后,再开挖下层,直至挖至设计高程。该法适用于较长、较深且两端纵坡较小的路堑开挖。当路堑过长时,也可分段纵挖,即将路堑分成两段或数段,各段分别安排多个施工队伍,同时按上述方法组织纵向开挖。纵向挖掘法可以使用推土机、铲运机施工,也可使用装载机或挖掘机配合自卸汽车施工。

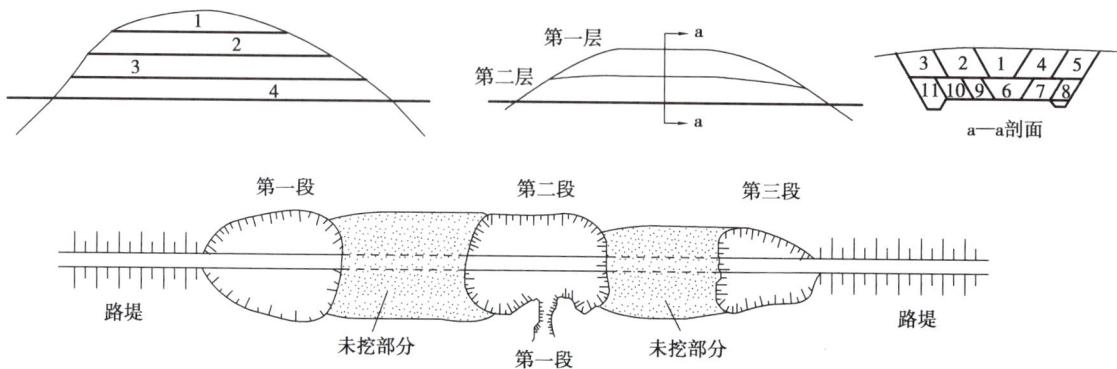

图 3.22　纵向挖掘法施工示意图

（3）混合式挖掘法

混合式挖掘法是将横向挖掘法与纵向挖掘法相结合,适用于路堑纵向长度和挖深都很大时,先将路堑纵向挖通后,然后沿横向坡面挖掘,以增加开挖坡面。

2）施工工艺流程

施工前根据设计文件,首先恢复中线并进行现场调查,根据地形、路堑断面及长度,确定合理的开挖方式。然后结合现场实际与设计要求,修建临时排水设施,并考虑与永久排水设施相结合。

填料路堑在雨季施工时,集中力量快速施工,工作面随时保持大于4%坡度。路堑边坡不得受水浸泡、冲刷。

土质路堑施工工艺流程见图3.23。

（1）施工准备

①现场核对。工程开工前,根据现场调查资料对设计文件进行核对,内容主要包括地形地貌、挖方数量、取弃土场位置、土方利用等。

②分析土体的稳定性。土体的稳定与否直接关系到路堑边坡的稳定。因此,施工前必须做好土体稳定性分析,如土体结构和构造、土的密实度、潮湿程度等。对土体进行分析后,根据既有施工经验复核设计边坡是否满足稳定性要求,最后确定施工方案。

③布置施工便道。根据现场地形确定机械进出便道路线并修筑。便道修筑应满足施工机械和运土车辆转弯半径及会车、正常行驶要求。

（2）测量放线

根据复测资料放出开挖边线桩,放线时定位准确,两侧各预留0.2~0.3 m不开挖,待开挖后进行人工刷坡。

路堑边坡开挖边线放线必须在对原地面复测后进行,否则会造成开挖后路槽宽度不满足设计要求的情况(图3.24)。

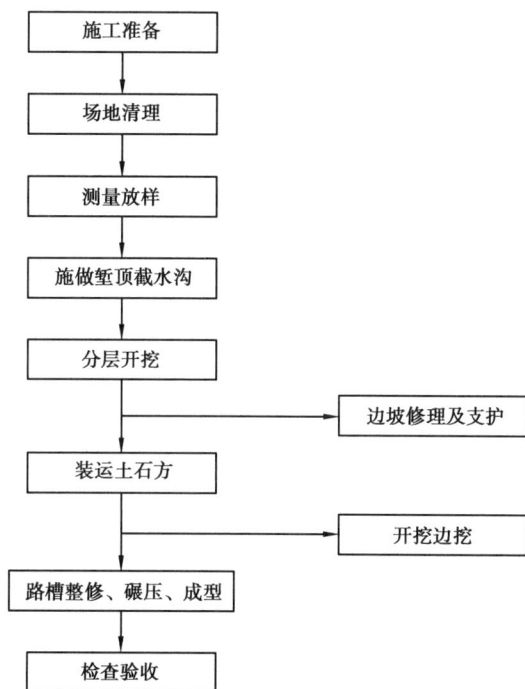

图 3.23　土质路堑施工工艺流程

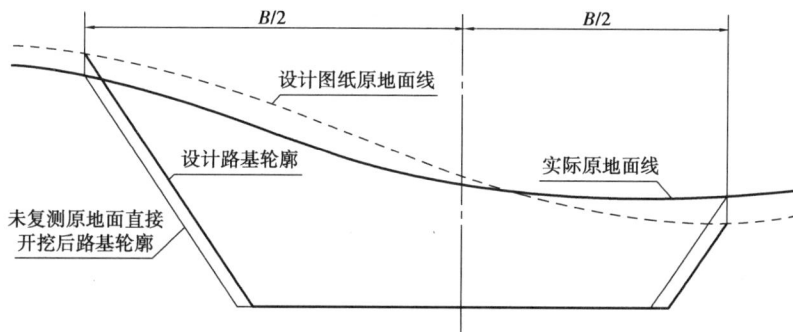

图 3.24　原地面未复测后果示意图

（3）施工排水系统

开挖前，首先按设计位置做好堑顶排水系统（如截水沟、天沟），待排水系统完善后再进行路堑开挖。截水沟与边沟应从下游向上游开挖。截水沟通过地面坑凹处时，应将凹处填平夯实。截水沟及边沟开挖后，应及时进行防渗处理，不得渗漏、积水和冲刷边坡及路基。

（4）开挖

①可作为路基填料的土方，应分类开挖分类使用。

②根据土石方调配方案和施工顺序，选择最佳挖方作业面，优先选用横向全宽挖掘法、逐层顺坡自上而下开挖的办法施工，不得乱挖、超挖，严禁掏底开挖。

③以机械施工为主，运土距离较近时，采用推土机作业；运距较远时，采用推土机配合挖掘机、装载机挖土装车，自卸汽车运至路基填方路段或弃土点。

④当机械开挖至靠近边坡 0.2~0.3 m 时，改为人工修坡。需设圬工防护工程的边坡，在防护工程开工前留置保护层，待防护圬工施工时刷坡。对于不设圬工防护的边坡，每 10 m 边坡范

围插杆挂线、人工刷坡。

⑤开挖过程中，应采取措施保证边坡稳定。开挖至边坡线前，应预留一定宽度，预留宽度应保证刷坡过程中设计边坡线外的土层不受到扰动。

⑥路基开挖中，基于实际情况，如需修改设计边坡坡度、截水沟和边沟位置及尺寸时，应及时按规定报批。边坡上稳定的孤石应保留。

⑦开挖至零填、路堑路床部分后，应尽快进行路床施工；如不能及时进行，宜在设计路床顶标高以上预留至少 300 mm 厚保护层。

⑧应采取临时排水措施，确保施工作业面不积水。

⑨挖方路基路床顶面终止标高，应考虑因压实而产生的下沉量，其值通过试验确定。

⑩挖方路基施工遇到地下水时，应按下列规定处理：

a.应采取排导措施，将水引入路基排水系统；不得随意堵塞泉眼。

b.路床土含水率高或为含水层时，应采取设置渗沟、换填、改良土质、土工织物等处理措施，路床填料应具有良好的透水性能。

（5）路槽整修

接近堑底时，按设计横断面放线，开挖修整压实，并挖好侧沟、疏通排水。边坡刷好后及时进行边坡防护和排水工程施工。

当开挖接近路基施工标高时，采用人工配合推土机施工。到达设计标高后及时对基底土质情况进行检测，不合规范要求的应换填。路堑施工要做到路基表面平整、密实、曲线圆顺、边线顺直，边坡坡面平顺稳定、无亏坡，边沟整齐、沟底无积水或阻水现象。

（6）检查验收

土质路堑开挖施工质量检验标准同表 3.3。

3.3.2　石质挖方路基施工技术

石方路堑是公路工程中一种常见的形式，通常其具有开挖工程量大、施工作业条件困难及周围环境复杂等特点，常常成为公路工程项目施工的关键性及控制性工程。因此，石方路堑施工应根据实际工程地质条件及作业环境合理地选择施工方法。

石方路堑通常采用机械开挖法、静态破碎法和爆破开挖法进行施工。

①机械开挖法：使用带有松土器的重型推土机破碎岩石，一次破碎深度为 0.6~1.0 m。该法适用于施工场地开阔、大方量的软岩石方工程。其优点是没有钻爆工序作业，不需要风、水、电辅助设施，简化了场地布置，加快了施工进度，提高了生产能力。其缺点是不适于破碎坚硬岩石。

②静态破碎法：将膨胀剂放入炮孔内，利用产生的膨胀力，缓慢地作用于孔壁，经过数小时至 24 小时达到 300~500 MPa 压力，使介质裂开。该法适用于在设备附近、高压线下以及开挖与浇筑过渡段等特定条件下的开挖。其优点是安全可靠，没有爆破产生的公害。其缺点是爆破效率低，开裂时间长。

③爆破开挖法是当前广泛采用的开挖施工方法，有薄层开挖、分层开挖、全断面一次开挖和特高梯段开挖等方式。

机械开挖法和静态破碎法施工方法简单，工艺成熟，施工安全风险较小，在此不做详细介绍。本节主要介绍施工危险性较大的爆破开挖法。

1）基本要求

根据岩石条件、开挖尺寸、工程量和施工技术要求,通过方案比较拟定合理的方式。其基本要求如下:

①保证开挖质量和施工安全。

②符合施工工期和开挖强度的要求。

③有利于维护岩体完整和边坡稳定性。

④可以充分发挥施工机械的生产能力。

⑤辅助工程量少。

2）爆破器材

爆破器材主要包括工业炸药和起爆器材两大类。

工业炸药又称为民用炸药,是由氧化剂、可燃剂和其他添加剂等组分按照氧平衡的原理配制,并均匀混合制成的爆炸物。通常采用的工业炸药有硝化甘油炸药、铵梯炸药、铵油炸药、乳化炸药、水胶炸药及其他工业炸药。

起爆器材是能够受外界很小能量激发,即能按设定要求发火或爆炸的元件、装置或制品。它的作用是产生热冲能或爆炸冲能,同时伴有高温高速气体、灼热颗粒、金属飞片等,并能够传给火药或炸药,将其点燃或引爆,特殊场合也可作为独立能源对外做功。起爆器材分为起爆材料和传爆材料两大类。火雷管(已禁用)、电雷管、磁电雷管、导爆管雷管、继爆管及其他雷管属于起爆材料;导火索、导爆索、导爆管等属传爆材料。

电雷管是在火雷管中架设发电火装置而成。它是用电线传输电流,使装在雷管中的电阻发热而引起雷管爆炸。

3）爆破方法及其分类

（1）按药包形状分

按照药包形状,分为集中药包法、延长药包法、平面药包法、异性药包法。

①集中药包法:从理论上讲,这种药包的形状应该是球形体,起爆点从球体中心开始,爆轰波按辐射状以球面形式向外扩张,爆炸以均匀的分布状态作用到周围的介质上。长方体的最长边不超过最短边的 2 倍。

②延长药包法:炸药包做成长条形,可以是圆柱状,也可以是方柱状,通常药包长度要大于17~18倍药包直径。

③平面药包法:直接将炸药敷设在介质表面,因此爆炸作用只是在介质接触药包及附近表面上,大多数能量散失在空气中,产生的爆轰波可看作平面波。

④异性药包法:将药包做成特定形状,以达到特定的爆破作用。

（2）按装药方式与空间形状

按装药方式与装药空间形状不同,分为药室法、药壶法、炮孔法、裸露药包法。

①药室法:指在山体内开挖坑道、药室,装入大量炸药的爆破方法,一次能爆破下的土石方数量几乎是不受限制的,在每个药室里装入的炸药可多达千吨以上。

②药壶法:指在深 2.5~3.0 m 以上的炮眼底部用小量炸药经一次或多次烘膛,使眼底成葫芦形,将炸药集中装入药壶中进行爆破。

③炮孔法:根据钻孔孔径和深度不同,把孔深大于 5 m、孔径大于 75 mm 的炮孔称为深孔爆

破,反之称为浅眼爆破。

④裸露药包法:不需钻孔,直接将炸药包贴放在被爆物体表面进行爆破的方法。它在清扫地基的破碎大孤石和对爆下的大块石做二次爆破等方面具有独特作用,仍然是常用的有效方法。

(3)按爆破效果

按爆破效果,分为定向爆破、预裂爆破、光面爆破、微差控制爆破。

①定向爆破是一种加强抛掷爆破技术,它利用炸药爆炸能量的作用,在一定条件下,可将一定数量的土岩经破碎后,按预定的方向抛掷到预定地点,形成具有一定质量和形状的建筑物或开挖成一定断面。

定向爆破主要是使抛掷爆破最小抵抗线方向符合预定的抛掷方向,并且在最小抵抗线方向事先造成定向坑,利用空穴聚能效应集中抛掷,这是保证定向的主要手段。在大多数情况下,造成定向坑的方法都是利用辅助药包,让它在主药包起爆前先爆,形成一个起走向坑作用的爆破漏斗。如果地形有天然的凹面可以利用,也可不用辅助药包。

②预裂爆破是进行石方开挖时,在主爆区爆破之前沿设计轮廓线先爆出一条具有一定宽度的贯穿裂缝,以缓冲、反射开挖爆破的震动波,控制其对保留岩体的破坏影响,使之获得较平整的开挖轮廓。预裂爆破可以广泛地运用在垂直、倾斜、规则的曲面及扭曲面上。

③光面爆破也是控制开挖轮廓的爆破方法之一,它与预裂爆破的不同之处在于光爆孔的爆破是在开挖主爆孔的药包爆破之后进行。它可以使爆裂面光滑平顺,超欠挖均很少,能近似形成设计轮廓要求的爆破。光面爆破一般多用于地下工程开挖,露天开挖工程中用得比较少,只是在一些有特殊要求或者条件有利的地方使用。光面爆破的要领是孔径小、孔距密、装药少、同时爆。

④微差控制爆破是一种应用特制的毫秒延期雷管,以毫秒级时差顺序起爆各个(组)药包的爆破技术。其原理是把普通齐发爆破的总炸药能量分割为多数较小的能量,采取合理的装药结构、最佳的微差间隔时间和起爆顺序,为每个药包创造多面临空条件,将齐发大量药包产生的地震波变成一长串小幅值的地震波,同时各药包产生的地震波相互干涉,从而降低地震效应,把爆破振动控制在给定水平之下。爆破布孔和起爆顺序有成排顺序式、排内间隔式(又称 V 形式)、对角式、波浪式、径向式等,或由它组合变换成的其他形式,其中以对角式效果最好,成排顺序式最差。

微差控制爆破能有效地控制爆破冲击波、震动、噪声和飞石;操作简单、安全、迅速;可近火爆破而不造成伤害;破碎程度好,可提高爆破效率和技术经济效益。但该网络设计较为复杂,需特殊的毫秒延期雷管及导爆材料。微差控制爆破适用于开挖岩石地基、挖掘沟渠、拆除建筑物和基础,以及用于工程量与爆破面积较大,对截面形状、规格、减震、飞石、边坡坡面等有严格要求的控制爆破工程。

4)爆破设计

(1)爆破设计原则

①有利于降低成本消耗。

②有利于施工作业安全和确保周围被保护对象的安全。

③选择参数合理,确保工程质量,提高爆破效果。

（2）爆破设计程序

①爆破设计工艺流程:爆破部位→基本情况→确定基本参数→计算孔网参数→绘制图表→形成设计文件。

②明确爆破部位:爆区所在工程名称、爆破部位、爆破方量、炸药用量、爆破时间等。

③掌握基本情况:熟悉施工图技术要求、掌握爆区地形地质条件、掌握爆区周围环境情况,以及所有安全、质量保护对象的控制标准和控制措施。

④确定基本参数:确定梯段高度(H)、钻孔直径(D)、钻孔倾角(α)、爆破器材品种、炸药单耗(q)、单响起爆药量(Q_1)等。

⑤计算孔网参数:计算孔深(H)、孔距(a)、排距(b)、底盘抵抗线(W)、装药直径(d)、单孔药量(Q_2)、堵塞长度(L_c)、装药结构(图示)、布孔形式(图示)、网络结构(图示)、延时顺序(图示)、段间时差(t)、起爆总持续时间(T)、起爆方式(图示)、安全距离(R)、爆破地震安全震动速度(V)等参数。

⑥绘制相关图表:爆区位置平面图、爆破参数有关示意图、爆破参数汇总表、爆破器材用量表等。

⑦爆破设计文件:将上述爆破设计内容汇集,加上目录、封面和报审单等,汇编成爆破设计文件。

（3）爆破设计审批程序

爆破设计审批程序:爆破设计文件→项目爆破责任工程师审签→项目总工程师审定或审批→监理人审批。

监理人审批:规定监理人审批范围的爆破设计。

项目总工程师审定或审批:对报监理人审批的爆破设计进行审定,对规定由项目部审批的爆破设计进行审批。

5）路基爆破施工工艺

路基爆破施工工艺流程见图 3.25。

（1）测量放样及定开口线

根据设计资料,复核路基中桩,根据实际地面标高确定开口线位置,用白灰撒开口线。经驻地监理工程师核查、审批后方可施工。

（2）布设炮孔

炮孔标定必须按照设计好的爆破参数准确地在爆破体上进行标识,不能随意变动设计位置。布孔前应先清除爆破体表面积土和破碎层,根据施工测量确定的边坡线,从边坡光面爆破孔开始标定,然后进行其他孔位布置。布孔完成后,应认真进行校核,实际的最小抵抗线应与设计的最小抵抗线基本相符。

（3）钻制炮孔

在钻孔过程中,应严格控制钻孔的方向、角度和深度,特别是边坡光面爆破孔的倾斜度应严格符合设计要求。孔眼钻进时应注意地质的变化情况,并做好记录。遇到夹层或与表面石质有明显差异时,应及时同技术人员进行研究处理,调整孔位及孔网参数。钻孔完成后,及时清理孔口浮渣,清孔直接采用胶管向孔内吹气。吹净后,应检查炮孔有无堵孔、卡孔现象,以及炮孔的间距、眼深、倾斜度是否与设计相符。若和设计相差较多,应对参数适当调整;如果可能影响爆

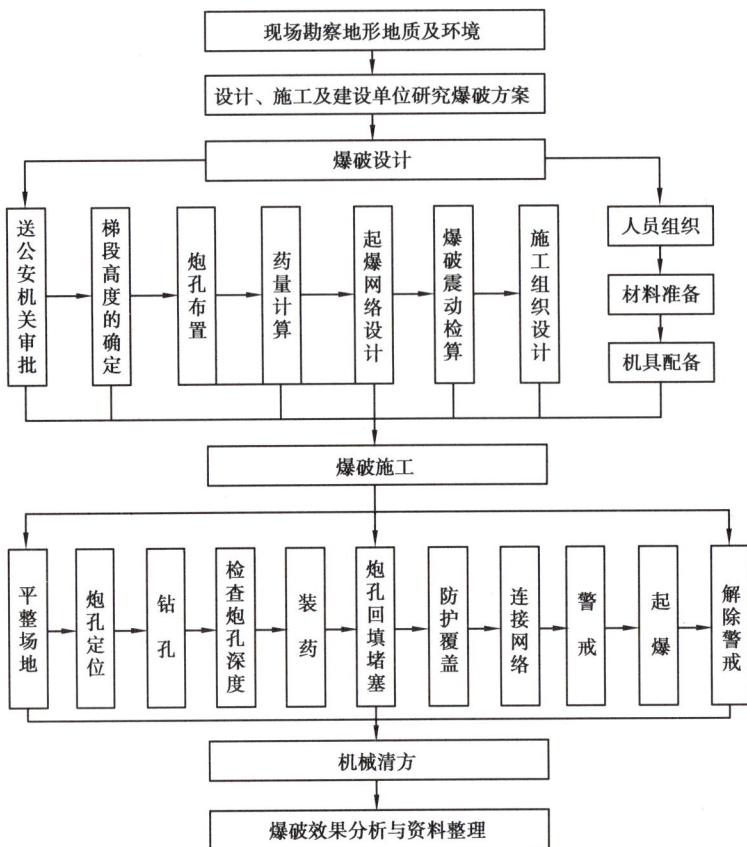

图 3.25　路基爆破施工工艺流程

破效果或危及安全生产,应重新钻孔。先行钻好的炮孔用编织袋将孔口塞紧,防止杂物堵塞炮孔。

（4）装药

装药前,要仔细检查炮孔情况,清除孔内积水、杂物。装药过程中应严格控制药量,把炸药按每孔的设计药量分好,边装药边测量,以确保线装药密度符合要求。为确保能完全起爆,起爆体应置于炮孔底部并反向装药。

（5）堵塞

堵塞物用黏土和细砂拌和,其粒度不大于 30 mm,含水率为 15%~20%（一般以手握紧能使之成型,松手后不散开,且手上不沾水迹为准）。药卷安放后立即堵塞,首先塞入纸团或塑料泡沫,以控制堵塞段长度（光爆孔口预留 1~1.5 m,主爆孔口预留 2~2.5 m）,然后用木炮棍分层压紧捣实,每层以 10 cm 左右为宜,堵塞中应注意保护好导爆索。

（6）爆破覆盖

它是控制飞石的重要手段,施工中采用两层草袋覆盖,先在草袋内装入砂土,覆盖后将排间草袋用绳子连成一片。草袋覆盖时,要注意保护好起爆网络。爆破石方表面是土或风化砂砾时,必须保留表土或风化砂砾 10~50 cm,以减少草袋覆盖。

（7）连接起爆网络

根据设计的起爆网络图进行起爆电雷管、火雷管起爆网络连接,连接好后,进行网络检查。检查完全无问题后进入起爆程序。

（8）起爆

整个起爆过程中由专人统一指挥,起爆前对整个警戒区内进行全面安全检查。确保无安全隐患后,由指挥人发出三次预警在第三次预警哨声发出时,爆破员立即进行起爆工作。应由专人清点爆破雷管数量,以便检查雷管是否全部起爆。

（9）检查和解除警戒

起爆完成 15 min 后,由专业技术人员进入爆破现场进行检查,主要检查雷管和炸药是否全部爆炸。如果出现哑炮、拒爆、盲爆等情况,要采取措施进行处理。在完全无安全隐患后,报告指挥人员发出指令解除警戒。

（10）爆破石方清运

每次爆破完毕后,组织人员和机械进行爆破石方清运工作。挖掘机把石方清除后,测量标高,高出设计标高的要进行铲出;无法用挖掘机挖掉的大块石方必须再进行布孔二次爆破,直到符合设计要求为止。低于标高的要进行回填碾压,碾压到施工规范的压实度,达到设计标高为止。边坡表面的破碎岩石要全部清除掉,按设计要求进行刷坡。

6) 质量控制措施和标准

（1）质量控制措施

①收集现场的各种数据,加以分析,对各种爆破方式进行比较,制定最优方案。

②对爆破所需的各种器材进行严格检查,必须要有出厂合格证书,方可使用。

③所有的爆破施工技术人员和现场操作人员必须进行上岗培训,并取得资格证书,方可进行爆破作业。

④对起爆顺序和起爆方式进行多次分析和比较,以达到最佳效果。在现场施工时,起爆网络要严格按要求和规范进行连接,在使用电雷管和导爆索之前要进行检测,无问题后才能使用。

⑤加强对装药过程的控制:严格按设计药量来控制,不能少装或多装,间隔段填筑物要均匀,按岩石粉自然密度填装,不能捣实,堵塞长度要按要求操作。

⑥在爆破前要检查起爆网络,无问题后方可施爆。

⑦做好防潮和防水措施。

（2）质量标准

①检测方法、标准、频率如表 3.7 所示。

②外观鉴定:边坡上不得有松石;路基边线直顺,曲线圆滑。

表 3.7　石方路基实测项目

项次	检查项目	规定值或允许偏差	检查方法和频率
		高速公路	
1	压实	孔隙率满足设计要求	密度法:每 200 m 每压实层测 1 处
		沉降差≤试验路确定的沉降差	精密水准仪:每 50 m 测 1 个断面,每个断面测 5 点
2	纵断高程/mm	+10,-20	水准仪:中线位置每 200 m 测 2 点
3	中线偏位/mm	50	全站仪:每 200 m 测 10 点,弯道加 HY、YH 两点

续表

项次	检查项目		规定值或允许偏差	检查方法和频率
			高速公路	
4	宽度/mm		符合设计要求	米尺:每 200 m 测 10 处
5	平整度/mm		20	3 m 直尺:每 200 m 测 2 处×5 尺
6	横坡/%		±0.3	水准仪:每 200 m 测 2 个断面
7	边坡	坡度	符合设计要求	每 200 m 抽查 4 点
		平顺度	符合设计要求	

3.4　路基坡面防护施工技术

各种类型防护技术

坡面防护主要是保护路基边坡表面免受雨水冲刷,减缓温差及温度变化的影响,防止和延缓软弱岩土表面的风化、碎裂、剥蚀演变进程,从而保护路基边坡的整体稳定性,兼顾美化路容,协调自然环境,形成良好的景观效果。《公路路基设计规范》(JTG D30—2015)将路基坡面防护分为植物防护、骨架植物防护、工程防护 3 种类型,详见表 3.8。

表 3.8　坡面防护工程类型及适用条件

防护类型	分　类	适用条件
植物防护	植草或喷播植草	可用于坡率不陡于 1:1 的土质边坡防护。当边坡较高时,植草可与土工网、土工网垫结合防护
	铺草皮	可用于坡率不陡于 1:1 的土质边坡或全风化、强风化的岩石边坡防护
	种植灌木	可用于坡率不陡于 1:0.75 的土质、软质岩石和全风化岩石边坡防护
	喷混植生	可用于坡率不陡于 1:0.75 的砂性土、碎石土、粗粒土、巨粒土及风化岩石边坡防护,边坡高度不宜大于 10 m
骨架植物防护	—	可用于坡率不陡于 1:0.75 的土质和强风化的岩石边坡防护
工程防护	喷护	可用于坡率不陡于 1:0.5 的易风化但未遭强风化的岩石边坡防护,高速公路、一级公路和环境景观要求高的公路不宜采用
	挂网喷护	可用于坡率不陡于 1:0.5 的易风化、破碎的岩石边坡防护,高速公路、一级公路和环境景观要求高的公路不宜采用
	干砌片石护坡	可用于坡率不陡于 1:1.25 的土质边坡或岩石边坡防护
	浆砌片石护坡	可用于坡率不陡于 1:1 的易风化的岩石和土质边坡防护
	护面墙	可用于坡率不陡于 1:0.5 的土质和易风化剥落的岩石边坡防护

注:各种类型防护技术详见二维码教学资源。

练习与讨论

3.1　路基有哪些类型？各种路基的特点是什么？

3.2　路基土石方挖运机械中,最常见的挖运机械有哪些？

3.3　土质填方路基施工工艺流程是什么？影响填方路基压实效果的因素有哪些？为什么桥涵台背填土处的路基容易出现沉降？

3.4　土质挖方路基施工工艺流程是什么？

3.5　路基坡面防护有哪些类型？骨架植物护坡有哪些类型？拱形骨架护坡施工工艺流程是什么？

3.6　某公路一路段需进行土方路堤填筑。该路段路线从大片麦地中间穿过,并经过 3 处墓穴。经野外取土试验测得原地土强度符合要求,施工方采用外运砂性土回填了 3 处墓穴,清除 20 cm 厚原地土,平整后进行压实,最小压实度要求按路床压实度减 2%加以控制。随后填筑路基,填高 1 m,路槽 38 cm。将清除出的原地土用于边坡表层,作为种植土使用。试验人员测得路槽底面以下 80 cm 深度内的平均相对含水率后,判定路基为中湿路基。想一想回答:

①请逐条分析施工单位对原地基处理措施的合理性。

②下列完全不能用于路提填料的土有(　　　)。

A.含草皮土　B.含有腐朽物质的土　C.强膨胀土　D.炭渣　E.煤渣

3.7　某地区公路路基雨季施工过程中突遇冷空气气温下降,昼夜平均温度在-3℃以下,持续一个星期,然后回暖,未发生冻土现象。该路段有填有挖,且需移挖作填。土质为砂类土。施工方技术员为了保证雨季和冬季施工质量,提出应采用以下主要措施:

①在填方坡脚外挖好排水沟;

②分层填筑时,每一层表面做成 2%~4%的排水横坡;

③按横断面全宽平填,每层松铺厚度比正常施工减少 20%~30%;

④挖填交界处、填土低于 1 m 处停止填筑,待回暖后再实施。

想一想回答:

①请问上述 4 条措施中,哪些是针对雨季施工?哪些是针对冬季施工?

②施工方技术员提出的 4 条措施是否合理?为什么?

③针对雨季路堤填筑,除上述措施外,还应采取哪些措施?

模块 4　路面工程施工技术

【知识框架】

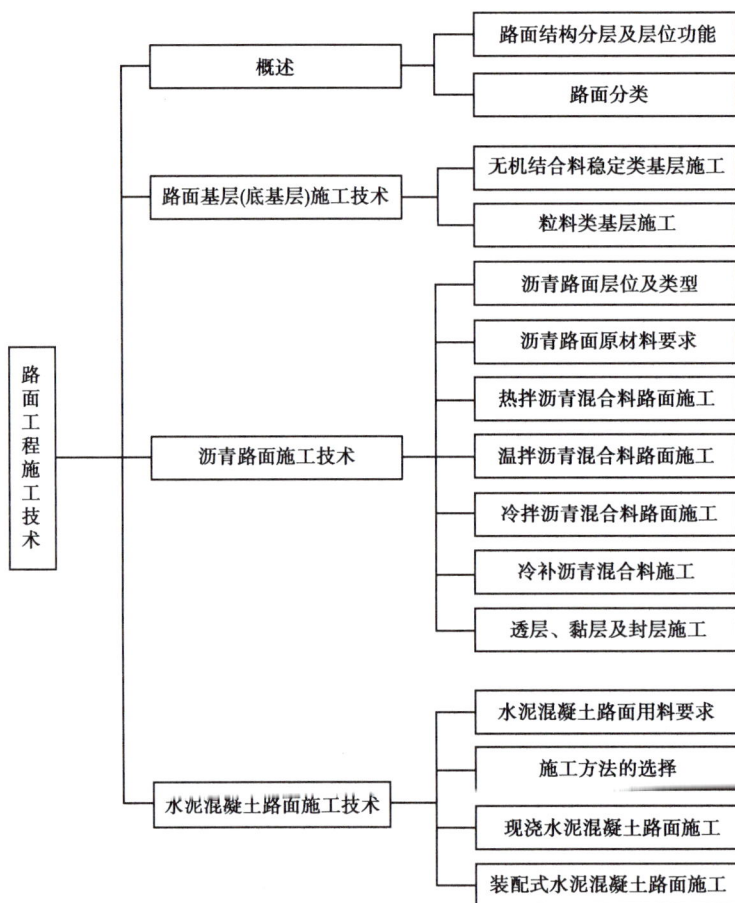

【专业术语】

1.级配碎石:粗、中、小碎石集料和石屑各占一定比例的混合料,当其颗粒组成符合规定的密实级配要求时,称为级配碎石。

2.石屑:轧石场通过筛分设备最小筛孔(通常为 5 mm 或 3 mm)的细筛余料,称为石屑。

3.填隙碎石:用单一尺寸的粗碎石做主骨料,形成嵌锁结构,起承受和传递车辆荷载的作用。用石屑做填隙料,填满碎石间的孔隙,增加密实度和稳定性,这种材料称为填隙碎石。

4.水泥混凝土路面:以水泥混凝土作面层(配筋或不配筋)的路面。

5.沥青混合料:由矿料与沥青结合料拌和而成的混合料的总称。

6.乳化沥青:石油沥青与水在乳化剂、稳定剂等作用下经乳化加工制得的均匀沥青产品,也称沥青乳液。

7.液体沥青:用汽油、煤油、柴油等溶剂将石油沥青稀释而成的沥青产品,也称轻质沥青或稀释沥青。

8.改性沥青:掺加橡胶、树脂、高分子聚合物、天然沥青、磨细的橡胶粉,或者其他材料等外掺剂(改性剂)制成的沥青结合料,从而使沥青或沥青混合料的性能得以改善。

9.改性乳化沥青:在制作乳化沥青的过程中同时加入聚合物胶乳,或将聚合物胶乳与乳化沥青成品混合,或对聚合物改性沥青进行乳化加工得到的乳化沥青产品。

【学习要求】

通过对路面结构分层及层位功能的学习,了解公路工程路面的类型及适用条件,掌握路面结构各种层位的作用。通过路面基层施工技术的学习,掌握公路工程路面基层的类型及其适用条件以及无机结合料稳定类基层的施工方法、施工工艺流程及质量控制要点。通过对沥青路面施工的学习,了解沥青路面的结构及构造,熟悉沥青路面的分类,掌握热拌热铺沥青混合料集中拌和法的施工工艺流程和质量控制要点。通过水泥混凝土路面施工的学习,了解水泥混凝土路面的类型,熟悉水泥混凝土路面的施工方法,掌握现浇水泥混凝土路面和装配式水泥混凝土路面的施工工艺流程及质量控制要点。

4.1 概　述

路面是在路基顶面用各种混合料铺筑而成的层状构筑物,是道路的主要结构物。

路面工程施工是影响路面使用质量与寿命的重要环节之一,也直接关系到整条公路的使用。作为公路工程管理及技术人员,应熟练掌握目前工程上成熟且可靠的路面施工技术,必须进行合理的施工组织设计,做到路面设计、管理、监理和施工单位之间充分协调及配合,各司其职,做到精心组织、严格管理、认真施工,并且对施工中存在的问题进行分析,在持续解决问题中不断创新,促进路面施工技术不断发展。

近年来,随着路面施工技术的不断发展,新的施工工艺及施工设备不断涌现,不但提高了公路路面的施工质量、施工效率,还提高了公路施工的安全性。在路面工程施工中,在保证原材料质量合格、配合比准确、拌和均匀、摊铺平整、碾压密实、接缝平整等基础上,尽可能采用施工机械化程度高、劳动强度低、施工效率高及效果好的新工艺,在提高施工质量的同时促进路面工程技术不断发展。

4.1.1　路面结构分层及层位功能

按照行车荷载和自然因素对路面的影响,按照使用要求、受力状况、土基支承条件和自然因素影响程度不同,将路面结构分为若干层次。按照各个层位功能的不同,划分为3个层次,即面层、基层和功能层(垫层)。在路面结构设计过程中,根据公路等级及使用需要,不同路面的结构也有所不同(图4.1)。

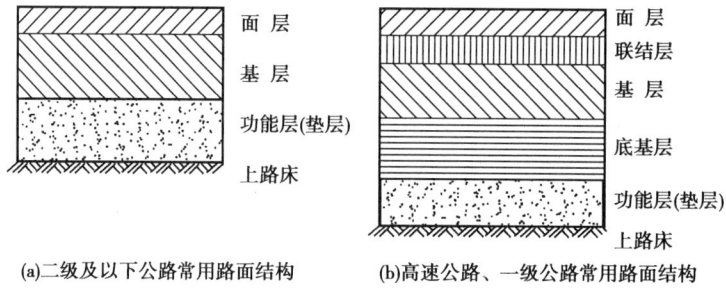

(a)二级及以下公路常用路面结构　　(b)高速公路、一级公路常用路面结构

图 4.1　不同等级的路面结构层次示意图

1)面层

面层是直接同行车和大气接触的表面层,承受较大行车荷载的垂直力和起水平剪切力的作用,同时还受到降水的侵蚀和气温变化影响。因此,同其他层次相比,面层应具备较高的结构强度以抵抗垂直应力作用,较高的抗变形能力以抵抗剪切作用,较好的水稳定性以抵抗水损害和很好的温度稳定性以抵抗车辙,表面还应有良好的抗滑性和平整度。

修筑面层所用的材料主要有沥青混合料、水泥混凝土、沥青碎(砾)石等,其适用范围见表 4.1。

表 4.1　路面面层类型及使用范围

面层类型	适用范围
沥青混合料路面	高速公路、一级公路、二级公路、三级公路、四级公路
水泥混凝土路面	高速公路、一级公路、二级公路、三级公路、四级公路
沥青贯入、沥青碎石、沥青表面处治路面	三级公路、四级公路
砂石路面	四级公路

2)基层

基层主要承受由面层传来的车辆荷载的作用力(包括垂直力和拉应力),将垂直力扩散到下面的垫层和土基中去,承受拉应力作用并维持良好的耐久性。因此,基层是路面结构中的承重层,应具有一定的强度和刚度,并具有良好的抵抗疲劳破坏能力。

基层遭受大气因素的影响虽然比面层小,但是仍然有可能经受地下水和通过面层渗入雨水的侵蚀,所以基层结构应具有足够的水稳定性。基层表面虽不直接供车辆行驶,但仍然要求有较好的平整度,这是保证面层平整性的基本条件。由于基层一般受到拉应力的作用,因此,必须保证基层的疲劳寿命满足设计要求。基层或底基层主要承受拉应力或拉应变,因此基层或底基层材料主要应考虑其抗疲劳特性。如果基层或底基层采用粒料材料,则必须考虑垂直力作用产生的永久变形。

修筑基层的材料主要有各种结合料(如石灰、水泥或沥青等)稳定土或稳定碎(砾)石、贫水泥混凝土、各种工业废渣(如煤渣、粉煤灰、矿渣、石灰渣等)和土、砂、石所组成的混合料等天然砂砾、各种碎石或砾石、片石、块石或圆石,以提高基层的整体抗冰冻、抗水侵害和承载能力。

3)功能层(垫层)

为保证面层和基层不受路基水温状况变化所造成的不良影响,必要时应设置功能层,它的主要功能是加强路面结构层之间的联结、改善路基的湿度和温度状况。

修筑功能层的材料,强度要求不一定高,但水稳定性和隔温性能要好。常用的功能层材料有 3 类:一类是由松散粒料(如粗砂、砂砾、碎石等)组成的透水性材料层或防冻层;另一类是用水泥或石灰稳定土等修筑的稳定类材料层;还有用沥青或乳化沥青的封层、黏层、透层及应力吸收层。

4.1.2　路面分类

在国外,路面分类如下:

①有铺装路面:一般包含水泥混凝土路面和沥青混凝土路面形式;

②简易铺装路面:包含表面处治、沥青碎石、沥青贯入式路面形式;

③未铺装路面:砂石路面[砂石路面是以砂、石为骨料,以土、水、灰为结合料,通过一定的配合比铺筑而成的路面,包括级配砂(砾)石路面、泥结碎石路面、水结碎石路面、填隙碎石路面及其他粒料路面]等归入未铺装路面。

在国内,主要从路面结构的力学特性的相似性出发,将路面结构划分为沥青混合料路面、复合式路面和水泥混凝土路面(也称刚性路面)3 类。根据基层材料类型及组合不同,又将沥青混合料路面划分为柔性基层沥青路面、半刚性基层沥青路面、组合式基层沥青路面、刚性基层沥青路面。

在工程现场,一般习惯于按照面层所用的材料进行分类,如沥青混合料路面、水泥混凝土路面、砂石路面等。本节主要介绍常用的沥青类路面和水泥混凝土类路面。

1) 沥青类路面

根据沥青类路面基层类型,沥青类路面可分为柔性基层沥青路面、半刚性基层沥青路面、刚性基层沥青路面及组合式基层沥青路面。

(1)柔性基层(主要是沥青结合料类基层及粒料类基层)沥青路面

柔性基层沥青路面的总体结构刚度较小,在车辆荷载作用下产生的表面变形较半刚性基层沥青路面大。虽然路面结构某一层的抗拉强度较低,但通过合理的结构组合和厚度设计可以保证路面结构整体具有很强的抵抗荷载作用能力。同时通过各结构层将车辆荷载传递给路基,可使路基承受的压应力控制在一定范围内。路基路面结构主要靠抗压强度和抗剪强度承受车辆荷载的作用。柔性基层沥青路面主要包括各种未经处理的粒料基层和各类沥青层组成的路面结构。

(2)半刚性基层(主要是无机结合料类基层)沥青路面

用水泥、石灰等无机结合料处治的土或碎(砾)石及含有水硬性结合料的工业废渣修筑的基层,在前期具有柔性基层的力学性质,而后期的强度和刚度均有较大幅度增长,但是最终的强度和刚度仍小于水泥混凝土。由于这种材料的刚度处于柔性基层与刚性基层之间,因此把这种基层和铺筑在它上面的沥青面层统称为半刚性基层沥青路面。这种路面结构是目前我国高速公路采用的主要结构形式(图 4.2、图 4.3)。

(3)刚性基层(主要是水泥混凝土基层)沥青路面

刚性基层主要是用水泥混凝土做基层,沥青混凝土做面层的路面结构,这种路面结构有时也称为复合式路面结构。水泥混凝土具有强度高、稳定性好等特点,沥青混凝土具有行车舒适、噪声小等特点。这种路面可以避免各自的缺点,具有良好的使用性能和耐久性。普通混凝土

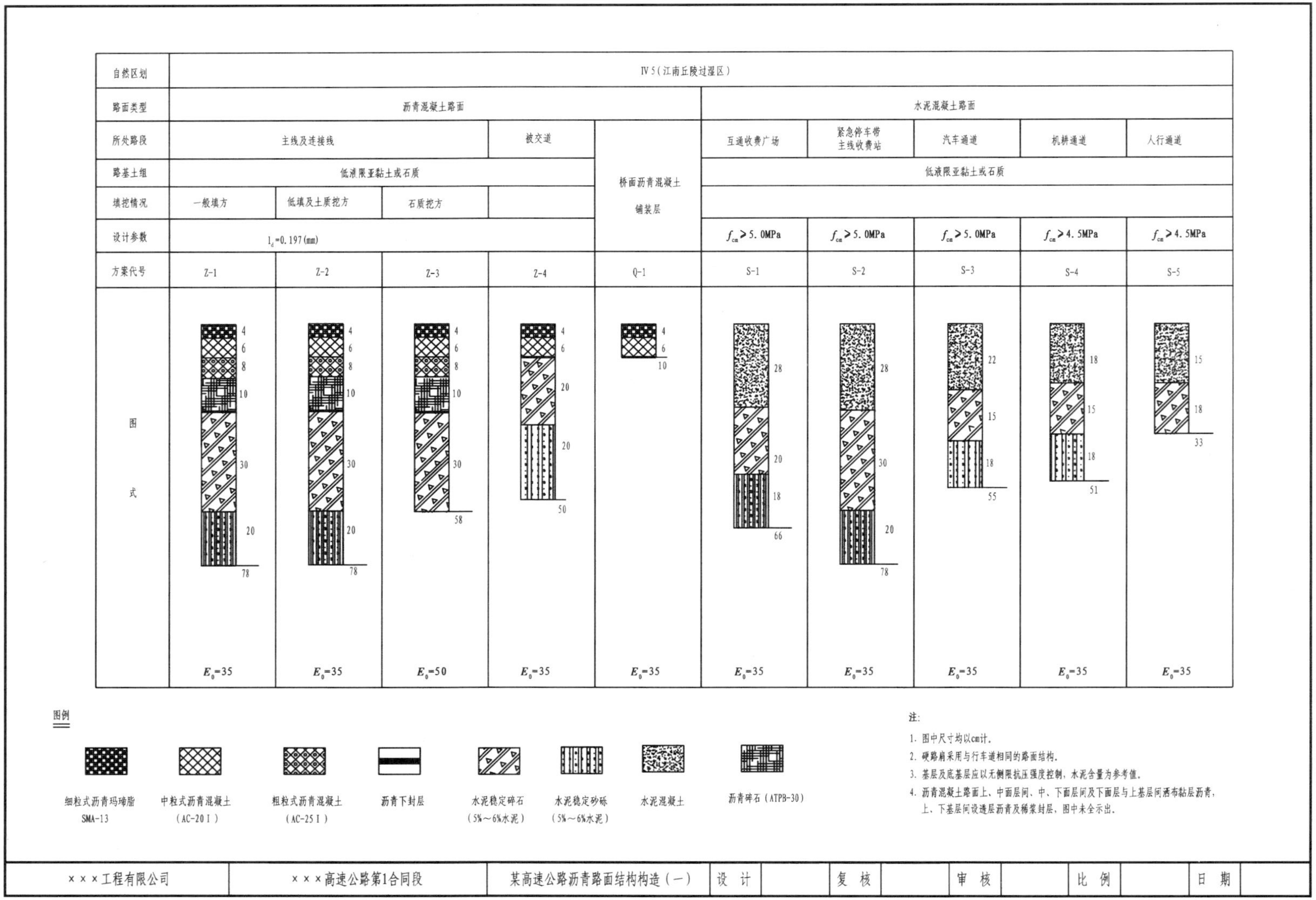

自然区划	IV 5(江南丘陵过湿区)									
路面类型	沥青混凝土路面					水泥混凝土路面				
所处路段	主线及连接线			被交道		互通收费广场	紧急停车带主线收费站	汽车通道	机耕通道	人行通道
路基土组	低液限至黏土或石质			桥面沥青混凝土铺装层		低液限亚黏土或石质				
填挖情况	一般填方	低填及土质挖方	石质挖方							
设计参数	$l_f = 0.197$(mm)					$f_{cm} \geqslant 5.0$MPa	$f_{cm} \geqslant 5.0$MPa	$f_{cm} \geqslant 5.0$MPa	$f_{cm} \geqslant 4.5$MPa	$f_{cm} \geqslant 4.5$MPa
方案代号	Z-1	Z-2	Z-3	Z-4	Q-1	S-1	S-2	S-3	S-4	S-5
图式										
	$E_0 = 35$	$E_0 = 35$	$E_0 = 50$	$E_0 = 35$	$E_0 = 35$	$E_0 = 35$	$E_0 = 35$	$E_0 = 35$	$E_0 = 35$	$E_0 = 35$

图例

| 细粒式沥青玛琋脂 SMA-13 | 中粒式沥青混凝土（AC-20 I） | 粗粒式沥青混凝土（AC-25 I） | 沥青下封层 | 水泥稳定碎石（5%~6%水泥） | 水泥稳定砂砾（5%~6%水泥） | 水泥混凝土 | 沥青碎石（ATPB-30） |

注:
1. 图中尺寸均以 cm 计。
2. 硬路肩采用与行车道相同的路面结构。
3. 基层及底基层应以无侧限抗压强度控制,水泥含量为参考值。
4. 沥青混凝土路面上、中面层间,中、下面层间及下面层与上基层间洒布黏层沥青,上、下基层间设透层沥青及稀浆封层,图中未全示出。

| ×××工程有限公司 | ×××高速公路第1合同段 | 某高速公路沥青路面结构构造（一） | 设 计 | | 复 核 | | 审 核 | | 比 例 | | 日 期 |

图4.2 某高速公路沥青路面结构构造示意图

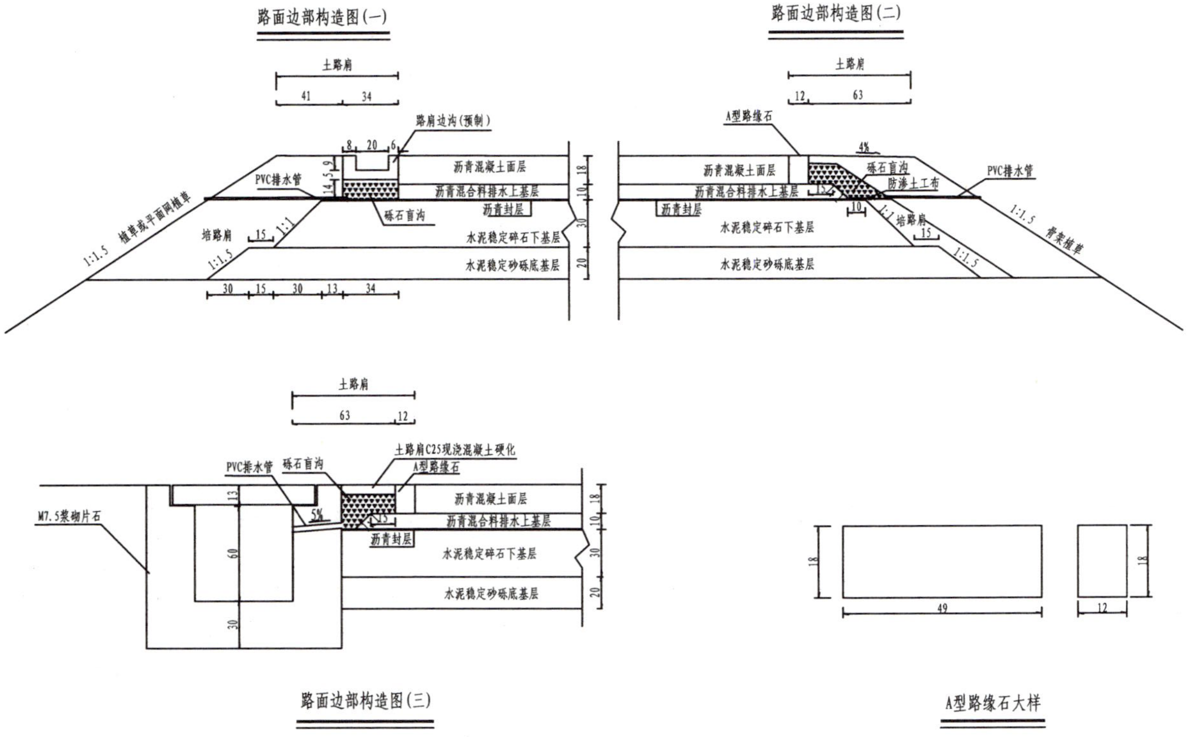

注:
1. 图中尺寸均以cm计。
2. 本图为沥青路面边部构造设计图。
3. 图(一)为填方边坡高度$H\leqslant 6$ m路段(植草或平面网植草防护)路基边部构造。
4. 图(二)为填方边坡高度$H>6$ m路段(骨架植草防护)路基边部构造。
5. 图(三)为挖方路段路基边部构造，当为强微风化岩质路基时，取消底基层。图中未示出边沟下渗沟。

×××工程有限公司	×××高速公路第1合同段	某高速公路沥青路面结构构造（二）	设 计		复 核		审 核		比 例		日 期	

图4.3 某高速公路沥青路面结构边部构造示意图

（JPCP）、钢筋混凝土（JRCP）基层沥青路面，由于接缝处存在反射裂缝，对使用性能有一定的影响；连续配筋混凝土基层（CRCP）沥青混凝土路面由于连续配筋将水泥混凝土裂缝宽度约束在一定范围内（一般要求小于 1 mm），故其有良好的使用性能和耐久性，但必须采取措施保证沥青层与沥青层、沥青层与水泥混凝土层之间有良好的黏结状态。

（4）组合式基层沥青路面

该种沥青路面结构主要是沥青路面的基层含有无机结合料稳定材料、水泥混凝土材料等刚度较大或相对较大的材料，但是在沥青层与刚度相对较大的材料之间夹有柔性材料，如沥青混凝土层+级配碎石+无机结合料稳定材料层路面结构、沥青混凝土层+级配碎石+普通水泥混凝土材料层路面结构、沥青混凝土层+级配碎石+碾压式水泥混凝土材料层路面结构等。

2）水泥混凝土路面

水泥混凝土路面主要指用水泥混凝土［包括普通混凝土（JPCP）、钢筋混凝土（JRCP）、连配筋混凝土（CRCP）、钢纤维混凝土、预应力混凝土、装配式混凝土、碾压混凝土］做面层的路面结构（图 4.4）。水泥混凝土强度高，与其他筑路材料相比，抗弯拉强度高，并且有较高的弹性模量，故呈现出较大的刚性。在车辆荷载作用下，水泥混凝土结构层处于板体工作状态，竖向弯沉较小，路面结构主要靠水泥混凝土板的抗弯拉强度承受车辆荷载，通过板体的扩散分布作用，传递给基础上的单位压力较柔性路面小得多。

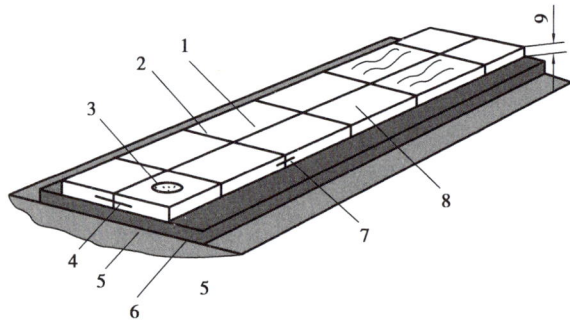

图 4.4　水泥混凝土路面立体结构示意图

1—纵缝；2—横缝；3—表面构造；4—拉杆；5—路基；6—基层；7—传力杆；8—路面板；9—板厚

4.2　路面基层（底基层）施工技术

路面基层直接位于沥青混凝土面层或水泥混凝土面板之下，是路面结构体系中的主要承重层或下承层，在路面结构起着"承上启下"作用。路面基层可以是一层或多层，可以是一种材料或多种材料。基层由多层构成时，除最上一层外的其他层被称为"底基层"，在此情况下，最上一层相应地被称为"基层"。应注意鉴别基层概念在不同情况下的内涵。

通常按照基层材料差异，将其分为 4 类：粒料类、无机结合料稳定类、沥青结合料类和水泥混凝土类基层，它们的具体材料类型及适用条件见表 4.2。

表 4.2　基层和底基层材料的适用交通等级和层位

类　型	材料类型	基层和底基层材料适用的交通等级
无机结合料稳定类	水泥稳定级配碎石或砾石、水泥粉煤灰稳定级配碎石或砾石、石灰粉煤灰稳定级配碎石或砾石	各交通荷载等级的基层和底基层
	水泥稳定未筛分碎石或砾石、石灰粉煤灰稳定未筛分碎石或砾石、石灰稳定未筛分碎石或砾石	轻交通荷载等级的基层、各交通荷载等级的底基层
	水泥稳定土、石灰稳定土、石灰粉煤灰稳定土	轻交通荷载等级的基层、各交通荷载等级的底基层
粒料类	级配碎石	重及以下交通荷载等级的基层、各交通荷载等级的底基层
	级配碎石、未筛分碎石、天然砂砾、填隙碎石	中等和轻交通荷载等级的基层、各交通荷载等级的底基层
沥青结合料类	密级配沥青碎石、半开级配沥青碎石、开级配沥青碎石	极重、特重和重交通荷载等级的基层
	沥青贯入碎石	重及以下交通荷载等级的基层
水泥混凝土	水泥混凝土或贫混凝土	极重、特重交通荷载等级的基层

目前,我国高等级公路的基层使用最多的是水泥稳定碎石、水泥稳定砂砾,其次是二灰碎石、二灰砂砾,其他还有水泥稳定砂掺碎石、水泥稳定砂砾掺碎石,个别也有粉煤灰土加水泥。底基层以石灰土为最多,其次还有水泥稳定土、水泥石灰稳定土、水泥石灰粉煤灰稳定土等。

4.2.1　无机结合料稳定类基层施工

1)一般规定

①无机结合料稳定类基层施工宜在气温较高的季节组织。无机结合料稳定材料施工期的日最低气温应在 5 ℃以上。在有冰冻的地区,应在第一次重冰冻(一般指气温达到-5～-3 ℃)到来的 15～30 d 之前完成施工。

②宜避免在雨季施工,且不应在雨天施工;也不适宜在高温季节施工。

③无机结合料稳定材料在过分潮湿路段上施工时应采取措施,降低潮湿程度、消除积水。

④在正式施工前,必须铺筑试验段,对施工工艺进行总结,试验段的质量检查频率应是正常路段的两倍。

⑤压实厚度不应超过 20 cm,设计厚度超过 20 cm 时,应分层铺筑,最小压实厚度为 10 cm。压实厚度可根据所选用的压路机种类、吨位确定。

混合料摊铺应保证足够的厚度,碾压成型后每层的摊铺厚度宜不小于 160 mm,最大厚度应不大于 200 mm。具有足够的摊铺能力和压实功率时,可增加碾压厚度,具体的摊铺厚度应根据试验结果确定。大厚度摊铺施工时,应增加相应的拌和能力。

2)原材料选择

(1)水泥

①强度等级为 32.5 或 42.5 普通硅酸盐水泥、矿渣硅酸盐水泥或火山灰质硅酸盐水泥等均

可使用。早强、快硬及受潮变质的水泥不应使用。

②所用水泥初凝时间应大于 3 h,终凝时间应大于 6 h 且小于 10 h。

(2)石灰

①石灰技术要求应符合表 4.3 和表 4.4 的要求。

表 4.3　生石灰技术要求

指标	钙质生石灰			镁质生石灰			试验方法
	Ⅰ	Ⅱ	Ⅲ	Ⅰ	Ⅱ	Ⅲ	
有效氧化钙加氧化镁含量/%	≥85	≥80	≥70	≥80	≥75	≥65	T 0813
未消化残渣含量/%	≤7	≤11	≤17	≤10	≤14	≤20	T 0815
钙镁石灰的分类界限,氧化镁含量/%	≤5			>5			T 0812

表 4.4　消石灰技术要求

指标		钙质生石灰			镁质生石灰			试验方法
		Ⅰ	Ⅱ	Ⅲ	Ⅰ	Ⅱ	Ⅲ	
有效氧化钙加氧化镁含量/%		≥65	≥60	≥55	≥60	≥55	≥50	T 0813
含水率/%		≤4	≤4	≤4	≤4	≤4	≤4	T 0815
细度	0.60 mm 方孔筛的筛余/%	0	≤1	≤1	0	≤1	≤1	T 0814
	0.15 mm 方孔筛的筛余/%	≤	≤20	—	≤13	≤20	—	T 0814
钙镁石灰的分类界限,氧化镁含量/%		≤4			>4			T 0812

②高速公路和一级公路用石灰应不低于Ⅱ级技术要求,二级公路用石灰应不低于Ⅲ级技术要求,二级以下公路宜不低于Ⅲ级技术要求。

③高速公路和一级公路的基层,宜采用磨细消石灰。

④二级以下公路使用石灰时,有效氧化钙含量应在 20% 以上,且混合料强度应满足要求。

(3)粉煤灰等工业废渣

①干排或湿排的硅铝粉煤灰和高钙粉煤灰等均可用作基层或底基层的结合料。粉煤灰技术要求应符合表 4.5 的规定。

表 4.5　粉煤灰技术要求

检测项目	技术要求	试验方法
SiO_2、Al_2O_3 和 FeO_3 总含量/%	>70	T 0816
烧失量/%	≤20	T 0817
比表面积/$(g \cdot cm^{-3})$	>2500	T 0820
0.3 mm 筛孔通过率/%	≥90	T 0818
0.075 mm 筛孔通过率/%	≥70	T 0818
湿粉煤灰含水率/%	≤35	T 0801

②各等级公路的底基层、二级及以下公路基层使用的粉煤灰,通过率指标不满足表4.5的要求时,应进行混合料强度试验;达到本细则相关要求的强度指标时,方可使用。

③煤矸石、煤渣、高炉矿渣、钢渣及其他冶金矿渣等工业废渣可用于修筑基层或底基层,使用前应崩解稳定,宜通过不同龄期条件下的强度和模量试验以及温度收缩或干湿收缩试验评价混合料性能。

④水泥稳定煤矸石不宜用于高速公路和一级公路。

⑤工业废渣类作为集料使用时,公称最大粒径应不大于31.5 mm,颗粒组成宜有一定级配,且不宜含杂质。

(4)水

①基层材料用水应符合《生活饮用水卫生标准》(GB 5749—2022)的饮用水可直接作为基层、底基层材料拌合与养生用水。

②拌和使用的非饮用水应进行水质检验,技术要求应符合表4.6的规定。养生用非饮用水可不检验不溶物含量,其他指标应符合表4.6的规定。

表4.6　非饮用水技术要求

项次	项　目	技术要求	试验方法
1	pH 值	≥4.5	《混凝土用水标准》(JGJ 63)
2	Cl^- 含量/$(mg \cdot L^{-1})$	≤3 500	
3	SO_4^{2-} 含量/$(mg \cdot L^{-1})$	≤2 700	
4	碱含量/$(mg \cdot L^{-1})$	≤1 500	
5	可溶物含量/$(mg \cdot L^{-1})$	≤10 000	
6	不溶物含量/$(mg \cdot L^{-1})$	≤5 000	
7	其他杂质	不应有漂浮的油脂和泡沫及明显的颜色和异味	

(5)粗集料

①用作被稳定材料的粗集料宜采用各种硬质岩石或砾石加工成的碎石,也可直接采用天然砾石。粗集料应符合表4.7中Ⅰ类的规定,用作级配碎石的粗集料应符合表4.7中Ⅱ类的规定。

表4.7　粗集料技术要求

| 指　标 | 层　位 | 高速公路和一级公路 | | | | 二级及以下公路 | | 试验方法 |
| | | 极重、特重交通 | | 重、中、轻交通 | | | | |
		Ⅰ类	Ⅱ类	Ⅰ类	Ⅱ类	Ⅰ类	Ⅱ类	
压碎值/%	基层	≤22	≤22	≤26	≤26	≤35	≤30	T 0316
	底基层	≤30	≤26	≤30	≤26	≤40	≤35	
针片状颗粒含量/%	基层	≤18	≤18	≤22	≤18	—	≤20	T 0312
	底基层	—	≤20	—	≤20	—	≤20	

续表

指　标	层　位	高速公路和一级公路				二级及以下公路		试验方法
		极重、特重交通		重、中、轻交通				
		Ⅰ类	Ⅱ类	Ⅰ类	Ⅱ类	Ⅰ类	Ⅱ类	
0.075 mm 以下粉尘含量/%	基层	≤1.2	≤1.2	≤2	≤2	—	—	T 0310
	底基层	—	—	—	—	—	—	
软石含量/%	基层	≤3	≤3	≤5	≤5	—	—	T 0320
	底基层	—	—	—	—	—	—	

注:对花岗岩石料,压碎值可放低至25%。

②基层、底基层的粗集料规格要求宜符合表4.8的规定。

表 4.8　粗集料规格要求

规格名称	公称粒径/mm	通过下列筛孔(mm)的质量百分率/%									公称粒径/mm
		53	37.5	31.5	26.5	19.0	13.2	9.5	4.75	2.36	
G1	20~40	100	90~100	—	—	0~10	0~5	—	—	—	19~37.5
G2	20~30	—	100	90~100	—	0~10	0~5	—	—	—	19~31.5
G3	20~25	—	—	100	90~100	0~10	0~5	—	—	—	19~26.5
G4	15~25	—	—	—	90~100	0~10	0~5	—	—	—	13.2~26.5
G5	15~20	—	—	—	—	90~100	0~10	0~5	—	—	13.2~19
G6	10~30	—	100	90~100	—	—	—	0~10	0~5	—	9.5~31.5
G7	10~25	—	—	100	90~100	—	—	0~10	0~5	—	9.5~26.5
G8	10~20	—	—	—	100	90~100	—	0~10	0~5	—	9.5~19
G9	10~13.2	—	—	—	—	100	90~100	0~10	0~5	—	9.5~13.2
G10	5~15	—	—	—	100	90~100	40~70	0~10	0~5	—	4.75~13.2
G11	5~10	—	—	—	—	100	90~100	0~10	0~5	—	4.75~9.5

③高速公路和一级公路极重、特重交通荷载等级基层的4.75 mm以上粗集料应采用单一粒径的规格料。

④作为高速公路、一级公路底基层和二级及以下公路基层、底基层稳定材料的天然砾石材料宜满足表4.7的要求,并满足级配稳定、塑性指数不大于9的要求。

⑤应选择适当的碎石加工工艺,用于破碎的原石粒径应为破碎后碎石公称最大粒径的3倍以上。碎石生产设备应包括二次或以上破碎方式的碎石生产线(其中至少有一次采用反击式或圆锥式破碎方式)、除尘设备、振动喂料机和3层以上的振动筛(图4.5)。

⑥碎石加工中,根据筛网放置的倾斜角度和工程经验,应选择合理的筛孔尺寸。粒径尺寸与筛孔尺寸对应关系宜符合表4.9的规定。根据破碎方式和石质的不同,可适当调整筛孔尺寸,调整范围宜为1~2 mm。

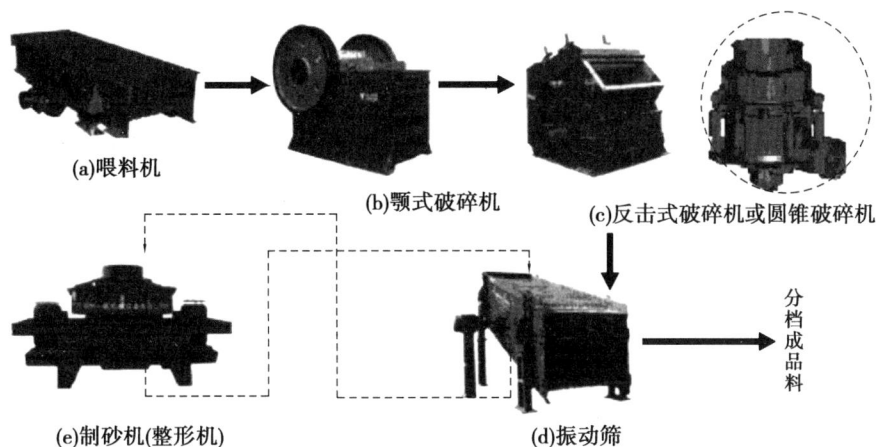

(a)喂料机   (b)颚式破碎机   (c)反击式破碎机或圆锥破碎机

(e)制砂机(整形机)   (d)振动筛   分档成品料

图 4.5 常用的破碎机组成

表 4.9 粒径尺寸与筛孔尺寸对应表

粒径尺寸/mm	4.75	9.5	13.2	16	19	26.5	31.5	37.5
筛孔尺寸/mm	5.5	11	15	18	22	31	36	43

⑦用作级配碎石或砾石的粗集料应采用具有一定级配的硬质石料,且不应含有黏土块、有机物等。

⑧级配碎石或砾石用作基层时,高速公路和一级公路公称最大粒径应不大于 26.5 mm,二级及以下公路公称最大粒径应不大于 31.5 mm;用作底基层时,公称最大粒径应不大于37.5 mm。

(6)细集料

①细集料应洁净、干燥、无风化、无杂质,并有适当的颗粒级配。

②高速公路和一级公路用细集料技术要求应符合表 4.10 的规定,规格要求应符合表 4.11的规定。

表 4.10 细集料技术要求

项 目	水泥稳定[a]	石灰稳定	石灰粉煤灰综合稳定	水泥粉煤灰综合稳定	试验方法
颗粒分析	满足级配要求				T 0302/0303/0327
塑性指数[b]	≤17	适宜范围 15~20	适宜范围 12~20	—	T 0118
有机质含量/%	<2	≤10	≤10	<2	T 0313/0336
硫酸盐含量/%	≤0.25	≤0.8	—	≤0.25	T 0341

注:a.水泥稳定包含水泥石灰综合稳定。

    b.应测定 0.075 mm 以下材料的塑性指数。

表 4.11　细集料规格要求

规格名称	公称粒径/mm	通过下列筛孔(mm)的质量百分率/%								公称粒径/mm
		9.5	4.75	2.36	1.18	0.6	0.3	0.15	0.075	
XG1	3~5	100	90~100	0~15	0~5	—	—	—	—	2.36~4.75
XG2	0~3	—	100	90~100	—	—	—	—	0~15	0~2.36
XG3	0~5	100	90~100	—	—	—	—	—	0~20	0~4.75

③对 0~3 mm 和 0~5 mm 细集料应分别严格控制大于 2.36 mm 和 4.75 mm 颗粒含量。对 3~5 mm 细集料应严格控制小于 2.36 mm 颗粒含量。

④对于高速公路和一级公路,细集料中小于 0.075 mm 颗粒含量应不大于 15%;二级及以下公路,细集料中小于 0.075 mm 颗粒含量应不大于 20%。

⑤级配碎石或砾石中的细集料可使用细筛余料,或专门轧制的细碎石集料。

⑥天然砾石或粗砂作为细集料时,其颗粒尺寸应满足工程需要,且级配稳定,超尺寸颗粒含量超过《公路路面基层施工技术细则》(JTG/T F20—2015)或实际工程的规定时应筛除。

3) 施工方法选择

无机结合料稳定类基层施工方法主要有路拌法施工和厂拌法施工两种。在实际工程中,宜根据公路等级的不同,参考表 4.12 选择基层(底基层)施工方法。对于边角部位施工,混合料拌和方式应与主线相同,可采用推土机摊铺、平地机整平的人工方式摊铺,并与主线同步碾压成型。

表 4.12　基层(底基层)施工方法选择

材料类型	公路等级	结构层位	拌和工艺		摊铺工艺	
			推荐	可选择	推荐	可选择
无机结合料稳定中、粗粒材料	二级及以上	基层	集中厂拌	—	摊铺机摊铺	—
无机结合料稳定细粒材料		底基层	集中厂拌	—	摊铺机摊铺	推土机摊铺,平地机整平
水泥稳定材料	二级以下	基层和底基层	集中厂拌	—	摊铺机摊铺	—
其他各种无机结合料稳定材料		基层和底基层	集中厂拌	人工路拌	摊铺机摊铺	推土机摊铺,平地机整平
级配碎石	二级及以上	基层和底基层	集中厂拌	—	摊铺机摊铺	—
	二级以下	基层和底基层	集中厂拌	人工路拌	摊铺机摊铺	推土机摊铺,平地机整平

4)厂拌法施工

厂拌法施工无机结合料路面基层是目前国内技术条件较成熟,也是使用最广泛的方法,因此对于厂拌法施工无机结合料稳定材料基层的施工内容必须完全掌握。厂拌法施工工艺流程具体见图4.6。

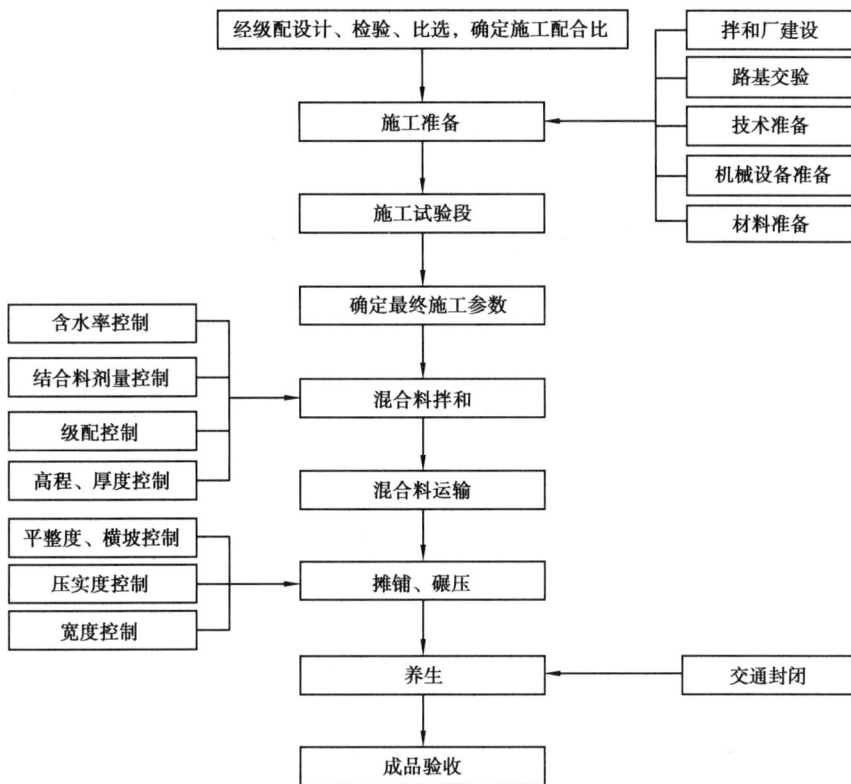

图4.6 厂拌法施工工艺流程

(1)稳定土拌和厂建设

①场地布置:

a.施工总体布置合理,拌和厂要选在空旷、干燥、交通便利,并远离工厂、居民区、经济农作物及畜牧业集中的区域,避免对当地居民的生产、生活和居住环境带来不利影响。

b.拌和厂场地面积要根据项目工程量、拌和设备型号、施工工期、材料供应速度经过计算确定。拌和厂占地面积应满足施工需要,一般不小于15 000 m²(特殊路段地理条件受限时可分成几个拌和厂),并将生活区及工作区分开。

c.拌和厂场地要有良好排水、防水措施。堆料仓内应纵向每隔5~10 m,横向每隔15~20 m设盲沟,坡度不小于0.5%,盲沟应与场地排水明沟相连。在堆料仓前后应设置排水明沟,保持排水通畅,场地内不允许积水。

d.要求对基层堆料场地进行硬化(厚度不小于20 cm)。设专人每天对拌和厂、场区道路等及时进行洒水清扫,减少扬尘对集料的二次污染。

e.拌和厂地内应设有安全防护措施,配备消防设备。

②原材料堆放和质量管理:

a.项目部要采取有效措施,按原材料质量管理程序进行检验。不合格材料不得进入料场。

b.不同规格砂石材料要严格分档、隔离堆放,严禁混堆(图4.7)。各档材料间应设置高于2 m的硬分隔墙,2 m以上部分可采用软隔离;分隔墙顶面高度应高于料堆坡脚50 cm以上,料堆形状为梯形。砂石材料堆放时,应防止离析。

图4.7 分档分仓堆料并设置防雨棚

c.基层4.75 mm及以下集料须设雨棚或覆盖防雨油布,防雨棚仓储面积至少大于2 000 m² 并满足实际施工需要;袋装水泥应在室内架空堆放。

③拌和厂内施工标牌:

a.拌和厂地施工标牌要结合监理规程有关原材料及混合料报验制度的规定,在材料堆放处设立原材料品名牌及报验牌。在拌和设备前设混合料配合比标牌,并严格按施工配合比施工。

b.不同规格的材料应设置明显的标识牌,原材料报验牌上应注明材料品名、用途、规格、产地、检验时间、检验结果、监理工程师是否同意使用等内容。

(2)混合料组成设计

①无机结合料稳定材料组成设计应包括原材料检验、混合料的目标配合比设计、混合料的生产配合比设计和施工参数确定4个部分,其设计流程见图4.8。

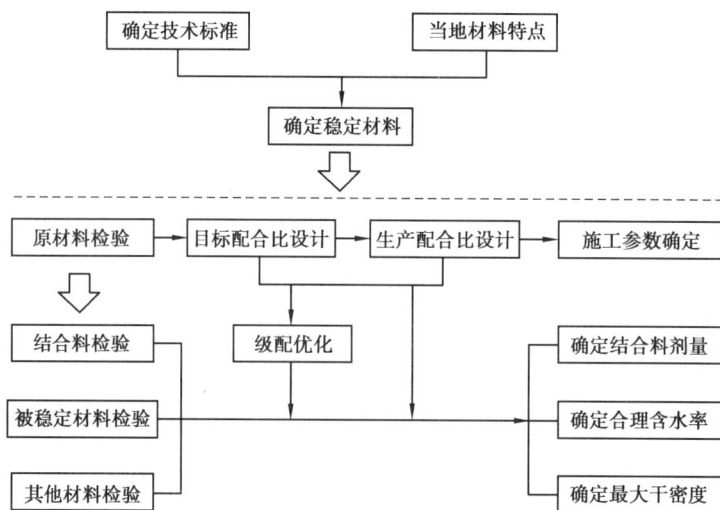

图4.8 无机结合料稳定材料设计流程

②无机结合料稳定材料应满足《公路工程无机结合料稳定材料试验规程》(JTG E51—2009)规定的强度要求。

③高速公路和一级公路应验证所用材料的7 d龄期无侧限抗压强度与90 d或180 d龄期

弯拉强度的关系。

④水泥稳定类材料强度要求较高时,宜采取控制原材料技术指标和优化级配设计等措施,不宜单纯通过增加水泥剂量来提高材料强度。

(3)施工准备

①路基交验。路面基层开始施工前,应按照规范规定进行路基质量验收及交接,交验合格后方可开始进行路面结构施工。

路基交验时,首先要对填方路基上路床(路基顶面以下 30 cm)、挖方路基换填(土质路段不少于 80 cm,石质路段不少于 50 cm)的填筑质量、软土地基路段的月沉降量进行检查。软土地基路段的月沉降量必须符合设计和《公路路基设计规范》(JTG D30—2015)要求(应保证连续 2 个月的月沉降量小于 5 mm,软基沉降必须由第三方进行监测),否则不得进行路基交验。

路面施工单位进场后,建设单位、监理单位应督促路基施工单位及时与路面施工单位进行路基交验。路基交验完成后,必须报经省(市)质监局(站)抽检并认可合格后,方可开始路面施工。应对线形和外形尺寸、纵向高程、平整度、横坡、弯沉值、压实度等指标进行检查。

②技术准备。根据施工安排,完成路面基层(底基层)施工技术和安全交底等相关技术工作。

③机械设备准备:

a.施工机械:无机结合料稳定类材料施工机械主要有拌和楼、摊铺机、压路机、自卸汽车、装载机、洒水车、水泥钢制罐仓。

●拌和楼(图 4.9)。应配置产量不小于 500 t/h 的拌和楼,并与实际摊铺能力相匹配。为使混合料拌和均匀,拌缸要满足一定长度。至少要有 5 个进料斗,料斗上口必须安装钢筋网盖,筛除超出粒径规格的集料及杂物。拌和楼用水应配有大容量的储水箱。料斗、水箱、罐仓都要求装配高精度电子动态计量器,电子动态计量器应经有资质的计量部门进行计量标定后方可使用。

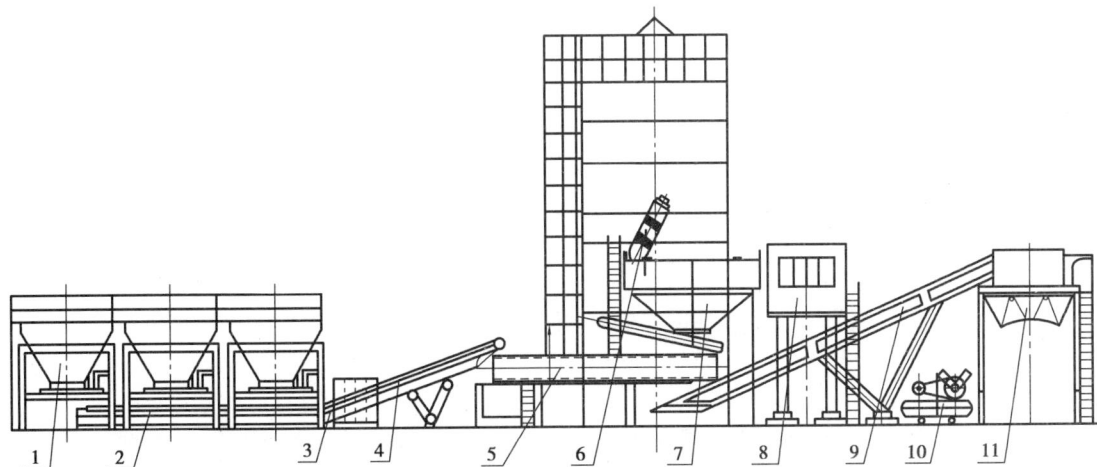

图 4.9 无机结合料稳定材料生产设备

1—配料站;2—集料皮带机;3—供水系统;4—皮带输送机;5—搅拌机总成;

6—螺旋输送机;7—粉料罐;8—控制室;9—成品料输送机;10—气控系统;11—成品料仓

● 摊铺机。应根据路面底基层、基层的宽度、厚度,选用合适的摊铺机械。施工时应采用两台摊铺机梯队作业。要求两台摊铺机功率一致,最好为同一厂家、同一型号,而且机型较新,功能较全,以保证路面基层厚度一致、完整无缝、平整度好。

● 压路机。压路机的吨位和台数必须与拌和楼及摊铺机生产能力相匹配,至少应配备12～15 t压路机1～2台、18～20 t稳压用压路机2～3台和轮胎压路机1～2台,使从加水拌和到碾压终了时间宜在2 h内,保证施工正常进行。

● 自卸汽车、装载机、洒水车。数量应与拌和设备、摊铺设备、压路机相匹配。

● 水泥钢制罐仓。由拌和楼生产能力决定其容量(1个80～100 t或2个50 t),罐仓内应配有水泥破拱器,以免水泥起拱停流。

以上设备数量至少应满足每个工点、每日连续正常生产及工期要求。

b.检验试验仪器配备见表4.13。

表4.13　检验试验仪器配备表

检测室	仪器设备名称	数量	仪器规格		
			测量范围	分度值	准确度
集料室	电子天平	2台	0～5 kg	0.1 g	0.1 g
	标准筛	1套	—	—	—
	三或四片叶轮搅拌器	1台	转速可调最高达 600±60 r/min,直径75±10 mm,定时精度1 s		
	烘箱	2台	0～300 ℃	1 ℃	1 ℃
	游标卡尺	1台	0～150 mm	—	—
	压碎值试验仪	1台	—	—	—
	台秤	1台	50 kg	—	—
	浸水天平	1台	0～3 kg	0.1 g	0.1 g
水泥室	负压筛析仪	1台	负压可调范围为4～6 kPa		
	水泥净浆搅拌机	1台	—		
	标准法维卡仪	1台	—		
	雷氏夹膨胀测定仪	1台	标尺最小刻度为0.5 mm		
	胶砂搅拌机	1台	—		
	振实台	1台	—		
	水泥抗折抗压试验机	1台	—		
无机结合料室	重型击实仪	1台	—	—	—
	压力机(或路面材料强度试验仪)	1台	最大荷载不大于200 kN		
	反力框架	1台	400 kN以上		
	脱模器	1台	—		
	测钙仪或滴定设备	1套	—		
	振动压实成型机	1台	—	—	—

续表

检测室	仪器设备名称	数量	仪器规格		
			测量范围	分度值	准确度
养生室	养护室控制器	1 台	50 ℃	0.1 ℃	1 ℃
现场检测室	取芯机	1 台	功率不小于 4 kW		
	灌砂仪	2 套	灌砂筒直径≥15 cm		
	电子台秤	2	0~30 kg	—	5 g

开工前,要求加强对拌和楼、检测仪器等设备的标定工作,监理、建设单位必须对标定情况进行检查、核验,确保拌和及检测数据真实可靠。施工过程中,应加强对拌和楼、检测仪器等设备的检修、维护,以便能及时发现设备出现的问题。对拌和楼筛网应经常进行检查,发现堵塞和破损现象应及时清理和更换,以便更好地控制配合比。基层集料加工场的石料破碎机必须配备振动预筛喂料装置(筛网长度不小于 2 m),以减少集料中的泥土含量。

④材料准备。按照施工实际需要进行原材料采购,其中基层(底基层)集料宜结合公路等级、集料最大粒径等,按照表 4.14、表 4.15 的要求进行分档采购及存储。经试验检测合格,拌和厂建设完成后,提前进行备料工作。原材料储备应足够(一般不低于合同段设计总量的 30%),以满足大规模连续施工需要。

表 4.14　骨料分档要求

层　位	高速公路和一级公路		二级及以下公路
	极重、特重交通	重、中、轻交通	
基层	≥5	≥4	≥3 或 4※
底基层	≥4	≥3 或 4※	≥3

注:※表示对一般工程可选择不少于 3 档备料,对极重、特重交通荷载等级且强度要求较高时,为了保证级配稳定,宜选择不少于 4 档备料,即 9.5~31.5 mm、4.75~9.5 mm、2.36~4.75 mm、2.36 mm 以下。

表 4.15　骨料分档备料规格要求

公称最大粒径/mm	类　型	一档	二档	三档	四档	五档	六档
19	三档备料	XG3	G11	G8	—	—	—
	四档备料Ⅰ	XG2	XG1	G11	G8	—	—
	四档备料Ⅱ	XG3	G11	G9	G5	—	—
	四档备料Ⅲ[a]	XG3(1)	XG3(2)	G11	G8	—	—
	五档备料Ⅰ	XG2	XG1	G11	G9	G5	—
	五档备料Ⅱ[a]	XG3(1)	XG3(2)	G11	G9	G5	—

续表

公称最大粒径/mm	类 型	一档	二档	三档	四档	五档	六档
26.5	四档备料	XG3	G11	G8	G5	—	—
	五档备料Ⅰ	XG3	G11	G9	G5	G3	—
	五档备料Ⅱ	XG2	XG1	G11	G8	G3	—
	五档备料Ⅲ[a]	XG3(1)	XG3(2)	G11	G8	G3	—
	六档备料Ⅰ	XG2	XG1	G11	G9	G5	G3
	六档备料Ⅱ[a]	XG3(1)	XG3(2)	G11	G9	G5	G3
31.5	四档备料	XG3	G11	G8	G2	—	—
	五档备料Ⅰ	XG3	G11	G9	G5	G2	—
	五档备料Ⅱ	XG3	G11	G9	G4	G2	—
	五档备料Ⅲ[a]	XG3(1)	XG3(2)	G11	G8	G2	—
	六档备料Ⅰ	XG2	XG1	G11	G9	G5	G2
	六档备料Ⅱ[a]	XG3(1)	XG3(2)	G11	G9	G5	G2

注:a 表示 XG3(1)和 XG3(2)为两种不同级配规律的 0~5 mm 的细集料。

（4）施工试验段

正式开工前,应先进行试验路段施工。试验段应选择在经验收合格的下承层进行,其长度为 200~500 m。试验段施工的主要目的如下:

①验证用于施工的混合料配合比。

②确定铺筑的松铺厚度和松铺系数。试验段的松铺系数可先参考表 4.16,通过试验最后确定。

表 4.16　混合料松铺系数推荐值

混合料类型	材料名称	松铺系数	备　注
水泥稳定材料	中、粗粒材料	1.30~1.35	—
	细粒材料	1.53~1.58	现场人工摊铺土和水泥,机械拌和,人工整平
石灰稳定材料	石灰土	1.53~1.58	现场人工摊铺土和石灰,机械拌和,人工整平
		1.65~1.70	路外集中拌和,运到现场人工摊铺
	石灰土砾石	1.52~1.56	路外集中拌和,运到现场人工摊铺
石灰粉煤灰稳定材料	细粒材料	1.5~1.7	—
	中、粗粒材料	1.3~1.5	
	石灰煤渣土	1.6~1.8	人工铺筑
	石灰煤渣稳定材料	1.3~1.5	—
级配碎石		1.2~1.3	用机械拌和及机械整形
		1.4~1.5	人工摊铺混合料
		1.25~1.35	平地机摊铺混合料

③确定标准施工方法,包括混合料配比的控制方法、混合料摊铺方法和适用机具(包括摊铺机行进速度、摊铺厚度控制方式、梯队作业时摊铺机间隔距离)、含水率的增加和控制方法、压实机械选择和组合、压实顺序、速度和遍数(至少应选择两种确保能达到压实标准的碾压方案)、拌和、运输、摊铺和碾压机械的协调和配合。

④确定每一碾压作业段的合适长度(一般建议为 50~80 m)。

⑤确定质量检验内容、检验频率及检验方法。试验路段的检验频率应是标准中规定生产路面的 2~3 倍。

当使用的原材料和混合料、施工机械、施工方法及试验路段各检验项目的检测结果都符合规定,可按以上内容编写试验路段总结报告(报告中应明确混合料试件 7 d 无侧限抗压强度的上下限、水泥用量上下限),经监理审批后即可作为申报正式路面施工开工的依据。试验路段总结报告经批准后,混合料级配、水泥剂量不得进行改变。有特殊原因要调整时,应重新进行混合料组成设计和试验路段验证,并报经监理单位审批。

(5)混合料拌和

①开始拌和前,拌和厂的备料应能满足 3~5 d 的摊铺用料。石灰应在使用前一周充分消解,并全部通过 1 cm 筛孔。

②每天开始搅拌前,应检查场内各处集料的含水率,计算当天的施工配合比,外加水与天然含水率的总和要比最佳含水率略高。同时,在充分估计施工富余强度时要从缩小施工偏差入手,不得以提高无机结合料(水泥、石灰、粉煤灰等)用量的方式提高路面基层强度。

③无机结合料添加装置应配有高精度电子自动计量器,电子动态计量器应经有资质的计量部门进行标定后方可使用。

④拌和楼出料不允许采取自由跌落式落地成堆、装载机装料运输的办法。一定要配备带活门漏斗的料仓,成品混合料先装入料仓内,由漏斗出料装车运输。装车时车辆应前后移动,分 3 次或 5 次装料,避免混合料离析(图 4.10)。

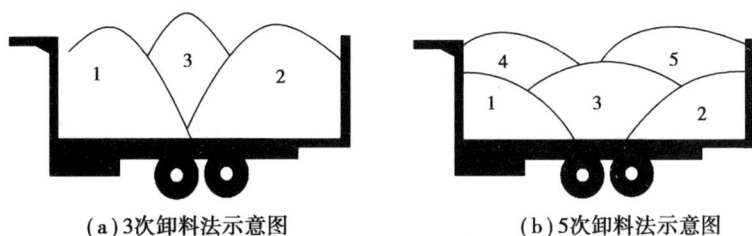

(a)3次卸料法示意图　　　　(b)5次卸料法示意图

图 4.10　混合料正确的装料方式

(6)混合料运输

①运输车辆在每天开工前,要检验其完好情况,装料前应将车厢清洗干净。运输车辆数量一定要满足拌和出料与摊铺需要,并略有富余。

②应尽快将拌成的混合料运送到铺筑现场。车上的混合料应覆盖,防止水分损失、扬尘及遗撒(图 4.11)。

③运输车辆中途出现故障,必须立即以最短时间排除;当车内水泥稳定混合料不能在水泥初凝时间内运到工地摊铺压实,必须予以废弃。拌和好的二灰混合料不得过夜,应当天碾压成型。

图 4.11　运输车辆覆盖

（7）混合料摊铺

①每一层基层摊铺施工前,应检查下承层施工质量(高程、中线偏位、宽度、横坡度、平整度、反射裂缝、压实度、月沉降速率等)。外观检查中,有松散、严重离析等路段应进行返工处理。对裂缝应做相应封闭处理,裂缝严重路段应做返工处理。

②摊铺前,应将下结构层表面洒水或喷洒水泥净浆湿润(图 4.12)。

（a）下承层洒水　　　　　　（b）下承层喷洒水泥净浆

图 4.12　下承层湿润处理

③可采用单机或多机呈梯队联合摊铺(图 4.13)。采用两台摊铺机梯队作业时,两台摊铺机前后间距宜控制在 10 m 以内,前台摊铺机采用路侧钢丝和设置在路中的导梁控制路面高程(图 4.14),后台摊铺机采用路侧钢丝、路中滑靴控制高程和厚度,前后两台摊铺机应重叠 50～100 mm。

图 4.13　摊铺机梯队作业现场

开始摊铺的前一天应测量放样,按摊铺机宽度与传感器间距,即直线上间隔 10 m、平曲线(匝道)为 5 m 进行测量放样并及时打设好高程控制线支架(图 4.15)。根据松铺系数算出松铺厚度,决定控制线高度,挂好控制线。用于摊铺机摊铺厚度控制线钢丝的拉力应不小于800 N。

(a)路侧走钢丝　　　　　　(b)路中走导梁　　　　　　(c)路中走滑靴

图 4.14　基层摊铺高程控制方式

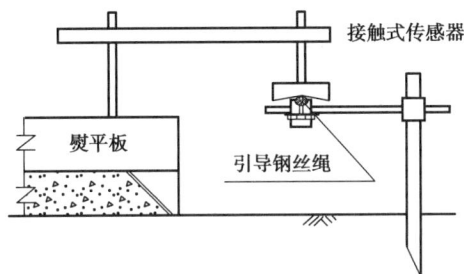

图 4.15　路侧钢丝高程控制

④待摊铺机前备有足够数量的摊铺料时(一般为 5 辆)开始进行摊铺作业,运料车按每车10 m 间距停放在基层外侧排队等待,待接到指令后,方可倒车行驶至摊铺机前,距摊铺机20~30 cm处停车,防止碰撞摊铺机。摊铺机迎上推动卸料车辆前行,此时,卸料车辆将车厢缓慢顶起 1/2,摘下挡位(挂空挡),在摊铺机的推动下,边行走边顶升车厢卸料,卸料速度与摊铺机铺筑速度相协调。运输车辆在摊铺机前安排 2 名辅助工及时清除摊铺机行走履带下的混合料。

⑤摊铺宜连续,应保证其速度一致、摊铺厚度一致、松铺系数一致、路拱坡度一致、摊铺平整度一致、振动频率一致等,两机摊铺接缝平整。如拌和楼生产能力较小,应采用最低速度摊铺,禁止摊铺机停机待料。摊铺机摊铺速度一般宜在 1 m/min 左右。

⑥摊铺机的螺旋布料器应有 2/3 埋入混合料中,以防止混合料离析。

⑦摊铺机在安装、操作时应采取混合料防离析措施,如降低布料器前挡板的离地高度。在摊铺机后面应设专人消除离析现象,应该铲除局部粗集料"窝",并用新拌混合料填补(图 4.16)。

⑧混合料从加水拌和到碾压成型,施工延迟时间不得超过水泥初凝时间(普通水泥约 2 h,专用固基水泥约 4 h),否则要设置施工横缝。

⑨摊铺机操作手要随时注意观察摊铺机的工作状态和摊铺质量,发现异常情况及时调整。

⑩在摊铺机后专设 2 名辅助工,及时处理摊铺层出现的局部缺陷。

(8)混合料碾压

①对水泥稳定材料或水泥粉煤灰稳定材料,宜在 2 h 之内完成碾压成型,应取混合料初凝

图 4.16   人工处理集料离析

时间与容许延迟时间较短的时间作为施工控制时间。石灰稳定材料或石灰粉煤灰稳定材料层宜在当天碾压完成,最长不应超过 4 d。

②每台摊铺机后面,应紧跟三轮或双钢轮压路机、振动压路机和轮胎压路机进行碾压,一次碾压长度一般为 50~80 m。碾压段落必须层次分明,设置明显的分界标志,有专人指挥,并有监理旁站。

③碾压程序和碾压遍数应遵循试验路段确定的程序与工艺,驱动轮朝向摊铺机方向,按由路边向路中、先轻后重、先下部密实后上部密实、低速行驶及轮迹重叠碾压的原则(图 4.17),避免出现推移、起皮和漏压现象。压实时,遵循初压(遍数适中,压实度达到 90%)→轻振动碾压→重振动碾压→稳压的程序,压至无轮迹为止(图 4.18)。注意初压要充分,振压不起浪、不推移。碾压过程中,可用核子仪初查压实度,不合格时,重复再压(注意检测压实时间)。碾压完成后用灌砂法检测压实度。

图 4.17   碾压示意图

图 4.18   基层碾压

④对于压路机碾压速度,第 1~2 遍为 1.5~1.7 km/h,以后各遍应为 1.8~2.2 km/h。压路机须增设限速装置。

⑤对于水泥(二灰)稳定碎石类基层,为保证边缘压实度,要求在基层边缘进行方木或型钢模板支撑(图 4.19),且应有一定超宽(碾压到边缘 30 cm 范围,以 10 cm/次向外推进)。

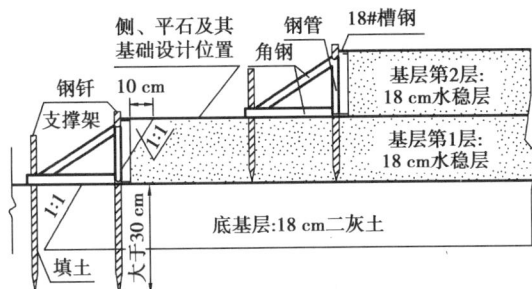

图 4.19　稳定碎石类基层边缘模板支立示意图

⑥压路机碾压不到的部位用小型振动机械施振密实(图 4.20)。

图 4.20　边角部位小型机械碾压

⑦压路机倒车应自然停车,无特殊情况,禁止刹车;换挡要轻且平顺,不要拉动基层。在第一遍初步稳压时,倒车后应原路返回。换挡位置应在已压好的段落上,在未碾压的一头换挡倒车位置错开成齿状。出现个别拥包时,应进行铲平处理。

⑧压路机停车要错开,相隔间距不小于 3 m,应停在已碾压好的路段上。

⑨严禁压路机在刚完成的或正在碾压的路段上掉头和急刹车。

(9)接缝设置

①水泥稳定类混合料摊铺时,应连续作业,如因故中断时间超过 2 h,则应设横缝。

②不同施工日期的施工段落也要设置横缝,要特别注意桥头搭板前无机结合料基层的碾压质量。

③横缝应与路面车道中心线垂直设置,接缝断面应是竖向平面。其设置方法如下:

a.压路机碾压完毕,沿端头斜面开到下承层上停机过夜。

b.第二天将压路机沿斜面开到前一天施工的基层上,用 3 m 直尺纵向放在接缝处,定出基层面离开 3 m 直尺的点作为接缝位置。沿横向断面垂直挖除坡下部分混合料,清理干净后,摊铺机从接缝处起步摊铺。

c.压路机沿接缝横向碾压,由前一天压实层上逐渐推向新铺层,碾压完毕再纵向正常碾压。

d.碾压完毕,接缝处纵向平整度应符合规范规定。

④应清除横向和纵向接缝浮料后涂刷水泥浆,加强新老混合料间的黏结。

⑤两台摊铺机并行摊铺时,应避免出现纵向接缝。不能避免出现纵向接缝的情况下,纵缝必须垂直相接,严禁斜接,并按下述方法处理:

a.在前一幅摊铺时,在靠后一幅的一侧用方木或钢模板做支撑。方木或钢模板的高度应与稳定土层的压实厚度相同。

b.养生结束后,在摊铺另一幅之前,拆除支撑木(或板),应避免出现纵向接缝。如摊铺机的摊铺宽度不够、必须分两幅摊铺时,宜采用两台摊铺机一前一后相隔5~8 m同步向前摊铺混合料,并一起进行碾压。

(10)养生

①无机结合料稳定材料层碾压完成并经压实度检查合格后,应及时养生。无机结合料稳定材料的养生期宜不少于7 d,养生期宜延长至上层结构开始施工前2 d。

养生可采取洒水养生、薄膜覆盖养生、土工布覆盖养生、铺设湿砂养生、草帘覆盖养生、洒铺乳化沥青养生等方式(图4.21),宜结合工程实际情况选择适宜的方式。养生期间应封闭交通,除洒水车和小型通勤车辆外严禁其他车辆通行。

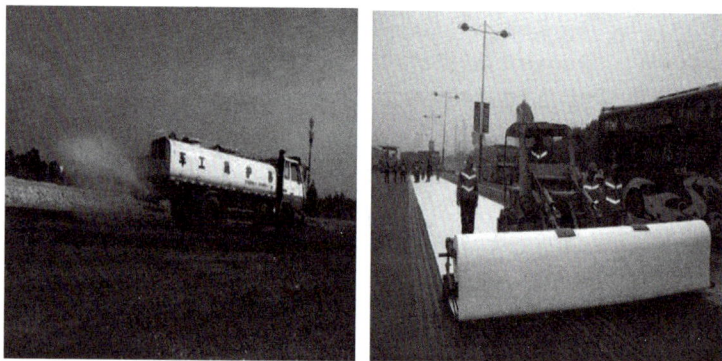

图4.21　基层养生

②洒水养生宜作为水泥稳定材料的基本养生方式,并应符合下列规定:

a.每天洒水次数应视气候而定。高温期施工,宜上、下午各洒水2次。

b.养生期间,稳定材料层表面应始终保持湿润。

c.对于石灰稳定或石灰粉煤灰稳定材料层应注意表层情况,必要时,可用两轮压路机补充压实。

③薄膜覆盖养生应符合下列规定:

a.混合料摊铺碾压成型后,可覆盖薄膜,薄膜厚度宜不小于1 mm。

b.薄膜之间应搭接完整,避免漏缝。薄膜覆盖后,应用砂土等材料呈网格状堆填,局部薄膜破损时,应及时更换。

c.养生至上层结构层施工前1~2 d,方可将薄膜掀开。

d.对蒸发量较大的地区或养生时间大于15 d的工程,在养生过程中应适当补水。

④土工布养生应符合下列规定:

a.宜采用透水式土工布全断面覆盖,也可铺设防水土工布。

b.铺设过程中应注意缝之间的搭接,不应留有间隙。

c.铺设土工布后,应注意洒水,每天洒水次数应视气候而定。高温期施工,上、下午宜各洒水一次。

d.养生至上层结构层施工前 1~2 d,方可将土工布掀开。

e.养生过程中应采取有效措施防止土工布破损。

⑤铺设湿砂养生应符合下列规定:

a.砂层厚宜为 70~100 mm。

b.砂铺匀后,宜立即洒水,并在整个养生期间保持砂的潮湿状态,不得用湿黏性土覆盖。

c.养生结束后,应将覆盖物清除干净。

⑥草帘覆盖养生应符合下列定:

a.全断面铺设草帘。

b.草帘铺设后应注意洒水,每天洒水的次数应视气候而定。高温期施工,上、下午宜各洒水一次,每次洒水应将草帘浸润。

c.必要时可采用土工布与草帘双层覆盖养生。

⑦对沥青面层厚度大于 20 cm 的结构或二级及以下公路无机结合料稳定材料的基层,可采用洒铺乳化沥青方式养生,并应符合下列规定:

a.表面干燥时,宜先喷洒少量水,再喷洒沥青乳液。

b.采用稀释沥青时,宜待表面略干时再喷洒沥青。

c.采用乳液养生前,应将基层清扫干净。

d.沥青乳液的沥用量宜采用 0.8~1.0 kg/m^2,分两次喷洒。

e.第一次喷洒时,宜采用沥青含量约 35%慢裂沥青乳液,第二次宜喷洒浓度较大的沥青乳液。

f.不能避免施工车辆通行时,应在乳液破乳后撒布粒径 4.75~9.5 mm 小碎石,做成下封层。

(11)交通管制

①无机结合料稳定材料养生期间应封闭交通,高等级公路养生期间不得通行。

②无法安排施工便道而需要车辆通行时,应符合下列规定:

a.合理安排施工工序,保障 7~15 d 的养生期。

b.宜在硬路肩或临时停车带的位置划出专门车道,由专人指挥车辆通行,小型车辆和洒水车的行驶速度应小于 40 km/h。

c.无机结合料稳定材料应适当提高早期强度。

d.限定载重车辆的轴载应不大于 13 t。

③无机结合料稳定材料类养 7 d 后,施工需要通行重型货车时,应有专人指挥,按规定的车道行驶,且车速应不大于 30 km/h。

④级配碎石、级配砾石基层未做透层沥青或铺设封层前,严禁开放交通。

5)施工质量检验及评定

①外形尺寸检查应符合表 4.17 的规定。

表 4.17 外形尺寸检查项目、频率和检查标准

工程类别	项目		频率	质量标准	
				高速公路和一级公路	二级及以下公路
基层	纵断高程/mm		二级及以下公路每 20 m 1 点;高速公路和一级公路每 20 m 1 个断面,每个断面 3~5 点	+5~-10	+5~-15
	厚度/mm	均值	每 1 500~2 000 m² 6 点	≥-8	≥-10
		单个值		≥-10	≥-20
	宽度/mm		每 40 m 1 处	>0	>0
	横坡度/%		每 100 m 3 处	±0.3	±0.5
	平整度/mm		每 200 m 2 处,每处连续 10 尺(3 m 直尺)	≤8	≤12
			连续式平整度仪的标准差	≤3.0	—
底基层	纵断高程/mm		二级及以下公路每 20 m 1 点;高速公路和一级公路每 20 m 1 个断面,每个断面 3~5 点	+5~-15	+5~-20
	厚度/mm	均值	每 1 500~2 000 m² 6 点	≥-10	≥-12
		单个值		≥-25	≥-30
	宽度/mm		每 40 m 1 处	>0	>0
	横坡度/%		每 100 m 3 处	±0.3	±0.5
	平整度/mm		每 200 m 2 处,每处连续 10 尺(3 m 直尺)	≤12	≤15

②无机结合料稳定材料基层及底基层压实度应符合表 4.18 和表 4.19 的规定。

表 4.18 基层材料压实标准

公路等级		水泥稳定材料/%	石灰粉煤灰稳定材料/%	水泥粉煤灰稳定材料/%	石灰稳定材料/%
高速公路和一级公路		≥98	≥98	≥98	—
二级及以下公路	稳定中、粗粒材料	≥97	≥97	≥97	≥97
	稳定细粒材料	≥95	≥95	≥95	≥95

表 4.19 底基层材料压实标准

公路等级		水泥稳定材料/%	石灰粉煤灰稳定材料/%	水泥粉煤灰稳定材料/%	石灰稳定材料/%
高速公路和一级公路	稳定中、粗粒材料	≥97	≥97	≥97	≥97
	稳定细粒材料	≥95	≥95	≥95	≥95
二级及以下公路	稳定中、粗粒材料	≥95	≥95	≥95	≥95
	稳定细粒材料	≥93	≥93	≥93	≥93

③7 d 龄期无侧限抗压强度满足相关规定。水泥稳定材料、石灰粉煤灰稳定材料、水泥粉煤灰稳定材料、石灰稳定材料的7 d 龄期无侧限抗压强度见表4.20 至表4.23。

表4.20 水泥稳定材料的7 d 龄期无侧限抗压强度标准 R_d

单位:MPa

结构层	公路等级	极重、特重交通	重交通	中、轻交通
基层	高速公路和一级公路	5.0~7.0	4.0~6.0	3.0~5.0
	二级及以下公路	4.0~6.0	3.0~5.0	2.0~4.0
底基层	高速公路和一级公路	3.0~5.0	2.5~4.5	2.0~4.0
	二级及以下公路	2.5~4.5	2.0~4.0	1.0~3.0

注:①公路等级高或交通荷载等级高或结构安全性要求高时,推荐取上限强度标准。
　②表中强度标准指的是7 d 龄期无侧限抗压强度的代表值。

表4.21 石灰粉煤灰稳定材料的7 d 龄期无侧限抗压强度标准 R_d

单位:MPa

结构层	公路等级	极重、特重交通	重交通	中、轻交通
基层	高速公路和一级公路	≥1.1	≥1.0	≥0.9
	二级及以下公路	≥0.9	≥0.8	≥0.7
底基层	高速公路和一级公路	≥0.8	≥0.7	≥0.6
	二级及以下公路	≥0.7	≥0.6	≥0.5

注:石灰粉煤灰稳定材料强度不满足表中的要求时,可外加混合料质量1%~2%的水泥。

表4.22 水泥粉煤灰稳定材料的7 d 龄期无侧限抗压强度标准 R_d

单位:MPa

结构层	公路等级	极重、特重交通	重交通	中、轻交通
基层	高速公路和一级公路	4.0~5.0	3.5~4.5	3.0~4.0
	二级及以下公路	3.5~4.5	3.0~4.0	2.5~3.5
底基层	高速公路和一级公路	2.5~3.5	2.0~3.0	1.5~2.5
	二级及以下公路	2.0~3.0	1.5~2.5	1.0~2.0

表4.23 石灰稳定材料的7 d 龄期无侧限抗压强度标准 R_d

单位:MPa

结构层	高速公路和一级公路	二级及以下公路
基层	—	≥0.8[a]
底基层	≥0.8	0.5~0.7[b]

注:a 指在低塑性材料(塑性指数小于7)地区,石灰稳定砾石土和碎石土的7 d 龄期无限抗压强度大于0.5 MPa(100 g 平衡锥测液限)。
　b 指低限用于塑性指数小于7 的黏性土,且低限值宜仅用于二级以下公路。高限用于塑性指数大于7 的黏性土。

4.2.2　粒料类基层施工

粒料类基层也称为柔性基层、无机结合料基层,公路工程中常指级配碎石、级配砾石及填隙碎石等材料。

级配碎石可用于各级公路的基层和底基层。级配碎石可用作较薄沥青面层与半刚性基层之间的中间层。级配砾石、级配碎(砾)石以及符合级配、塑性指数等技术要求的天然砂砾,可适用于轻交通二级及以下公路的基层以及各级公路的底基层。填隙碎石可用于各等级公路的底基层和二级以下公路的基层。

1)级配碎(砾)石施工

级配碎(砾)石施工主要有人工路拌法和集中厂拌法。集中厂拌法施工步骤与无机结合料稳定类路面基层集中厂拌法类似,可参阅本模块 4.2.1 节相关内容。

2)填隙碎石施工

(1)一般要求

①填隙碎石可采用干法或湿法施工。干旱缺水地区宜采用干法施工。单层填隙碎石的压实厚度宜为公称最大粒径的 1.5~2.0 倍。填隙碎石施工时,应符合下列规定:

a.填隙料应干燥。

b.宜采用振动压路机碾压。碾压后,表面骨料间的空隙应填满,但表面应看得见骨料。填隙碎石层上为薄沥青面层时,宜使骨料棱角外露 3~5 mm。

c.碾压后基层的固体体积率宜不小于 85%,底基层的固体体积率宜不小于 83%。

d.填隙碎石基层未洒透层沥青或未铺封层时,不得开放交通。

②填隙碎石施工前,应按有关规定准备下承层和施工放样。

③应根据各路段基层或底基层的宽度、厚度及松铺系数,计算各段需要的骨料数量,并应根据运料车辆的车厢体积,计算每车料的堆放距离。填隙料用量宜为骨料质量的30%~40%。

④材料装车时,应控制每车料的数量基本相等。

⑤应由远到近将骨料按计算的距离卸置于下承层,应严格控制卸料距离。

⑥用平地机或其他合适的机具将骨料均匀地铺在预定范围内,表面应平整,并有规定的路拱。应同时摊铺路肩用料。

⑦应检验松铺材料层厚度,不满足要求时应减料或补料。

(2)填隙碎石干法施工

①初压宜用两轮压路机碾压 3~4 遍,使骨料稳定就位。初压结束时,表面应平整,并具有规定的路拱和纵坡。

②填隙料应采用石屑撒布机或类似的设备均匀地撒铺在已压稳的骨料层上,松铺厚度宜为 25~30 mm;必要时,可用人工或机械扫匀。

③应采用振动压路机慢速碾压,将全部填隙料振入骨料间的空隙中。无振动压路机时,可采用重型振动板。路面两侧宜多压 2~3 遍。

④再次撒布填隙料,松铺厚度宜为 20~25 mm,应用人工或机械扫匀。

⑤同第③条,再次振动碾压;局部多余的填隙料应扫除。

⑥碾压后,应对局部填隙料不足之处进行人工找补,并用振动压路机继续碾压,直到全部空隙被填满,将局部多余的填隙料扫除。

⑦填隙碎石表面空隙全部填满后,宜再用重型压碾压 1~2 遍。碾压过程中不应有任何蠕动现象。碾压之前,宜在表面洒少量水,洒水量宜不少于 3 kg/m²。

⑧需分层铺筑时,应将已压成的填隙碎石层表面骨料外露 5~10 mm,然后在其上摊铺第二层骨料,按第①~⑦条要求施工。

(3)填隙碎石湿法施工

①开始工序应与填隙碎石干法施工第①~⑦条要求相同。

②骨料层表面空隙全部填满后,宜立即用洒水车洒水,直到饱和。

③宜用重型压路机跟在洒水车后碾压。应将湿填隙料及时扫入出现的空隙中。必要时,宜再添加新的填隙料。

④应洒水碾压至填隙料和水形成粉浆,粉浆应填塞全部空隙,并在压路机轮前形成微波纹状。

⑤碾压完成的路段应让水分蒸发一段时间,结构层变干后,应将表面多余的细料以及细料覆盖层扫除干净。

⑥需分层铺筑时,宜待结构层变干后,将已压成的填隙碎石层表面填隙料扫除一些,使表面骨料外露 5~10 mm,然后在其上摊铺第二层骨料。

4.3　沥青路面施工技术

4.3.1　沥青路面层位及类型

1)沥青路面层位

沥青路面主要有面层、基层(底基层)和功能层,各个层位的相应功能可参考本模块 4.1 节。其中沥青路面面层可分为 2 层或 3 层铺筑,如高速公路沥青面层总厚度 18~20 cm,可分为上、中、下 3 层铺筑,并根据各分层要求采用不同的级配。表 4.24 所示为我国典型沥青路面结构示意。

表 4.24　沥青路面典型结构示意

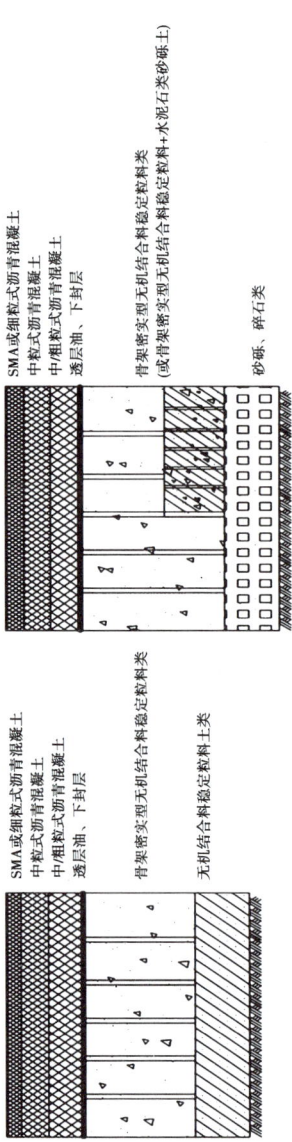

路面结构图式（左）：SMA或细粒式沥青混凝土／中粒式沥青混凝土／中/粗粒式沥青混凝土／透层油、下封层／骨架密实型无机结合料稳定粒料类／无机结合料稳定粒料土类

路面结构图式（右）：SMA或细粒式沥青混凝土／中粒式沥青混凝土／中/粗粒式沥青混凝土／透层油、下封层／骨架密实型无机结合料稳定粒料类（或骨架密实型无机结合料稳定粒料+水泥石灰砂砾土）／砂砾、碎石类

土基回弹模量/MPa	25		30		35		40		50	
面层/cm	15[4SMA(AC)-13,5AC-16,6AC-20]									
基层/cm	32（两层）稳定骨架粒料类；16水泥石灰砂砾土	40（两层）稳定骨架骨料类	37（两层）稳定骨架粒料类	30（两层）稳定骨架料类；15水泥石灰砂砾土	40（两层）稳定骨架料类	40（两层）稳定骨架粒料类	40（两层）稳定骨架粒料类	40（两层）稳定骨架粒料类	40（两层）稳定骨架粒料类	40（两层）稳定骨架骨料类
底基层/cm	14砂砾、碎石类	16稳定细粒土类	16稳定细粒土类	12砂砾、碎石类	15稳定细粒土类	17砂砾、碎石类	18稳定细粒土类	17砂砾、碎石类	15稳定细粒土类	15砂砾、碎石类
总厚/cm	77	71	68	72	65	70	65	69	62	66

注：计算中，沥青表面层采用材料为 SMA-13。

相对于其他类型的路面结构,沥青路面面层还有 3 个用于增强及保护面层寿命的处理层,分别是透层、黏层和封层,其作用见表 4.25。

表 4.25　透层、黏层和封层作用及要求

名　称	作　用	要　求
透层	为使沥青面层与非沥青材料基层结合良好,在基层上浇洒乳化沥青、煤沥青或液体沥青而形成的透入基层表面的薄层	沥青路面各类基层都必须喷洒透层油,沥青层必须在透层油完全渗透入基层后方可铺筑,基层上设置下封层时透层油不宜省略
黏层	使上下层沥青结构层或沥青结构层与结构物(或水泥混凝土路面)完全黏结成一个整体	双层或三层热拌沥青混合料路面的沥青层之间
封层	①封闭某一层起保水防水的作用; ②起基层与沥青表面层之间的过渡和有效黏结作用; ③路的某一层表面破坏离析松散处的加固补强; ④基层在沥青面层修筑前,要临时开放交通,防止基层因天气或车辆作用出现水毁	封层可分为上封层和下封层

2) 沥青路面类型

(1)按技术品质和适用情况分类

①沥青混凝土路面:由适当比例的各种不同大小颗粒的集料、矿物和沥青,加热到一定温度后拌和,经摊铺压实而成的路面面层。采用相当数量的矿粉是沥青混凝土的一个显著特点。较高的黏结力使路面具有较高的强度,可以承受比较繁重的车辆交通。但沥青混凝土路面的允许拉应变值较小,会产生规则的横向裂缝,因而要求强度较高的基层。对高温稳定性与低温稳定性都有要求,较小的空隙率使沥青混凝土路面透水性小、水稳性好、耐久性高,有较强的抵抗自然因素的能力,使用年限达 15~20 年以上。沥青混凝土路面适用于各级公路及城市道路路面,多用于高等级道路。

②沥青碎石路面:用有一定级配或同粒径的碎石与沥青拌和而成的混合料,称为沥青碎石混合料,用其铺成的面层称为沥青碎石面层。沥青碎石又被称为黑色碎石。

用沥青碎石作为面层的路面高温稳定性好,路面不易产生波浪,冬季不易产生冻缩裂缝,行车荷载作用下裂缝少;路面较易保持粗糙,有利于高速行车,对石料级配和沥青规格要求较宽,材料组成设计比较容易满足要求;沥青用量少,且不用矿粉,造价低。但其孔隙较大,路面容易渗水和老化。热拌沥青碎石适宜用于三、四级公路。

沥青碎石路面施工

我国按矿料的最大粒径对沥青碎石混合料进行分类,共分为 6 种类型,并在最大粒径之前冠以字母 LS,即粒径 LS-35、LS-30(粗粒式),粒径 LS-25、LS-20(中粒式),粒径 LS-15、LS-10(细粒式)。LS-35 表示最大粒径为 35 mm 的沥青碎石混合料。中粒式、粗粒式沥青碎石宜用作沥青混凝土面层下层、联结层和整平层。

沥青玛琋脂碎石混合料是一种新型混合料,简称 SMA,由间断级配集料构成粗集料嵌挤骨架,并由沥青玛琋脂(沥青、填料、砂和纤维稳定剂组成)填充骨架孔隙而组成的沥青混合料,具有良好的抗剪切变形性能、抗疲劳开裂性能和耐久性,并具有良好的抗滑和降低噪声的性能,但工程造价较高,适用于承受特重和重交通荷载等级公路。经常应用于高速公路、一级公路和其他重要公路的表面层。

③沥青贯入式路面:用沥青贯入碎(砾)石作为面层的路面,即把沥青浇洒在铺好的主层集料上,再分层撒布嵌缝石屑和浇洒沥青,分层压实,形成一个较致密的沥青结构层。沥青贯入式路面的强度和稳定性主要由石料相互嵌挤作用构成。厚度通常为 4~8 cm,但乳化沥青贯入式路面的厚度不宜超过 5 cm。当贯入式上部加铺拌和的沥青混合料封层时,总厚度宜为 6~10 cm,其中拌合层的厚度宜为 2~4 cm。

沥青贯入式路面需要 2~3 周的成型期,在行车碾压与重力作用下,沥青逐渐下渗包裹石料,填充孔隙,形成整体的稳定结构层,温度稳定性好,热天不易出现推移、壅包,冷天不宜出现低温裂缝。贯入式路面最上层应撒布封层料或加铺拌合层。

沥青贯入式碎石适用于做二级及以下公路的沥青面层,也可以作为沥青混凝土面的联结层。

④沥青表面处治路面:用沥青和集料按层铺法或拌和法在具有一定强度的基层或面层上铺筑而成、厚度不超过 3 cm 的沥青路面。沥青表面处治路面厚度一般为 1.5~3.0 cm。层铺法可分为单层、双层、三层。单层表处厚度为 1.0~1.5 cm,双层表处厚度为 1.5~2.5 cm,三层表处厚度为 2.5~3.0 cm。沥青表面处治路面的使用寿命不及沥青贯入式路面,设计时一般不考虑其承重强度,其作用主要是对非沥青承重层起保护和防磨耗作用。

沥青表面处治路面适用于三级、四级公路的面层、旧沥青面层上加铺罩面或抗滑层、磨耗层等。

(2)按组成结构分类

①密实-悬浮结构:采用连续密级配矿料配置的沥青混合料中,一方面,矿料颗粒由大到小连续分布,并通过沥青胶结作用形成密实结构[图 4.22(a)];另一方面,较大一级的颗粒只有留出充足的空间才能容纳下一级较小的颗粒,这样粒径较大的颗粒往往就被较小一级的颗粒挤开,造成粗颗粒之间不能直接接触,也就不能形成相互支撑形成嵌挤骨架结构,而是彼此分类悬浮于较小的颗粒和沥青胶浆中间,形成密实-悬浮结构沥青混合料。工程常用的 AC-I 型沥青混凝土就是这种结构的典型代表。

②骨架-空隙结构:采用连续开级配矿料与沥青组成沥青混合料时,由于矿料多集中在较粗的粒径上,所以粗粒径的颗粒可以相互接触,彼此相互支撑,形成嵌挤的骨架但因很少含有细颗粒,粗颗粒形成的骨架孔隙无法填充,从而压实后在混合料中留下较多的孔隙,形成骨架-空隙结构[图 4.22(b)]。工程中使用的沥青碎石混合料(AN)和排水沥青混合料(OGFC)是典型的骨架空隙型结构。

③密实-骨架结构:采用间断型密级配矿料与沥青组成的沥青混合料时,由于颗粒集中在级配范围的两端,缺少中间颗粒,所以一端的粗颗粒相互支撑嵌挤形成骨架,另一端较细的颗粒填充于骨架留下的空隙中间,使整个矿料结构呈现密实状态,形成密实-骨架结构[图 4.22(c)]。

沥青玛琋脂碎石混合料(SMA)是一种典型的骨架密实型结构。

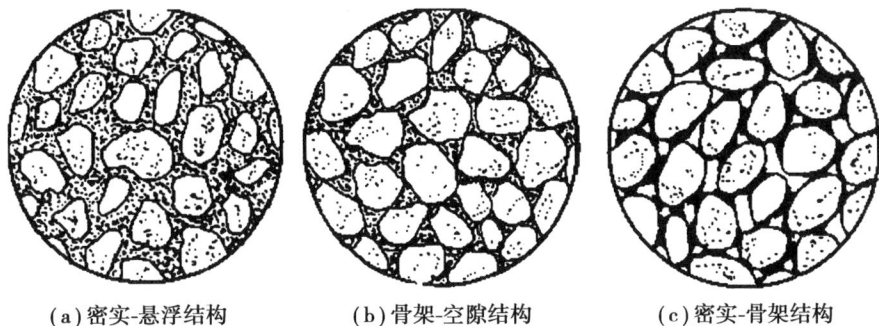

(a)密实-悬浮结构　　　　(b)骨架-空隙结构　　　　(c)密实-骨架结构

图 4.22　沥青混合料结构组成示意图

（3）按矿料级配分类

①密级配沥青混凝土混合料:各种粒径的颗粒级配连接、相互嵌挤密实的矿料,与沥青拌和而成,且压实后的剩余孔隙率小于 10% 的混凝土混合料。剩余空隙率为 3%~6%(行人道路 2%~6%)的是Ⅰ型密实式改性沥青混凝土混合料;剩余空隙率为 4%~10% 的是Ⅱ型半密实式改性沥青混凝土混合料。代表类型有沥青混凝土、沥青稳定碎石。

②半开级配沥青混合料:由适当比例的粗集料、细集料及少量填料(或不加填料)与沥青拌和而成,压实后剩余空隙率在 10% 以上的半开式改性沥青混合料。代表类型有改性沥青稳定碎石,用 AM 表示。

③开级配沥青混合料:矿料级配主要由粗集料组成,细集料和填料较少,采用高黏度沥青结合料黏结形成,压实后空隙率大于 15% 的开式沥青混合料。代表类型有排水式沥青磨耗层混合料,以 OGFC 表示;另有排水式沥青稳定碎石基层,以 ATPCZB 表示。

④间断级配沥青混合料:矿料级配组成中缺少 1 个或几个档次而形成的级配间断沥青混合料。代表类型有沥青玛琋脂碎石混合料(SMA)。

（4）按矿料粒径分类

①砂砾式沥青混合料:矿料最大粒径等于或小于 4.75 mm(圆孔筛 5 mm)的沥青混合料,也称为沥青石屑或沥青砂。

②细粒式沥青混合料:矿料最大粒径为 9.5 mm 或 13.2 mm(圆孔筛 10 mm 或 15 mm)的沥青混合料。

③中粒式沥青混合料:矿料最大粒径为 16 mm 或 19 mm(圆孔筛 20 mm 或 25 mm)的沥青混合料。

④粗粒式沥青混合料:矿料最大粒径为 26.5 mm 或 31.5 mm(圆孔筛 30~40 mm)的沥青混合料。

⑤特粗粒式沥青混合料:矿料最大粒径等于或大于 37.5 mm(圆孔筛 45 mm)的沥青混合料。

（5）按施工温度分类

①热拌热铺沥青混合料:沥青与矿料经加热后拌和,并在一定的温度下完成摊铺和碾压过程的混合料。

②冷拌(常温)沥青混合料:采用乳化沥青或稀释沥青在常温下(或者加热温度很低)与矿

料拌和,并在常温下完成摊铺和碾压过程的混合料。

③温拌沥青混合料:一类拌和温度介于热拌沥青混合料(150~180 ℃)和冷拌(常温)沥青混合料之间,性能达到(或接近)热拌沥青混合料的新型节能减排沥青混合料。

各种沥青混合料的主要性能见表4.26。

表 4.26   各种沥青混合料性能

项 目	冷拌沥青混合料	热拌沥青混合料	温拌沥青混合料
拌和温度	10~40 ℃	150~180 ℃	110~120 ℃
性能	路用性能不稳定	性能好	性能好但长期性有待验证
能耗	低	高	相比 HMA 节能 20%左右
有害气体	几乎无	气体排放量大	气体排放量小
规范标准	有标准的试验方法和规范	有标准的试验方法和规范	无标准规范
经济成本	低	一般	相比 HMA 较高
施工	方便	时间、距离有限定	相比 HMA 工期长运输方便
应用	一般用于路面养护	应用广泛、技术成熟	目前处于试探阶段

(6)按施工工艺分类

按施工工艺的不同,沥青路面可分为路拌法和厂拌法。

①路拌法:在路上用机械将矿料和沥青材料就地拌和摊铺、碾压密实形成沥青面层的方法。此类面层所用的矿料若为碎(砾)石则称为路拌沥青碎(砾)石,所用的矿料若为土则称为路拌沥青稳定土。路拌沥青面层通过就地拌和,沥青材料在矿料中的分布比层铺法均匀,路面成型期较短。但因所用的矿料为冷料,需使用黏稠度较低的沥青材料,故混合料的强度较低。

②厂拌法:将规定级配的矿料和沥青材料用专用设备加热拌和,然后送到工地摊铺碾压形成沥青路面的方法。矿料中细颗粒含量少,不含或含少量矿粉,混合料为开级配的(空隙率达10%~15%),称为厂拌沥青碎石;若矿料中含有矿粉,混合料是按最佳密实级配配制的(空隙率在10%以下),称为沥青混凝土。

按混合料铺筑时温度的不同,可分为热拌热铺方法和热拌冷铺方法两种。热拌热铺是将混合料在专用设备中加热拌和后立即趁热运到路上摊铺压实的方法。如果混合料加热拌和后储存一段时间再在常温下运到路上摊铺压实,则为热拌冷铺。

4.3.2   沥青路面原材料要求

1)一般规定

①沥青路面使用的各种材料运至现场后必须取样进行质量检验,经评定合格后方可使用,不得以供应商提供的检测报告或商检报告代替现场检测。

②沥青路面集料的选择必须经过认真的料源调查,确定料源应尽可能就地取材。质量符合使用要求,石料开采必须注意环境保护,防止破坏生态平衡。

③集料粒径规格以方孔为准。不同料源、品种、规格的集料不得混杂堆放。

2）道路石油沥青

①道路石油沥青各等级的适用范围应符合表 4.27 的规定。道路石油沥青的质量应符合《公路沥青路面施工技术规范》（JTG F40—2004）的相关要求。

表 4.27　道路石油沥青的适用范围

沥青等级	适用范围
A 级沥青	各个等级的公路，适用于任何场合和层次
B 级沥青	①高速公路、一级公路沥青下面层及以下层次，二级及以下公路的各个层次； ②用作改性沥青、乳化沥青、改性乳化沥青、稀释沥青的基质沥青
C 级沥青	三级及以下公路的各个层次

②沥青路面采用的沥青标号，宜按照公路等级、气候条件、交通条件、路面类型及在结构层中的层位及受力特点、施工方法等，结合当地的使用经验，经技术论证后确定。

对高速公路、一级公路，夏季温度高、高温持续时间长、重载交通、山区及丘陵区上坡路段、服务区、停车场等行车速度慢的路段，尤其是汽车荷载剪应力大的层次，宜采用稠度大、黏度大的沥青，也可提高高温气候分区的温度水平选用沥青等级；对冬季寒冷地区或交通量小的公路、旅游公路宜选用稠度小、低温延度大的沥青；对温度日温差、年温差大的地区宜注意选用针入度指数大的沥青。当高温要求与低温要求发生矛盾时，应优先考虑满足高温性能的要求。

当缺乏所需标号的沥青时，可采用不同标号掺配的调和沥青，其掺配比例由试验决定。掺配后的沥青质量应符合《公路沥青路面施工技术规范》（JTG F40—2004）的相关要求。

3）乳化石油沥青

①乳化沥青适用于沥青表面处治路面、沥青贯入式路面、冷拌沥青混合料路面、修补裂缝，以及喷洒透层、黏层与封层等。乳化沥青的品种和适用范围宜符合表 4.28 的规定。

表 4.28　乳化沥青品种及适用范围

分　类	品种及代号	适用范围
阳离子乳化沥青	PC-1	表面处治、贯入式路面及下封层用
	PC-2	透层油及基层养护用
	PC-3	黏层油用
	BC-1	稀浆封层或冷拌沥青混合料用
乳化沥青	PA-1	表面处治、贯入式路面及下封层用
	PA-2	透层油及基层养护用
	PA-3	黏层油用
	BA-1	稀浆封层或冷拌沥青混合料用
阴离子乳化沥青	PN-2	透层油用
	BN-1	与水泥稳定集料同时使用（基层路拌或再生）

②乳化石油沥青质量应符合"道路用乳化沥青技术要求"的规定。

③乳化沥青类型根据集料品种及使用条件选择。阳离子乳化沥青可适用于各种集料品种，阴离子乳化沥青适用于碱性石料。乳化沥青的破乳速度、黏度宜根据用途与施工方法选择。

④制备乳化沥青用的基质沥青，对于高速公路和一级公路，宜符合表 4.26 道路石油沥青 A、B 级沥青的要求，其他情况可采用 C 级沥青。

⑤乳化沥青宜存放在立式罐中，并保持适当搅拌。贮存期以不离析、不冻结、不破乳为度。

4) 液体石油沥青

①液体石油沥青适用于透层、黏层及拌制冷拌沥青混合料。根据使用目的与场所，可选用快凝、中凝、慢凝的液体石油沥青，其质量应符合"道路液体石油沥青技术要求"的规定。

②液体石油沥青宜采用针入度较大的石油沥青，使用前按先加热沥青后加稀释剂的顺序，掺配煤油或轻柴油，经适当的搅拌、稀释制成。掺配比例根据使用要求由试验确定。

③液体石油沥青在制作、贮存、使用的全过程中必须通风良好，并有专人负责，确保安全。基质沥青的加热温度严禁超过 140 ℃，液体沥青的贮存温度不得高于 50 ℃。

5) 改性沥青

①改性沥青可单独或复合采用高分子聚合物、天然沥青及其他改性材料制作。

②各类聚合物改性沥青质量应符合"聚合物改性沥青技术要求"的规定，其中 PI（针入度指数）值可作为选择性指标。当使用"聚合物改性沥青技术要求"表列以外的聚合物及复合改性沥青时，可通过试验研究制订相应的技术要求。

③制造改性沥青的基质沥青应与改性剂有良好的配伍性，其质量宜符合表 4.27 中 A 级或 B 级道路石油沥青的技术要求。供应商在提供改性沥青质量报告时，应提供基质沥青质量检验报告或沥青样品。

④天然沥青可以单独与石油沥青混合使用或与其他改性沥青混融后使用。沥青质量要求宜根据其品种参照相关标准和成功的经验执行。

⑤用作改性剂 SBR 胶乳的固体物含量宜少于 45%，使用中严禁长时间暴晒或遭冰冻。

⑥改性沥青剂量以改性剂占改性沥青总量的百分数计算，胶乳改性沥青剂量应以扣除水以后的固体物含量计算。

⑦改性沥青宜在固定式工厂或在现场设厂集中制作，也可在拌和厂现场制造和使用，改性沥青的加工温度不宜超过 180 ℃。胶乳类改性剂和制成颗粒的改性剂可直接投入拌和缸中生产改性沥青混合料。

⑧用溶剂法生产改性沥青母体时，挥发性溶剂回收后的残留量不得超过 5%。

⑨现场制造的改性沥青最好随配随用，需做短时间保存或运送到附近工地时，使用前必须搅拌均匀，在不发生离析的状态下使用。改性沥青制作设备必须设有随机采集样品的取样口，采集的试样宜立即在现场灌模。

6) 改性乳化沥青

①改性乳化沥青宜按表 4.29 选用。

②改性乳化沥青质量应符合"聚合物改性沥青技术要求"的规定。

表 4.29 改性乳化沥青品种及适用范围

品　种		代　号	适用范围
改性乳化沥青	喷洒型改性乳化沥青	PCR	黏层、封层、桥面防水黏结层用
	拌和用乳化沥青	BCR	改性稀浆封层和微表处用

7) 粗集料

①沥青面层使用的粗集料包括碎石、破碎砾石、筛选砾石、钢渣、矿渣等,但高速公路和一级公路不得使用筛选砾石和矿渣。粗集料必须由具有生产许可证的采石场生产或施工单位自行加工。

②粗集料应该洁净、干燥、表面粗糙,质量应符合表 4.30 的要求。当单一规格集料质量指标达不到要求,而按照集料配合比计算的质量指标符合要求时,工程上允许使用。受热易变质的集料,宜采用经拌和机烘干后的集料进行检验。

表 4.30 沥青路面材料用料粗集料质量技术要求

指　标	单位	高速公路及一级公路		其他等级公路	试 验 方 法
		表面层	其他层次		
石料压碎值	%	≤26	≤28	≤30	T0316
洛杉矶磨耗损失	%	≤28	≤30	≤35	T0317
表现相对密度	—	≤2.60	≤2.50	≤2.45	T0304
吸水率	%	≤2.0	≤3.0	≤3.0	T0304
坚固性	%	≤12	≤12	—	T0314
针片状颗粒含量(混合料)	%	≤15	≤18	≤20	T0312
其中粒径大于 9.5 mm	%	≤12	≤15	—	
其中粒径小于 9.5 mm	%	≤18	≤20	—	
水洗法 < 0.007 5 mm 颗粒含量	%	≤1	≤1	≤1	T0310
软石含量	%	≤3	≤5	≤5	T0320

注:①坚固性试验可根据需要进行。

　　②用于高速公路、一级公路时,多孔玄武岩的视密度可放宽至 2.45 t/m³,吸水率可放宽至 3%,但必须得到建设单位的批准,且不得用于 SMA 路面。

　　③对 S14 即 3~5 规格的粗集料,针片状颗粒含量可不予要求,小于 0.075 mm 含量可放宽到 3%。

③沥青混合料用粗集料规格应按"沥青混合料用粗集料规格"的规定生产和使用。

④采石场在生产过程中必须彻底清除覆盖层及泥土夹层。生产碎石用的原石不得含有土块、杂物,集料成品不得堆放在泥土地上。

⑤高速公路、一级公路沥青路面表面层(或磨耗层)的粗集料磨光值应符合"粗集料与沥青的黏附性、磨光值的技术要求"。除 SMA、OGFC 路面外,允许在硬质粗集料中掺加部分较小粒径的磨光值达不到要求的粗集料,其最大掺加比例由磨光值试验确定。

⑥粗集料与沥青的黏附性应符合"粗集料与沥青的黏附性、磨光值的技术要求"。当使用不符合要求的粗集料时,宜掺加消石灰、水泥或用饱和石灰水处理后使用。必要时可同时在沥青中掺加耐热、耐水、长期性能好的抗剥落剂,也可采用掺加改性沥青的措施,使沥青混合料的水稳定性检验达到要求。掺加外加剂的剂量由沥青混合料的水稳定性检验确定。

⑦破碎砾石应采用粒径大于50 mm、含泥量不大于1%的砾石轧制,破碎砾石的破碎面应符合"粗集料对破碎面的要求"。

⑧筛选砾石仅适用于三级及以下公路的沥青表面处治路面。

⑨经过破碎且存放期超过6个月的钢渣可作为粗集料使用。除吸水率允许适当放宽外,各项质量指标应符合"沥青混合料用粗集料质量技术要求"。钢渣在使用前应进行活性检验,要求钢渣中的游离氧化钙含量不大于3%,浸水膨胀率不大于2%。

8)细集料

①沥青面层的细集料可采用天然砂、机制砂、石屑。细集料必须由具有生产许可证的采石场、采砂场生产。

②细集料应洁净、干燥、无风化、无杂质,并有适当的颗粒级配,其质量应符合表4.31的要求。对于细集料的洁净程度,天然砂以小于0.075 mm含量的百分数表示,石屑和机制砂以砂当量(适用于0~4.75 mm)或亚甲蓝值(适用于0~2.36 mm或0~0.15 mm)表示。

表4.31 沥青路面材料用料细集料质量技术要求

项 目	单 位	高速公路、一级公路	其他等级公路	试验方法
表观相对密度	—	<2.50	<2.45	T0328
坚固性(>0.3 mm部分)	%	≥12	—	T0340
含泥量(小于0.075 mm含量)	%	≤3	5	T0333
砂当量	%	≥60	50	T0334
亚甲蓝值	g/kg	≤25	—	T0349
棱角性(流动时间)	s	≥30	—	T0345

注:坚固性试验可根据需要进行。

③天然砂可采用河砂或海砂,通常宜采用粗、中砂,其规格应符合表4.32的要求。砂的含泥量超过规定时应水洗后使用,海砂中贝壳类材料必须筛除。开采天然砂必须取得当地政府主管的许可,并符合水利及环境保护要求。热拌密级配沥青混合料中天然砂的用量通常不宜超过集料总量的20%,SMA和OGFC混合料不宜使用天然砂。

表4.32 沥青混合料用天然砂规格

筛孔尺寸/mm	通过各孔筛的质量百分比/%		
	粗砂	中砂	细砂
9.5	100	100	100
4.75	90~100	90~100	90~100
2.36	65~95	75~90	85~100

筛孔尺寸/mm	通过各孔筛的质量百分比/%		
	粗砂	中砂	细砂
1.18	35～65	50～90	75～100
0.6	15～30	30～60	60～84
0.3	5～20	8～30	15～45
0.15	0～10	0～10	0～10
0.075	0～5	0～5	0～5

④石屑是采石场破碎石料时通过 4.75 mm 或 2.36 mm 的筛下部分,其规格应符合表 4.33 的要求。采石场在生产石屑的过程中应具备抽吸设备,高速公路和一级公路的沥青混合料宜将 S14 与 S16 组合使用,S15 可在沥青稳定碎石基层或其他等级公路中使用。

⑤机制砂宜采用专用的制砂机制造,并选用优质石料生产,其级配应符合 S16 的要求。

表 4.33 沥青混合料用机制砂或石屑规格

规格	公称粒径/mm	水洗法通过各筛孔的质量百分比/%							
		9.5	4.75	2.36	1.18	0.6	0.3	0.15	0.075
S15	0～5	100	90～100	60～90	40～75	20～55	7～40	2～20	0～10
S16	0～3	—	100	80～100	50～80	25～60	8～45	0～25	0～15

注:当生产石屑采用喷水抑制扬尘工艺时,应特别注意含粉量不得超过表中要求。

9)填料

①沥青混合料的矿粉必须采用石灰岩或岩浆岩的强基性岩石等憎水性石料经磨细得到的矿粉,原石料中的泥土杂质应除净。矿粉应干燥、洁净,能自由地从矿粉仓流出,其质量应符合表 4.34 的要求。

表 4.34 沥青混合料用矿粉技术要求

项 目		单 位	高速公路、一级公路	其他等级公路	试验方法
表观密度		t/m³	≥2.50	≥2.45	T 0352
含水率		%	≤1	≤1	T 0103 烘干法
粒度范围	<0.6 mm	%	100	100	T 0351
	<0.15 mm	%	90～100	90～100	
	<0.075 mm	%	75～100	70～100	
外观		—	无团粒结块	—	
亲水系数		—	< 1		T 0353
塑性指数		%	< 4		T 0354
加热安定性		—	实测记录		T 0355

②拌和机粉尘可作为矿粉的一部分回收使用。但每盘用量不得超过填料总量的25%,掺有粉尘填料的塑性指数不得大于4%。

③粉煤灰作为填料使用时,用量不得超过填料总量的50%,粉煤灰的烧失量应小于12%,与矿粉混合后的塑性指数应小于4%,其余质量要求与矿粉相同。高速公路、一级公路沥青面层不宜采用粉煤灰做填料。

10)纤维稳定剂(表4.35)

①在沥青混合料中掺加的纤维稳定剂宜选用木质素纤维、矿物纤维等。

②纤维应在250℃干拌温度下不变质、不发脆,使用纤维必须符合环保要求,不危害身体健康。纤维必须在混合料拌和过程中能充分分散均匀。

③矿物纤维宜采用玄武岩等矿石制造,易影响环境及造成人体伤害的石棉纤维不宜直接使用。

④纤维应存放在室内或有棚盖的地方,松散纤维在运输及使用过程中应避免受潮,不结团。

⑤纤维稳定剂的掺加比例以沥青混合料总量的质量百分率计算。通常情况下,用于SMA路面的木质素纤维不宜低于0.3%,矿物纤维不宜低于0.4%,必要时可适当增加纤维用量。纤维掺加量的允许误差宜不超过±5%。

表4.35　沥青路面材料用料要求

项　目	单　位	指　标	试验方法
纤维长度	mm	6	水溶液用显微镜观测
灰分含量	%	18±5	高温500~600℃燃烧后测定残留物
pH值	—	7.5±1.0	水溶液用pH试纸或pH计测定
吸油率	—	≥纤维质量的5倍	用煤油浸泡后放在筛上经振敲后称量
含水率(以质量计)	%	≤5	105℃烘箱烘2h后冷却称量

4.3.3　热拌沥青混合料路面施工

1)一般规定

①沥青混合料集料的最大粒径宜从上至下逐渐增大,并应与压实层厚度相匹配。对热拌热铺密级配沥青混合料,沥青层一层的压实厚度不宜小于集料公称最大粒径的2.5~3倍,对SMA和OGFC等嵌挤型混合料不宜小于公称最大粒径的2~2.5倍,以减少离析,便于压实。

②石油沥青加工及沥青混合料施工温度应根据沥青标号及黏度、气候条件、铺装层厚度确定。

a.普通沥青结合料的施工温度宜通过在135℃及175℃条件下测定的黏度-温度曲线确定。缺乏黏温曲线数据时,可参照表4.36的范围选择,并根据实际情况确定使用高值或低值。当表中温度不符实际情况时,容许作适当调整。

表 4.36　热拌沥青混合料的搅拌和施工温度

单位:℃

施工工序		石油沥青标号			
		50 号	70 号	90 号	110 号
沥青加热温度		160~170	155~165	150~160	145~155
矿料加热温度	间隙式拌和机	集料加热温度比沥青温度高 10~30			
	连续式拌和机	矿料加热温度比沥青温度高 5~10			
沥青混合料出料温度		150~170	145~165	140~160	135~155
混合料贮料仓贮存温度		贮料过程中温度降低不超过 10			
混合料废弃温度		>200	>195	>190	>185
运输到现场温度		≥150	≥145	≥140	≥135
混合料摊铺温度	正常施工	≥140	≥135	≥130	≥125
	低温施工	≥160	≥150	≥140	≥135
开始碾压的混合料内部温度	正常施工	≥135	≥130	≥125	≥120
	低温施工	≥150	≥145	≥135	≥130
碾压终了表面温度	钢轮压路机	≥80	≥70	≥65	≥60
	轮胎压路机	≥85	≥80	≥75	≥70
	振动压路机	≥75	≥70	≥60	≥55
开放交通的路表温度		≤50	≤50	≤50	≤45

注:①沥青混合料施工温度采用具有金属探测针的插入式数显温度计测量。表面温度可采用表面接触式温度计测定。当采用红外线温度计测量表面温度时,应进行标定。

②表中未列入的 130 号、160 号及 30 号沥青的施工温度由试验确定。

　　b.聚合物改性沥青混合料的施工温度根据实践经验并参照表 4.37 选择。通常宜较普通沥青混合料施工温度提高 10~20 ℃。采用冷态胶直接喷入法拌和的改性沥青混合料,集料烘干温度应进一步提高。

表 4.37　聚合物改性沥青混合料的正常施工温度范围

单位:℃

工　序	聚合物改性沥青品种		
	SBS 类	SBR 胶乳类	EVA、PE 类
沥青加热温度	160~165		
改性沥青现场制作温度	165~170	—	165~170
成品改性沥青加热温度	≤175	—	≤175
集料加热温度	190~220	200~210	185~195
改性沥青 SMA 混合料出厂温度	170~185	160~180	165~180
混合料最高温度(废弃温度)	195		
混合料贮存温度	拌和出料后降低不超过 10		

续表

工　序	聚合物改性沥青品种		
	SBS 类	SBR 胶乳类	EVA、PE 类
摊铺温度	≥160		
初压开始温度	≥150		
碾压终了表面温度	≥90		
开放交通的路表温度	≤50		

注：①同表 4.36。

②当采用表列以外的聚合物或天然沥青改性沥青时，施工温度由试验确定。

　　c.SMA 混合料的施工温度应视纤维品种和数量、矿粉用量不同，在改性沥青混合料基础上作适当提高。

　　③热拌沥青混合料面层施工前，应对混合料进行配合比设计，配合比设计分目标配合比设计、生产配合比设计和生产配合比验证 3 个阶段。在施工过程中，不得随意变更经设计确定的标准配合比。对同一拌和场两台拌和机，如果使用相同品种的矿料和沥青，可使用同一目标配合比，但每台拌和机必须独立进行生产配合比设计。矿料和沥青产地、品种等发生变化，必须重新进行设计。

　　④热拌沥青混合料面层施工应采用集中厂拌混合料、摊铺机摊铺、压路机碾压施工工艺。

　　⑤正式施工前，必须铺筑试验段，对施工工艺进行总结。试验段质量检查频率应是正常路段的两倍。

　　⑥沥青面层应在不低于 10 ℃气温下进行施工，同时严禁雨天、路面潮湿情况下施工。施工期间应注意天气变化，已摊铺沥青层因遇雨未进行压实的应予以铲除。雨天过后，下卧层完全干燥后方可进行沥青面层施工。

2) 施工工艺流程

　　热拌热铺沥青混合料施工工艺流程见图 4.23。

　　（1）施工准备

　　①沥青混合料面层施工前的技术、机械、试验检测仪器、料场与材料及作业面等各项准备可参照沥青路面施工技术细则执行。

　　②应对沥青混合料拌和机、摊铺机、压路机等各种施工机械和设备进行调试，对机械设备的配套情况、技术性能、计量设备等进行检查或标定。

　　③应准备施工过程中所需要的各种记录表格和现场温度、厚度检测设备。根据摊铺长度估算当日生产吨位，明确拌和场、施工现场、试验室责任联系人，实现拌和场与施工现场畅通联系、动态控制。

　　④铺筑沥青面层前，应检查基层或下卧沥青层质量，不符合要求的不得铺筑沥青面层。下卧层已被污染时，必须清洗或经铣刨处理后方可铺筑沥青混合料（图 4.24）。

```
                    ┌──────────────┐
                    │ 拌和厂选址与建设 │
                    └──────┬───────┘
┌──────────────┐    ┌──────┴───────┐    ┌──────────────┐
│ 沥青品种选择与制作 │    │  设备安装与保养  │    │    选定料场    │
└──────┬───────┘    └──────┬───────┘    └──────┬───────┘
┌──────┴───────┐    ┌──────┴───────┐    ┌──────┴───────┐
│  沥青材质检验   │    │  拌和设备调试   │    │ 集料与填料等指标检测│
└──────┬───────┘    └──────┬───────┘    └──────┬───────┘
┌──────┴───────────┐      │        ┌──────┴───────┐
│ 沥青存贮、保温、搅拌、加热 ├───────┼────────┤ 混合料配合比设计与报审│
└──────────────────┘      │        └──────────────┘
                    ┌──────┴───────┐
                    │ 拌和站冷热料比例调试│
                    └──────┬───────┘
                    ┌──────┴───────┐
                    │ 试铺段沥青混合料拌合│
                    └──────┬───────┘
                    ┌──────┴───────┐
                    │ 试铺段沥青混合料运输│
                    └──────┬───────┘
┌──────────────┐    ┌──────┴───────┐    ┌──────────────┐
│ 下承层检查与验收 │    │ 试铺段摊铺成型与总结├────┤ 摊铺机组装调试  │
└──────┬───────┘    └──────┬───────┘    │ 压路机准备    │
┌──────┴───────┐    ┌──────┴───────┐    └──────────────┘
│  沥青材质检验   │    │  沥青混合料生产  │
└──────┬───────┘    └──────┬───────┘
┌──────┴───────┐    ┌──────┴───────┐
│ 透层/封层/黏层施工 │    │  沥青混合料运输  │
└──────┬───────┘    └──────┬───────┘
       │            ┌──────┴───────┐    ┌──────────────┐
       └────────────┤  沥青混合料摊铺  ├────┤ 摊铺机组装调试  │
                    └──────┬───────┘    │ 压路机准备    │
                    ┌──────┴───────┐    └──────────────┘
                    │  沥青混合料压实  │
                    └──────┬───────┘
                    ┌──────┴───────┐
                    │   检测、验收   │
                    └──────┬───────┘
                    ┌──────┴───────┐
                    │    开放交通    │
                    └──────────────┘
```

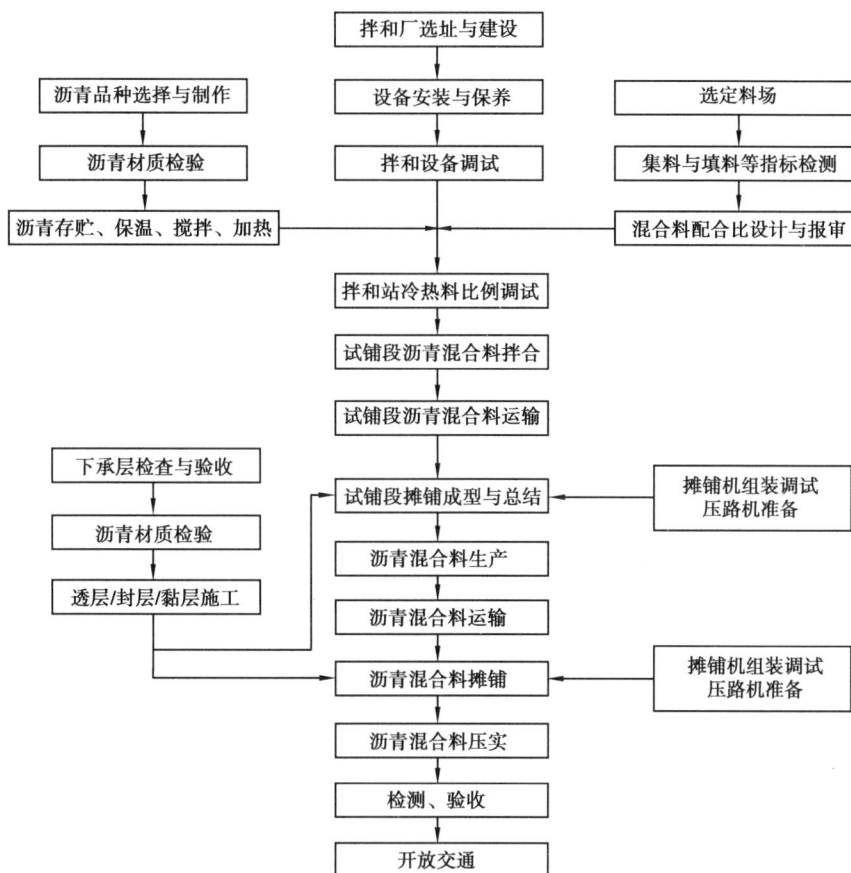

图 4.23　热拌热铺沥青混合料施工工艺流程

图 4.24　下卧层铣刨处理施工

⑤根据施工方案确定的高程及厚度控制方式进行测量放线,恢复中线、设置边桩,中面层桥头处和下面层摊铺前,中分带、路肩外侧直线段宜每 10 m 设一边桩,平曲线段宜每 5 m 设一个边桩,中、上面层在中分带、路肩外边缘设置指示标志,应明显标记出施工桩号,用白灰画出各结构层的边缘线。

（2）试验段施工

高速公路和一级公路沥青路面在施工前应铺筑试验段。其他等级公路在缺乏施工经验或初次使用重大设备时,也应铺筑试验段。当同一施工单位在材料、机械设备及施工方法与其他工程完全相同时,也可利用其他工程的结果,不再铺筑新的试验路段。

试验段开工前 28 d 安装好试验仪器和设备,配备好的试验人员报请监理工程师审核。各层开工前 14 d 在监理工程师批准的现场备齐全部机械设备进行试验段铺筑,以确定松铺系数、施工工艺、机械配备、人员组织、压实遍数,并检查压实度、沥青含量、矿料级配、沥青混合料马歇尔各项技术指标等。

①试验段应选在具有代表性的主线直线段,采用两种或两种以上的试铺碾压方案,每种方案长度通常不小于 250 m。

②热拌热铺沥青混合料路面试验段铺筑包括试拌和试铺两个阶段,需要确定以下试验内容:

a.根据各种机械施工能力相匹配的原则,确定适宜的施工机械,依据生产能力结合实际工程决定机械数量与组合方式。

b.通过试拌确定拌和数量、时间、温度及上料速度等参数,考察计算机打印装置的可信度;验证沥青混合料的配合比设计和沥青混合料的技术性质,提出生产用的标准配合比和最佳沥青用量。

c.通过试验段确定:检验沥青混合料施工性能,评价是否利于摊铺和压实,要求混合料均匀不离析、不结块;摊铺机的操作方式——摊铺温度、摊铺速度、初步振捣夯实的方法和强度、自动找平方式等;压实机具的选择、组合,压实顺序,碾压温度,碾压速度及遍数,建立用钻孔法与核子密度仪无破损检测路面密度的对比关系,确定压实度的标准检测方法;通过试铺,确定透层油的喷洒方式和效果、摊铺、压实工艺,确定松铺系数;采用适宜的施工缝处理方法(详见本节接缝处理);检测试验段的渗水系数和路面平整度(图 4.25、图 4.26)。

图 4.25 试验段以及沥青路面渗水试验

图 4.26 沥青路面平整度测定

(3)沥青混合料拌和

沥青混合料可采用间歇式拌和机或连续式拌和机拌制。高速公路和一级公路宜采用间歇式拌和机拌和。连续式拌和机使用的集料必须稳定不变,一个工程从多处进料、料源或质量不稳定时,不得采用连续式拌和机。

①沥青混合料在施工过程中,应安排专人对沥青拌和机进行日常检查维护,确保拌和机运转正常。拌和厂应符合下列规定:

a.拌和厂设置必须符合国家有关环境保护、消防、安全等规定。

b.拌和厂与工地现场距离应充分考虑交通堵塞的可能,确保混合料的稳定下降不超过要求,且不致因颠簸造成混合料离析。

c.拌和厂应具有完备的排水设施。各种集料必须分隔贮存,细集料场应设防雨顶棚,料场及场内道路应做硬化处理,严禁泥土污染集料。

d.拌和机宜备有保温性能好的成品储料仓,贮存过程中混合料降温不得高于 10 ℃,且不能有沥青滴漏。道路石油沥青混合料的贮存时间不得超过 72 h,改性沥青混合料的贮存时间不宜超过 24 h,SMA 混合料只限当天使用,OGFC 混合料宜随拌随用。

②高速公路和一级公路施工用的间歇式拌和机须配备计算机设备,拌和过程中逐盘采集并打印各个传感器的材料用量和沥青混合料拌和量、拌和温度等各种参数,随时在线检查矿料级配和油石比,并定期对拌和机的计量和测温进行校核。每个台班结束时打印出一个台班的统计量,按《公路沥青路面施工上技术规范》(JTG F40—2017)附录 G 规定的方法进行沥青混合料生产质量及铺筑厚度的总量检验。总量检验资料有异常波动时,应立即停止生产,分析原因。

③拌和时间。道路石油沥青混合料每盘的拌和周期一般不少于 45 s,其中干拌时间一般不少于 5 s;改性沥青混合料拌和时间适当延长,改性沥青 SMA 混合料拌和周期一般为 60~70 s(表 4.38)。拌和时间应根据具体情况由试拌确定,保证沥青均匀裹覆。

表 4.38 改性沥青 SMA 混合料拌和时间及加料次序

生产次序	1	2	3
生产环节	加集料、加矿粉	加沥青、加纤维	出料
拌和时间	干拌约 10 s,湿拌约 50 s,总拌和周期 60~70 s		

④生产添加纤维的沥青混合料时,纤维必须在混合料中充分分散,拌和均匀。拌和机应配备同步投料装置。松散的絮状纤维可与沥青同时或稍后喷入拌和锅,拌和时间宜延长 5 s 以上。颗粒纤维可与粗集料同时加入,干拌 5~10 s。工程量很小时,也可分装成塑料小包由人工直接投入拌和锅。

⑤使用改性沥青时,应随时检查沥青泵、管道、计量器是否受堵,堵塞时应及时清洗。

⑥沥青和集料的加热温度以及沥青混合料的出厂温度应符合表 4.36、表 4.39 的规定,集料温度应比沥青温度高 10~15 ℃。每天开始几盘集料应提高加热温度,并干拌几锅集料废弃,再正式加沥青拌和混合料。

表 4.39 普通沥青混合料正常施工温度控制范围

工 序	规定指标/℃
沥青加热温度	150~170
矿料加热温度	165~190
混合料出场温度	150~165,超过 185 废弃

续表

工　序		规定指标/℃
混合料运输到现场温度		不低于 150
摊铺温度	正常施工	不低于 140~145,且不超过 170
	低温施工	不低于 145~150,且不超过 175
初压温度	正常施工	135~145
	低温施工	145~155,不低于 135
复压温度	正常施工	130~140,不低于 125
	低温施工	135~145,不低于 125
终压温度	正常施工	105~125
	低温施工	115~135,不低于 100

⑦沥青混合料出厂时,应逐车检测沥青混合料的质量和温度,目测检查混合料有无异常,如混合料有花白、冒青烟和离析等现象。若有异常,应查明原因,及时调整。出厂时,应记录出厂时间,签发运料单。

(4)混合料运输

①热拌沥青混合料宜采用大吨位的车辆运输,一般应不小于 15 t。车辆数量应根据运输距离、摊铺速度确定,适当留有富余,摊铺机前方应有不少于 5 辆运料车等候卸料为宜,以确保现场连续摊铺需要。

②运输车辆在每天使用前后,要检验其完好性,装料前应将车厢清洗干净。为防混合料黏在车厢底板上,可采取涂刷隔离剂或一薄层油水(柴油∶水 = 1∶3)混合液,但不得有余液积聚在车厢底部。

③拌和机或储料仓向运料车放料时,料车应"前、后、中"移动,分 3~5 次装料(图 4.27)。

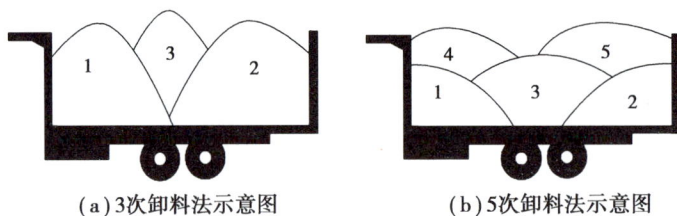

(a)3次卸料法示意图　　　　(b)5次卸料法示意图

图 4.27　沥青混合料装车示意图

④运料车应采用厚苫布覆盖严密,苫布至少应下挂到车厢板的一半,卸料过程中宜继续覆盖直到卸料结束(图 4.28)。在气温较低时,运料车车厢侧面应加装保温层,确保混合料温度稳定。

⑤采用数字显示插入式热电偶温度计检测沥青混合料的出厂温度和运到现场温度,插入深度要大于 150 mm(图 4.29)。在运料卡车侧面中部设专用检测孔,孔口距车厢底面约 300 mm。测试方法应符合《公路路基路面现场测试规程》(JTG 3450—2019)的规定。

⑥运输到摊铺现场的混合料,如温度不符合要求或遭雨淋,应作废弃处理。

⑦运料车进入摊铺现场时,轮胎上不得黏有泥土等可能污染路面的脏物,否则应将轮胎清洗后方可进入施工现场。

图 4.28　沥青混合料运输车覆盖

图 4.29　沥青混合料温度现场检验

⑧卸料过程中,运料车在摊铺机前 10～30 cm 处停住,运料车不得撞击摊铺机(图 4.30)。卸料过程中运料车应挂空挡,靠摊铺机推动前进。

图 4.30　运料车与摊铺机配合工作

有条件时,运料车可将混合料卸入转运车经二次拌和后向摊铺机连续均匀地供料。运料车每次卸料必须倒净,尤其是对改性沥青或 SMA 混合料,如有剩余,应及时清除,防止硬结。

SMA 及 OGFC 混合料在运输、等候过程中,如发现有沥青混合料沿车厢板滴漏时,应采取措施予以避免。

(5)混合料摊铺

热拌沥青混合料应采用沥青摊铺机摊铺。在喷洒有黏层油的路面上铺筑改性沥青混合料或 SMA 时,宜使用履带式摊铺机。

①沥青混合料摊铺时应单幅一次性摊铺,可采用两台或多台摊铺机梯队同时摊铺作业,也可采用一台摊铺机摊铺(图 4.31)。两台摊铺机摊铺时,摊铺机必须为同一机型,新旧程度和性能相近,以保证铺筑均匀、一致。

图 4.31　沥青混合料摊铺施工

②摊铺机开工前应提前 0.5～1 h 预热熨平板,使其温度不低于 100 ℃(图 4.32)。铺筑过程中,应使熨平板的振捣或夯锤压实装置有适宜的振动频率和振幅,以保证面层的初始压实度达 85%左右。熨平板连接应紧密,避免摊铺的混合料出现划痕。

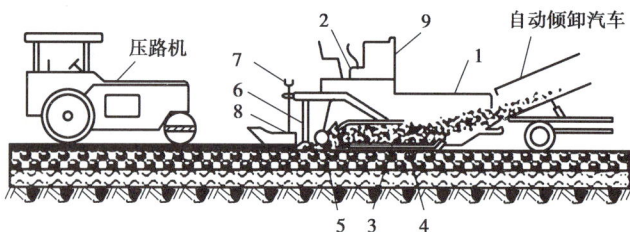

图 4.32　沥青混合料摊铺与碾压操作示意图
1—料斗;2—驾驶台;3—送料器;4—履带;
5—螺旋摊铺器;6—振捣器;7—厚度调节螺杆;8—摊平板;9—摊铺机

③沥青混合料底面层摊铺与桥面上下铺装层摊铺时,应采用钢丝引导控制高程的方式,简称走钢丝(图 4.33)。钢丝为扭绕式,直径不小于 3 mm,钢丝拉力大于 800 N,每 10 m 设一钢丝支架。采用两台摊铺机进行摊铺施工时,靠中央分隔带侧摊铺机在前,其左架设钢丝,摊铺机上安装横坡仪或在右侧架设铝合金导梁控制摊铺层横坡;后面摊铺机右侧架设钢丝,左侧在摊铺好的层面上走"雪撬"控制高程。中、上面层应采用非接触式平衡梁控制摊铺高度和厚度。两台摊铺机摊铺层的纵向热接缝应采用斜接缝,避免出现缝痕。两台摊铺机前后距离不应超过 10 m。

图 4.33　沥青混合料摊铺高程控制

④调好螺旋布料器两端的自动料位器,并使料门开度、链板送料器速度和螺旋布料器转速相匹配。螺旋布料器内混合料表面以略高于螺旋布料器 2/3 高度为宜,熨平板挡板前混合料高度应在全宽范围内保持一致,避免离析现象。

⑤摊铺机作业方向应与路面车辆行驶方向一致,摊铺速度应控制在 2 ~6 m/min,改性沥青摊铺速度宜放慢至 1~3 m/min。根据拌和机的产量、施工机械配套情况及摊铺厚度、摊铺宽度予以调整,做到缓慢、均匀,连续摊铺,做到每天仅在收工时停机一次。

⑥面层压实前,禁止人员踩踏。一般不宜人工整修,若出现局部离析等特殊情况,应在技术人员指导下,由施工人员进场找补或更换混合料。

⑦在桥隧过渡段应严格按照设计要求进行施工,提前做好工作面准备,处理好欠压实、松散、不平整等问题,并扫除松散材料和所有杂物。

⑧摊铺过程中,应随时检测松铺厚度,发现异常应立即调整。

⑨中央分隔带路缘石应在摊铺面层前完工,铺筑时应在靠近路缘石位置适量多铺混合料,并确保该处沥青混合料压实度。

⑩在路面狭窄和加宽部分、平曲线半径过小的匝道、斜交桥头等摊铺机不能摊铺的部位,可辅用人工摊铺混合料。人工摊铺应严格控制操作时间、松铺厚度、平整度等。

⑪沥青路面施工的最低气温应考虑铺筑层厚度、气温、风速及下卧层表面温度确定。考虑施工需要,根据下卧层表面温度调整沥青混合料的最低摊铺温度,且满足表 4.36 和表 4.39 规定的温度要求。每天施工开始阶段宜采用较高温度的混合料。温度测试仪器可选用手持式红外测温仪或数字插入式测温仪测定。

⑫摊铺过程中的其他注意事项如下:

a.运料车辆在卸料更换时应做到快捷、有序,保证摊铺机料斗不脱料,尽量减少摊铺机料斗在摊铺过程中拢料。注意摊铺机接斗的操作程序,以减少粗集料离析。摊铺机集料斗应在刮板尚未露出、尚有约 10 cm 厚热料时拢斗。这是在运料车刚退出时进行,而且应该做到料斗两翼刚恢复原位时,下一辆运料车即可开供料,做到连续供料,并避免粗集料集中。

b.沥青混合料摊铺作业时,摊铺机驾驶台及作业现场要视野开阔、清除障碍物。作业时,无关人员不得在驾驶台上停留,驾驶员不得擅离岗位。运料车向摊铺机卸料时,应同步进行,动作协调,防止互相碰撞,驾驶摊铺机应平稳。弯道作业时,熨平装置的端头与路缘石的间距不得小于 10 cm,以免发生碰撞。

c.遇到机器故障、下雨等原因不能连续摊铺时,及时将情况通知拌和组并报告技术负责人。摊铺遇雨时,立即停止施工,并清除已摊铺尚未压实成型的混合料。遭雨淋的混合料应废弃,不得卸入摊铺机摊铺。雨后在下承层未充分干前,不得继续摊铺。摊铺过程中由于各种原因停机超过 1 h,必须做施工缝处理。

d.施工现场备有涂抹乳化沥青的毛刷和散装的乳化沥青,以便对黏层受破坏的位置进行涂刷找补。

e.施工人员不得随意在铺筑层内走动,防止将泥土、杂物带入已铺筑的沥青路面上,减少对铺筑路面的污染。

(6)混合料压实

沥青混凝土道路施工中,对沥青混凝土必须进行压实,其目的是提高沥青混凝土混合料的强度稳定性以及疲劳特性。所以,压实质量的好坏直接影响沥青路面的平整度和密实度。

沥青路面的压实度采取重点对碾压工艺进行过程控制,综合采用钻孔抽检压实度和核子密度仪法测定压实度。碾压工艺的控制包括压路机的配置(台数、吨位及机型)、排列和碾压方式、压路机与摊铺机的距离、碾压温度、碾压速度、压路机洒水(雾化)情况、碾压段长度、掉头方式等。

①碾压设备配置。沥青面层施工应配备足够数量的压路机。当施工气温低、风速大、碾压层薄时,应增加压路机数量。沥青混合料面层压实应采用重型压路机,双钢轮压路机应不小于12 t。轮胎压路机应不小于25 t。必要时应采用30 t以上的轮胎压路机进行碾压作业,OGFC沥青混合料宜采用小于12 t双钢轮压路机。压路机使用性能良好,不得出现漏油现象。

②应选择合理的压路机组合方式及碾压步骤(图4.34)。初压应在混合料不产生推移、开裂且较高温度下进行。初压一般采用双钢轮压路机,AC和Superpave型混合料复压宜采用轮胎压路机,SMA、OGFC宜采用双钢轮压路机;终压采用双钢轮压路机。单幅两车道沥青混合料路面的碾压模式可参照表4.40执行。

(a)双钢轮振动压路机   (b)轮胎式压路机

图4.34   沥青路面常用的压实机械

表4.40   常见沥青混合料路面的碾压模式

面　　层	碾压阶段	压路机类型	数量/台	碾压模式
AC、superpave混合料	初压	双钢轮振动压路机(11 t以上)	2	整幅范围内,前后振压2遍
	复压	轮胎压路机(25 t以上)	3	整幅范围内套轮循环碾压,各2遍
	终压	双钢轮振动压路机(12 t以上)	1	静压1~2遍
SMA混合料	初压	双钢轮振动压路机(11 t以上)	2	整幅范围内,前后振压2遍
	复压	双钢轮振动压路机(11 t以上)	2	整幅范围内套轮循环碾压,各2遍
	终压	双钢轮振动压路机(11 t以上)	1	静压1~2遍
OGFC混合料	初压	双钢轮振动压路机(12 t以上)	2	整幅范围内,前后振压2遍
	复压	双钢轮振动压路机(12 t以上)	2	整幅范围内套轮循环碾压,各2遍
	终压	双钢轮振动压路机(12 t以上)	1	静压1~2遍

③碾压原则。为避免碾压时混合料推挤产生拥包,碾压时驱动轮应朝向摊铺机;碾压路线及方向不应突然改变;压路机启动、停止必须减速缓行,不得刹车制动;压路机折回位置应呈阶梯状,不应在同一横断面。

④碾压工序流程(遍数)。沥青混合料压实应按初压、复压、终压(包括成型)3个阶段进行。压路机应以缓慢而均匀的速度碾压,压路机的适宜碾压速度随初压、复压、终压及压路机的类型而不同,应符合表4.41、表4.42的规定。

表 4.41　AC 和 Superpave 混合料面层碾压速度

压路机类型	初压速度/(km·h⁻¹)		复压速度/(km·h⁻¹)		终压速度/(km·h⁻¹)	
	适　宜	最　大	适　宜	最　大	适　宜	最　大
钢轮压路机	1.5~2	3	2.5~3.5	5	2.5~3.5	5
轮胎压路机	—	—	3.5~4.5	8	—	—
钢轮振动压路机	1.5~2(静压)	5(静压)	4~5(振动)	8(振动)	2~3(静压)	5(静压)

表 4.42　SMA 和 OGFC 混合料面层碾压速度

压路机类型	初压速度/(km·h⁻¹)	复压速度/(km·h⁻¹)	终压速度/(km·h⁻¹)
静压钢轮压路机	2~3	2.5~5	2.5~5
钢轮振动压路机	2~4	4~5	—

注:面层碾压方式、温度按试验段总结执行,并依据气温变化进行必要的调整。

⑤压实注意事项:

a.碾压现场应设专岗对碾压温度、碾压工艺进行管理和检查,做到不漏压、不超压。初压、复压、终压段落应设置明显标志。

b.在当天碾压完成的沥青面层上,不得停放压路机及其他施工设备,并防止矿料、油料和杂物散落在沥青面层上。

c.宜用沾有隔离剂的拖布擦涂轮胎,防止沥青混合料黏轮,禁止使用柴油、机油等作为压路机隔离剂。

d.钢轮压路机碾压过程中,应使用洁净的可饮用水作为隔离剂,喷水量不宜过大,使钢轮表面湿润不黏轮为度。

e.碾压成型的面层外观应均匀。压实完成 12 h 后或路面温度低于 50 ℃,方能允许施工车辆通行。

(7)接缝处理

沥青路面接缝形式主要有纵缝、横缝、新旧路面的接缝等各类施工缝(图 4.35、图 4.36)。施工缝往往由于压实不足,容易产生台阶、裂缝、松散等病害,影响路面的平整度和耐久性,施工时必须十分注意。

图 4.35　沥青面层施工接缝图示

沥青路面施工必须接缝紧密、连接平顺,不得产生明显的接缝离析,上下层的裂缝应错开 15 cm(热接缝)或 30~40 cm(冷接缝)以上。相邻两幅及上下层的横向接缝均应错位 1 m 以上。接缝施工应用 3 m 直尺检查,确保平整度符合要求。

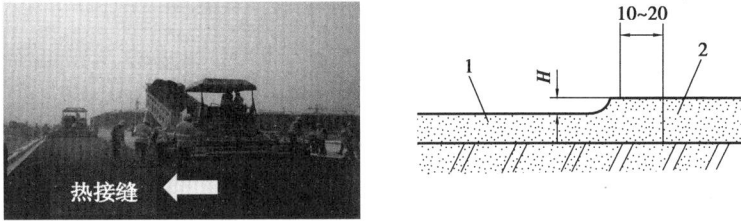

图 4.36　纵向热接缝施工图示

1—第一条摊铺带;2—第二条摊铺带;H—压实厚度

①纵向接缝处理要求如下:

a.采用梯队作业方(两台或两台以上同时作业)式摊铺形成的纵缝属于热接缝。施工时将已铺混合料部分留 10~20 cm 宽暂不碾压,作为后续摊铺部分的高程基准面,后摊铺部分完成后跨缝碾压,以消除缝迹。

b.冷接缝一般是指新铺层与经过压实后已铺层的纵向搭接(图 4.37)。当半幅施工或特殊原因而产生纵向冷接缝时,宜采用加设挡板或加设切刀切齐,也可在沥青混合料尚未冷却前用镐刨除边缘留下毛茬的方式,但不宜在冷却后采用切割机做纵向切缝。加铺另半幅前应在接缝处涂刷少量沥青,摊铺时重叠在已铺层上 5~10 cm,再铲走铺在前半幅上的混合料。

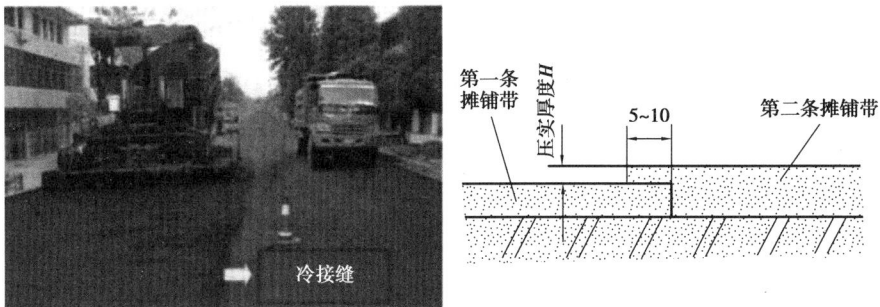

图 4.37　纵向冷接缝施工图示

碾压方式一:压路机位于热混合料上,由边向中进行碾压,接缝处留下 10~15 cm,再做跨缝挤压。

碾压方式二:碾压时,压路机在已压实路面上行走,碾压新铺热混合料宽度为 15 cm 左右,然后碾压新铺筑部分。

②横向接缝处理要求(图 4.38)。横间接缝形式有斜接缝、阶梯形接缝和平接缝(图 4.38)。高速公路和一级公路的表面层横向接缝应采用垂直的平接缝,以下各层可采用自然碾压的斜接缝,沥青层较厚时也可做阶梯形接缝。其他等级公路的各层均可采用斜接缝。横向接缝宜错开 1 m 以上。

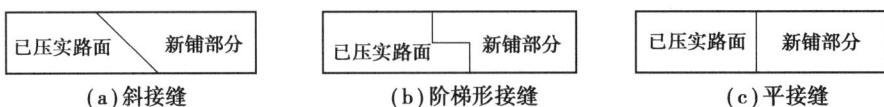

图 4.38　横向接缝形式

a.斜接缝的搭接长度与层厚有关,宜为 0.4~0.8 m。搭接处应洒少量沥青,混合料中的粗集料颗粒应予剔除,并补上细料,搭接平整,充分压实。阶梯形接缝的台阶经铣刨而成并洒黏层沥青,搭接长度不宜小于 3 m。

b.平接缝宜趁尚未冷透时用凿岩机或人工垂直刨除端部层厚不足的部分,使工作缝成直角连接。当采用切割机制作平接缝时,宜在铺设当天混合料冷却但尚未结硬时进行。刨除或切割不得损伤下层路面。切割时留下的泥水必须冲洗干净,待干燥后涂刷黏层油。铺筑新混合料接头应使接茬软化,压路机先进行横向碾压,再纵向碾压成为一体,充分压实,连接平顺。

③横接缝的处理方法如下:

a.平整度检查。首先用 3 m 直尺检查端部平整度,不符合要求时,垂直于路中线切齐清除。清理干净后在端部涂黏层沥青接着摊铺。摊铺时调整好预留高度,接缝处摊铺层施工结束后再用 3 m 直尺检查平整度。

b.横向接缝碾压。先用双轮双振压路机进行横向碾压,碾压时压路机位于已压实的混合料层上伸入新铺层的宽度为 15 cm,然后每压一遍向新铺混合料方向移动 15~20 cm,直至全部在新铺层上为止,再改为纵向碾压。

3) 施工质量检查与验收

①按《公路工程质量检验评定标准　第一册　土建工程》(JTG F80/1—2017)要求的频率认真做好各种原材料、施工温度、矿料级配、马歇尔试验、压实度等试验。

②在施工过程中随时检查铺筑厚度、平整度、宽度、横坡度、高程。

4.3.4　温拌沥青混合料路面施工

温拌沥青混合料(WMA)是拌和温度介于热拌沥青混合料(150~180 ℃)和冷拌沥青混合料(常温)之间,性能达到热拌沥青混合料(HMA)要求的新型沥青混合料。

温拌技术是一种高节能低排放的新型环保路面技术,降低了矿料、沥青加热温度及混合料施工温度,减少了气体和烟尘的排放量,从环境保护角度上看,一定程度上缓解因修筑沥青路面造成空气污染以及温室气体排放;气体排放量降低,间接象征了重要费用的节约,沥青拌和厂选址也更加灵活;对人体健康造成的影响也大大降低,提高工作效率,尤其对封闭空间如隧道施工时非常有利;拌和过程中,沥青烟有毒物质的排放减少了 87%,摊铺过程中,未产生难闻的烟雾和气味,显著降低了沥青气味,降低了对环境的污染和对施工人员健康的损害,减轻了沥青因拌和温度过高的老化,延长了沥青路面的使用寿命。

温拌沥青混合料路面施工目前没有行业的统一规范,各地都在积极探索相应的施工技术。温拌沥青混合料路面的施工工艺流程、质量控制要点与热拌沥青混凝土路面基本相同,施工质量检查与验收完全遵循热拌热铺沥青混合料的质量标准。

温拌沥青混合料路面施工关键技术的主要区别在于温拌沥青混合料生产过程中温拌沥青混合料添加剂(简称"温拌剂")的添加及施工过程中施工温度的控制。

1) 温拌沥青混合料添加剂

多年来,经过国内外学者的大量研究,相继出现了多种温拌技术及温拌产品,应用最为广泛的有有机添加剂类、沸石类、乳化沥青和表面活性温拌剂,如 Sasobit、Aspha-min 以及 Evotherm 等产品。每种温拌剂的原理不同,效果也不尽相同,但其本质都是降低沥青在施工过程中的高温黏度,进而实现在较低温度下沥青混合料的拌和与压实。

（1）有机添加剂温拌技术

沥青中加入的有机降黏剂与沥青有较好的相容性，能够降低沥青的施工温度，不影响或改变沥青混合料的使用性能。目前，世界范围内最具代表性的有机添加温拌剂为 Sasobit（固体石蜡）。它是德国 Sasol Wax 公司于 1997 年开发的一种新型聚烯烃类沥青普适改性剂，主要成分为正烷烃和异烷烃，其碳原子个数为 37～115，熔点为 100 ℃左右，外观为白色或淡黄色的小颗粒。

当热沥青中加入 Sasobit 温拌剂时，Sasobit 分子会进入沥青质-胶质片状分子之间，形成新的聚集体。此时沥青中的分子结构由较高层次转化为较低层次，释放出胶团结构中所裹覆的饱和成分，引起胶团体系的分散度增加，降低沥青的黏度。同时在形成 H 键的过程中，—CH 烷基长链舒展地露在芳香片的外侧，形成降黏剂溶剂化层，使沥青质聚集体外围形成一个非极性的环境，阻碍了沥青质或胶质芳香片的重新聚集，起到屏蔽作用，减小了聚集体的尺寸，有利于降低黏度。

（2）沸石温拌技术（Aspha-Min）

沸石是网状的硅酸盐组合，其结构中有巨大的相互连通的空间。这些空间形成了各种尺寸较长、较宽的通道，可以容纳较大的阳离子以及相对较大的分子，使离子和分子更容易地进出沸石结构，便于水汽挥发。目前，沸石降黏技术的代表就是德国 Eurovia 公司开发的 Aspha-min 技术。它是一种极细的白色粉末状的人工合成沸石，实为含结晶水占 21%左右的硅铝酸钠。将沸石加入热集料中，同时喷入沥青，沸石挥发出的水蒸气使沥青体积膨胀形成泡沫沥青，可以使沥青与集料在较低的温度下拌和均匀。

（3）乳化沥青温拌技术（Evotherm）

乳化沥青温拌技术是用一种特殊的高浓度乳化沥青 Evotherm 替代普通热沥青进行混合料拌和。Evotherm 采用了化学外加剂和沥青分散技术，当它与热集料拌和时，乳液中的水以蒸汽形式释放出来，降低了拌和与压实时沥青的黏度，并使其形成与热拌沥青混合料相当的裹覆性能。

（4）表面活性技术

表面活性剂的分子结构一般是由极性部分（亲水部分）和非极性部分（亲油部分）组成。当把离子型表面活性剂水溶液加入沥青中搅拌均匀时，表面活性剂分子会在沥青微粒表面自由排列，亲油烃链端牢固地黏附在沥青微粒上，使沥青微粒表面带有一层电荷。亲水的离子基则与水接触，在沥青微粒表面形成一层水膜，降低了沥青微粒的表面张力，并且沥青微粒表面所带的电荷会使微粒与微粒之间产生静电排斥作用，此时沥青微粒会均匀地弥散在连续水相中，形成沥青微粒、表面活性剂和水的平衡状态。这种平衡状态阻碍了沥青微粒重新联结扩展成一片，降低了沥青的黏度，加上微量水的润滑和发泡作用，沥青与集料能在相对较低的温度下拌和。

在拌和与压实过程中，一方面由于水分逐渐蒸发，表面活性剂慢慢失去作用，沥青微粒发生逐点聚集；另一方面由于集料表面所带的电荷与沥青微粒表面的电荷发生中和，促使沥青与集料黏附。因此，当拌和和压实完毕时，沥青就会牢牢地裹附在集料表面。

表面活性技术的降黏机理相对较为简单，且添加剂本身的物理性能对胶结料和沥青混合料的性能影响较小，推广起来比较容易。

2）温拌沥青混合料施工温度

施工过程中可根据选择的温拌剂，在已有的实际施工经验的基础上基于等黏原理，通过室内试验确定温拌沥青混合料的施工温度。表 4.43、表 4.44 为常用温拌沥青混合料的使用温度。

表 4.43　WMAAC-25C 普通沥青混合料的施工温度

单位:℃

施工工序	70#道路石油沥青
沥青加热温度	145(155~165)
矿料加热温度	145~155(170~180)
沥青混合料出料温度	135~145(160~170)
混合料摊铺温度	≥125(150)
开始碾压温度	≥120(140)
碾压终了温度	≥70(70)
开放交通的路表温度	≤50(50)

备注:括号内温度是对 70 号沥青 HMA 要求的施工温度。

表 4.44　WMAAC-20C、WMASMA-13 改性沥青混合料的施工温度

单位:℃

施工工序	温拌 SBS 改性沥青
沥青加热温度	155~165
矿料加热温度	150~160
沥青混合料出料温度	150~160
混合料摊铺温度	≥140
开始碾压温度	≥135
碾压终了温度	≥70
开放交通的路表温度	≤50

3)施工质量检查标准

SMA13 温拌沥青混合料施工质量检查标准如表 4.45 所示。

表 4.45　SMA13 温拌沥青混合料施工质量检查标准

项　目		检查频度	质量要求或允许差	试验方法
施工温度:沥青混合料出厂温度		每车料一次	应符合表 4.36 的规定	温度计测定
运输到现场温度				
初压温度				
碾压终了温度				
矿料级配与生产配比/%	0.075 mm	每台拌和机每天上、下午各 1 次	±2%	拌和厂稳定生产后取样,用抽提后的矿料筛分
	≤2.36 mm		±4%	
	≥4.75 mm		±5%	
沥青含量(油石比)与生产设计的差/%		每日每机上、下午各 1 次	±0.3%	拌和厂取样抽提

续表

项　目	检查频度	质量要求或允许差		试验方法
马歇尔试验:稳定度	每日每机 上、下午各1次	≥6.0		拌和厂取样, 室内成型试验
流值/0.1 mm		20~50		
空隙率/%		生产配合比±1		
压实度/%	1次/200 m/车道	不小于98%(马歇尔密度) 94%(最大理论密度)		现场钻孔试验(可用 核子密度仪随时检查)
厚度	与压实度相同	总厚度	设计值的-5%	钻孔检查并铺筑时 随时插入量取
		上面层	设计值的-10%	
平整度	每车道连续检测	≤1.2 mm		用连续式平整度仪检测
构造深度	1处/200 m	符合设计要求		铺砂法
摩擦系数				摆式摩擦仪
渗水系数	与压实度相同	≤70 mL/min		改进型渗水仪

4.3.5　冷拌沥青混合料路面施工

(1)一般规定

①冷拌沥青混合料适用于三级及以下的公路沥青面层、二级公路罩面层施工,以及各级公路沥青路面的基层、联结层或整平层。冷拌改性沥青混合料可用于沥青路面的坑槽冷补。

②冷拌沥青混合料宜采用乳化沥青或液体沥青拌制,也可采用改性乳化沥青,各种结合料类型及规格应符合本模块4.3.2节的要求。

③冷拌沥青混合料宜采用密级配沥青混合料。当采用半开级配的冷拌沥青碎石混合料路面时,应铺筑上封层。

(2)冷拌沥青混合料配合比设计

①冷拌沥青混合料可参照相应的矿料级配使用,并根据已有的成功经验经试拌确定设计级配范围和施工配合比。

②乳化沥青碎石混合料的乳液用量应根据当地实践经验以及交通量、气候、集料情况、沥青标号、施工机械等条件确定,也可按热拌沥青混合料的沥青用量折算。实际的沥青残留物数量可较同规格热拌沥青混合料的沥青用量减少10%~20%。

(3)冷拌沥青混合料路面施工

①冷拌沥青混合料宜采用拌和厂机械拌和及沥青摊铺机摊铺的方式。缺乏厂拌条件时,也可采用现场路拌及人工摊铺方式。冷拌沥青混合料施工应注意防止混合料离析。

②当采用阳离子乳化沥青拌和时,宜先用水使集料湿润。若湿润后仍难于与乳液拌和均匀时,应改用破乳速度更慢的乳液,或用1%~3%浓度的氯化钙水溶液代替水润湿集料表面。

③混合料适宜的拌和时间应根据实际情况调节并通过试拌确定。矿料中加进乳液后的机械拌和时间不宜超过30 s,人工拌和时间不宜超过60 s。

④已拌好的混合料应立即运至现场进行摊铺,并在乳液破乳前结束。在拌和与摊铺过程中已破乳的混合料,应予废弃。

⑤乳化沥青冷拌混合料铺后宜采用 6 t 左右的轻型压路机初压 1~2 遍,使混合料初步稳定,再用轮胎压路机或钢筒式压路机碾压 1~2 遍。当乳化沥青开始破乳、混合料由褐色转变成黑色时,改用 12~15 t 轮胎压路机碾压,将水分挤出,复压 2~3 遍后停止,待晾晒一段时间,水分基本蒸发后继续复压至密实为止。当压实过程中有推移现象时应停止碾压,待稳定后再碾压。当天不能完全压实时,可在较高气温状态下补充碾压。当缺乏轮胎压路机时,也可采用钢筒式压路机或较轻的振动压路机碾压。

⑥乳化沥青混合料路面的上封层应在压实成型、路面水分完全蒸发后加铺。

⑦乳化沥青混合料路面施工结束后宜封闭交通 2~6 h,并注意做好早期养护。开放交通初期,应设专人指挥,车速不得超过 20 km/h,不得刹车或掉头。

⑧冷拌沥青混合料施工遇雨应立即停止铺筑,以防雨水将乳液冲走。

4.3.6　冷补沥青混合料施工

(1)一般规定

①用于修补沥青路面坑槽的冷补沥青混合料宜采用适宜的改性沥青结合料制造,并具有良好的耐水性。

②冷补沥青混合料的矿料级配宜参照本章 4.3.2 节的要求执行。沥青用量通过试验并根据实际使用效果确定,通常宜为 4%~6%。其级配应符合补坑的需要,粗集料级配必须具有充分的嵌挤能力,以便在未经充分碾压的条件下可开放通车碾压而不松散。

(2)冷补沥青混合料施工

冷补沥青混合料的质量应符合下列要求:

①制造冷补沥青混合料的集料必须符合热拌沥青混合料集料的质量要求。

②有良好的低温操作和易性。用于冬季寒冷季节补坑的混合料,应在松散状态下经 -10 ℃的冰箱保持 24 h 并无明显的凝聚结块现象,且能便于铁铲拌和。

③有良好的耐水性。混合料按水煮法或水浸法检验的抗水剥落性能(裹覆面积)不得小于 95%。

④冷补沥青混合料应有足够的黏聚性,马歇尔试验稳定度宜不小于 3 kN。

4.3.7　透层、黏层及封层施工

1)透层施工技术

(1)基本要求

①沥青路面各类基层都必须喷洒透层油,沥青层必须在透层油完全渗透基层后方可铺筑。基层上设置下封层时,透层油不宜省略。气温低于 10 ℃或大风天气,即将降雨时不得喷洒透层油。

②根据基层类型选择渗透性好的液体沥青、乳化沥青、煤沥青作透层油,喷洒后通过钻孔或挖掘确认透层油渗透入基层的深度宜不小于 5 mm(无机结合料稳定集料基层)~10 mm(无结合料基层),并能与基层联结成为一体。透层油的质量应符合《公路沥青路面施工技术规范》

（JTG F40—2004）的要求。

③透层油的黏度通过调节稀释剂用量或乳化沥青浓度得到适宜的黏度,基质沥青的针入度通常宜不小于100。透层用乳化沥青的蒸发残留物含量允许根据渗透情况适当调整。当使用成品乳化沥青时,可通过稀释得到要求的黏度。透层用液体沥青的黏度通过调节煤油或轻柴油等稀释剂的品种和掺量经试验确定。

④透层油用量应通过试洒确定,不宜超出表4.46要求的范围。

表 4.46　沥青路面透层材料的规格和用量表

下卧层类型	液体沥青		乳化沥青		煤沥青	
	规　格	用量/(L·m⁻²)	规格	用量/(L·m⁻²)	规格	用量/(L·m⁻²)
新建沥青层或旧沥青路面	AL(R)-3~ AL(R)-6 AL(M)-3~ AL(M)-6	0.3~0.5	PC-3 PA-3	0.3~0.6	T-1 T-2	1.0~1.5
水泥混凝土	AL(M)-3~ AL(M)-6 AL(S)-3~ AL(S)-6	0.2~0.4	PC-3 PA-3	0.3~0.5	T-1 T-2	0.7~1.0

注:表中用量是指包括稀释剂和水分等在内的液体沥青、乳化沥青的总量。乳化沥青中的残留物含量以50%为基准。

（2）施工技术要求

①在无结合料粒料基层上洒布透层油时,宜在铺筑沥青层前1~2 d洒布。

②用于半刚性基层的透层油宜紧接在基层碾压成型后表面稍变干燥,但尚未硬化的情况下喷洒。

③喷洒透层油前应清扫路面,遮挡防护路缘石及人工构造物避免污染,透层油必须洒布均匀。有花白遗漏应人工补洒,喷洒过量的立即撒布石屑或砂吸油,必要时做适当碾压。透层油洒布后不得在表面形成能被运料车和摊铺机黏起的油皮。透层油达不到渗透深度要求时,应更换透层油稠度或品种。

④透层油洒布后应不致流淌,应渗入基层一定深度,不得在表面形成油膜。

⑤透层油洒布后的养生时间应根据透层油的品种和气候条件以及试验确定,确保液体沥青中的稀释剂全部挥发,乳化沥青渗透且水分蒸发,然后尽早铺筑沥青面层,防止工程车辆损坏透层。

⑥喷洒透层油后一定要严格禁止人和车辆通行。

⑦透层油洒布后应待充分渗透,一般不少于24 h后才能摊铺上层,但也不能在透层油喷洒后很久不做上层施工,应尽早施工。摊铺沥青前,应将局部尚有多余的未渗入基层的沥青清除。

⑧对无机结合料稳定的半刚性基层喷洒透层油后,如果不能及时铺筑面层时,并还需开放交通,应铺撒适量的石屑或粗砂,此时宜将透层油增加10%的用量。用6~8 t钢筒式压路机稳压一遍,并控制车速。摊铺上层时发现局部沥青剥落,应修补,还需清扫浮动屑或砂。

2）黏层施工技术

（1）基本要求

①符合下列情况之一时,必须喷洒黏层油:

a.双层式或三层式热拌热铺沥青混合料路面的沥青层之间。

b.水泥混凝土路面、沥青稳定碎石基层或旧沥青路面层上加铺沥青层。

c.路缘石、雨水口、检查井等构造物与新铺沥青混合料接触面的侧面。

②黏层油宜采用快裂或中裂乳化沥青、改性乳化沥青,也可采用快、中凝液体石油沥青,其规格和质量应符合《公路沥青路面施工技术规范》(JTG F40—2004)的要求,所使用的基质沥青标号宜与主层沥青混合料相同。

③黏层油品种和用量应根据下卧层的类型通过试洒确定,并符合表 4.47 的要求。当黏层油上铺筑薄层大空隙排水路面时,黏层油的用量宜增加到 0.6~1.0 L/m²。在沥青层之间兼作封层而喷洒的黏层油宜采用改性沥青或改性乳化沥青,其用量宜不少于 1.0 L/m²。

表 4.47　沥青路面黏层材料的规格和用量表

下卧层类型	液体沥青		乳化沥青	
	规　格	用量/(L·m⁻²)	规　格	用量/(L·m⁻²)
新建沥青层或旧沥青路面	AL(R)-3~ AL(R)-6 AL(M)-3~ AL(M)-6	0.3~0.5	PC-3 PA-3	0.3~0.6
水泥混凝土	AL(M)-3~ AL(M)-6 AL(S)-3~ AL(S)-6	0.2~0.4	PC-3 PA-3	0.3~0.5

注:表中用量是指包括稀释剂和水分等在内的液体沥青、乳化沥青的总量。乳化沥青中的残留物含量以 50% 为基准。

(2)施工技术要求

①黏层油宜采用沥青洒布车喷洒,并选择适宜的喷嘴,洒布速度和喷洒量保持稳定。当采用机动或手摇的手工沥青洒布机喷洒时,必须由熟练的技术工人操作,均匀洒布。气温低于 10 ℃时不得喷洒黏层油,寒冷季节施工不得不喷洒时可以分成两次喷洒。路面潮湿时不得喷洒黏层油,用水洗刷后需要待表面干燥后喷洒。

②喷洒的黏层油必须呈均匀雾状,在路面全宽度内均匀分布成一薄层,不得有洒花漏空或成条状,也不得有堆积。喷洒不足的要补洒,喷洒过量处应予刮除。喷洒黏层油后,严禁运料车外的其他车辆和行人通过。

③黏层油宜当天洒布,待乳化沥青破乳、水分蒸发完成,或稀释沥青中的稀释剂基本挥发完成后,紧跟着铺筑沥青层,确保黏层不受污染。

3)封层的施工技术

(1)基本要求

封层宜选择在干燥和较热的季节施工,并在最高温度低于 15 ℃到来前半个月及雨季前结束。

(2)施工技术要求

①被磨损的旧路面上铺筑稀浆封层时,施工前应先修补坑槽、整平路面。

②封层施工时,其下承层应干燥。

③使用层铺法沥青表面处治铺筑上封层时,施工方法按层铺法表面处治工艺施工。

④使用层铺法沥青表面处治铺筑下封层时,施工工艺同上封层。矿料用量应根据矿料尺

寸、形状、种类等情况确定,宜为 5~8 $m^3/1\ 000\ m^2$。

⑤采用集中拌和法施工上、下封层时,应按照热拌沥青混凝土路面施工工艺进行。

⑥稀浆封层施工应使用稀浆封层铺筑机,其工作速度宜匀速铺筑,应达到厚度均匀、表面平整的要求。

⑦封层铺筑后,必须待乳液破乳、水分蒸发、干燥成型后方可开放交通。

4.4　水泥混凝土路面施工技术

水泥混凝土路面包括普通混凝土(素混凝土)、钢筋混凝土、连续配筋混凝土、预应力混凝土、装配式混凝土、钢纤维混凝土和混凝土小块铺砌等面层板和基(垫)层所组成的路面。目前所谓普通混凝土路面,是指除接缝区和局部范围(边缘和角隅)外不配置钢筋的混凝土路面。

水泥混凝土路面适用于高速公路、一级公路、二级公路、三级公路、四级公路。

相对于沥青混凝土路面而言,水泥混凝土路面的优点是使用寿命长,强度高,稳定性好,耐久性好,养护费用少,经济效益高,有利于夜间行车,有利于带动当地建材业的发展。

相对于沥青混凝土路面而言,水泥混凝土路面的缺点是对水泥和水的需要量大,有接缝,开放交通较迟,修复困难。

4.4.1　水泥混凝土路面用料要求

(1)水泥

①极重、特重、重交通荷载等级公路面层水泥混凝土应采用旋窑生产的道路硅酸盐水泥、硅酸盐水泥、普通硅酸盐水泥,中、轻交通荷载等级公路面层水泥混凝土可采用矿渣硅酸盐水泥。高温期施工宜采用普通型水泥,低温期宜采用早强型水泥。

②面层水泥混凝土所用水泥各龄期的实测抗折强度、抗压强度应符合表 4.48 的规定。水泥进场时,每批量应附有化学成分、物理、力学指标合格的检验证明,并通过混凝土配合比试验,根据其配制弯拉强度、耐久性和工作性优选适宜的水泥品种、强度等级。

表 4.48　面层水泥混凝土用水泥各龄期的实测强度值

混凝土设计弯拉强度标准值/MPa	5.5		5.0		4.5		4.0	
龄期/d	3	28	3	28	3	28	3	28
水泥实测抗折强度/MPa	≥5.0	≥8.0	≥4.5	≥7.5	≥4.0	≥7.0	≥3.0	≥6.5
水泥实测抗压强度/MPa	≥23.0	≥52.5	≥17.0	≥42.5	≥17.0	≥42.5	≥10.0	≥32.5

③用机械化铺筑时,宜选用散装水泥。对于散装水泥的夏季出厂温度,南方不宜高于65 ℃,北方不宜高于 55 ℃。对于混凝土搅拌时的水泥温度,南方不宜高于 60 ℃,北方不宜高于 50 ℃,且不宜低于 10 ℃。

当贫混凝土和碾压混凝土用作基层时,可使用各种硅酸盐类水泥。不掺入粉煤灰时,宜使用 32.5 级以下水泥。掺入粉煤灰时,只能使用道路水泥、硅酸盐水泥、普通水泥。水泥的抗压强度、抗折强度、安定性和凝结时间必须检验合格。

（2）掺合料

①面层水泥混凝土可单独或复配掺用符合规定的粉状低钙粉煤灰、矿渣粉或硅灰等掺合料，不得掺用结块或潮湿的粉煤灰、矿渣粉和硅灰。粉煤灰质量不应低于Ⅱ级粉煤灰的要求。不得掺用高钙粉煤灰或Ⅲ级及以下低钙粉煤灰。粉煤灰宜用散装，进货应有等级检验报告。

②应确切了解所用水泥中已经加入的掺合料种类和数量，掺加于面层水泥混凝土中的矿渣粉、硅灰，其质量应符合规定。使用矿渣硅酸盐水泥时不得再掺加矿渣粉。高温期施工时，不宜掺用硅灰。

③各种掺合料在使用前，应进行混凝土配合比试配检验与掺量优化试验，确认面层水泥混凝土弯拉强度、工作性、抗磨性、抗冰冻性、抗盐冻性等指标满足设计要求。

（3）粗集料与再生粗集料

①粗集料应使用质地坚硬、漂亮、耐久、干净的碎石、碎卵石或卵石，并应符合表 4.49 的规定。极重、特重、重交通荷载等级公路面层混凝土用的粗集料质量应不低于Ⅱ级的要求，中、轻交通荷载等级公路面层混凝土可使用Ⅲ级粗集料。

表 4.49　碎石、破碎卵石和卵石质量标准

项次	项　目		技术要求		
			Ⅰ级	Ⅱ级	Ⅲ级
1	碎石压碎值/%		≤18.0	≤25.0	≤30.0
2	卵石压碎值/%		≤21.0	≤23.0	≤26.0
3	坚固性（按质量损失计）/%		≤5.0	≤8.0	≤12.0
4	针片状颗粒含量（按质量计）/%		≤8.0	≤15.0	≤20.0
5	含泥量（按质量计）/%		≤0.5	≤1.0	≤2.0
6	泥块含量（按质量计）/%		≤0.2	≤0.5	≤0.7
7	吸水率（按质量计）/%		≤1.0	≤2.0	≤3.0
8	硫化物及硫酸盐含量（按 SO_3 质量计）/%		≤0.5	≤1.0	≤1.0
9	洛杉矶磨耗损失/%		≤28.0	≤32.0	≤35.0
10	有机物含量（比色法）		合格	合格	合格
11	岩石抗压强度/MPa	岩浆岩	≥100		
		变质岩	≥80		
		沉积岩	≥60		
12	表观密度/（kg·m⁻²）		≥2 500		
13	松散堆积密度/（kg·m⁻²）		≥1 350		
14	空隙率/%		≤47		
15	磨光值/%		≥35.0		
16	碱活性反应		不得有碱活性反应或疑似碱活性反应		

注：①有抗冻、抗盐冻要求时，应检验粗集料吸水率。

②硫化物及硫酸盐含量、碱活性反应、岩石抗压强度在粗集料使用前应至少检验一次。

③洛杉矶磨耗损失、磨光值仅在要求制作露石水泥混凝土面层时检测。

②用作路面和桥面混凝土的粗集料不得使用不分级的集料,应按最大公称粒径的不同采用2~4个粒级的集料进行掺配,并应符合合成级配的要求。卵石最大公称粒径不宜大于19.0 mm,碎卵石最大公称粒径不宜大于26.5 mm,碎石最大公称粒径不应大于31.5 mm。贫混凝土基层粗集料最大公称粒径不应大于31.5 mm,钢纤维混凝土与碾压混凝土粗集料最大公称粒径不宜大于19.0 mm,碎卵石或碎石中粒径小于75 μm石粉含量不宜大于1%。

(4)细集料

①细集料应采用质地坚硬、耐久、洁净的天然砂或机制砂,不宜使用再生细集料。使用天然砂或机制砂时,应符合各自对应的质量标准。极重、特重、重交通荷载等级公路面层混凝土用的细集料质量应不低于Ⅱ级要求,中、轻交通荷载等级公路面层混凝土可使用Ⅲ级细集料。机制砂宜采用碎石为原料,并用专用设备生产,对机制砂母岩的抗压强度应满足相应的技术要求。

②细集料的级配要求应符合规范规定,路面和桥面用天然砂宜为中砂,也可使用细度模数为2.0~3.5的砂。同一配合比用砂的细度模数变化范围不应超过0.3,否则,应分别堆放,并调整配合比中的砂率后使用。

(5)水

饮用水可直接作为混凝土搅拌和养护用水。非饮用水应进行水质检验,并符合《公路水泥混凝土路面施工技术细则》(JTGT F30—2018)的规定,还应与蒸馏水进行水泥凝结时间与水泥胶砂强度的对比试验。对比试验的水泥初凝与终凝时间,其允许偏差不应大于30 min,水泥胶砂3 d和28 d强度不应低于蒸馏水配制的水泥胶砂3 d和28 d强度的90%。养护用水可不检验,但也应符合相关要求。

(6)外加剂

①外加剂主要有普通减水剂、高效减水剂、早强减水剂、缓凝高效减水剂、缓凝减水剂、引气减水剂、引气高效减水剂、引气缓凝高效减水剂、早强高效减水剂、引气早强高效减水剂、早强剂、缓凝剂、引气剂、阻锈剂等。其产品质量应符合相应技术指标。供应商应提供有相应资质外加剂检测机构出示的品质检测报告,检验报告应说明外加剂的主要化学成分,认定对人员无毒副作用。

②引气剂应选用表面张力降低值大、水泥稀浆中起泡容量多、不溶残渣少的产品。有抗冰(盘)冻要求地区,各交通等级路面、桥面、路缘石、路肩及贫混凝土基层必须使用引气剂;无抗冰(盐)冻要求地区,二级及以上公路路面混凝土中应使用引气剂。

③各交通等级路面、桥面混凝土宜选用减水率大、坍落度损失小、可调控凝结时间的复合型减水剂。高温施工宜使用引气缓凝(保塑)(高效)减水剂,低温施工宜使用引气早强(高效)减水剂。选定减水剂品种前,必须与所用的水泥进行适应性检验。

④处在海水、海风、硫酸根离子环境或冬季撒盐除冰的路面或桥面钢筋混凝土、钢纤维混凝土宜掺阻锈剂。

(7)钢筋

①各交通等级混凝土路面、桥面和搭板所用钢筋网、传力杆、拉杆等钢筋应符合国家有关标准的技术要求。

②各交通等级混凝土路面、桥面和搭板所用钢筋应顺直,不得有裂纹、断伤、刻痕、表面油污和锈蚀。传力杆钢筋加工应锯断,不得挤压切断;断口应垂直、光圆,用砂轮打磨掉毛刺,并加工成圆锥形或半径为2~3 mm圆倒角。

（8）纤维

①用于公路混凝土路面和桥面的钢纤维除应满足《混凝土用钢纤维》（YB/T151—2017）的规定外，还应符合下列技术要求：

a.单丝钢纤维抗拉强度不宜小于 600 MPa。

b.钢纤维长度应与混凝土粗集料最大公称粒径相匹配，最短长度宜大于粗集料最大公称粒径的 1/3，最大长度不宜大于粗集料最大公称粒径的 2 倍，钢纤维长度与标称值的偏差不应超过±10%。

②路面和桥面混凝土中，宜使用防锈蚀处理的钢纤维；宜使用有锚固端的钢纤维不得使用表面磨损前后裸露尖端导致行车不安全的钢纤维，不宜使用搅拌易成团的钢纤维。

（9）接缝材料

①应选用能适应混凝土面板膨胀和收缩、施工时不变形、弹性复原率高、耐久性好的胀缝板。高速公路、一级公路宜采用塑胶、橡胶泡沫板或沥青纤维板，其他公路可采用各种胀缝板。

②填缝材料应具有与混凝土板壁黏结牢固、回弹性好、不溶于水、不渗水、高温时不挤出、不流淌、抗嵌入能力强、耐老化龟裂，负温拉伸量大，低温时不脆裂、耐久性好等性能。填缝料有常温施工式和加热施工式两种，其技术指标应分别符合相关技术要求。常温施工式填缝料主要有聚（氨）酯、硅树脂类及氯丁橡胶泥类、沥青橡胶类等。加热施工式填缝料主要有沥青玛琋脂类、聚氯乙烯胶泥类、改性沥青类等。高速公路、一级公路应优选用树脂类、橡胶类或改性沥青类填缝材料，并宜在填缝料中加入耐老化剂。

③填缝时，应使用背衬垫条控制填缝形状系数。背衬垫条应具有良好的弹性、柔韧性、不吸水、耐酸碱腐蚀和高温不软化等性能。背衬垫条材料有聚氨酯、橡胶或微孔泡沫塑料等，其形状应为圆柱形，直径应比接缝宽度大 2~5 mm。

（10）其他材料

①当使用油毡、玻纤网和土工织物做防裂层及修补基层裂缝时，油毡、玻纤网和土工织物的物理力学性能及技术性能应符合相关技术规范规定。

②传力杆套（管）帽、沥青及塑料薄膜应符合下列要求：

a.用于滑模摊铺传力杆自动插入装置（DBI）缩缝传力杆塑料套管，其管壁厚度不应小于 0.5 mm，套管与传力杆应密切贴合。套管长度应比传力杆一半长度长 30 mm。

b.用于胀缝传力杆端部的套帽宜采用镀锌管或塑料管，厚度不应小于 2.0 mm；要求端部密封不透水，内径宜较传力杆直径大 1.0~1.5 mm，塑料套帽长度宜为 100 mm 左右，镀锌套帽长度宜为 50 mm 左右，顶部空隙长度均不应小于 25 mm。

c.用于滑动封层的石油沥青、改性沥青和乳化沥青，应符合相关技术规范的规定。

d.用于滑动封层的软聚氯乙烯吹塑或压延塑料薄膜厚度不应小于 0.12 mm，拉伸强度不应小于 12.0 MPa，直角撕裂强度不应小于 400 N/mm。用于混凝土路顶养护塑料薄膜可为聚氯乙烯、聚乙烯、聚丙烯等品种，厚度不宜小于 0.05 mm。

③水泥混凝土面层用养护剂应采用由石蜡、适宜高分子聚合物与适量稳定剂、增白剂经胶体磨制成的水乳液，不得采用以水玻璃为主要成分的养护剂。养护剂宜为白色胶体乳液，不宜为无色透明乳液。使用养护剂时，高速公路、一级公路水泥混凝土面层应使用满足一级品要求的养护剂，其他等级公路可使用满足合格品要求的养护剂。

④水泥混凝土面层用节水保湿养护膜应由高分子吸水保水树脂和不透水塑料面膜制成。

⑤高温期施工时,宜选用白色反光面膜的节水保湿养护膜;低温期施工时,宜选用黑色或蓝色吸热面膜的产品。

4.4.2　施工方法的选择

目前,通常采用的水泥混凝土面层铺筑技术方法有现浇水泥混凝土路面施工和装配式水泥混凝土路面施工两类。现浇水泥混凝土路面是目前公路水泥混凝土路面最常见的一种,以小型机械设备施工法和滑模摊铺机施工法为主。装配式水泥混凝土路面是近年来发展起来的一种新型水泥混凝土路面结构,是根据路面纵横缝的布置情况提前将路面板在工厂批量生产,然后运输至现场安装。此法目前正处于试验探索及小范围应用阶段,其大面积推广使用还有待时间验证。

1)现浇水泥混凝土路面施工方法

不同等级的公路水泥混凝土路面施工的设备要求见表4.50。

表 4.50　不同等级的公路水泥混凝土路面施工的设备要求

施工方法	高速公路	一级公路	二级公路	三级公路	四级公路
滑模摊铺机施工	√	√	√	△	○
轨道摊铺机施工	△	√	√	√	○
三辊轴机组施工	○	△	√	√	√
小型机具施工	×	○	△	√	√
碾压混凝土施工	×	○	√	√	△

注:①符号含义:√为应使用,△为有条件使用,○为不宜使用,×为不得使用。

②各等级公路均不得使用体积计量、小型自落滚筒式搅拌机,严禁使用人工控制加水量。

(1)小型机械设备施工

小型机械设备施工是水泥混凝土路面施工方式中传统的施工方式,其主要采用立模板、人工及小型设备铺筑及振捣混凝土、人工抹面及养护等方式进行水泥混凝土路面施工。该施工技术简单成熟,施工便捷,不需要大型设备,主要靠人工,机械化程度适中,设备投入少,技术容易掌握,应用范围较广。根据施工过程中,混凝土在施工范围内的铺筑方式又分为小型机具施工(图4.39)、三辊轴机械施工(图4.40)及碾压混凝土施工等。

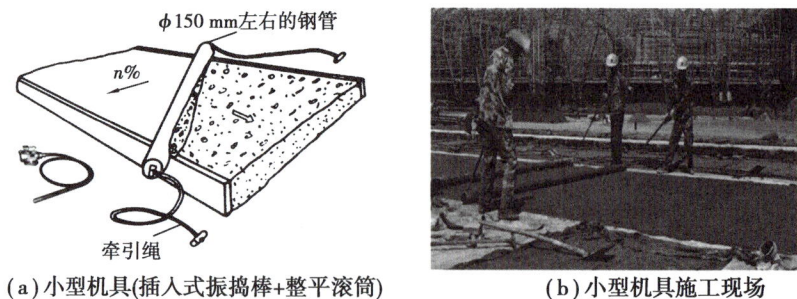

φ150 mm左右的钢管

n%

牵引绳

(a)小型机具(插入式振捣棒+整平滚筒)　　　(b)小型机具施工现场

图 4.39　小型机具施工

(2)滑模摊铺机施工

滑模摊铺工艺是采用滑模摊铺机铺筑水泥混凝土面层的施工工艺(图4.41)。其特点是不架设边缘固定模板,布料、摊铺、振捣密实、挤压成型、抹面装饰等施工流程在摊铺机行进过程中

(a)三辊轴机组　　　　　　**(b)三辊轴机械施工现场**

图 4.40　三辊轴机械施工

连续完成。滑模摊铺技术在我国自 1991 年开始,经过多年推广应用,已经成为我国在施工速度最快、装备最现代高等级公路水泥混凝土路面施工中广泛采用的高新成熟技术。

图 4.41　滑模摊铺机施工

2)装配式水泥混凝土路面

装配式水泥混凝土路面(PCP)是在工厂中把混凝土预制成板块,然后运至工地现场装配而成。这种路面的优点是混凝土板可以全年生产,不受气候影响,混凝土质量容易保证;施工进度快,铺筑完毕即可通车;损坏后易于拆换修理。因此,它较适用于城市道路、厂矿道路、大型基建场地、停车站场和软弱路基上。

装配式水泥混凝土路面的缺点是接缝多,整体性差,容易引起行车颠簸跳动,因而在公路上一般不宜采用。为了便于吊装及搬运,装配式混凝土板一般做成 1~2 m 正方形或矩形,也可做成边长 1.2 m 六角形。板厚一般为 0.12~0.18 m。近年来,有些国家还采用宽 3.5 m、长 3~6 m 矩形板,但需有相应的运输和吊装机具配合。六角形板的强度和稳定性较好。为承受车轮荷载应力和吊装应力,装配式混凝土板可在边缘和角隅配置钢筋,有时亦可设全面网状钢筋。为提高板的质量,可采用预应力、真空作业、机械振捣或蒸汽养生等技术制作混凝土板。为加速板的硬结,在冬季可采用电热法或在铸模内安装管线,内通蒸汽或热水。有些国家还利用先张法或电热法施加预应力,做成装配式预应力混凝土板。

4.4.3　现浇水泥混凝土路面施工

现浇水泥混凝土路面施工工艺流程主要有现场清理→测量放线、垫高抄水平→模板制作及安装雨水、污水管网、井篦子→混凝土搅拌、运输→铺筑混凝土→接缝施工→混凝土振捣、整平→混凝土抹面、压实→切缝、清缝、灌缝→养护。

1）模板及其架设与拆除

①施工模板应采用刚度足够的槽钢、轨模或钢制边侧模板，不应使用木模板、塑料模板等易变形模板。

②支模前，在基层上应进行模板安装及摊铺位置的测量放样，核对路面标高、面板分块、胀缝和构造物位置。

③纵横曲线路段应采用短模板，每块横板中点应安装在曲线切点上。

④模板安装应稳固、平顺、无扭曲，应能承受摊铺、振实、整平设备的负载行进，冲击和振动时不发生位移。

⑤模板与混凝土拌合物接触表面应涂脱模剂。

⑥模板拆除应在混凝土抗压强度不小于 8.0 MPa 方可进行。

2）混凝土拌合物搅拌

①搅拌楼的配备，应优先选配间歇式搅拌楼，也可使用连续搅拌楼。

②每台搅拌楼投入生产前，必须进行标定和试拌。在标定有效期满或搅拌楼搬迁安装后，均应重新标定。施工中应每 15 d 校验一次搅拌楼计量精确度。搅拌楼配料计量偏差不得超过规定。不满足时，应分析原因，排除故障，确保拌和计量精确度。采用计算机自动控制系统的搅拌楼时，应使用自动配料生产，并按需要打印每天（周、旬、月）对应路面摊铺桩号的混凝土配料统计数据及偏差。

③应根据拌合物的黏聚性、均质性及强度稳定性试拌确定最佳拌和时间。

④外加剂应以稀释溶液加入，其稀释用水和原液中的水量应从拌和加水量中扣除。

⑤拌和引气混凝土时，搅拌楼一次拌和量不应大于其额定搅拌量的 90%。纯拌和时间应控制在含气量最大或较大时。

3）混凝土拌合物运输

①应根据施工进度、运量、运距及路况，选配车型和车辆总数。总运力应比总拌和能力略有富余，确保新拌混凝土在规定时间内运到摊铺现场。

②运输到现场的拌合物必须具有适宜摊铺的工作性。不同摊铺工艺的混凝土拌合物从搅拌机出料到运输、铺筑完毕的允许最长时间应符合时间控制的规定。不满足时，应通过试验、加大缓凝剂或保塑剂剂量。

③运输过程中，应防止混凝土漏浆、漏料和污染路面，途中不得随意耽搁。自卸车运输应减小颠簸，防止拌合物离析。车辆起步和停车应平稳。

4）混凝土的现场铺筑

（1）小型机具铺筑

①施工机具配置。小型机具施工是以人工为主，配以常用混凝土振捣及收面工具，主要以插入式振捣棒、平板振动器、提浆滚杠及抹面工具为主，其基本配备可参照表4.51。

表 4.51　主要施工机械设备

摊　铺	布料机、挖掘机、吊车等布料设备	根据需要定规格和数量
	手持振捣棒、整平梁、模板	根据人工施工接头需要定
抗　滑	拉毛养生机 1 台	与滑膜摊铺机同宽
	人工拉毛齿耙、工作桥	根据需要定规格和数量
	硬刻槽机刻槽宽度≥500 mm、功率≥7.5 kW	数量与摊铺进度匹配
切　缝	软锯缝机	根据需要定规格和数量
	常规锯缝机或支架锯缝机	根据需要定规格和数量
	移动发电机	12~60 kW,数量由施工需要定

②混凝土浇筑:

a.施工前按照设计及规范要求安装模板。

b.混凝土浇筑过程中,应沿横断面连续振捣密实,并应注意路面板底、内部和边角处不得欠振或漏振。振捣棒在每一处的持续时间,应以拌合物全面振动液化、表面不再冒气浆为限,不宜过振,也不宜少于 30 s。振捣棒移动间距不宜大于 500 mm,至模板边缘的距离不宜大于200 mm。应避免碰撞模板、钢筋、传力杆和拉杆。

c.在振捣棒已完成振实的部位,可开始振动板纵横交错两遍全面提浆振实,每车道路面应配备 1 块振动板。

d.振动板移位时,应重叠 100~200 mm,振动板在一个位置的持续时间应不少于 15 s。振动板须由两人提位振捣和移位。

e.对于缺料的部位,应铺以人工补料找平。

f.采用振动梁振实,每车道路面宜使用一根振动梁。振动梁应垂直路面中线沿纵向拖行,往返 2~3 遍,使表面泛浆均匀平整。

③整平饰面:

a.每车道路面应配备 2 根滚杠,每个作业面应配备 2 根滚杠。振动梁振实后,应拖动滚杠往返 2 遍提浆整平。

b.拖滚后的表面宜采用 3 m 刮尺,纵模各 1 遍整平饰面,或采用叶片式或圆盘式抹面机往返 2~3 遍压实整平饰面。

c.抹面机完成作业后,应进行清边整缝,清除黏浆,修补缺边、掉角。精平饰面后的面板表面应无抹面印痕,致密均匀,无露骨,平整度应达到规定要求。

d.小型机具施工三、四级公路混凝土路面时,应优先在拌合物中掺外加剂。无掺外加剂条件时,应使用真空脱水工艺。该工艺适用于面板厚度不大于 240 mm 混凝土面板施工。

e.使用真空脱水工艺时,混凝土拌合物的最大单位用水量可比不采用外加剂时增加 3~12 kg/m³;对于拌合物适宜坍落度,高温天气为 30~50 mm,低温天气为 20~30 mm。

(2)三辊轴机械铺筑

三辊轴施工与小型机具施工工艺类似,不同之处在于配备了施工效率更高的一体化设备三辊轴机组(图 4.42)。

图 4.42　三辊轴机械铺筑

（3）滑模摊铺机铺筑

滑模摊铺工艺宜用于高速公路、一级公路、二级公路普通水泥混凝土面层以及配筋混凝土面层、纤维混凝土面层、钢筋混凝土桥面、隧道混凝土面层、混凝土路缘石、路肩石及护栏等滑模施工（图 4.43）。上坡纵坡大于 5%、下坡纵坡大于 6%、平面半径小于 50 m 或超高横坡超过 7%的路段，不宜采用滑模摊铺机进行。滑模摊铺机的相关技术参数见表 4.52。

（a）滑模摊铺机施工路面　　　　　**（b）滑模摊铺机施工防护墙**

图 4.43　滑模摊铺机施工现场

表 4.52　滑模摊铺机的基本技术参数

项　目	发动机功率/kW	摊铺宽度范围/m	摊铺最大厚度/mm	摊铺速度范围/(m·min⁻¹)	最大空驶速度/(m·min⁻¹)	最大行走速度/(m·min⁻¹)	履带数/个
三车道滑摊铺机	≥200	12.5~16.0	≤500	0.75~3.0	≤5.0	≤15	4
双车道滑模摊铺机	≥150	3.6~9.7	≤500	0.75~3.0	≤5.0	≤18	2~4
多功能单车道滑模摊铺机	≥70	2.5~6.0	≤400（护栏最大高度≤1 900）	0.75~3.0	≤9.0	≤15	2~4
路缘石滑模摊铺机	≥60	0.5~2.5	≤450	0.75~2.0	≤9.0	≤10	2~3

采用滑模摊铺机在基层上行走的铺筑方案时，基层侧边缘到滑模摊铺面层边缘的宽度不宜小于 650 mm。

①铺筑前的准备工作如下：

a.摊铺段夹层或封层质量应检验合格,对于破损或缺失部位,应及时修复。表面应扫干净并洒水润湿,并采取防止施工设备和机械碾坏封层的措施。

b.应检查并平整滑模摊铺机的履带行走区。行走区应坚实,不得存在湿陷等病害。应清除砖、瓦、石块、废弃混凝土块等杂物。

c.摊铺前应检查并调试施工设备。滑模摊铺机首次作业前,应挂线对铺筑位置、几何参数和机架水平度进行设置、调整和校准,满足要求后方可用于摊铺作业。

d.滑模摊铺面层前,应准确架设基准线(表 4.53)。基准线架设与保护应符合下列规定:

● 滑模摊铺高速公路、一级公路时,应采用单向坡双线基准线;横向连接摊铺时,连接一侧可依托已铺成的路面,另一侧设置单线基准线。

● 滑模整体铺筑二级公路的双向坡路面时,应设置双线基准线,滑模摊铺机底板应设置为路拱形状。

表 4.53　基准线设置精度要求

项　目	中线平面偏位 /mm	路面宽度偏差 /mm	面板厚度/mm		纵断高程偏差/mm	横坡偏差 /%	连接纵缝高差/mm
			代表值	极值			
规定值	≤10	≤+15	≥−3	≥−8	±5	±0.10	±1.5

● 基准线桩纵向间距直线段不宜大于 10 m,桥面铺装、隧道路面及竖曲线和平曲线路段宜为 5~10 m,大纵坡与急弯道可加密布置。基准线桩最小距离不宜小于 2.5 m。

● 基层顶面到夹线臂的高度宜为 450~750 mm。基准线桩夹线臂夹口到桩的水平距离宜为 300 mm。基准线桩应固定牢固。

● 单根基准线的最大长度不宜大于 450 m。架设长度不宜大于 300 m。

● 基准线宜使用钢绞线。采用直径 2.0 cm 钢绞线时,张线拉力不宜小于 1 000 N;采用直径 3.0 cm 钢绞线时,不宜小于 2 000 N。

● 基准线设置后,应避免扰动、碰撞和振动。多风季节施工,宜缩小基准线桩间距。

e.当面层传力杆、胀缝钢筋采用前置支架法施工时,应在表面先准确安装和固定支架,保证传力力杆中部对中缩缝切割位置,且不会因布料、摊铺而导致推移。支架可采用与锚固入基层的钢筋焊接等方法固定。

②混凝土布料要求如下(图 4.44):

a.滑模摊铺机前布料,应采用机械完成。滑模铺筑无传力杆水泥混凝土路面时,布料可使用轻型挖掘机或推土机;滑模铺筑连续配筋混凝土路面、钢筋混凝土路面、桥面和桥头搭板,路面中设传力杆钢筋支架、胀缝钢筋支架时,布料应采用侧向上料的布料机或供料机;当面层传力杆、胀缝与隔离缝钢筋采用前置支架法施工时,不得在支架顶面直接卸料。传力杆以下的混凝土宜在摊铺前采用手持振捣棒振实。

b.布料高度应均匀一致,不得采用翻斗车直接卸料的方式,卸料、布料速度与摊铺速度协调一致,不得局部或全断面缺料。发生缺料时应立即停止摊铺。

c.采用布料机布料时,布料机和滑模摊铺机之间的施工距离宜为 5~10 m;现场蒸发率较大时,宜采用较小值。

d.坍落度为 10~30 mm 时,布料松铺系数宜为 1.08~1.15。

图 4.44　挖掘机布料

e.应保证滑模摊铺机前的料位高度位于螺旋布料器叶片最高点以下,最高料位高度不得高于松方控制板上缘。使用布料犁布料时,应按松方高度严格控制料位高度。

③滑模摊铺机的施工参数设定及校准应符合下列规定:

a.振捣棒应均匀排列,间距宜为 300~450 mm;混凝土摊铺厚度较大时,应采用较小间距。两侧最边缘振捣棒与摊铺边缘距离不宜大于 200 m。振捣棒下缘位置应位于挤压底板最低点以上。

b.挤压底板的前倾角宜设置为 3°,提浆夯板位置宜在挤压底板前缘以下 5~10 mm。

c.边缘超铺高度应根据拌合物稠度确定,宜为 3~8 mm;板厚较厚、坍落度较小时,边缘超铺高度宜采用较小值。

d.搓平梁前沿宜调整到与挤压底板后沿高程相同的位置;搓平梁的后沿应比挤压底板后沿低 1~2 mm,并与路面高程相同。

e.符合铺筑精度要求的摊铺机设置应加以固定和保护。当基底高程等摊铺条件发生变化,铺筑精度超出范围时,可由操作手在行进中通过缓慢微调加以调整。

④滑模摊铺机铺筑作业:

a.滑模摊铺机起步时,应先开启振捣棒,在 2~3 min 内调整振捣到适宜振捣频率(振捣频率应根据板厚、摊铺速度和混凝土工作性确定,以保证拌合物不发生过振、欠振或漏振。振捣频率可在 100~183 Hz 间调整,宜为 150 Hz。),使进入挤压底板前缘拌合物振捣密实,无大气泡冒出破灭,方可开动滑模机平稳推进摊铺。当天摊铺施工结束,摊铺机脱离拌合物后,应立即关闭振捣棒组。

b.滑模摊铺应缓慢、匀速、连续不间断地作业。滑模摊铺速度应根据板厚、混凝土工作性、布料能力、振捣排气效果等确定,可在 0.75~2.5 m/min 间选择,宜采用 1 m/min。滑模摊铺水泥混凝土面层时,严禁快速推进、随意停机与间歇摊铺。

c.摊铺过程中可根据拌合物的稠度大小,采取调整摊铺的振捣频率或速度等措施,保证摊铺质量稳定。当拌合物稠度发生变化时,宜先采取调振捣频率的措施,后采取改变摊铺速度的措施。

d.摊铺中应经常检查振捣棒的工作情况和位置。面层出现条带状麻面现象时,应停机检查振捣棒是否损坏;振捣棒损坏时,应更换振捣棒。摊铺面层上出现发亮的砂浆条带时,应检查振捣棒位置是否异常;振捣棒位置异常时,应将振捣棒调整到正常位置。

⑤抹面。滑模摊铺过程中应采用自动抹平板装置进行抹面(图 4.45)。对少量局部麻面和明显缺料部位,应在挤压板后或搓平梁前补充适量拌合物,由搓平梁或抹平板机械修整。滑模摊铺的混凝土面板在下列情况下可用人工进行局部修整:

a.用人工操作抹面抄平器,精整摊铺后表面的小缺陷,但不得在整个表面加薄层修补路面高程。

图 4.45　抹面

b.纵缝边缘出现的倒边、塌边、溜肩现象,应设置侧模或在上部支方形金属管进行边缘补料修整。

c.起步和纵向施工接头处,应采用水准仪抄平并采用大于 3 m 靠尺边测边修整。

⑥滑模摊铺结束后的工作:

a.滑模摊铺结束后,必须及时清洗滑模摊铺机,进行当日保养等。

b.宜在第二天硬切横向施工缝,也可当天软做施工横缝。

c.应丢弃端部的混凝土和摊铺机振动仓内遗留下的纯砂浆,两侧模板应向内各收进 20~40 mm,收口长度宜比滑模摊铺机侧模板略长。施工缝部位应设置传力杆,并应满足路面平整度、高程、横坡和板长要求。

5)接缝施工

普通水泥混凝土、钢筋混凝土、碾压混凝土和钢纤维混凝土面层均应设置接缝。按平面位置分类,接缝可分为纵向接缝和横向接缝(图 4.46)。面板的平面布局宜采用矩形分块,其纵缝和横缝应垂直相交,纵缝两侧的横缝不得相互错位。

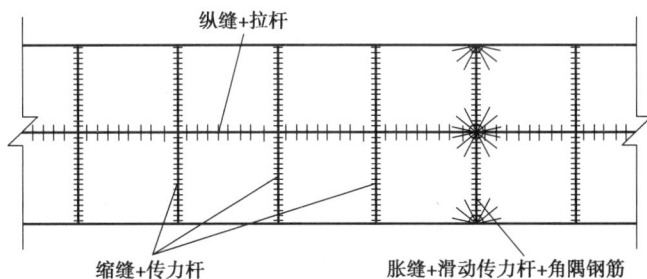

图 4.46　水泥混凝土路面接缝布置示意图

(1)纵缝施工

纵缝从功能上分为纵向施工缝和纵向缩缝两类,从构造上分为设拉杆平缝型和设拉杆假缝型(图 4.47)。

①当一次铺筑宽度小于路面宽度时,应设置纵向施工缝,位置应避开轮迹,并重合或靠近车道线,构造可采用设拉杆平缝型。上部应锯切槽口,深度为 30~40 mm,宽度为 3~8 mm,槽内灌塞填缝料。采用滑模摊铺机施工时,纵向施工缝的拉杆可用摊铺机的侧向拉杆装置插入。采用固定模板施工方式时,应在振实过程中从侧模预留孔中手工插入拉杆。

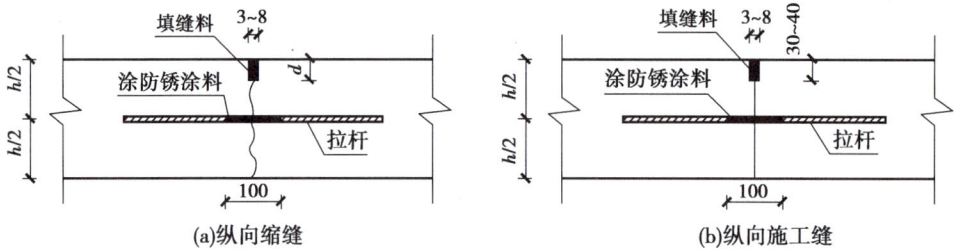

图 4.47   纵向施工缝构造示意图(单位:mm)

②当一次铺筑宽度大于 4.5 m 时,应设置纵向缩缝,构造可采用设拉杆假缝型。锯切的槽口深度应大于纵向施工缝的槽口深度。纵缝位置应按车道宽度设置,并在摊铺过程中用专用拉杆插入装置插入拉杆。

③钢筋混凝土路面、桥面和搭板的纵缝拉杆可由横向钢筋延伸穿过接缝代替。钢纤维混凝土路面切开的纵向缩缝可不设拉杆,纵向施工缝应设拉杆。

④插入的侧向拉杆应牢固,不得松动、碰撞或拔出。若发生拉杆松脱或漏插,应在横向相邻路面摊铺前,钻孔重新植入。当发现拉杆可能被拔出时,宜进行拉杆拔出力(握裹力)检验。

⑤纵缝应与路线中线平行。纵缝拉杆应采用螺纹钢筋,设在板厚中央,并应对拉杆中部 100 mm 进行防锈处理。

（2）横缝施工

横缝从功能上分为横向缩缝、横向胀缝和横向施工缝。横向缩缝从构造上分为设传力杆假缝型和不设传力杆假缝型;横向胀缝通常采用固定的结构形式;横向施工缝从构造上分为设传力杆平缝型和设拉杆企口型,通常与横向缩缝、横向胀缝合设。

①横向缩缝。

a.普通水泥混凝土路面横向缩缝宜等间距布置,不宜采用斜缝。必须调整板长时,最大板长不宜大于 6.0 m,最小板长不宜小于板宽。

b.在特重和重交通公路、收费广场、邻近胀缝或路面自由端的 3 条缩缝应采用设传力杆假缝型,在其他情况下可采用不设传力杆假缝型(图 4.48)。

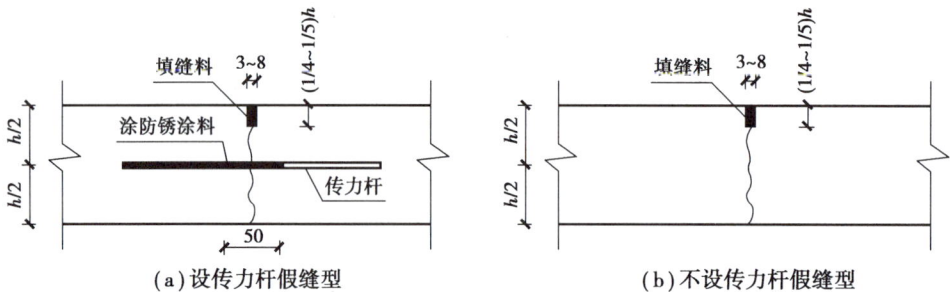

图 4.48   横向缩缝构造示意图(单位:mm)

c.缩缝传力杆的施工方法可采用前置钢筋支架法或传力杆插入装置(DBI)法。传力杆应采用光面钢筋。

d.横向缩缝的切缝方式有全部硬切缝、软硬结合切缝和全部软切缝 3 种。切缝方式的选用,应由施工期间该地区路面摊铺完毕到切缝时的昼夜温差确定,可参照表 4.54 推荐的切缝方式选用。

表 4.54　根据施工气温推荐的切缝方式

昼夜温差/℃	切缝方式	缩缝切深
<10	最长时间不得超过 24 h	硬切缝,1/5~1/4 板厚
10~15	软硬结合切缝,每隔 1~2 条提前软切缝,其余用硬切缝补切	软切深度不应小于 60 mm,不足者应硬切补深到 1/3 板厚,已断开的缝不补切
>15	宜全部软切缝,抗压强度为 1~1.5 MPa,人可行走。软切缝不宜超过 6 h	软切缝深不小于 60 mm,未断开的缝应硬切补深到不小于 1/4 板厚

②横向胀缝(图 4.49)。

a.邻近桥梁或其他固定构造物处或与其他道路相交处,应设置横向胀缝(简称"胀缝")。

b.普通混凝土路面、钢筋混凝土路面和钢纤维混凝土路面视集料的温度膨胀性大小、当地年温差和施工季节酌情设置胀缝。高温施工的,可不设胀缝;常温施工且集料温缩系数和年温差较小时,可不设胀缝;集料温缩系数或年温差较大,路面两端构造物间距不小于 500 m 时,宜设一道中间胀缝;低温施工且路面两端构造物间距不小于 350 m 时,宜设一道胀缝。

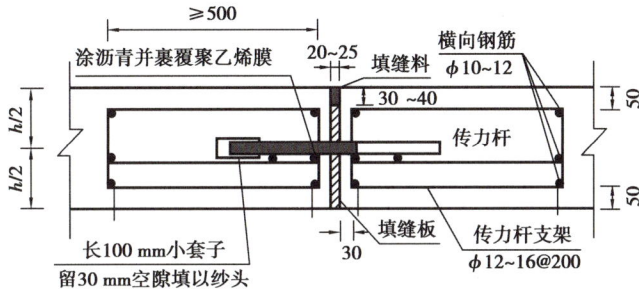

图 4.49　横向胀缝构造示意图(单位:mm)

c.普通混凝土路面的胀缝应包括补强钢筋支架、胀缝板和传力杆,胀缝构造见图 4.50。钢筋混凝土和钢纤维混凝土路面可不设钢筋支架。胀缝宽 20~25 mm,使用沥青或塑料薄膜滑动封闭层时,胀缝板及填缝宽度宜加宽到 25~30 mm。传力杆一半以上长度的表面应涂防黏涂层。端部应戴活动套帽,套帽材料与尺寸应符合有关规定的要求。胀缝板应与路中心线垂直,缝壁垂直,缝隙宽度一致,缝中完全不连浆。

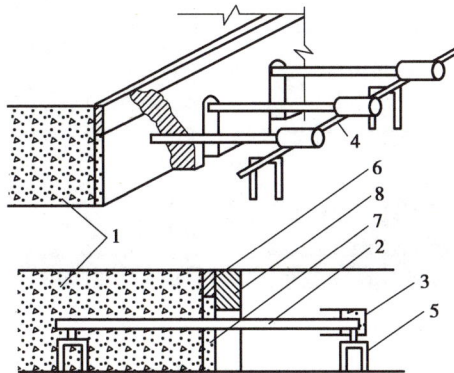

图 4.50　前置钢筋支架法施工胀缝

1—先浇筑混凝土;2—传力杆;3—金属套管;

4—钢筋;5—支架;6—压缝板条;7—嵌缝板;8—胀缝模板

d.胀缝应采用前置钢筋支架法施工,也可采用预留一块面板,高温时再铺封。前置法施工时,应预先加工、安装和固定胀缝钢筋支架,并在使用手持振捣棒振实胀缝板两侧的混凝土后再摊铺。宜在混凝土未硬化时,剔除胀缝板上部的混凝土,嵌入(20~25)mm×20 mm 木条,整平表面。胀缝板应连续贯通整个路面板宽度。

③横向施工缝。每日施工结束或临时原因中断施工时,应设置横向施工缝,其位置应尽可能选在胀缝或缩缝处。横向施工缝设在缩缝处应采用设传力杆平缝型。施工缝设在胀缝处其构造与胀缝相同。确有困难需设置在缩缝之间时,横向施工缝应采用设拉杆企口缝型(图 4.51)。

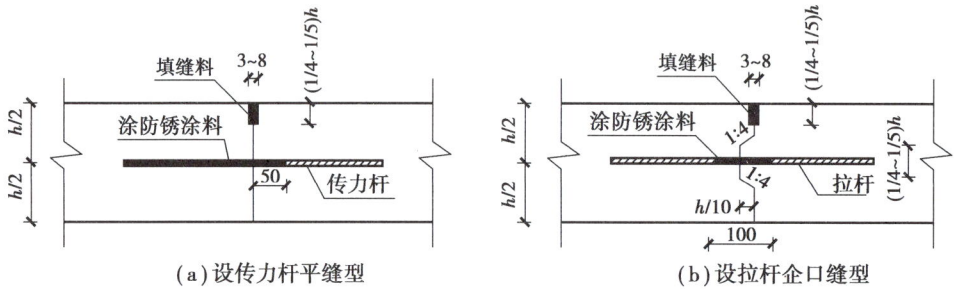

(a)设传力杆平缝型   (b)设拉杆企口缝型

图 4.51 横向施工缝构造示意图(单位:mm)

6)抗滑构造施工

水泥混凝土路面抗滑构造是确保行车安全的一项关键技术措施。尤其是高等级公路,设计行车速度较高、抗滑构造指标不足时,路表面在雨天容易打滑,对行车安全很不利,极易出现交通事故。因此,各等级公路水泥混凝土路面的表面要求是"平而不滑",既要求高平整度,又要求足够的细观抗滑构造。

目前,水泥混凝土路面抗滑构造主要通过拉毛处理、塑性刻槽和硬刻槽来实现。

(1)拉毛处理

水泥混凝土面层摊铺完毕或精整平表面后,使用钢支架拖挂 1~3 层叠合麻布、帆布或棉布,洒水湿润后做拉毛处理(图 4.52)。布片接触路面的长度以 0.7~1.5 m 为宜,细度模数偏大的粗砂,拖行长度取小值;砂较细时,取大值。人工修整表面时,宜使用木抹。用钢抹修整过的光面,仍需进行拉毛处理,以恢复细观抗滑构造。

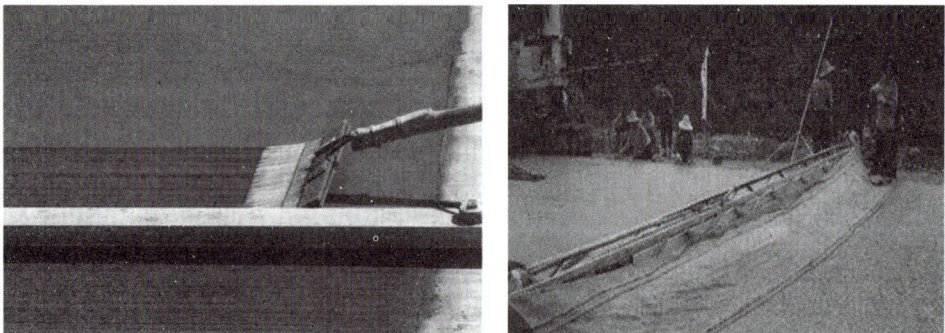

(a)拉毛刷拉毛   (b)拖布拉毛

图 4.52 路面拉毛处理

(2)塑性拉槽

当日施工进度超过 500 m 时,抗滑沟槽制作宜选用拉毛机械施工[图 4.53(a)]。没有拉毛机时,可采用人工拉槽方式。在混凝土表面泌水完毕 20~30 min 内应及时进行拉槽。拉槽深度应为 2~4 mm、槽宽 3~5 mm,每耙与槽间距为 15~25 mm。可采用等间距或非等间距抗滑槽,考虑减小噪声,宜采用后者。衔接间距应保持一致,槽深基本均匀。

(a) 塑性拉槽　　　　　　**(b) 硬刻槽**

图 4.53　混凝土路面拉刻槽处理

（3）硬刻槽

特重和重交通混凝土路面宜采用硬刻槽,凡使用真空吸水或圆盘、叶片式抹面机精平后的混凝土路面、钢纤维混凝土路面必须采用硬刻槽方式制作抗滑沟槽［图 4.53(b)］。

硬刻槽机有普通手推式、支架式及自行式 3 种。刻槽方法也有等间距和不等间距两种。为降低噪声,宜采用非等间距刻槽,尺寸宜为槽深 3~5 mm、槽宽 3 mm、槽间距在 12~24 mm 随机调整。对路面结冰地区,硬刻槽的形状宜使用上宽 6 mm、下窄 3 mm 梯形槽,目的是向上分散结冰冻胀力,保持槽口完好;硬刻槽机重量宜重不宜轻,一次刻槽最小宽度不应小于 500 mm。硬刻槽时不应掉边角,也不得中途抬起或改变方向,并保证硬刻槽到面板边缘。抗压强度达到 40% 后可开始硬刻槽,且宜在两周内完成。硬刻后应随即冲洗干净路面并恢复路面养生。

7) 灌缝

水泥混凝土路面由于构造的原因存在纵横向接缝,这些接缝的存在为雨水渗流入路面结构提供了通道,而水是路面及路面结构诱发病害的主要原因之一。因此,必须对水泥混凝土路面接缝进行填塞处理,又称为灌缝作业。各级公路水泥混凝土路面接缝在养生期满后必须及时灌缝,以提高路面板防水密封性、板间嵌锁和荷载传递能力。

（1）清缝

应先采用切缝机清除接缝中夹杂的砂石、凝结的泥浆等,再使用压力大于或等于 0.5 MPa 的压力水和压缩空气彻底清除接缝中的尘土及其他污染物,确保缝壁及内部清洁、干燥。缝壁检验以擦不出灰尘为灌缝标准。

路面胀缝和桥台隔离缝等应在填缝前,凿去接缝板顶部嵌入的木条。涂胶黏剂后嵌入胀缝专用多孔橡胶条或灌进适宜的填缝料。当胀缝宽度不一致或有啃边、掉角等现象时,必须灌缝。

（2）灌缝

使用常温聚氨酯和硅树脂等填缝料时,应按规定比例将两组分材料按 1 h 灌缝量混拌均匀后使用。填缝料配制要求随配随用。

使用加热填缝料时,应将填缝料加热至规定温度。加热过程中应将填缝料彻底熔化,搅拌均匀,并保温使用。

(3)灌缝质量控制

灌缝的形状系数宜控制宜为1.5,钢筋混凝土、连续配筋混凝土面层、过渡板、搭板与桥面的灌缝形状系数为1.0;灌缝深度宜为15～20 mm,最浅不得小于15 mm。先挤压嵌入直径9～12 mm多孔泡沫塑料背衬条,再灌缝。灌缝顶面热天应与板面齐平;冷天应填为凹液面,中心低于板面1～2 mm。填缝必须饱满、均匀、厚度一致并连续贯通,填缝料不得缺失、开裂和渗水。

(4)灌缝料养护

常温施工式填缝料的养护期,低温天宜为24 h,高温天宜为12 h。加热施工式填缝料的养护期,低温天宜为2 h,高温天宜为6 h。在灌缝料养护期间应封闭交通。

8)养护

①混凝土路面铺筑完成或软做抗滑构造完毕后立即开始养护。机械摊铺的各种混凝土路面、桥面及搭板宜采用喷洒养护剂同时保湿覆盖的方式养护。在雨天或养护用水充足的情况下,也可采用覆盖保湿膜、土工毡、土工布、麻袋、草袋、草帘等洒水湿养护方式,不宜使用围水养护方式。

②养护时间根据混凝土弯拉强度增长情况而定,不宜小于设计弯拉强度的80%,应特别注重前7 d的保湿(温)养护。一般养护天数宜为14～21 d,高温天不宜小于1 4 d,低温天不宜小于21 d。对于掺粉煤灰的混凝土路面,最短养护日时间不宜少于28 d,低温天应适当延长。

③混凝土板养护初期,严禁人、畜、车辆通行。在达到设计强度40%后,行人方可通行在路面养护期间,平交道口应搭建临时便桥。面板达到设计弯拉强度后,方可开放交通。

4.4.4 装配式水泥混凝土路面施工

装配式水泥混凝土路面是指将水泥混凝土路面板在预制场集中生产,然后运输至施工现场拼装成型的路面结构。其最大的好处在于可以便于施工现场的交通运输,且还能够对扬尘进行预防,在很大程度上降低了工程成本,同时,减少了临时修筑所产生的各类建筑垃圾。

相比于现浇水泥混凝土路面,其路面板的施工质量好、施工速度快,便于拆除更换,主要用于一些临时性道路修建(图4.54)。不过,由于我国对装配式预制混凝土路面施工技术掌握得较晚,其付诸实践的时间也较为短暂,这就使得我国建筑行业在应用装配式预制混凝土路面时存在一些问题。

1)装配式水泥混凝土路面结构构造

装配式水泥混凝土路面结构构造见图4.55。

2)施工工艺流程

(1)路面板的预制

路面板采用在工厂集中预制的方法施工。根据实际工程设计,按照普通钢筋混凝土及预应力钢筋混凝土结构要求进行施工及质量控制,其主要有钢筋加工及安装、吊钩预埋、模板安装及加固、混凝土浇筑及养护、路面板构造深度施工、预应力筋张拉施工等。其相关环节的详细施工

图 4.54 装配式混凝土路面施工

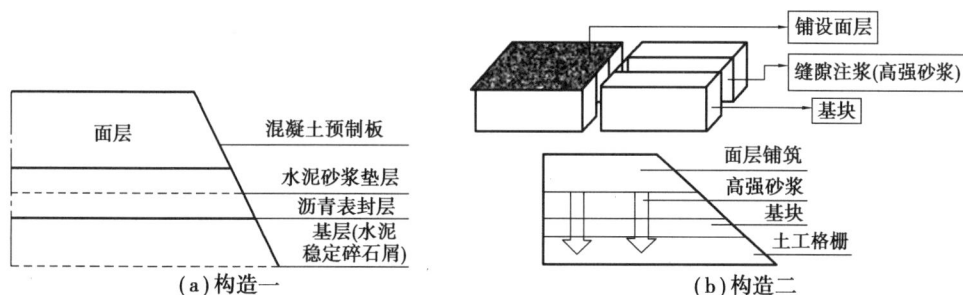

图 4.55 常用的装配式水泥混凝土路面结构

细节本节不再详述。

（2）路面板的运输

路面板一般采用汽车运输，以平放运输为原则，路面板间必须垫以 15 cm 以上的硬质方木，采取三点或四点支承。

路面板装车时，应规范作业人员的装车作业，确保板件装载稳定，捆绑牢靠，路面板堆码整齐，便于装卸。

装车后必须采用运输车上的固定装置锁死路面板，防止路面板倾斜，进行全面检查。严禁出现支撑不平稳、捆绑不牢靠现象。

路面板运输过程中，应保证行车平稳，路面不平整的道路要减速行驶，避免震动过大使路面板开裂。

路面板装卸、运输应严格按规定进行，轻起轻落，严禁碰撞。装车层数符合规定，并采取有效的加固措施。

（3）基层调平处理

由于装配式水泥混凝土路面具有快速开放交通的要求，目前经常采用早强自流平砂浆、铺撒沥青冷补料和乳化沥青碎石封层等方式进行基层的处治与找平。

施工过程中，应设置整平基准线，将基层松散破碎的材料进行清除，并严格按照基准线进行基层处治材料刮平或压实。

装配式水泥混凝土路面的调平主要通过在拼装板接缝之间设置传力杆搭接和采用调平构件两种方式。

拼装板之间的传力杆搭接，是板块预制过程中在一端预埋传力杆，另一端预制传力杆槽。装配施工时，将带传力杆槽搭接在相邻板块所预埋的传力杆上[图 4.56（a）]。通过传力杆对板块的支撑,实现装配式路面板与板之间的平整。

调平构件辅助调平是指板块预制过程中,在边角位置设置调平构件,装配过程中根据相邻板错台量,通过调节调平装置的调平螺栓,以保证装配式路面的平整度[图4.56(b)]。由此产生的板块与基层之间的空隙,通过灌浆措施进行消除。该方式既保证了装配式路面平整度,同时又改善了板块与基层之间的界面,提高了路面结构的耐久性。

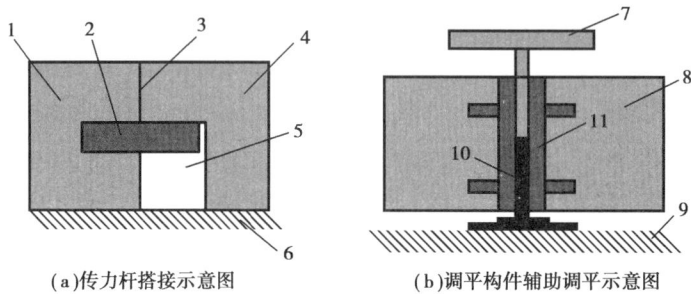

(a)传力杆搭接示意图　　　　**(b)调平构件辅助调平示意图**

图4.56　装配式路面调平示意图

1—预埋传力杆预制板;2—传力杆;3—装配式路面接缝;4—预制传力杆槽预制板;
5—预制传力杆槽;6—基层;7—扳手;8—预制板;9—基层;10—调平螺栓;11—套筒

(4)路面板安装

路面板采用运输车辆运输至现场后,根据路面结构采用不同的安装方式。对水泥砂浆找平层,先施工砂浆找平层后采用吊车直接吊放至设计位置;路面板下采用沥青类等具有流动性的材料填充层时,先采用千斤顶配合吊车安装至设计位置后进行灌浆施工(图4.57、图4.58)。

图4.57　装配式路面施工

图4.58　装配式水泥混凝土路面施工效果

练习与讨论

4.1　路面结构的类型有哪些？各自的适用条件是什么？

4.2　路面基层的类型有哪些？各自的适用条件是什么？

4.3　沥青路面的类型有哪些？各自的适用条件是什么？

4.4　水泥混凝土路面的类型有哪些？各自的适用条件是什么？

4.5　无机结合料稳定类基层施工方法有哪些？集中拌和法施工的主要施工工艺流程有哪些？

4.6　热拌热铺沥青混合料、温拌沥青混合料及冷拌沥青混合料路面的区别是什么？

4.7　热拌热铺沥青混合料的施工方法有哪些？集中拌和法施工的主要施工工艺流程有哪些？

4.8　现浇水泥混凝土路面的施工方法有哪些？

4.9　装配式水泥混凝土路面的施工方法有哪些？

4.10　某高速公路设计车速为 120 km/h，路面面层为三层式沥青混凝土结构。施工企业为大型企业专业施工队伍，设施精良。为保证工程施工质量，防止沥青路面施工中沥青混合料摊铺时发生离析、沥青混凝土路面压实度不够、平整度及接缝明显。施工单位在施工准备、沥青混合料拌和、沥青混合料运输、沥青混合料摊铺、沥青混合料压实、接缝处理等方面做了如下工作：

①选用经试验合格的石料进行备料，严格对下承层进行清扫，并在开工前进行试验段铺筑；

②沥青混合料的拌和站设置试验层，对沥青混合料及原材料及时进行检验，拌和中严格控制集料加热温度和混合料的出厂温度；

③根据拌和站的产量和运距，合理安排运输车辆，确保运输过程中混合料的质量；

④设置两台具有自动调节摊铺厚度及找平装置的高精度沥青混凝土摊铺机梯进式施工，严格控制相邻两机的间距，以保证接缝的相关要求；

⑤压路机采用两台双轮双振压路机及 2 台 16 t 胶轮压路机组成，严格控制碾压温度及碾压重叠宽度；

⑥纵缝采用热接缝，梯进式摊铺，后摊铺部分完成，立即骑缝碾压以除缝迹，并对接缝做了严格控制。

问题：

①施工准备中，控制石料除了规格和试验外，堆放应注意哪几点？

②沥青混合料铺筑试验段的主要目的是什么？

③若出厂的混合料出现花白料，请问在混合料拌和中可能存在什么问题？

④混合料运输中应注意的主要问题是什么？

⑤沥青混合料摊铺过程中，为什么应对摊铺温度随时检查并做好记录？

⑥沥青混凝土路面碾压过程中，除了应严格控制碾压温度和碾压重叠宽度外，还应注意哪些问题？

⑦简述横接缝的处理方法。

4.11　某施工单位在北方平原地区承建了一段长 152 km 双向四车道高速公路的路面工程，路面结构设计见图 4.59。

为保证工期，施工单位采用 2 台滑模摊铺机分左右幅同时组织面层施工，对行车道与硬路

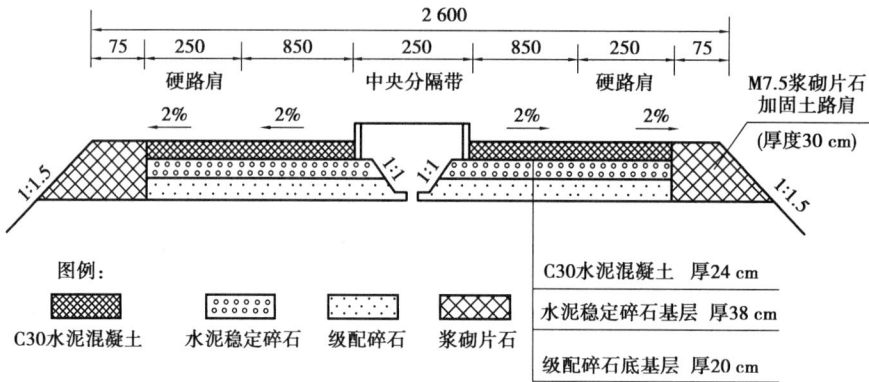

图 4.59 路面结构示意图(单位:cm)

肩进行整体滑模摊铺。

施工中发生如下事件:

事件 1:滑模摊铺前,施工单位在基层上进行了模板安装,并架设了单线基准线,基准线材质为钢绞线。

事件 2:滑模摊铺机起步时,先开启振捣棒,在 2~3 min 内调整到适宜振捣频率,使进入挤压板前缘拌合物振捣密实,无大气泡冒出,方开动滑模机平稳推进摊铺。因滑模机未配备自动插入装置(DBI),传力杆无法自动插入。

事件 3:施工单位配置的每台摊铺机的摊铺速度为 100 m/h,时间利用系数为 0.75。施工单位还配置了专门的水泥混凝土搅拌站,搅拌站生产能力为 450 m³/h(滑模摊铺机生产率公式为:$Q = 1\ 000\ hBV_p K_B (m^3/h)$,公式中 h 为摊铺厚度,B 为摊铺宽度)。

事件 4:施工单位按 2 km 路面面层划分为一个分项工程,并按《公路工程质量检验评定标准 第一册 土建工程》(JTG F80/1—2017)进行检验和评定。分项工程的质量检验内容包括基本要求、实测项目、外观鉴定和质量保证资料 4 个部分。

问题:

①改正事件 1 中的错误。

②事件 2 中传力杆应采用什么方法施工?对传力杆以下的混凝土如何振捣密实?

③施工单位配置的水泥混凝土搅拌站能否满足滑模摊铺机的生产率?说明理由。

④在进行水泥混凝土路面面层分项工程质量检验评定时,实测项目有哪些?该工程质量评定时,路面板的厚度至少应测多少断面?

模块 5　桥梁施工基础知识

【知识框架】

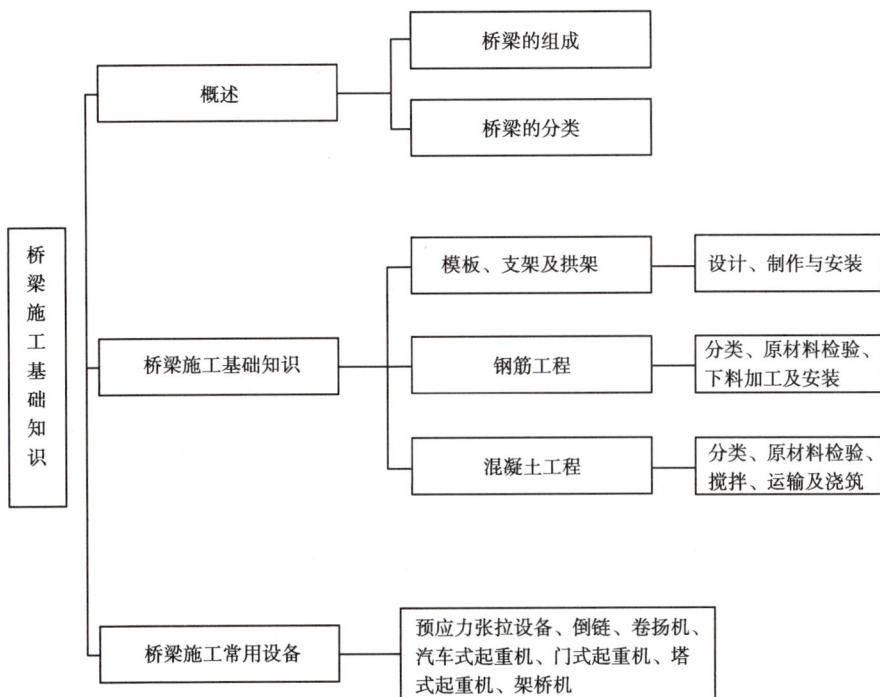

【专业术语】

1.支架:用于支承模板或其他施工荷载的临时结构。

2.预拱度:为抵消梁、拱、桁架等结构在荷载作用下产生的位移(挠度),在施工或制造时所预留的与位移方向相反的校正量。

3.预应力筋:用于混凝土结构构件中施加预应力的钢丝、钢绞线和预应力螺纹钢筋的总称。

4.施工缝:因设计要求或施工需要分次浇筑,而在先、后浇筑的混凝土之间形成的接缝。

【学习要求】

通过桥梁施工基础知识的学习,掌握模板、支架及拱架、钢筋工程及混凝土工程施工要点;通过桥梁施工常用设备的学习,了解常用机械设备的性能及相关参数。

5.1　概　述

5.1.1　桥梁的组成

桥梁由上部结构、下部结构、支座系统和附属设施4个基本部分组成(图5.1)。

上部结构通常又称为桥跨结构,是在线路中断时跨越障碍的主要承重结构。

下部结构包括桥墩、桥台和基础。

支座系统是梁式桥在桥跨结构与桥墩或桥台的支承处所设置的传力装置,起着传递荷载和保证桥跨结构按设计要求能产生一定的变位。

桥梁附属设施包括桥面系、伸缩缝、桥头搭板和锥形护坡等。桥面系包括桥面铺装(或称行车道铺装)、排水防水系统、栏杆(或防撞栏杆)、灯光照明等。

通常为了方便记忆,工程人员又将桥梁分为5大部件及5小部件。5大部件指桥梁支座、桥跨结构、桥墩、桥台和基础,5小部件是指桥面铺装、排水防水系统、栏杆(或防撞栏杆)、灯光照明和桥梁伸缩缝。

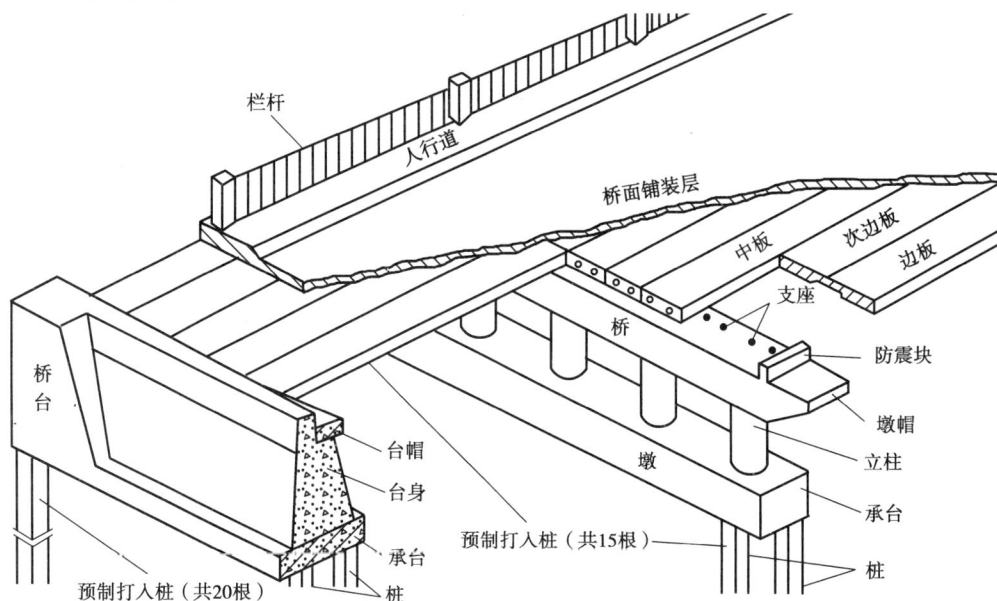

图5.1　桥梁基本组成及构造

5.1.2　桥梁的分类

按使用性质分,有公路桥、公铁两用桥、人行桥、机耕桥、过水桥等。

按结构体系划分,有梁式桥、拱桥、刚架桥、悬索桥4种基本体系,以及由基本体系组合而成的组合体系等。

按上部结构的行车道位置,可分为上承式桥、中承式桥和下承式桥。

按桥梁全长和跨径不同,分为特大桥、大桥、中桥和小桥(表5.1)。

表 5.1　桥梁分类

桥梁分类	多孔桥全长 L/m	单孔跨径 L_k/m	桥梁分类	多孔桥全长 L/m	单孔跨径 L_k/m
特大桥	$L>1\,000$	$L_k>150$	小桥	$8 \leqslant L \leqslant 30$	$5 \leqslant L_k < 20$
大桥	$100 \leqslant L \leqslant 1\,000$	$40 \leqslant L_k \leqslant 150$	涵洞	—	$L_k < 5$
中桥	$30 < L < 100$	$20 < L_k < 40$			

注:表中所涉及有关跨径的术语见图 5.2。

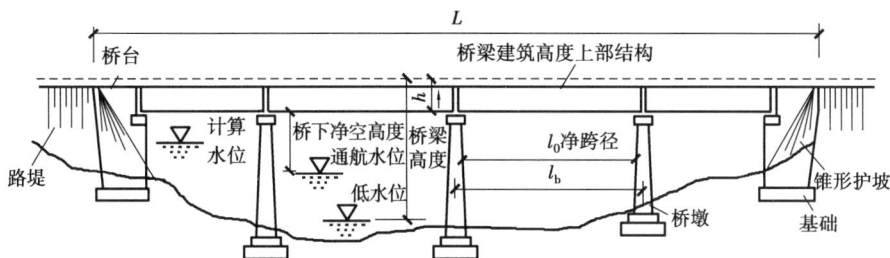

图 5.2　常见桥梁有关术语示意

按主要承重结构所用的材料划分,有木桥、钢桥、圬工桥(包括砖、石、混凝土桥)、钢筋混凝土桥和预应力混凝土桥等。

按跨越障碍的性质,可分为跨河桥、跨线桥(立体交叉)、高架桥和栈桥。

按用途划分,有公路桥、铁路桥、公路铁路两用桥、农桥、人行桥、运水桥(渡槽)及其他专用桥梁(如通过管路、电缆等)。

5.2　桥梁施工基础知识

5.2.1　模板、支架和拱架

混凝土工程追求"内实外美",模板、支架及拱架的施工质量对混凝土结构的"外美"发挥着关键作用。轻视模板、支架及拱架的施工,轻者会导致工程进度延误、影响混凝土表观质量;重者会给人民、国家及企业带来重大的人身及财产损失。因此,不断提高模板、支架及拱架的施工质量,是保证混凝土工程顺利进行的关键。

1) 模板的类型

按照制作材料不同,模板可分为木模板、竹模板、铸铝合金模板和塑料模板等。

按照构造形式和施工方法不同,模板可分为固定式模板和活动式模板。

2) 支架的类型

支架按构造分为柱式、梁式和梁-柱式支架(图 5.3);按材料可分为木支架、钢支架、钢木混合支架和万能杆件拼装支架等。其中,钢管式支架是公路工程施工中最常用的一种,其定型产品较多,在工程中往往根据实际情况租赁或购买。钢管支架根据节点连接方式又分为扣件式支架、碗扣式支架、门式支架及承插型盘扣式支架等(图 5.4)。

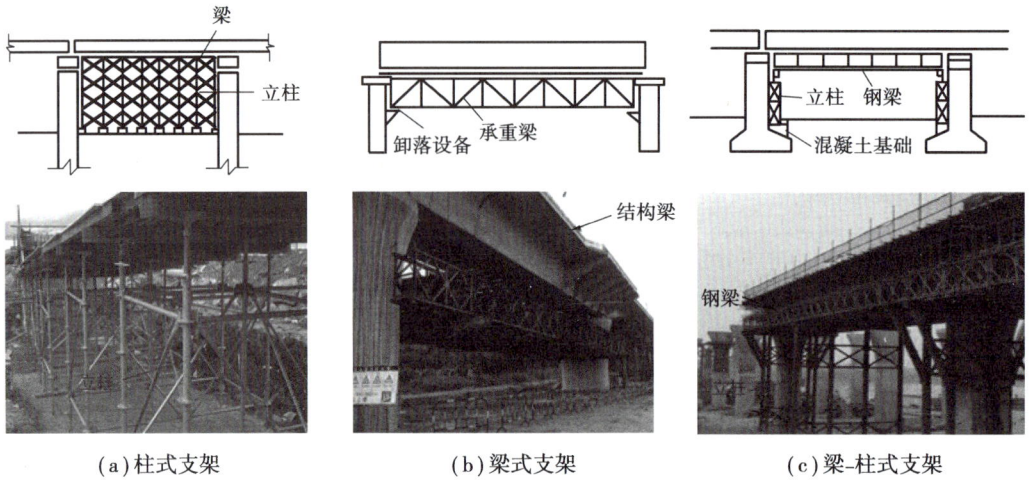

(a)柱式支架   (b)梁式支架   (c)梁-柱式支架

图 5.3   支架类型

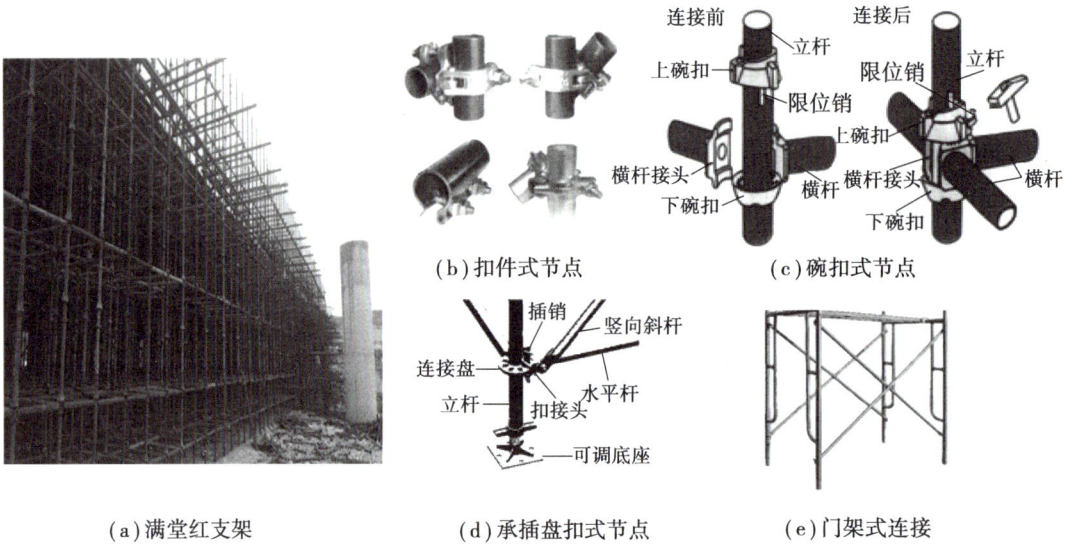

(a)满堂红支架   (b)扣件式节点   (c)碗扣式节点

(d)承插盘扣式节点   (e)门架式连接

图 5.4   钢管式支架

3)拱架的类型

常用的拱架有立柱式(图 5.5)、撑架式(图 5.6)及桁架拱式拱架(图 5.7)。

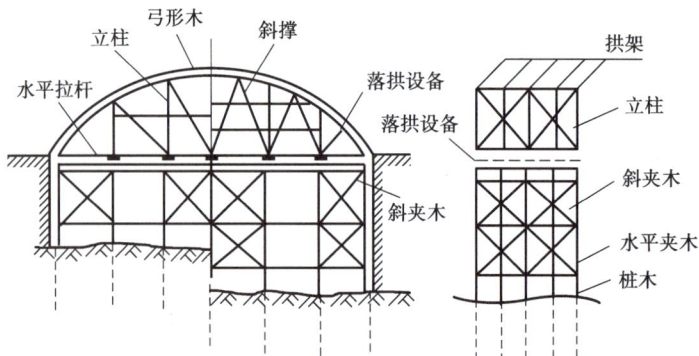

图 5.5   立柱式拱架

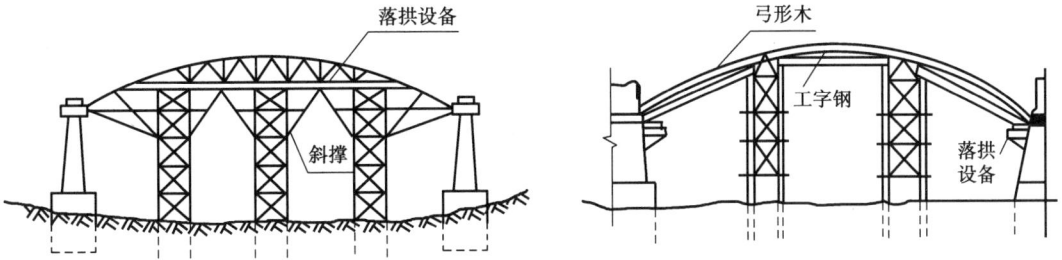

图 5.6　撑架式拱架

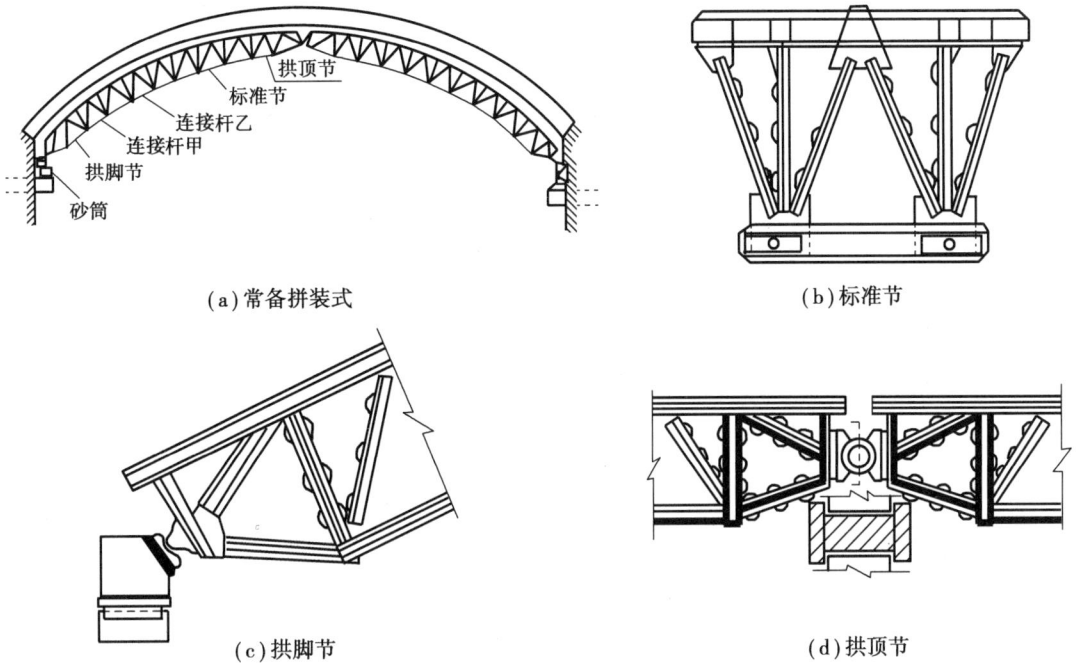

（a）常备拼装式

（b）标准节

（c）拱脚节

（d）拱顶节

图 5.7　桁架式拱架

4）模板、支架和拱架的设计

（1）设计的一般要求

①模板和支架均应进行施工设计,经批准后方可用于施工。设计资料应包括工程概况和工程结构简图,结构设计的依据和设计计算书、总装图和细部构造图,制作、安装的质量及精度要求,安装、拆除时的安全技术措施及注意事项,材料的性能质量要求及材料数量表,设计说明书和使用说明书。

②模板背面应设置主肋和次肋作为支承系统,主肋和次肋的布置应根据模板的荷载和刚度要求进行。

③在模板上设置的吊环,严禁采用冷加工钢筋制作,且吊环的计算拉应力应不大于50 MPa。

④支架高度大于 4.8 m 时,其顶部和底部均应设置水平剪刀撑,中间水平剪刀撑的设置间距不大于 4.8 m。

⑤支架的高宽比宜不大于 2。当高宽比大于 2 时,宜扩大下部架体尺寸或采取其他构造措施。

（2）设计荷载

①计算模板、支架和拱架时，应考虑表5.2所列荷载并进行荷载组合。

表5.2 模板、支架和拱架设计计算的荷载组合

模板结构名称	荷载组合	
	计算强度用	验算刚度用
梁、板和拱的底模板以及支承板、支架及拱等	a+b+c+d+g+h	a+b+g+h
缘石、人行道、栏杆、柱、梁、板、拱等的侧模板	d+e	e
基础、墩台等厚大建筑物的侧模板	e+f	e

注：a.模板、支架自重和拱架自重。

b.新浇筑混凝土、钢筋、预应力筋或其他圬工结构物的重力。

c.施工人员及施工设备、施工材料等荷载。

d.振捣混凝土时产生的振动荷载。

e.新浇筑混凝土对模板侧面的压力。

f.混凝土入模时产生的水平方向的冲击荷载。

g.设于水中的支架所承受的水流压力、波浪力、流冰压力、船只及其他漂流物的撞击力。

h.其他可能产生的荷载，如风荷载、雪荷载、冬季保温设施荷载等。

②支架及拱架的设计，可按《公路钢结构桥梁设计规范》（JTG D64—2015）的有关规定进行。

③拱桥应根据结构特点和施工荷载特性分析取用，拱圈的自重荷载宜乘以系数1.2。在计算荷载作用下，应按可能产生的最不利荷载组合验算拱架的强度、刚度和稳定性。

④对于组合箱形拱，若为就地浇筑，其支架和拱架的设计荷载可只考虑承受拱肋重力及施工操作时的附加荷载。

（3）强度及刚度要求

①验算模板、支架及拱架的刚度时，其变形值不得超过下列数值：

a.结构表面外露的模板，挠度为模板构件跨度的1/400；

b.结构表面隐蔽的模板，挠度为模板构件跨度的1/250；

c.支架、拱架受载后挠曲的杆件（盖梁、纵梁），其弹性挠度为相应结构跨度的1/400；

d.钢模板的面板变形为1.5 mm；

e.钢模板的钢棱和柱箍变形为$L/500$和$B/500$（其中L为计算跨径，B为柱宽）。

②根据拱架结构形式及所承受的荷载，验算拱顶、拱脚及1/4跨各截面的应力、构件及节点的应力，同时应验算分阶段浇筑或砌筑时的强度及稳定性。验算时，不论板拱架或桁拱架均作为整体截面考虑，验算倾覆稳定系数不得小于1.3。

（4）稳定性要求

①支架的立柱应保持稳定，并用撑拉杆固定。当验算模板及其支架在自重和风荷载等作用下的抗倾倒稳定时，验算倾覆的稳定系数不得小于1.3。拱架稳定性的验算应包括拱架的整体稳定和局部稳定，其抗倾覆稳定系数应不小于1.5。

②支架受压构件纵向弯曲系数可按《公路钢结构桥梁设计规范》（JTG D64—2015）进行计算。

5) 模板、支架和拱架的制作与安装

模板爬升

(1) 模板的制作与安装

模板面板应采用金属板、木制板、高分子合成材料板、硬塑料或玻璃钢板等材料。外露面的模板板面宜优先选用钢模板及优质胶合板。为减少模板的拼缝,对于大面积的混凝土,宜选用出厂尺寸较大的模板,其每块模板的面积宜不小于 $1.0\ m^2$。

①钢模板制作。钢模板宜采用标准化的组合模板(图 5.8)。钢模板及其配件应优先选择专业模板设计及加工,成品经试拼且检验合格后方可使用。

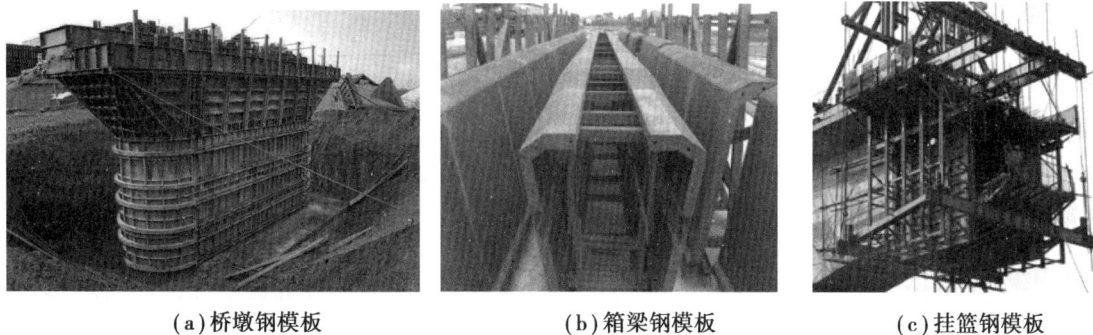

| (a)桥墩钢模板 | (b)箱梁钢模板 | (c)挂篮钢模板 |

图 5.8　钢模板

模板质量应符合《组合钢模板技术规范》(GB/T 50214—2013),各种螺栓连接件应符合国家现行有关标准。

②木模板制作。木模板由面板、加筋肋、加固钢管及拉杆配件组成(图 5.9)。木模板可在工厂或施工现场制作,木模板与混凝土接触的表面应平整、光滑,多次重复使用的木模板应在内侧加钉薄铁皮或硬塑料板。木模的接缝可做成平缝、搭接缝或企口缝。当采用平缝时,应采取防止漏浆措施。木模的转角处应加嵌条或做成斜角。

液压整体提升大模板

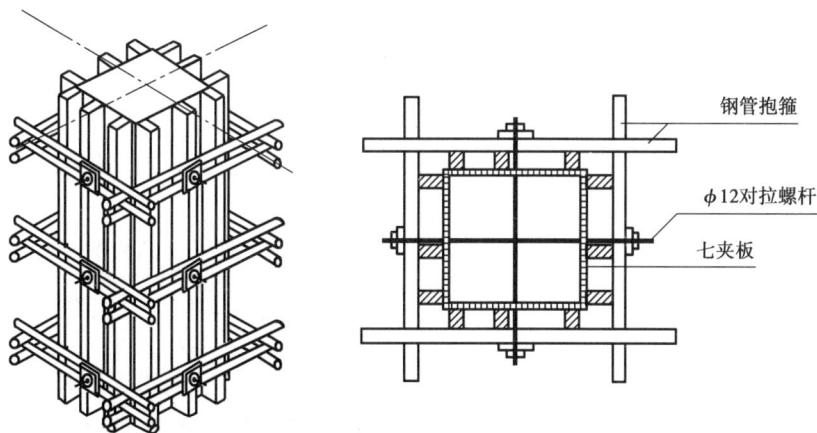

钢管抱箍

$\phi 12$ 对拉螺杆

七夹板

图 5.9　木模板组成示意图

重复使用的模板应始终保持其表面平整、形状准确,不漏浆,有足够的强度和刚度。

③模板安装：

a.模板安装前应对面板进行清理，并涂刷脱模剂或其他相当的代用品，以便于脱模和保证混凝土表观质量。

b.模板与钢筋安装工作应根据结构物的特点配合进行，妨碍绑扎钢筋的模板应待钢筋安装完毕后安设。模板不应与脚手架连接（模板与脚手架整体设计时除外），避免引起模板变形。

c.安装侧模板时，应防止模板移位和凸出。基础侧模可在模板外设立支撑固定，墩、台、梁的侧模可设拉杆固定。浇筑在混凝土中的拉杆，应按拉杆拔出或不拔出的要求，采取相应的措施。对小型结构物，可使用金属线代替拉杆。

d.当结构自重和汽车荷载（不计冲击力）产生的向下挠度超过跨径的1/1 600时，钢筋混凝土梁、板的底模板应设预拱度，预拱度值应等于结构自重和1/2汽车荷载（不计冲击力）所产生的挠度。纵向预拱度可做成抛物线或圆曲线。

e.对于后张法预应力梁、板，应注意预应力、自重和汽车荷载等综合作用下所产生的上拱或下挠，应设置适当的预挠或预拱。

f.模板在安装过程中，必须设置防倾覆措施。

g.模板安装完毕后，应对其平面位置、顶部标高、节点联系及纵横向稳定性进行检查，经监理工程师检查认可后方可浇筑混凝土。浇筑时，发现模板有超过允许偏差变形值的可能时，应及时纠正。

h.中小跨径的空心板制作时，所使用的芯模应符合下列要求：

● 充气胶囊芯模在工厂制作时，应规定充气变形值，保证制作误差不大于设计规定的误差要求。在设计无规定时，应满足《公路桥涵施工技术规范》（JTG/T 3650—2020）对梁构造尺寸的要求。

● 充气胶囊在使用前应经过检查，不得漏气。安装时应有专人检查钢丝头，钢丝头应弯向内侧，胶囊涂刷隔离剂。每次使用后，应妥善存放，防止污染、破损及老化。

● 浇筑混凝土时，为防止胶囊上浮和偏位，应采取有效措施加以固定，并应对称平衡地进行浇筑。

● 从开始浇筑混凝土到胶囊放气时止，其充气压力应保持稳定。

● 胶囊的放气时间应经试验确定，以混凝土强度达到能保持构件不变形为宜。

● 使用木芯模时，应防止漏浆和采取措施便于脱模。要控制好拆芯模时间，过早易造成混凝土坍落，过晚则拆模困难。应根据施工条件通过试验确定拆除时间。

● 钢管芯模应由表面匀直、光滑的无缝钢管制作，混凝土终凝后，即可将芯模轻轻转动，然后边转动边拔出。

（2）支架、拱架制作与安装

①支架和拱架应根据设计图进行制作，应尽可能采用标准化、系列化、通用化的构件拼装。无论使用何种材料的拱架和支架，均应进行施工设计，支架整体、杆配件、节点、地基、基础和其他支撑物应进行强度、刚度、稳定性验算。

②制作木支架、木拱架时，长杆件接头应尽量减少，两相邻立柱的连接接头应尽量分设在不同的水平面上。主要压力杆的纵向连接，应采用对接法，并用木夹板或铁夹板夹紧。次要构件的连接可用搭接法。

③安装拱架前，拱架立柱和拱架支承面应详细检查，准确调整拱架支承面和顶部标高，并复

测跨度,确认无误后方可进行安装。各片拱架在同一节点处的高程应尽量一致,以便于拼装平联杆件。在风力较大的地区,应设置风缆。

④支架和拱架应稳定、坚固,应能抵抗施工过程中有可能发生的偶然冲撞和震动。安装时应注意以下 3 点:

a.支架立柱必须安装在有足够承载力的地基上,立柱底端应设垫木来分布和传递压力,并保证浇筑混凝土后不发生超过允许的沉降量。

b.施工用的脚手架和便桥,不应与结构物的模板支架连接,以避免施工振动时影响混凝土浇筑质量。

c.船只或汽车通行孔的两边支架应加设防护桩,夜间应用灯光标明行驶方向。施工中易受漂流物冲撞的河中支架应设坚固的防护设备。

⑤应通过预压消除支架地基的不均匀沉降和支架的非弹性变形,并获取弹性变形参数,同时检验支架的安全性。预压荷载宜为支架需承受全部荷载的 1.05~1.20 倍,预压荷载的分布应模拟需承受的结构荷载及施工荷载。

⑥支架和拱架在安装时,应考虑施工预拱度。根据下列因素确定施工预拱度:

a.支架和拱架拆除后上部构造本身及活载 1/2 所产生的挠度;

b.支架和拱架在荷载作用下的弹性压缩;

c.支架和拱架在荷载作用下的非弹性压缩;

d.支架和拱架基底在荷载作用下的非弹性沉降;

e.由混凝土收缩及温度变化而引起的挠度。

⑦支架或拱架安装完毕后,应对其平面位置、顶部标高、节点连接及纵横向稳定性进行全面检查,符合要求后,方可进行下一工序。

⑧在浇筑混凝土及砌筑拱圈过程中,承包人应随时测量和记录支架和拱架的变形及沉降量。

6)模板、支架和拱架拆除

(1)拆除时间

①模板、支架和拱架的拆除时间应根据结构物特点、模板部位和混凝土所达到的强度决定。

a.非承重模板应在混凝土强度能保证其表面及棱角不致因拆模而受损时方可拆除,一般应在混凝土抗压强度达到 2.5 MPa 时拆除侧模板。

b.芯模和预留孔道内模,应在混凝土强度能保证其表面不发生塌陷和裂缝现象时拔除。拔除时间可按《公路桥涵施工技术规范》(JTG/T 3650—2020)的有关规定确定。

c.钢筋混凝土结构的承重模板、支架,应在混凝土强度能承受其自重荷载及其他可能的叠加荷载时,方可拆除。

d.对预应力混凝土结构,其侧模应在预应力钢束张拉前拆除,底模及支架应在结构建立预应力后方可拆除。

e.如设计上对拆除承重模板、支架、拱架另有规定,应按照设计规定执行。

②现浇混凝土拱圈的拱架,拆除时间应符合设计规定。设计未规定时,应在拱圈混凝土强度达到设计强度的 80% 后,方可拆除。

③石拱桥的拱架卸落时间应符合下列要求:

a.浆砌石拱桥,须待砂浆强度达到设计强度标准值的85%。如设计另有规定,应按照设计规定执行。

b.跨径小于10 m的小拱桥,宜在拱上建筑全部完成后卸架;中等跨径的实腹式拱,宜在护拱砌完后卸架;大跨径空腹式拱,宜在拱上小拱横墙砌好(未砌小拱圈)时卸架。

c.需要进行裸拱卸架时,应对裸拱进行截面强度及稳定性验算,并采取必要的稳定措施。

（2）拆除注意事项

①模板拆除应按设计的顺序进行。设计无规定时,应遵循先支后拆、后支先拆的顺序,拆时严禁抛扔。

②为便于支架和拱架的拆卸,应根据结构形式、承受的荷载大小及需要的卸落量,在支架和拱架适当部位设置相应的木楔、木马、砂筒或千斤顶等落模设备。

③卸落支架和拱架应按拟定的卸落程序进行,分几个循环卸完,卸落量开始宜小,以后逐渐增大。在纵向应对称均衡卸落,在横向应同时一起卸落。拟定卸落程序时应注意以下几点:

a.在卸落前应在卸架设备上画好每次卸落量的标记。

b.满布式拱架卸落时,可从拱顶向拱脚依次循环卸落。

c.简支梁、连续梁宜从跨中向支座依次循环卸落;悬臂梁应先卸挂梁及悬臂的支架,再卸无铰跨内的支架。

d.多孔拱桥卸架时,若桥墩允许承受单孔施工荷载,可单孔卸落。否则,应多孔同时卸落,或各连续孔分阶段卸落。

e.卸落拱架时,应设专人用仪器观测拱圈挠度和墩台变化情况,并详细记录。另设专人观察是否有裂缝现象。

④墩、台模板宜在其上部结构施工前拆除。拆除模板、卸落支架和拱架时,不允许用猛烈敲打和强扭等方法进行。

⑤支架和拱架拆除后,应维修整理,分类妥善存放。

5.2.2　钢筋工程

钢筋工程是桥梁工程中关键控制性的分项工程。作为公路桥梁施工人员,必须掌握钢筋工程相关内容。

1）钢筋的类型

桥梁工程中,常把钢筋混凝土构件中的钢筋和预应力混凝土构件中的非预应力钢筋统称为普通钢筋(图5.10),把预应力混凝土构件中承受预应力的钢筋称为预应力钢筋(图5.11)。桥梁工程中常用的钢筋类型及其常用参数见表5.3、表5.4。

钢筋的级别、种类和直径应按设计规定采用。当需要代换时,应得到设计人员的书面认可。

预制构件的吊环必须采用未经冷拉的热轧光圆钢筋制作,且其使用时的计算拉应力不大于50 MPa。

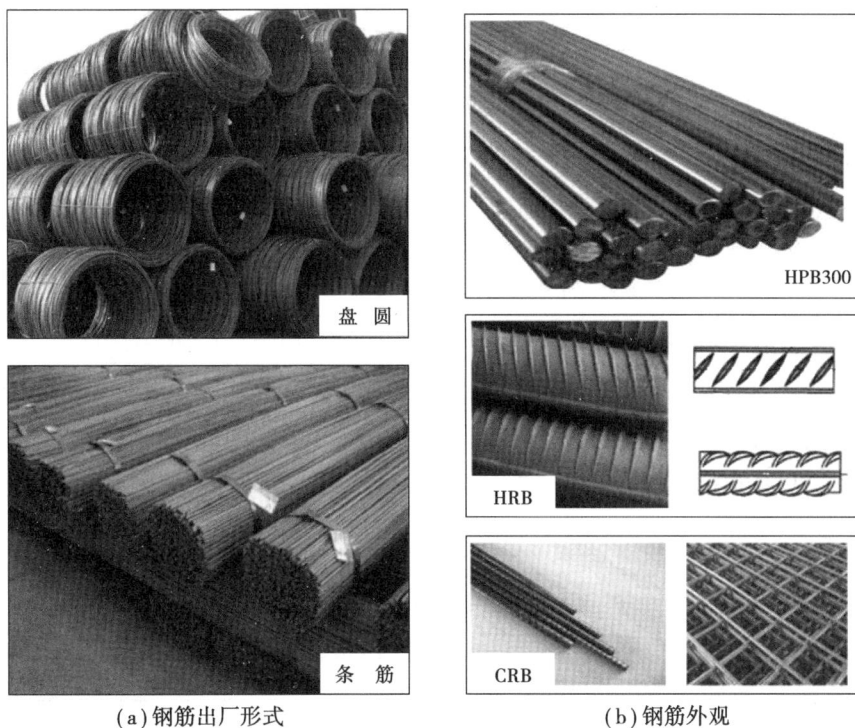

(a)钢筋出厂形式　　　　　　　　　(b)钢筋外观

图 5.10　普通钢筋

(a)预应力钢绞线　　　　(b)高强度钢丝　　　　(c)精轧螺纹钢

图 5.11　预应力钢筋

表 5.3　桥梁普通钢筋抗拉强度及常规参数

钢筋种类	公称直径/mm	符号	抗拉强度标准值 f_{sk}/MPa	抗拉强度设计值 f_{sd}/MPa	定尺长度	每米单位质量/kg
HPB300	6~22	A	300	250	直径 6~10 mm:盘圆 直径 12~50 mm:9 m 或 12 m	$0.00\ 617 \times d^2$
HRB335	6~50	B	335	280		
HRBF335	6~50	B^F	335	280		
HRB400	6~50	C	400	330		
HRBF400	6~50	C^F	400	330		
HRB500	6~50	D	500	415		
HRBF500	6~50	D^F	500	415		

注:HPB300 钢筋指热轧光圆钢筋,HRB335、HRB400、HRB500 钢筋指热轧带肋钢筋,HRBF335、HRBF400、HRBF500 指细晶粒热轧带肋钢筋,
　　CRB 是指冷轧带肋钢筋。

表 5.4　桥梁常用预应力钢筋参数

钢筋种类		符号	公称直径/mm	抗拉强度标准值 f_{pk}/MPa	参考弹性模量/MPa
钢绞线	1×2（两股）	A^S	8.0、10.0、12.0	1470、1570、1720、1860、1960、1470、1570、1720、1860	1.95×10⁵
	1×3（三股）		8.6、10.8、12.9	1470、1570、1720、1860、1960	
	1×7（七股）		9.5、12.7、15.2、17.8、21.6	1720、1860、1960	
消除应力钢丝	光面	A^P	5	1570、1770、1860	2.05×10⁵
			7	1570	
			9	1470、1570	
	螺旋肋	A^H	5	1570、1770、1860	
			7	1570	
			9	1470、1570	
精轧螺纹钢筋		JL	18、25、32	540、785、930、1080	2.0×10⁵
			40	540、780	

2）进场钢筋的检验

钢筋进场时应具有出厂质量证明书和质量报告单，进场时除应检查其外观和标志外，尚应按不同的钢种、等级、牌号、规格及生产厂家分批抽取试样进行力学性能检验。检验试验方法及程序应符合国家标准及规范的规定。

钢筋冷拔　钢筋冷拉

（1）普通钢筋的检验

①普通钢筋进场时需要进行拉伸和冷弯试验，如钢筋需要焊接，需增加焊接工艺试验。

②普通钢筋试验每批次质量不宜大于 60 t，超过 60 t 的部分，每增加 40 t（或不足 40 t 的余数）应增加一个拉伸和一个弯曲试验试样。钢筋的进场检验亦可由同一牌号、同一冶炼方法、同一浇注方法的不同炉罐号组成混合批进行，但各炉罐号的含碳量之差应不大于 0.02%，含锰量之差应不大于 0.15%。

③每批钢筋中取试件 9 根，3 根做拉伸试验（确定屈服点、抗拉强度和伸长率），3 根做冷弯试验，3 根做焊接工艺试验。

④做拉伸试验时，应同时确定抗拉强度、屈服点和伸长率 3 个指标。第一次拉伸试验中，如果有一个指标不符合规定，即认为拉伸试验项目不合格，应再做拉伸试验，重新测定 3 个指标。第二次试验中，如仍有一个指标不符合规定，不论这个指标在第一次试验中是否合格，拉伸试验项目即作为不合格处理。

⑤做冷弯试验时，应按要求将试件绕一定直径的芯棒弯曲至规定角度，其背后不发生裂纹、鳞落、断裂等现象为合格。

⑥若有任何一项试验结果不合格，允许重做该项试验。重做试验时，应另从其他钢筋中选取试件，试件数量应为第一次试件数量的 2 倍。第二次重做试验仍有不合格时，则认为该批钢

筋是不合格的。

（2）预应力钢筋的检验

①钢绞线。钢绞线分批检验时，每批质量不大于 60 t。从每批钢绞线中任取 3 盘，从每盘所选的钢绞线端部正常部位截取一根试样进行表面质量、直径偏差和力学性能试验。如每批少于 3 盘，则逐盘取样进行上述试验。试验结果如有一项不合格，则不合格盘报废，并再从该批未试验过的钢绞线中取双倍数量的试样进行该不合格项的复验，如仍有一项不合格，则该批钢绞线为不合格。

②钢丝。钢丝分批检验时，每批质量不大于 60 t。先从每批中抽查 5%，但不少于 5 盘，进行形状、尺寸和表面检查，如检查不合格，则对该批钢丝逐盘检查。在上述检查合格的钢丝中抽取 5%，但不少于 3 盘，在每盘钢丝的两端取样进行抗拉强度、弯曲和伸长率的试验。试验结果如有一项不合格，则不合格盘报废，并从同批未试验过的钢丝盘中取双倍数量的试样进行该不合格项的复验，如仍有一项不合格，则该批钢丝为不合格。

③精轧螺纹钢筋。精轧螺纹钢筋分批检验时，每批质量不大于 60 t。对外观质量要逐根目测检查，外观检查合格后在每批中任选 2 根钢筋截取试件进行拉伸试验（对拉伸试验的试件，不允许进行任何形式的加工）。试验结果如有一项不合格，则另取双倍数量的试件重做全部各项试验，如仍有一根试件不合格，则该批钢筋为不合格。

上述试验结果的判定以《公路桥涵施工技术规范》（JTG/T 3650—2020）的规定为准。其中应注意的是，除大桥等重要的工程以外的其他桥梁使用的预应力钢材中，钢丝、钢绞线的力学性能检测，可以仅进行抗拉强度的试验，或由生产厂家提供力学性能试验报告。

3）钢筋的保存

钢筋的保存分为室内保存及室外保存，进场后的钢筋应尽量堆放在仓库或加工棚内（图5.12），堆放场地应选择在地势较高处，堆放时应垫高架空，离地至少 300 mm，不要和酸、盐、油类物品一起存放，以避免污染。

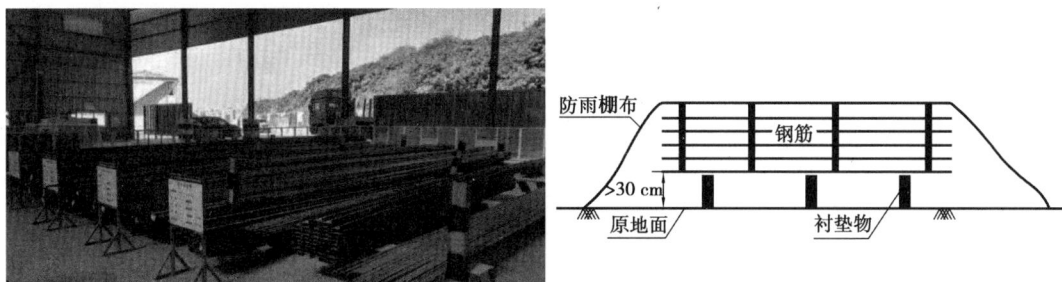

图 5.12 钢筋保存示意图

存放时，不同钢种、等级、牌号、规格及生产厂家分别堆存，不可混杂，且应设立清晰明确的标识，并妥善保管，尽量缩短存放时间。

钢筋在室外存放时，不宜超过 6 个月，且不得直接堆放在地面上，必须采取"上覆下垫"的措施，防止雨露和各种腐蚀性气体的影响。

4）钢筋的加工

（1）钢筋加工常用的机械

桥梁工程施工中，常用的钢筋加工机械有钢筋切断机、钢筋调直机、钢筋弯曲机、钢筋横口扳手、钢筋焊机及绑扎工具等(图 5.13)。

(a)弯曲机　　　　　　(b)调直机　　　　　　(c)切断机

(d)电弧焊机　　　　　(e)闪光对焊机　　　　(f)套丝机

(g)电渣压力焊机　　　(h)扳手　　　　　　　(i)绑扎工具

图 5.13　常用的钢筋加工机械

(2)普通钢筋的下料

根据构件配筋图,绘出各种形状和规格的单根钢筋简图并加以编号,分别计算钢筋的直线下料长度、根数和钢筋的质量,并绘制配料单,作为钢筋加工的依据。

钢筋下料长度按下料方法进行计算:

直线钢筋下料长度=外包线长度+弯钩长度+接头长度−冷弯伸长量

弯起钢筋/箍筋的下料长度=外包线总长度−弯曲调整值+弯钩加长值

钢筋外包线长度可根据图纸直接或计算得到,钢筋的弯钩长度按照表 5.5 取值。弯曲伸长量可按下列数字估算伸长量:弯曲 45°时伸长量为 0.5d,弯曲 90°时伸长量为 1d,弯曲 180°时伸长量为 1.5d。

表 5.5　普通钢筋弯曲示意

弯曲部位	弯曲角度	形状图	钢筋种类	弯曲直径	平直部分长度	备　注
末端弯钩	180°		R235	≥2.5d	≥3d	d 为钢筋直径
	135°		HRB335	φ8～φ25≥4d	≥5d	
			HRB400	φ28～φ40≥5d		
	90°		HRB335	φ8～φ25≥4d	≥10d	
			HRB400	φ28～φ40 ≥5d		
中间弯钩	90°以下		各类	≥20d	—	

（3）预应力钢筋的下料

①钢绞线、钢丝和精轧螺纹钢筋等预应力钢筋的下料长度,应通过计算确定。计算时,应考虑台座长度（或孔道长度）、锚夹具长度、千斤顶长度、冷拉伸长值、弹性回缩值、张拉伸长量和外露长度等因素。

②预应力筋的下料,应采用切断机或砂轮锯切断,严禁采用电弧切割。

③高强钢丝的墩头宜采用液压冷墩。墩头前应确认钢丝的可墩性,钢丝墩头的强度不得低于钢丝强度标准值的98%。

④预应力筋由多根钢丝或钢绞线组成时,同束内应采用强度相等的预应力钢材。编束时,应逐根理顺,绑扎牢固,防止互相缠绕（图5.14）。

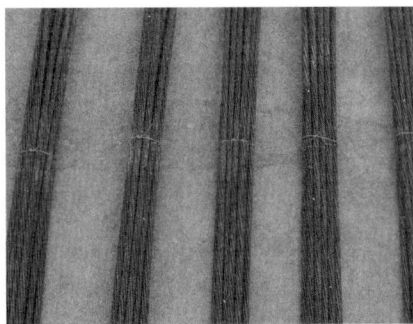

图 5.14　预应力钢筋编束

5）钢筋连接

普通钢筋的连接方法有焊接［闪光接触对焊、电弧焊（搭接焊、帮条焊）］、机械连接（螺纹套筒、挤压套筒）及绑扎连接等。桥梁工程中,普通钢筋的连接宜采用焊接接头或机械连接接头。绑扎接头仅当钢筋构造复杂施工困难时方可采用,绑扎接头的钢筋直径不宜大于28 mm,对轴心受压和偏心受压构件中的受压钢筋可不大于32 mm,轴心受拉和小偏心受拉构件不应采用绑扎接头。

预应力钢筋通常采用连续长度钢筋,不宜出现接头。预应力钢筋确需连接时,必须根据预应力钢筋的种类选用合适的连接器,不允许采用焊接及绑扎连接。

(1)一般规定

①受力钢筋焊接或绑扎接头应设置在内力较小处,并错开布置。对于绑扎接头,两接头间距离不小于1.3倍搭接长度;对于焊接接头,在接头长度区段内,同一根钢筋不得有两个接头,配置在接头长度区段内的受力钢筋,其接头的截面面积占总截面面积的百分率应符合表5.6的规定。对于绑扎接头,其接头的截面面积占总截面面积的百分率,亦应符合表5.6的规定。

表5.6   接头长度区段内受力钢筋接头面积的最大百分率

接头形式	接头面积最大百分率/%	
	受拉区	受压区
主钢筋绑扎接头	25	50
主钢筋焊接、机械连接接头	50	不限制

②电弧焊接和绑扎接头与钢筋弯曲处的距离不应小于10倍钢筋直径,也不宜位于构件的最大弯矩处。

(2)普通钢筋焊接(图5.15)

①钢筋的纵向焊接应采用闪光对焊。当缺乏闪光对焊条件时,可采用电弧焊、电渣压力焊、气压焊。

②钢筋焊接前,必须根据施工条件进行试焊,合格后方可正式施焊。焊工必须持考试合格证上岗。

③钢筋接头采用搭接电弧焊时,两钢筋搭接端部应进行预弯,以使焊接后接头两侧钢筋轴线一致。接头双面焊缝的长度不应小于$5d$,单面焊缝的长度不应小于$10d$。

④钢筋接头采用帮条电弧焊时,帮条应用与主筋同级别的钢筋,其总截面面积不应小于被焊钢筋的截面积。对于帮条长度,如果用双面焊缝不应小于$5d$,如用单面焊缝不应小于$10d$。

⑤焊接时,对施焊场地应有适当的防风、雨、雪设施。低于-20 ℃时不得施焊。

⑥钢筋骨架的施焊拼装应在坚固的工作台上进行,操作时应符合下列要求:

a.拼装时应按设计图纸放大样,放样时应考虑焊接变形和预留拱度。

b.钢筋拼装前,对有焊接接头的钢筋应检查每根接头是否符合焊接要求。

c.拼装时,在需要焊接的位置用楔形卡卡住,防止电焊时局部变形。待所有焊接点卡好后,先在焊缝两端点焊定位,然后进行焊缝施焊。

d.骨架焊接时,不同直径钢筋的中心线应在同一平面上。因此,较小直径的钢筋在焊接时,下面宜垫以厚度适当的钢板。

e.施焊顺序宜由中到边对称向两端进行,先焊骨架下部,后焊骨架上部。相邻的焊缝采用分区对称跳焊,不得顺方向一次焊成。

(3)普通钢筋机械连接

普通钢筋机械连接宜采用镦粗直螺纹、滚轧直螺纹或套筒挤压连接接头(图5.16)。镦粗直螺纹和滚轧直螺纹连接接头适用于直径大于或等于25 mm的HRB335、HRB400级热轧带肋钢筋;套筒挤压连接接头适用于直径16~40 mm的HRB335、HRB400级热轧带肋钢筋。

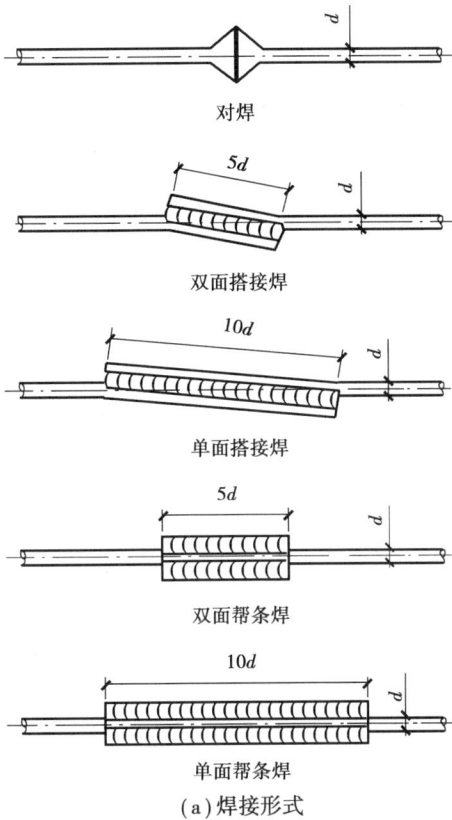

（b）闪光对焊

（a）焊接形式

（c）电弧焊

图 5.15 钢筋焊接

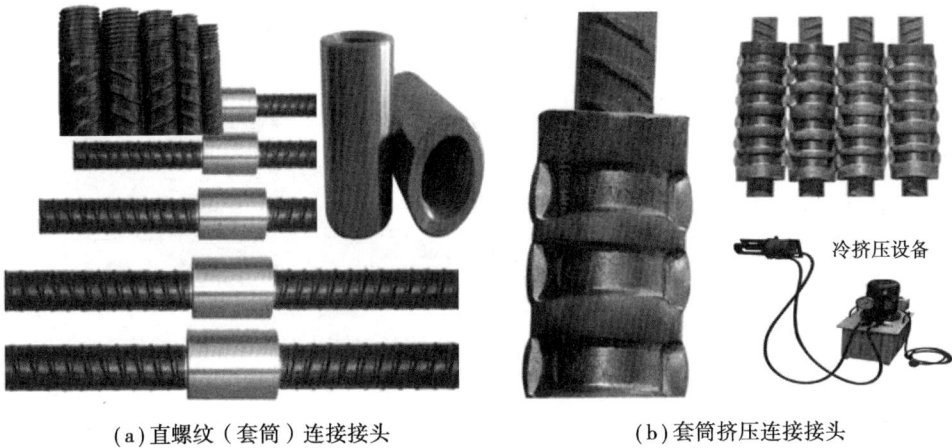

（a）直螺纹（套筒）连接接头   （b）套筒挤压连接接头

图 5.16 钢筋机械连接接头

①钢筋机械连接接头的等级应选用Ⅰ级或Ⅱ级，接头的性能指标应符合相关规范的要求。

②连接套筒、锁母、丝头在运输和贮存过程中应采取防护措施，防止雨淋、沾污和损伤。

（4）普通钢筋绑扎连接

①绑扎接头的末端距钢筋弯折处的距离，不应小于钢筋直径的 10 倍，接头不宜位于构件的最大弯矩处。

②受拉钢筋的绑扎接头的搭接长度，应符合表 5.7 的规定。受压钢筋绑扎接头的搭接长

度,应取受拉钢筋绑扎接头搭接长度的 70%。

表 5.7　受拉钢筋绑扎接头的搭接长度

钢筋类型	混凝土强度等级		
	C20	C25	>C25
HPB300	35d	30d	25d
HRB335	45d	40d	35d
HRB400、RRB400	—	50d	45d

注:①当带肋钢筋直径 d 大于 25 mm 时,其受拉钢筋的搭接长度应按表中值增加 5d 采用;当带肋钢筋直径 d 小于或等于 25 mm 时,其受拉钢筋的搭接长度按表中值减少 5d 采用。

②当混凝土在凝固过程中受力钢筋易受扰动时,其搭接长度应增加 5d。

③在任何情况下,纵向受拉钢筋的搭接长度均不应小于 300 mm,受压钢筋的搭接长度均不应小于 200 mm。

④环氧树脂涂层钢筋的绑扎接头搭接长度,受拉钢筋按表值的 1.5 倍采用。

⑤两根不同直径的钢筋的搭接长度,以较细的钢筋直径计算。

③受拉区内 HPB300 钢筋绑扎接头的末端应做成弯钩;HRB335、HRB400、RRB400 钢筋的绑扎接头末端可不做弯钩;直径不大于 12 mm 的受压 HPB300 钢筋的末端可不做弯钩,但搭接长度应不小于钢筋直径的 30 倍。钢筋搭接处应在其中心和两端用铁丝扎牢。

(5)预应力筋连接

预应力钢绞线及钢丝的连接通常采用专用的连接器进行连接,精轧螺纹钢采用精轧螺纹套筒进行连接(图 5.17)。

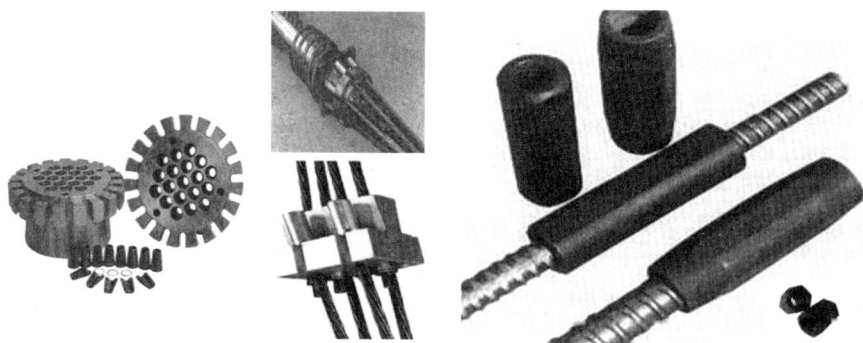

图 5.17　预应力筋连接

5.2.3　混凝土工程

1)混凝土的分类及其主要的技术性质

(1)混凝土的分类

混凝土是以胶凝材料、粗细骨料及外掺材料按适当比例拌制、成型、养护、硬化而成的人工石材。通常将水泥、矿物掺合材料、粗细骨料、水和外加剂按一定的比例配制而成的、干表观密度为 2 000~2 800 kg/m³ 的混凝土称为普通混凝土。

①混凝土按用途分为结构混凝土、抗渗混凝土、抗冻混凝土、大体积混凝土、水工混凝土、耐热混凝土、耐酸混凝土及装饰混凝土等。

②混凝土按强度等级分普通强度混凝土(<C60)、高强度混凝土(≥C60)、超高强度混凝土(≥C100)等。

③混凝土按施工工艺分为喷射混凝土、泵送混凝土、碾压混凝土、压力灌浆混凝土、离心混凝土、真空脱水混凝土等。

(2)混凝土的主要技术性质

混凝土的主要技术性质包括混凝土拌合物和硬化混凝土的技术性质。混凝土拌合物的主要技术性能为和易性,包括流动性、黏聚性和保水性;硬化混凝土的主要技术性质包括强度、变形和耐久性等。

2)原材料的检验

(1)水泥

公路桥涵工程采用的水泥应符合《通用硅酸盐水泥》(GB 175—2023)的规定,水泥的品种和强度等级应通过混凝土配合比试验选定,且其特性应不会对混凝土的强度、耐久性和工作性能产生不利影响。当混凝土中采用碱活性集料时,宜选用含碱量不大于 0.6% 的低碱水泥。

水泥进场时,应附有生产厂的品质试验检验报告等合格证明文件,并应按批次对同一生产厂、同一品种、同一强度等级及同一出厂日期的水泥进行强度、细度、安定性和凝结时间等性能的检验。散装水泥应以每 500 t 为一批,袋装水泥应以每 200 t 为一批,不足 500 t 或 200 t 时,亦按一批计。当对水泥质量有怀疑或受潮或存放时间超过 3 个月时,应重新取样复验,并应按其复验结果使用。水泥的检验试验方法应符合《公路工程水泥及水泥混凝土试验规程》(JTG 3420—2020)的规定。

公路桥涵混凝土工程宜采用散装水泥,散装水泥在工地应采用专用水泥罐贮存;采用袋装水泥时,在运输和贮存过程中应防止受潮,且不得长时间露天堆放,临时露天堆放时应设支垫并覆盖。不同品种、强度等级和出厂日期的水泥应分别按批存放。

(2)粗集料

粗集料对混凝土质量有很大的影响,宜采用质地坚硬、洁净、级配合理、粒形良好、吸水率小的碎石或卵石。

桥涵工程使用的粗集料宜根据混凝土最大粒径采用连续两级配或连续多级配,不宜采用单粒径或间断级配配制,必须使用时,应通过试验验证。粗集料最大粒径宜按混凝土结构情况及施工方法选取,但最大粒径不得超过结构最小边尺寸的 1/4 和钢筋最小净距的 3/4;在两层或多层密布钢筋结构中,最大粒径不得超过钢筋最小净距的 1/2,同时不得超过 75.0 mm。混凝土实心板的粗集料最大粒径不宜超过板厚的 1/3 且不得超过 37.5 mm。泵送混凝土时的粗集料最大粒径,除应符合上述规定外,对碎石还不宜超过输送管径的 1/3,对卵石不宜超过输送管径的 1/2.5。

粗集料在生产、运输与储存过程中,不得混入影响混凝土性能的有害物质。粗集料应按品种、规格分别堆放,不得混杂。在装卸及储存时,应采取措施使集料颗粒级配均匀且保持洁净。

(3)细集料

细集料应优先选择级配良好、质地坚硬、颗粒洁净且粒径小于 5 mm 的河砂。当没有河砂时,可采用符合规定要求的其他天然砂或人工砂。细集料不宜采用海砂,必须采用时,应冲洗处理。细集料宜按同产地、同规格、连续进场数量不超过 400 m³ 或 600 t 为一验收批,小批量进场的宜以不超过 200 m³ 或 300 t 为一验收批进行检验;当质量稳定且进料量较大时,可以 1 000 t 为一验收批。

（4）掺合料

桥涵混凝土所使用的掺合料主要有粉煤灰、磨细矿渣、硅灰等,其掺入量应在使用前通过试验确定。

掺合料应保证其产品品质稳定,来料均匀;掺合料应由生产单位专门加工,进行产品检验并出具产品合格证书。

掺合料在运输与存储过程中,应有明显标识,严禁与水泥等其他粉状材料混淆。

（5）外加剂

公路桥涵工程使用的外加剂,与水泥、矿物掺合料间应具有良好的相容性。

所采用的外加剂应是经过具备相关资质的检测机构检验并附有检验合格证明的产品,且其质量应符合《混凝土外加剂》（GB 8076—2008）的规定。

外加剂使用前应进行复验,复验结果满足要求后方可用于工程中。外加剂的品种和掺量应根据使用要求、施工条件、混凝土原材料的变化等通过试验确定。

3）混凝土的配合比

混凝土的配合比,应按照《普通混凝土配合比设计规程》（JGJ 55—2011）的规定进行计算和试配,其相应的具体要求在此不再详细说明。表 5.8 给出某高速公路混凝土施工配合比,可借鉴学习其主要内容。

表 5.8　混凝土施工配合比

C30	水泥	砂	5~16 mm	16~25 mm	水	外加剂	水胶比	砂率/%	设计坍落度/mm
设计	348	744	581	582	142	3.48	0.408	39	150~180
含水率	—	4.5	1.1	0.8	—	—	—	—	—
施工	348	777	587	587	97	3.48			

C25 隧道	水泥	砂	5~10 mm	水	外掺材料	外加剂	水胶比	砂率/%	设计坍落度/mm
设计	435	925	873	165	17.4	4.35	0.379	51	80~130
含水率	—	3.8	1.3	—	—	—	—	—	—
施工	435	960	886	117	17.4	4.35			

C30 水下	水泥	砂	5~16 mm	16~25 mm	水	外加剂	水胶比	砂率/%	设计坍落度/mm
设计	390	762	549	550	147	4.29	0.377	41	180~220
含水率	—	4.5	1.1	0.8	—	—	—	—	—
施工	348	796	555	554	102	3.48			

4）混凝土拌制

公路工程用混凝土原则上采用水泥混凝土拌和站集中拌和的方式生产。对于附属工程或混凝土运输车辆无法到达的区域,经监理工程师批准后,可进行现场采用小型机械或人工进行拌和。

混凝土拌制时应保证计量设备的准确性,每一工作班正式称量前,均应对计量设备进行重点校核。

拌和后的混凝土,应按照规范要求对混凝土拌合物的和易性进行检测,主要是混凝土拌合物的坍落度、含气量、扩展度及拌和温度。

5)混凝土运输

公路工程用混凝土通常采用混凝土运输车运输。根据便道的通行条件、施工组织方式及经济成本等确定混凝土运输车辆的容量,综合考虑混凝土凝结速度和浇筑速度的需要,保证浇筑工作不间断并使混凝土运至浇筑地点时仍保持均匀性和规定的坍落度。

混凝土运至浇筑地点后发生离析、严重泌水或坍落度不符合要求时,应进行第二次搅拌。二次搅拌时不得任意加水,确有必要时,可同时加入相应的胶凝材料和外加剂并保持其原水胶比不变;二次搅拌仍不符合要求,则不得使用。

6)混凝土浇筑

①浇筑混凝土前,应对支架、模板、钢筋和预埋件进行检查,并做好记录,符合设计要求后方可浇筑。模板内的杂物、积水和钢筋上的污垢应清理干净。模板如有缝隙,应填塞严密,模板内面应涂刷隔离剂。

②混凝土浇筑前,应对现场施工用电线路、振捣设备(插入式振捣棒、附着式振捣器及表面振捣器)进行仔细检查(图5.18)。对大方量混凝土浇筑,现场应有备用发电设备及振捣设备。

③混凝土浇筑前,应对混凝土进行的坍落度、含气量、扩展度及入模温度等指标进行实测,并制备同养及标养试件。

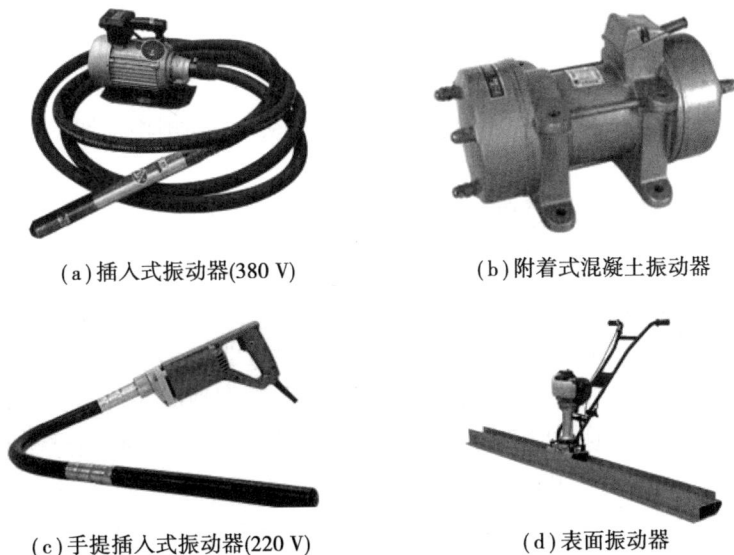

(a)插入式振动器(380 V)　　　　(b)附着式混凝土振动器

(c)手提插入式振动器(220 V)　　　　(d)表面振动器

图 5.18　混凝土振捣设备

④自高处向模板内倾卸混凝土时,为防止混凝土离析,应符合下列规定:

a.从高处直接倾卸时,其自由倾落高度不宜超过2 m,以不发生离析为度。

b.当倾落高度超过2 m时,应通过串筒、溜管或振动溜管等设施下落(图5.19)。倾落高度超过10 m时,应设置减速装置。

c.串筒出料口下方混凝土堆积高度不宜超过 1 m,并严禁用振动棒分摊混凝土。

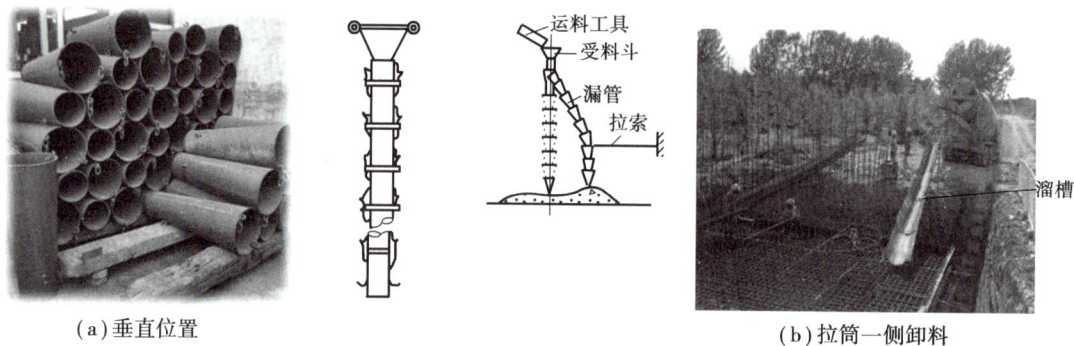

（a）垂直位置　　　　　　　　　　　　　　　　　　（b）拉筒一侧卸料

图 5.19　混凝土浇筑用串筒和溜槽

⑤混凝土应按一定厚度、顺序和方向分层浇筑,应在下层混凝土初凝或能重塑前浇筑完成上层混凝土。上下层同时浇筑时,上层与下层前后浇筑距离应保持 1.5m 以上。倾斜面上浇筑混凝土时,应从低处开始逐层扩展升高,保持水平分层。混凝土分层浇筑厚度可参考表 5.9 执行。

表 5.9　混凝土分层浇筑厚度

振捣实方法		浇筑层厚度/mm
插入式振动器		300
附着式振动器		300
用表面振动器	无筋或配筋稀疏时	250
	配筋较密时	150
人工捣实	无筋或配筋稀疏时	200
	配筋较密时	150

⑥浇筑混凝土时,除少量塑性混凝土可用人工捣实外,宜采用振动器捣实。用振动器振捣时,应符合下列规定:

a.使用插入式振动器时,移动间距不应超过振动器作用半径的 1.5 倍;与侧模应保持 50～100 mm 的距离;插入下层混凝土 50～100 mm;每一处振动完成后应边振动边徐徐提出振动棒;应避免振动棒碰撞模板、钢筋及其他预埋件。

b.表面振动器的移位间距,应以使振动器平板能覆盖已振实部分 100 mm 左右为宜。

c.附着式振动器的布置距离,应根据构造物形状及振动器性能等情况通过试验确定。

d.对每一振动部位,必须振动到该部位混凝土密实为止。密实的标志是混凝土停止下沉,不再冒出气泡,表面呈现平坦、泛浆。

⑦混凝土浇筑应连续进行,如因故必须间断时,其间断时间应小于前层混凝土的初凝时间或能重塑的时间。混凝土的运输、浇筑及间歇的全部时间不得超过表 5.10 的规定。

表 5.10　混凝土浇筑间断时间要求

混凝土强度等级	气温不高于 25 ℃	气温高于 25 ℃
≥C30	210 min	180 min
<C30	180 min	150 min

⑧施工缝的位置应在混凝土浇筑前确定,宜留置在结构受剪力和弯矩较小且便于施工的部位,施工缝宜设置成水平面或垂直面,并应按下列要求进行处理:

a.应凿除处理层混凝土表面的水泥砂浆和松弱层,但凿除时,处理层混凝土须达到相应强度的规定:用水冲洗凿毛时,须达到 0.5 MPa;用人工凿除时,须达到 2.5 MPa;用风动机凿毛时,须达到 10 MPa。

b.经凿毛处理的混凝土面,应用水冲洗干净。在浇筑次层混凝土前,对垂直施工缝宜刷一层水泥净浆,对水平缝宜铺一层厚为 10~20 mm 1∶2 的水泥砂浆。

c.重要部位及有防震要求的混凝土结构或钢筋稀疏的钢筋混凝土结构,应在施工缝处插锚固钢筋。有抗渗要求的施工缝宜做成凹形、凸形或设置止水带。

d.施工缝为斜面时,应浇筑或凿成台阶状。

⑨浇筑过程中或浇筑完成时,如混凝土表面泌水较多时,须在不扰动已浇筑混凝土的条件下,采取措施将水排除。继续浇筑混凝土时,应查明原因,采取措施,减少泌水。

⑩结构混凝土浇筑完成后,对混凝土裸露面应及时进行修整、抹平,待定浆后再抹第二遍并压光或拉毛。当裸露面积较大或气候不良时,应加盖防护,但在开始养护前,覆盖物不得接触混凝土面。

⑪浇筑混凝土期间,应设专人检查支架、模板、钢筋和预埋件等稳固情况。当发现有松动、变形、移位时,应及时处理。

⑫浇筑混凝土时,应填写混凝土施工记录。

7)混凝土养护

(1)一般规定

①对在施工现场集中养护的混凝土,应根据施工对象、环境、水泥品种、外加剂以及对混凝土性能的要求,提出具体的养护方案,并应严格执行规定的养护制度。

②一般混凝土浇筑完成后,应在收浆后尽快予以覆盖和洒水养护。对干硬性混凝土、炎热天气浇筑的混凝土以及桥面等大面积裸露的混凝土,有条件的可在浇筑完成后立即加设棚罩,待收浆后再予以覆盖和洒水养护。覆盖时,不得损伤或污染混凝土的表面。混凝土面有模板覆盖时,应在养护期间经常使模板保持湿润。

③当气温低于 5 ℃时,应覆盖保温,不得向混凝土面上洒水。

④混凝土养护用水的条件与拌和用水相同。

⑤混凝土强度达到 2.5 MPa 前,不得使其承受行人、运输工具、模板、支架及脚手架等荷载。

(2)养护措施

混凝土养护可以采用洒水养护、薄膜覆盖洒水养护、滴灌养护、土工布覆盖养护、草帘覆盖洒水养护、喷洒化学浆液、蒸汽养护等方式进行养护(图 5.20)。

混凝土养护不得采用海水或含有害物质的水。采用硅酸盐水泥、普通硅酸盐水泥或矿渣硅酸盐水泥配制的混凝土,养护时间不应少于 7 d。采用其他品种水泥时,养护时间应根据水泥性能确定:采用缓凝型外加剂、大掺量矿物掺合料配制的混凝土,不应少于 14 d。抗渗混凝土、强度等级 C60 及以上的混凝土,不应少于 14 d。后浇带混凝土的养护时间不应少于 14 d。

重要工程或有特殊要求的混凝土,应根据环境湿度、温度、水泥品种,以及掺用外加剂和掺合料等情况,酌情延长养护时间,并应使混凝土表面始终保持湿润状态。当气温低于 5 ℃时,应

(a)薄膜覆盖洒水养护

(b)土工布覆盖洒水养护

(c)喷洒化学浆液

(d)蒸汽养护

图 5.20　混凝土养护措施

采取保温养护的措施,不得向混凝土表面洒水。采用喷洒养护剂对混凝土进行养护时,所使用的养护剂应不会对混凝土产生不利影响,且应通过试验验证其养护效果。

新浇筑的混凝土与流动的地表水或地下水接触时,应采取临时防护措施,保证混凝土在 7 d 以内且强度达到设计强度的 50%以前,不受水的冲刷侵袭;当环境水具有侵蚀作用时,应保证混凝土在 10 d 以内且强度达到设计强度的 70%以前,不受水的侵袭。混凝土处于冻融循环作用的环境时,宜在结冰期到来 4 周前完成浇筑施工,且在混凝土强度未达到设计强度等级的 80%前不得受冻,否则应采取技术措施,防止发生冻害。

5.3　桥梁施工常用设备

5.3.1　预应力张拉设备

1)预应力锚固体系

锚固体系是预应力混凝土体系的重要组成部分,按用途可分为锚具、夹具和连接器。在先张法构件中,为保持预应力筋的拉力将其固定在张拉台座(或设备)上所使用的机械装置称为夹具。在后张法结构或构件中,锚具起着保持预应力筋的拉力并将其传递到混凝土的作用,是一种永久性的锚固装置。

预应力锚固体系按锚固方式分为夹片式、支承式、锥锚式和握裹式锚固体系。本节仅介绍在梁式桥梁中使用频率较大的夹片式锚固体系,其余几种锚固体系请查阅相关资料。

夹片式锚固体系是目前使用最多的一系列锚固体系,主要用于后张法预应力工艺,可锚固单根及多根高强度钢绞线。夹片式锚固体系张拉端锚具常见的型号有 OVM 型锚具、BM 型锚具等,固定端锚具常用 P 型、H 型、OVM 型及 BM 型。

(1)OVM 型锚具

OVM 型锚具已成为当今较成功的预应力群锚体系之一,广泛应用于国内外桥梁建设、预应力混凝土工程(图 5.21)。OVM 型锚具的锚固效率系数高,锚固性能稳定、可靠,适应范围广泛。一般情况下,一套锚具可锚固 1~55 根钢绞线。

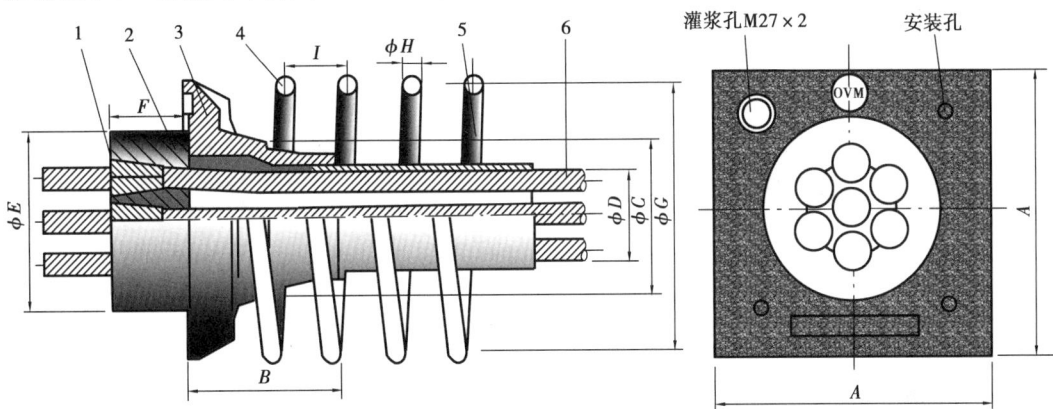

图 5.21　OVM 型锚具组成

1—夹片;2—锚板;3—锚垫板;4—螺旋筋;5—金属波纹管;6—预应力筋

OVM 型锚具由夹片、锚环、锚垫板以及螺旋筋 4 部分组成。按钢绞线直径分为 OVM13、OVM15、OVM18、OVM22 和 OVM28 型,可锚固直径分别为 12.7 mm、12.9 mm、15.2 mm、15.7 mm、17.8 mm、21.8 mm、28.6 mm 的钢绞线。

(2)BM 型锚具

BM 型锚具是一种扁形夹片式群锚锚具(图 5.22)。BM 型锚具由扁形工作锚板、工作夹片、扁形锚垫板、扁形螺旋筋、扁形波纹管等组成,适用于锚固各种规格的高强度钢绞线,使用它可使后张构件减薄。

图 5.22　OVM 锚具实物图

(3)P 型锚具

P 型锚具是一种用于固定端的锚具,利用锚固单元受挤压产生塑性变形的原理来夹持钢绞线,其中挤压锚具由挤压套与钢绞线通过专用的挤压机挤压而形成锚固单元(图 5.23)。

(4)H 型锚具

H 型锚具也是一种固定端锚具,其锚固单元是钢绞线经过专用压花机挤压后形成的,依靠混凝土对钢绞线的握裹力进行锚固(图 5.24)。

H 型锚具是利用轧花机将钢绞线端头压成梨形头的一种锚具。它是内置自锚式锚具,按需要可做成正方形、长方形多种形式排列。

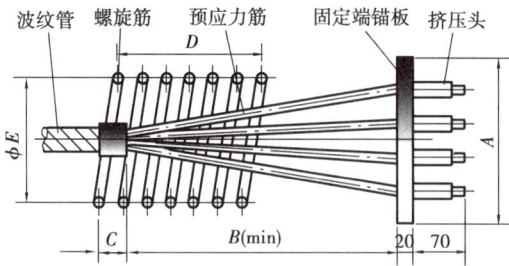

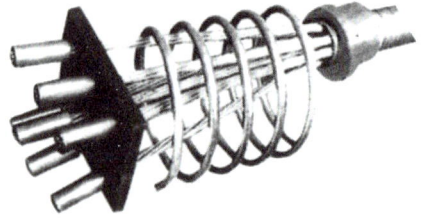

图 5.23　P 型锚具

（a）TYM15型轧花机　　　　　　　　　（b）H型锚固体系

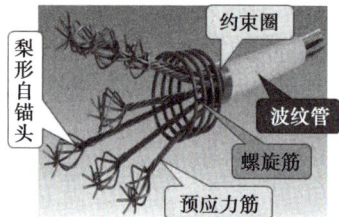

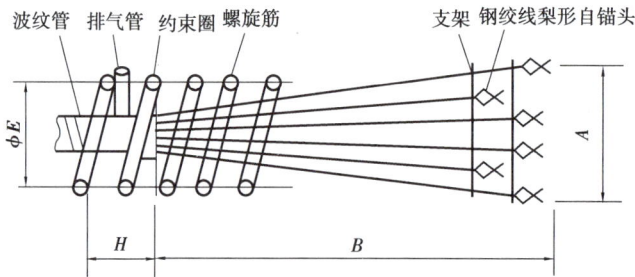

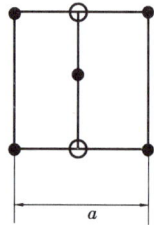

图 5.24　H 型锚具

2）预应力张拉设备

预应力张拉设备主要包括预应力千斤顶和液压油泵。预应力千斤顶是预应力施工中的重要设备，可分为穿心式、拉杆式、锥锚式和台座式 4 种。预应力千斤顶代号后接主参数张拉力，单位为 kN。预应力千斤顶的形式和主参数的选定与预应力种类、锚夹具形式、构造参数和张拉力有关。

公路工程中常用的穿心式千斤顶及其张拉设备系统构造特点是沿千斤顶轴线有一穿心孔道，供预应力筋或张拉杆穿过（图 5.25）。它有两个液压缸，分别负责张拉和顶压锚固，张拉活塞采用液压回程，顶压活塞采用弹簧或液压回程。

近年来，不断发展的智能张拉设备系统集油泵操作、数据记录、张拉控制于一体，大大减少了操作过程，明显提高了工作效率（图 5.26）。

5.3.2　链滑车（手拉葫芦）

链滑车俗称倒链或神仙葫芦，是一种简单、实用的起重工具，可用于人力手工吊装轻型构件，在桥梁架设安装、构件落位、模板安装和收紧缆风绳等工作中使用较多（图 5.27）。

拉杆式千斤顶
工作过程

(a)穿心式单根张拉千斤顶　　　(b)穿心式多根张拉千斤顶　　　(c)油泵

图 5.25　预应力张拉设备

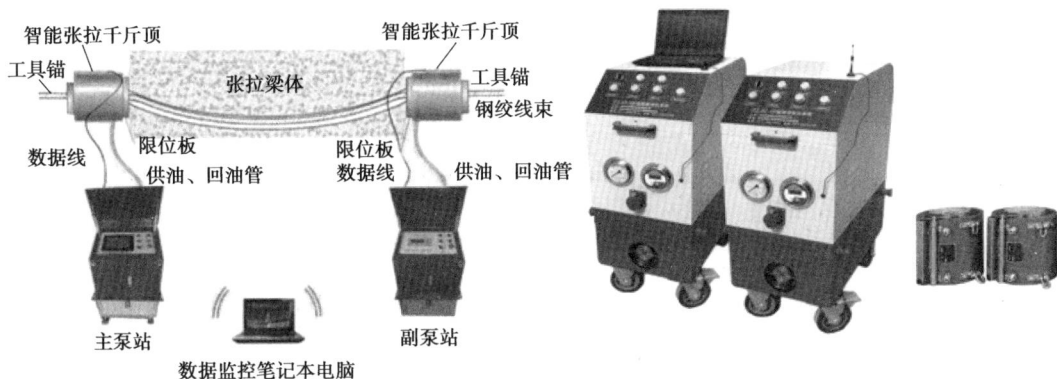

图 5.26　预应力结构张拉示意图

链滑车由链轮、手拉链、行星齿轮装置、起重链及吊钩等组成。

链滑车使用前要检查吊钩、链条、轮轴、链盘,如有锈蚀、裂纹、损伤、传动部分不灵活应严禁使用;起重链如有打结、扭结现象应缠放理顺后方可使用。

使用时,倒松链条,挂好起吊物件,慢慢拉动牵引链条,待起重链条受力后,再检查齿轮啮合,以及自锁装置的工作状态,确认无误方可继续作业。当提升重物时,可用手牵引链轮顺时针方向旋转。牵引停止时,由于链滑车制动装置的作用,重物不会自动下落,而维持悬吊不动。已吊起的重物在中途停留的时间过长时,要将手拉链拴在起重链上,以防制动失灵。

图 5.27　倒链

起重时不得超载使用,应根据链滑车的起重能力确定拉链人数。如手拉链拉不动时,应检查原因,切忌盲目猛拉,以免发生事故。

在任何方向使用时,拉链方向均应与链轮方向相同,注意防止手拉链脱槽,拉链时用力应均匀,不能过快过猛。

5.3.3　卷扬机

卷扬机是用卷筒缠绕钢丝绳或链条提升或牵引重物的轻小型起重设备,又称绞车(图5.28)。卷扬机可以垂直提升、水平或倾斜拽引重物。卷扬机分为手动卷扬机、电动卷扬机、液压卷扬机 3 种。现在以电动卷扬机为主,可单独使用,也可作起重、筑路和钻机等机械的组成部件,因操作简单、绕绳量大、移置方便而在公路工程中广泛应用。

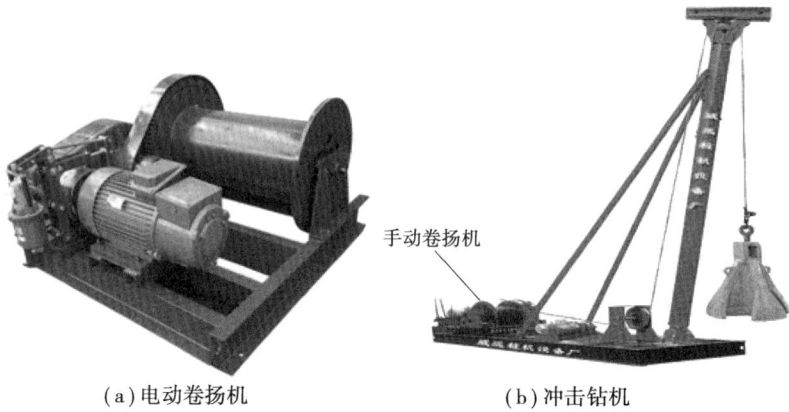

(a)电动卷扬机　　　　(b)冲击钻机

图 5.28　卷扬机实物图

5.3.4　贝雷架

贝雷架又称贝雷片、贝雷梁或贝雷桁架,最初是由一名英国工程师在 1938 年第二次世界大战初期设计的一种军用钢桥(图 5.29)。其结构简单、运输方便、架设快速、分解容易,同时承载能力大、结构刚性强及疲劳寿命长,得到了广泛的推广及使用。

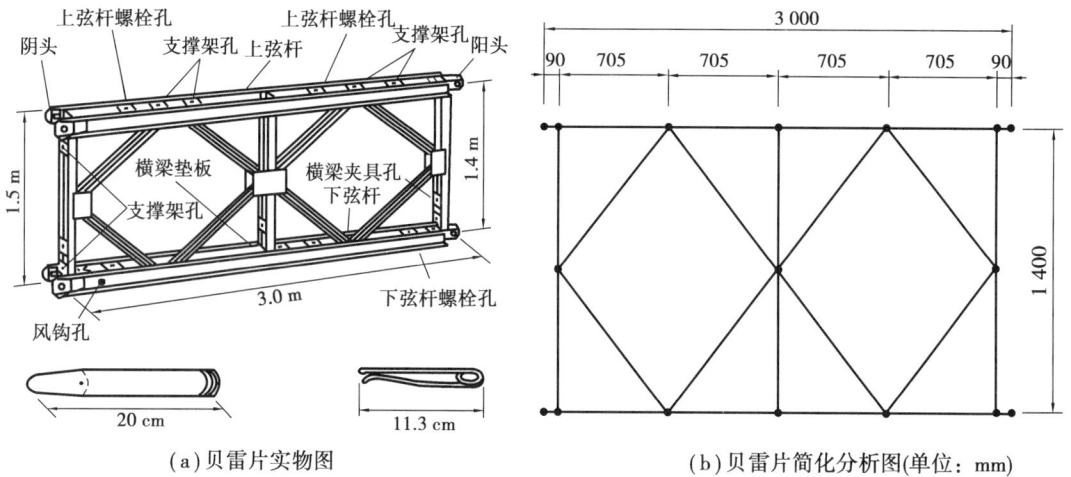

(a)贝雷片实物图　　　　　　(b)贝雷片简化分析图(单位:mm)

图 5.29　321 型贝雷片实体图及其尺寸标识图

目前,在我国使用的贝雷梁主要有 321 型和 200 型两种。321 型贝雷梁是在原英制贝雷桁架桥的基础上,结合我国国情和实际情况改进的,并于 1965 年定型生产,广泛应用于国防战备、交通工程、市政水利工程等行业,已经成为应用最为广泛的组装式桥梁。200 型装配式公路钢桥增加桁架高度至 2.134 m,提高了承载能力,增强了稳定性能,增加了疲劳寿命,提高了可靠度。321 型和 200 型又分为加强型和非加强型,其性能对比见表 5.11。

表 5.11　HD200 钢桥和 321 钢桥对比表

内力和惯性矩		不加强桥				加强桥			
		单排单层	双排单层	三排单层	四排单层	单排单层	双排单层	三排单层	四排单层
		SS	DS	TS	QS	SSR	DSR	TSR	QSR
200型钢桥	弯矩/(kN·m)	1034.3	2027.2	2978.8	3930.3	2165.4	4244.2	6236.4	8228.6
	剪力/kN	222.1	435.3	639.6	843.9	222.1	435.3	639.6	843.9
	高剪力/kN	384.6	753.7	1107.5	1461.3	384.6	753.7	1107.5	1461.3
	剪力/kN	509.8	999.2	1468.2	1937.2	509.8	999.2	1468.2	1937.2
	惯性矩/cm⁴	590967.2	1161934.4	1742901.6	2323868.8	1164482.4	2328964.8	3493447.2	4657929.6
321型钢桥	弯矩/(kN·m)	788.2	1576.4	2246.4	—	1687.5	3375	4809.4	—
	剪力/kN	245.2	490.5	698.9	—	245.2	490.5	698.9	—
	惯性矩/cm⁴	250497.2	500994.4	751491.6	—	577434.4	1154868.8	1732303.2	—

　　目前,我国公路、铁路、市政及水利等建设项目普遍采用 321 型贝雷梁建设施工临时栈桥、梁式支架、拼装龙门吊车、导梁、架桥机、吊篮等(图 5.30)。其贝雷片由上下弦杆、竖杆及斜杆焊接而成,上下弦杆分别为双 [10 槽钢,斜杆和竖杆为工 8 工字钢,桁架构件材料为 16Mn,每片桁架重 270 kg,单位长质量为 90 kg/m,其主要参数见表 5.12。

(a)贝雷梁做栈桥

(b)贝雷梁做支架

图 5.30　贝雷梁

表 5.12 321 型贝雷片参数表

杆件名	材 料	断面形式	横断面/cm²	惯性矩/cm⁴	容许承载力/kN
弦杆	16Mn	][10	2×12.74	397	560
竖杆	16Mn	工8	9.52	99	210
斜杆	16Mn	工8	9.52	99	171.5

5.3.5 汽车起重机

汽车起重机是装在普通汽车底盘或特制汽车底盘上的一种起重机,其行驶驾驶室与起重操纵室分开设置(图 5.31)。其优点是机动性好,转移迅速。其缺点是工作时须支腿,不能负荷行驶,也不适合在松软或泥泞的场地上工作。一般备有上、下车两个操纵室,作业时必须伸出支腿保持稳定。起重量的范围很大,为 8~1600 t;底盘的车轴数为 2~10 根,是产量最大、使用最广泛的起重机类型。

(a)小吨位轮胎式汽车吊(25~50 t)　　(b)履带式起重机　　(c)大吨位轮胎式汽车吊(50~150 t)

图 5.31 汽车式起重机

5.3.6 门式起重机

门式起重机是桥式起重机的变形,又称龙门吊,是一种较常用的垂直起吊设备,可垂直、纵向及横向吊运构件(图 5.32)。门式起重机一般设置在构件预制场用来吊移构件,或设置在墩顶或墩旁用来安装梁体构件。多采用箱形式和桁架式结构,跨度为 4~39 m,起重量可达几百吨。

5.3.7 塔式起重机

塔式起重机简称塔机,也称塔吊,由起重臂、塔身、转台、承座、平衡臂、底架、塔尖等组成(图 5.33)。其作业空间大,主要用于公路桥梁高墩、支架现浇及悬臂现浇梁体等施工中物料的垂直和水平输送及构件的安装。由金属结构、工作机构和电气系统 3 部分组成。金属结构包括塔身、动臂和底座等。工作机构有起升、变幅、回转和行走 4 部分。电气系统包括电动机、控制器、配电柜、连接线路、信号及照明装置等。

爬升式塔式
起重机爬升

塔式起重机属于特种设备,在施工中应严格按照特种设备的相应管理及操作规程施工,杜绝违章,保证安全。

5.3.8 架桥机

架桥机是装配式简支梁桥施工的专用设备。目前,我国使用的架桥机类型众多,没有统一

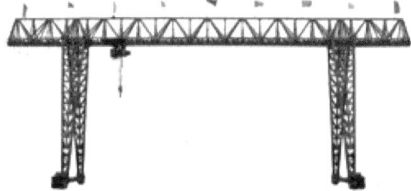

（a）轨道桁架式龙门起重机

（b）跨墩设置龙门起重机

（c）轮胎箱式龙门起重机

（d）预制梁场设置的龙门起重机

图 5.32 门式起重机

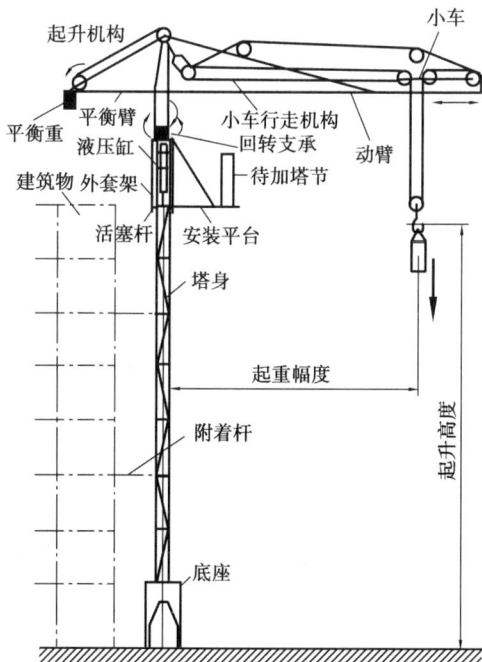

（a）上旋式塔式起重机的主要结构

（b）塔式起重机在高墩施工现场

（c）塔式起重机在连续梁施工现场

图 5.33 塔式起重机

的架桥机命名、分类标准。在工程实践中习惯以各生产厂家的型号来表示。

根据划分标准的不同,架桥机可以划分为以下 4 种:

①按架桥机的用途分,有公路架桥机、铁路架桥机、公铁两用架桥机和专用架桥机。

②按架桥机组成构件的来源分,有专用架桥机和拼装式架桥机。前者指架桥机的主要构件

为该型号架桥机专用;后者指架桥机是由万能杆件、贝雷梁等常备式构件拼装而成。

③按架桥机主梁的数目分,有单梁式架桥机和双梁式架桥机。

④按架桥机的主梁的结构形式分,有桁架式、箱梁式、板梁式及蜂窝梁式架桥机等。

图5.34所示为公路工程施工常用的拼装三角桁架式双导梁和专用的单导梁架桥机。

（a）拼装三角桁架式双导梁架桥机　　　　（b）专用单导梁架桥机

图5.34　架桥机

练习与讨论

5.1　名词解释。

梁桥净跨径　　　计算跨径　　　桥梁全长　　　桥梁高度

桥下净空高度　　建筑高度　　　净矢高　　　矢跨比

5.2　请简述先张法预应力混凝土结构和后张法预应力混凝土结构预应力的传递路径。

5.3　设计一座单跨跨径为15 m、桥面宽度为4.5 m的钢便桥,下部采用长10 m的A600钢管支撑,绘制平、纵、横断面及设计说明书。

5.4　请简述大体积混凝土施工、冬雨季混凝土施工及高温季节混凝土施工的质量保证措施。

模块 6　桥梁下部结构施工技术

【知识框架】

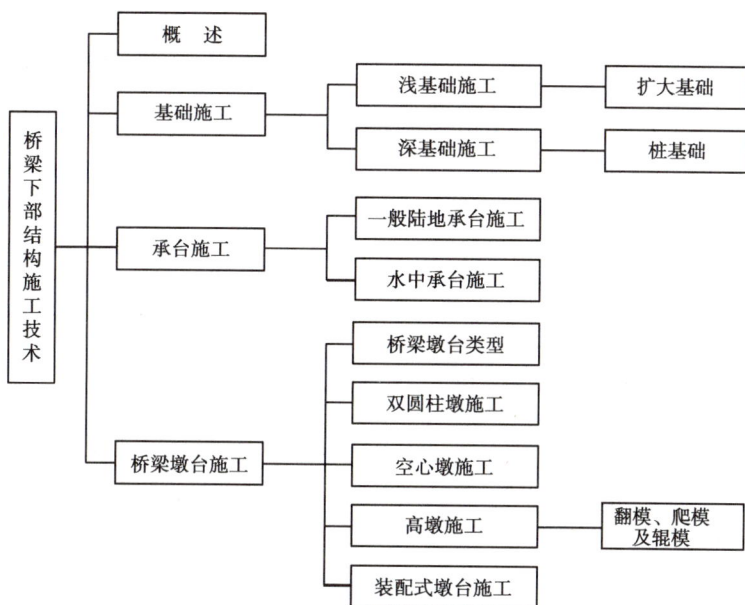

【专业术语】

1.基桩:桩基础中的单桩。

2.大直径桩:直径大于或等于 2.5 m 的钻孔灌注桩。

3.超长桩:桩长大于或等于 90 m 钻孔灌注桩。

河姆渡木桩

4.大体积混凝土:现场浇筑的最小边尺寸大于或等于 1 m,且必须采取措施以避免因水化热引起的内表温差过大而导致裂缝的混凝土。

【学习要求】

通过对桥梁下部结构的描述,了解桥梁下部结构的组成及其构造;通过桥梁基础的学习,理解桥梁基础的类型,掌握扩大基础及桩基础的施工方法及其质量控制要点;通过桥梁承台的施工工艺的学习,掌握一般陆地承台的施工控制要点,掌握桩基检测及桩头破除施工方法;通过桥梁墩台施工的学习,理解装配式墩台施工的主要方法及其实际应用,掌握现浇墩台的主要施工工艺,掌握高墩施工的 3 种主要方法及空心墩施工的 3 个阶段。

6.1 概 述

桥梁下部结构主要是指桥梁支座以下的支撑结构,包括桥墩、桥台和墩台之下的基础,是将上部结构及其承受的交通荷载传入大地的结构物。桥梁下部结构施工在整个桥梁建设过程中尤为关键,其施工质量高低决定了整个桥梁建设水平。

桥梁基础工程方案主要取决于其地基土的工程性质、水文地质条件、荷载特性、桥梁结构形式及使用要求等因素,基础工程设计类型目前常采用混凝土扩大基础、桩基础、沉井基础等。近年来,随着我国桥梁基础工程施工水平逐年提高,深、长、大直径基础应用更加广泛。我国刚建成通车的港珠澳大桥是连接香港、珠海、澳门的超大型跨海通道,全长 55 km,为世界最长的跨海大桥。其桥梁基础工程采用钢管复合群桩基础(图 6.1),其中有通航要求的九洲航道桥承台下设 22 根直径 2.5/2.2 m 的钢管复合桩,最大桩长 86 m,按嵌岩桩设计,考虑钢管参与受力。

图 6.1 港珠澳大桥大直径超长管桩基础

桥梁墩台主要作用为传递上部结构荷载至桥梁基础,桥梁墩台结构形式繁多,按照力学特性墩台分为重力式墩台、轻型墩台。桥梁墩台设计形式多种多样,桥墩有实心墩和薄壁墩、圆墩、方墩、花瓶形(图 6.2)、Y 形、H 形、异形墩等;桥台有矩形桥台、U 形桥台、T 形桥台、埋式桥台及耳墙式桥台等。

图 6.2 花瓶墩与门式墩

桥梁墩台施工有现浇施工和预制拼装施工两种,现浇施工是桥梁墩台施工的主流形式,预制拼装化施工已逐渐成为施工发展的方向。例如,港珠澳大桥浅水区非通航桥梁墩身即采用工厂预制现场节段拼接方案(图6.3),墩身分段预制时节段重量已达到1500 t左右,其施工技术已达到国内一流水平。

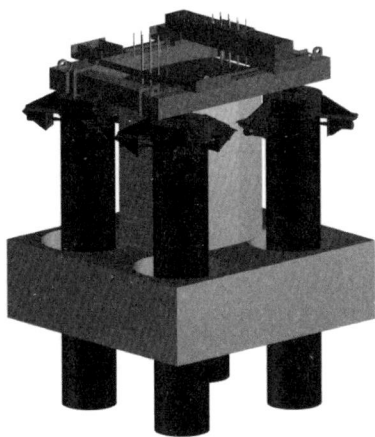

图6.3　港珠澳大桥预制桥墩

6.2　基础施工

桥梁基础作为桥梁结构物的重要组成部分,起着支承桥跨结构,保持体系稳定,把上部结构、墩台自重及车辆荷载传递给地基的重要作用。

桥梁基础可以根据埋置深度及施工工艺特点将其分为浅基础和深基础(图6.4),一般将埋置深度较浅(通常在5 m以内),只需经过开挖、排水等普通施工程序就可以建造起来的基础称为浅基础,通常包括独立基础、条形基础、筏形基础和箱形基础;由于地层土质不良或建筑物荷载过大需将基层底面置于较深的(通常在5 m以上)良好的土层上,且施工较为复杂的基础称为深基础,如桩基础、沉井基础、沉箱基础和地下连续墙等。

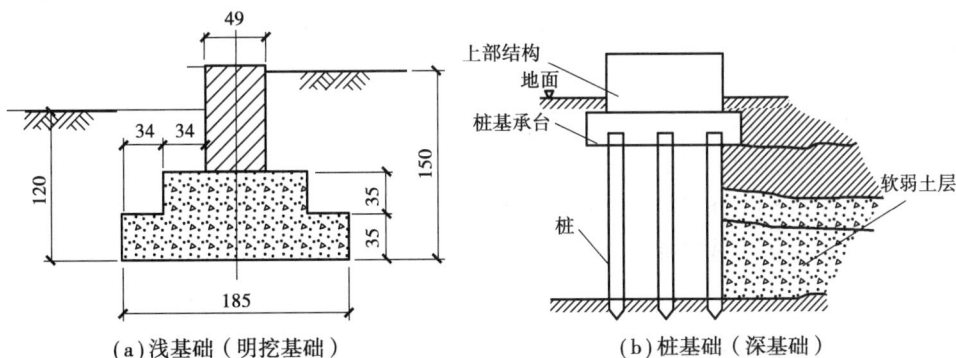

(a)浅基础(明挖基础)　　　(b)桩基础(深基础)

图6.4　浅基础与深基础示意图

实际上,浅基础和深基础没有绝对明确的尺寸界限,因此,对大多数情况埋深较浅、一般可用较简便的方法来修建的均属于浅基础,而采用桩基、沉井、地下连续墙等某些特殊施工方法修建且利用较深土层承载的基础则称为深基础。所谓施工复杂,通常指施工需要专门的设备及经过专门培训的施工人员。对于某些特定情况,基础在土层内深度较浅,但在水下部分较深,如深水中的桥墩基础,称为深水基础,在施工中应作为深基础考虑。

本节对公路工程桥梁基础中最常见的浅基础(明挖基础)和桩基础(深基础)的施工技术进行详细介绍。对沉井基础和地下连续墙的施工技术由于其施工工艺复杂、质量控制难点多,本节不作介绍,请参阅相关专业技术文献。

6.2.1　浅基础施工

浅基础也称扩大基础或明挖基础,是指在原地面直接开挖修筑的一种桥涵基础,一般以片石(块石)、片石混凝土、素混凝土或钢筋混凝土建造。桥梁墩(台)常用的浅基础的平面形式有矩形、圆端形、圆形、八角形和 T 形等。

广东黄茅海大桥钢套箱沉井　　五峰山长江大桥深基础

无论何种形式的浅基础,在实际施工过程中常根据工程地质和水文地质、开挖的深浅与大小以及有无水和水量大小等情况的不同,将其施工方法分为无支护开挖(直接开挖)法和支护开挖法。

公路工程桥梁的浅基础一般设于承载力较高的基岩上。

1)浅基础施工工艺及流程

浅基础施工工艺流程见图 6.5。

2)基坑开挖前的准备

基坑开挖与自然条件较密切,应充分了解工程周围环境与基坑开挖的关系。在确保基坑及周围环境安全的前提下,合理确定施工方案,准确选用支护结构。

①了解工程地质及水文地质条件。在施工前应掌握工程地质报告,对基坑处的地质构造、土层分类及参数、地层描述、地质剖面图及钻孔柱状图应充分了解。

②工程周围环境调查。基坑开挖会引起周围地下水位下降,地表沉降会对周围建筑物、管线及地下设施带来影响,因此在基坑开挖前,应对周围环境进行调查,采取可靠措施将基坑开挖对周围环境的影响控制在允许的范围内。

③浅基础地基施工前,应对基坑边坡进行稳定性验算,并制订专项施工方案和安全技术方案。若基坑开挖需爆破,爆破作业的安全管理应符合现行国家标准的规定。

④基坑开挖时应对其边坡的稳定性进行验算,对于开挖深度超过 5 m 的特大型深基坑,除按照边开挖、边支护的原则开挖外,在施工开挖之前,应编写专项的边坡稳定监测方案。

⑤基坑的定位放样。在基坑开挖前,测量放样人员根据施工技术人员提供的基坑开挖边线尺寸及位置计算出基坑边线控制点坐标,采用全站仪或 GPS 放样出基坑的开挖范围。

3)引截地表水

基坑开挖前应先做好地面排水系统,在基坑坑顶外缘四周向外设置排水坡或设置防水梁,在适当距离处设截水沟,应采取防止水沟渗水的措施,避免影响坑壁稳定。在雨季施工过程中,特别注意地表水的截流,防止基坑大规模进水。

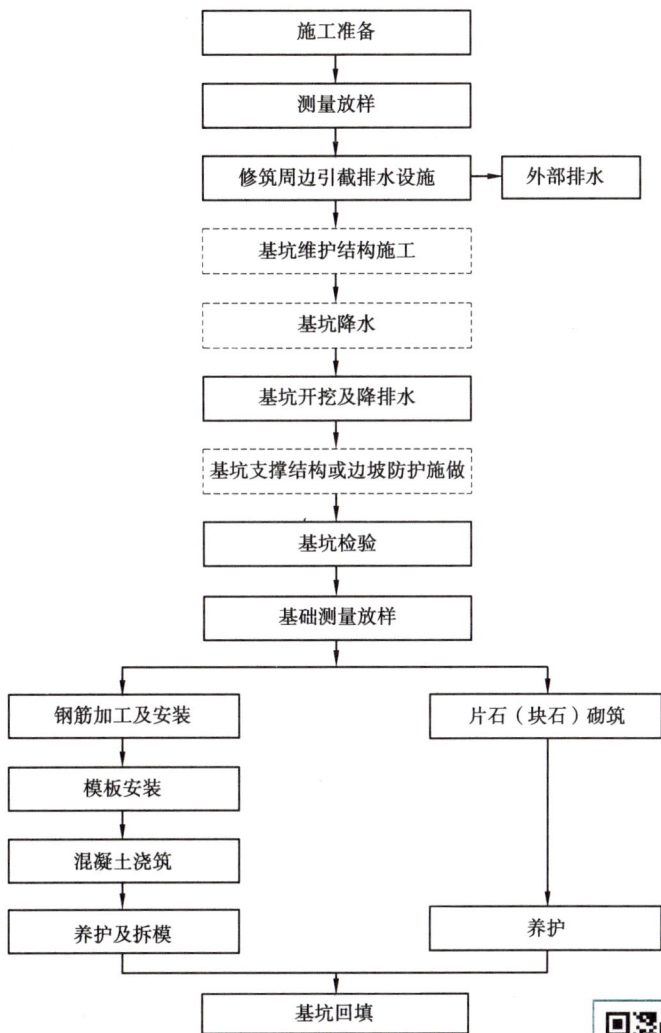

图 6.5　浅基础施工工艺流程

4)基坑开挖

（1）无支护开挖

当基坑所处区域土质条件较好,无水或少量地下水,基坑深度较浅,施工期较短,基坑开挖不影响邻近建筑物安全时,可采用无支护形式对基坑进行开挖并尽量在少雨季节施工。

①开挖形式的选择。常见的无支护基坑坑壁形式有垂直坑壁、斜坡和阶梯形坑壁、变坡度坑壁 3 种(图 6.6)。

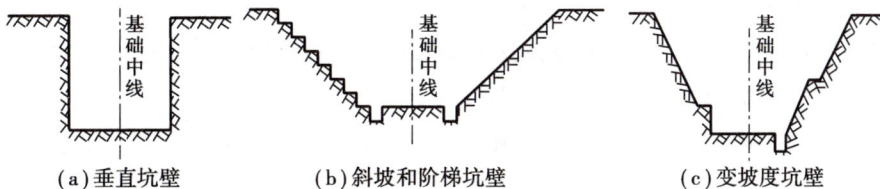

(a)垂直坑壁　　　(b)斜坡和阶梯坑壁　　　(c)变坡度坑壁

图 6.6　基坑开挖形式示意图

天然含水率接近最佳含水率、构造均匀、不致发生坍滑、移动或不均匀下沉土质的基坑开挖可采取垂直坑壁的形式。不同土质状态垂直坑壁容许深度见表6.1。

表6.1   无支护垂直坑壁基坑容许深度

土的类别	容许深度/m
密实、中密的砂类土和砾类土(充填物为砂类土)	1.00
硬塑、软塑的低液限粉土,低液限黏土	1.25
硬塑、软塑的高液限黏土,高液限黏质土夹砂砾土	1.50
坚硬的高液限黏土	2.00

附近无重要构筑设施、地下管线及施工场地许可的地区,基坑深度在5 m以内,土的湿度正常、土层构造均匀,基坑坑壁坡度可参考表6.2,采用斜坡开挖或按相应斜坡高、宽比值挖成阶梯形坑壁,每级台阶高度以0.5~1.0 m为宜。阶梯可兼作人工运土的台阶。

表6.2   基坑坑壁坡度

土的类别	边坡坡度(高:宽)		
	坡顶无荷载	坡顶有静载	坡顶有动载
中密的砂土	1:1.00	1:1.25	1:1.50
中密的碎石类土(填充物为砂土)、砾类土	1:0.75	1:1.00	1:1.25
硬塑的黏质粉土、粉质土、粉土质砂	1:1.67	1:1.75	1:1.00
中密的碎石类土(填充物为黏性土)	1:0.50	1:0.67	1:0.75
硬塑的粉质黏土、黏土、黏质土	1:0.33	1:0.50	1:0.67
极软岩	1:0.25	1:0.33	1:0.67
老黄土	1:0.10	1:0.25	1:0.33
软质岩	1:0	1:0.1	1:0.25
硬质岩	1:0	1:0	1:0
软土(轻型井点降水后)	1:1.00	—	—

坑壁边缘应留有护道,静荷载距基坑边缘不小于0.5 m;动载时,坑顶缘与动载间应留有大于1 m的护道。如地质、水文条件不良或动载过大,应进行基坑开挖边坡检算,根据检算结果确定采用增宽护道或其他加固措施。

基坑穿过不同土层时,坑壁边坡可按各层土质采用不同坡度。当下层土质为密实黏性土或岩石时,下层可采用垂直坑壁。在坑壁坡度变化处可视需要设不少于0.5 m宽的平台。

当开挖后,坑壁有失稳的可能时,可对边坡进行喷射混凝土、挂网喷射混凝土及施做土钉或锚杆等方式进行坑壁防护,并应符合下列规定:

a.对基坑开挖深度小于10 m的较完整风化基层,可直接喷射混凝土加固坑壁。喷射混凝土之前应将坑壁上的松散层或岩渣清理干净。

b.锚杆、预应力锚索和土钉支护,均应在施工前按设计要求进行抗拉拔力的验证试验,并确定适宜的施工工艺。

c.采用锚杆挂网喷射混凝土加固坑壁时,各层锚杆进入稳定层的长度、间距和钢筋的直径均应符合设计要求。孔深小于或等于3 m时,宜采用先注浆后插入锚杆的施工工艺;孔深大于

3 m 时,宜先插入锚杆后注浆。锚杆插入孔内后应居中固定,注浆应采用孔底注浆法,注浆管应插至距孔底 50~100 mm 处,并随浆液的注入逐渐拔出,注浆的压力不宜小于 0.2 MPa。

d.采用预应力锚索加固坑壁时,预应力锚索(包括锚杆)编束、安装和张拉等的施工应符合规范规定。

e.采用土钉支护加固坑壁时,施工前应制订专项施工技术方案和施工监控方案,配备适宜的机具设备。土钉支护中的开挖、成孔、土钉设置及喷射混凝土面层等施工可按现行行业标准规定执行。

f.不论采用何种加固方式,均应按设计要求逐层开挖、逐层加固,坑壁或边坡上有明显出水点处应设置导管排水。

②土石方开挖。根据地质情况可采用人工、半机械和机械等开挖方法。对于岩石基坑,必要时可进行松动爆破结合人工开挖;对于各种大、中、小桥基础工程,首选采用机械进行开挖,条件困难时可选用风镐、铁镐等工具进行开挖。采用机械开挖时,基底应留 20~30 cm 土层改为人工开挖,避免机械施工时扰动基底土层。

（2）支护开挖

①基坑支护的形式。当基坑壁坡不易稳定并有地下水渗入,或放坡开挖场地受到限制,或基坑较深、放坡开挖工程数量较大,不符合技术经济要求时,可采用坑壁有支护的基坑。常用的支护形式有排桩、重力式挡墙及地下连续墙,各种支护结构的特点见表 6.3。

表 6.3　不同类型的基坑支护结构的特点

类　型		特　点
重力式水泥土挡土墙		①无支撑,墙体止水性好,造价低; ②墙体变位大
排桩	型钢	①H 型钢间距为 1.2~1.5m; ②造价低,施工简单,有障碍物时可改变间距; ③止水性差,地下水位高的地方不适用,坑壁不稳的地方不适用
	混凝土板桩	①预制混凝土板桩施工较为困难,对机械要求较高,受起吊设备限制,而且挤土现象很严重,不适合大深度基坑; ②桩间采用槽榫接合方式,接缝效果较好,有时需辅以止水措施
	钢板桩	①成品制作,可反复使用; ②施工简便,但施工有噪声,需专用设备; ③刚度小、变形大,与多道支撑结合,在软弱土层中也可采用; ④新的时候止水性尚好,如有漏水现象,需增加防水措施
	灌注桩	①刚度大,可用在深大基坑; ②施工对周边地层、环境影响小; ③需降水或和止水措施配合使用,如搅拌桩、旋喷桩等
地下连续墙		①刚度大,开挖深度大,可适用于所有地层; ②强度大,变位小,隔水性好,同时可兼作主体结构的一部分; ③可邻近建筑物、构筑物使用,环境影响小; ④造价高

注:重力式水泥土挡土墙、钢板桩为常用类型。

②对坑壁采取支护措施进行基坑的开挖时,应符合下列规定:

a.基坑较浅且渗水量不大时,可采用竹排、木板、混凝土板或钢板等对坑壁进行支护;基坑深度小于或等于4 m且渗水量不大时,可采用槽钢、H型钢或工字钢等进行支护;地下水位较高,基坑开挖深度大于4 m时,宜采用锁口钢板桩或锁口钢管桩围堰进行支护,其施工要求应符合《公路桥涵施工技术规范》(JTG/T 3650—2020)的相关规定;在条件许可时也可采用水泥土墙、混凝土围圈或桩板墙等支护方式。

b.对支护结构应进行设计计算,当支护结构受力过大时应加设临时支撑,支护结构和临时支撑的强度、刚度及稳定性应满足基坑开挖施工的要求。

③重力式水泥土挡土墙。重力式水泥土挡土墙是以水泥、石灰等材料为固化剂,利用深层搅拌机械强制搅拌或者高压喷射注浆法,水泥浆和软土之间发生一系列的物理反应和化学反应,使软土硬结成整体桩,充分利用原位土,形成重力式挡墙,从而提高了基坑壁的稳定性;同时,因为水泥土的渗透系数比较小,因此可兼作止水帷幕。重力式水泥土挡土墙适用于淤泥、淤泥质土、地基承载力标准值小于120 kPa的黏性土和粉性土等软地层区域,开挖深度小于或等于7.0 m和周边环境保护要求较低的基坑工程,基坑开挖深度为4~6 m时最为经济合理,基坑开挖深度比较大和对周围环境保护要求较高的工程要谨慎使用。对于有机质含量高、pH值小于7,初始抗剪强度低的土,以及土中包含伊利石、氯化物、水铝英石等矿物或者地下水具有较强的侵蚀性时,加固效果比较差。

重力式水泥土挡土墙具有如下特点:

a.把固化剂和原土在现场搅拌成料,最大程度利用了原位土;

b.对周边原有建筑物影响小;

c.能根据土性质和设计要求,可靠选定固化剂和其配比,设计相对灵活;

d.施工时振动小、噪声小、污染小,对环境的影响程度小;

e.施工简单,成桩工期短,造价相对较低;

f.具有隔水、止水功能;

g.开挖时通常不需要加支撑或者拉锚;

h.基坑内空间大,便于土方开挖和后期施工。

重力式水泥土挡土墙的形式有多种:

a.按照搅拌机的搅拌轴数不同,搅拌桩截面分为双轴和三轴两种;

b.搅拌桩还可以分为加筋和无加筋两种,加筋搅拌桩主要有型钢水泥土搅拌桩;

c.根据平面布局分为满堂形式、格栅形式以及宽窄相间的齿形形式,格栅形式为主要形式(图6.7);

d.按挡土墙竖向布置区分有断面布置、台阶形布置。

④排桩。排桩支护结构是将桩体按照一定的距离或者咬合排列形成的支护挡土结构,常用的有钢板桩、钢筋混凝土排桩、钢筋混凝土板桩,而其中钢筋混凝土桩常用钻孔灌注桩、人工挖孔桩和预制桩等。

a.钢板桩。钢板桩是一种广泛应用于各类临时或永久建筑中的挡土结构,其具有承载力强、自身结构轻、水密性好、耐久性好、施工灵活、可重复使用等优点。但由于板桩打入时有挤土现象,而拔出时则又会将土带出,造成板桩之间有空隙,这会对周边环境造成一定的影响。通常其支护的基坑最大开挖深度在 7~8 m。

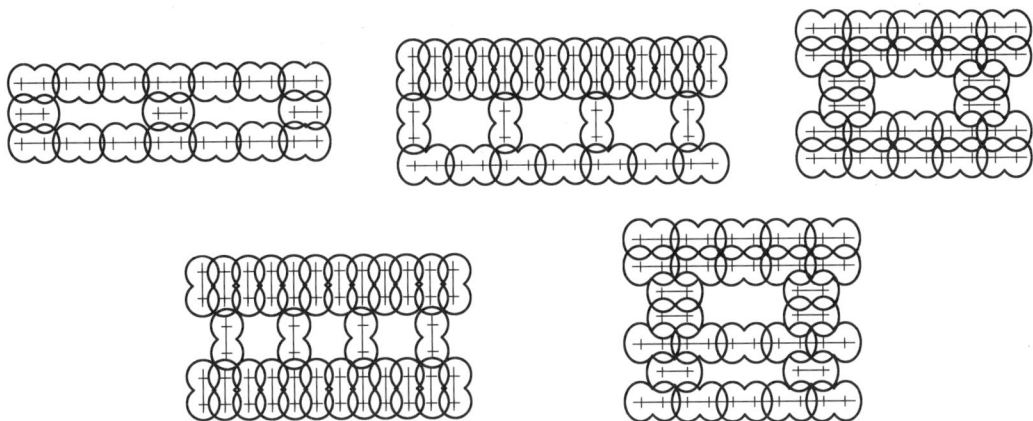

图 6.7 典型的水泥土桩格栅式布置

钢板桩断面形式较多,在公路工程浅基础基坑支护施工中常采用 U 形拉森钢板桩和槽钢两种形式(图 6.8、图 6.9)。

(a)拉森钢板桩实物

(b)拉森钢板桩咬合连接

图 6.8 拉森钢板桩

(a)钢板桩插打　　　　　**(b)钢板桩支护陆地基坑**　　　　　**(c)钢板桩围堰**

图 6.9 拉森钢板桩施工现场

钢板桩支护结构在施工前,均应对其进行设计及计算,并绘制支护结构平、立面图(图6.10、图 6.11)。为保证基坑的稳定性,在含地下水的砂土地层施工时,要保证齿口咬合,并应使用专门的角桩,以保证止水效果。

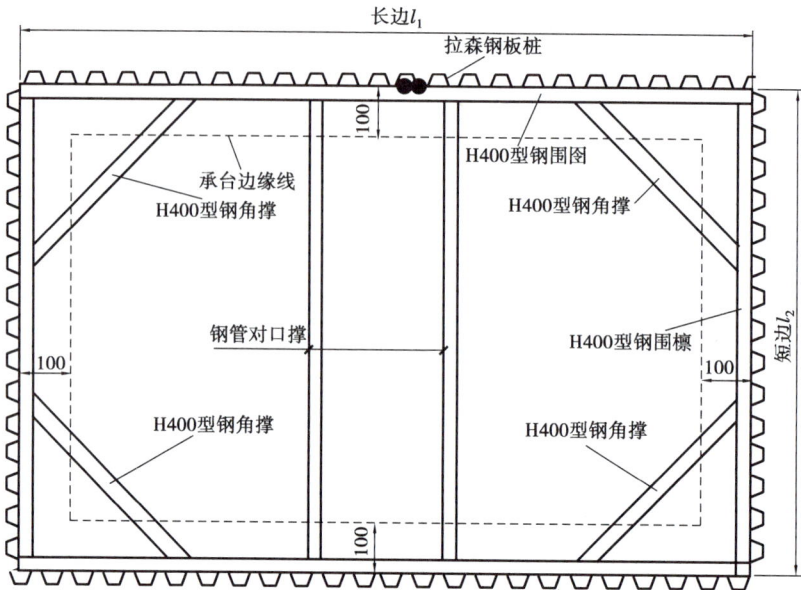

图 6.10　某基坑钢板桩支护平面示意图

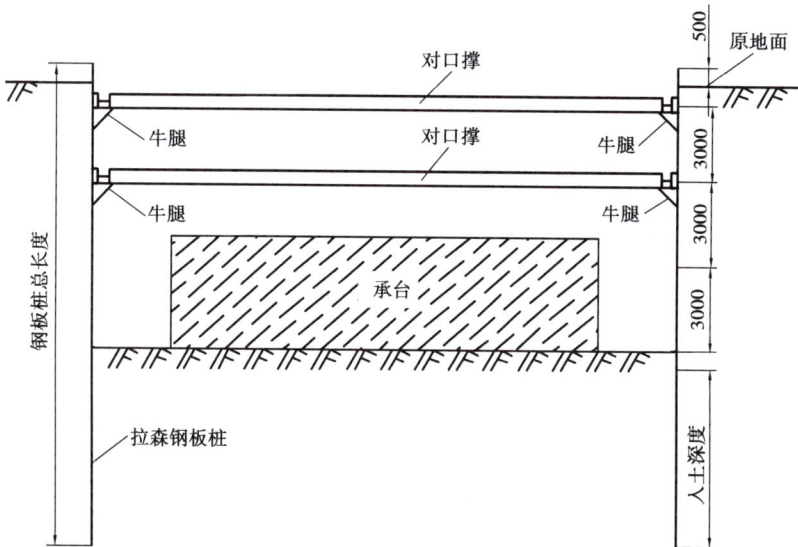

图 6.11　某基坑钢板桩支护立面示意图

钢板桩打拔均采用专用打桩机施工,其施工工艺流程见图 6.12。

b.钢筋混凝土排桩。排桩支护结构是采用某种特定的平面布置形式的桩群组成一个挡土结构来维护基坑的稳定,如若基坑深度较深时,可与锚杆和其他支撑结构结合使用。

排桩支护结构根据成桩工艺的不同,可以将排桩分为钻孔灌注桩、挖孔桩、压浆桩、预制混凝土桩和型钢混凝土搅拌桩等。这些桩体根据实际需要可以有多种不同的平面排列形式(图 6.13)。

其中分离式排列形式适用于没有地下水或者地下水位比较低、土质好的基坑工程,如果地下水位高需要防水时,可以在排桩后面加止水帷幕[图 6.13(a)];如基坑工程要求增加支护结构的整体刚度,可以将桩交错排列[图 6.13(c)];要求更大的整体刚度时可以用双排桩形式[图

6.13(d)];如果需要防水且空间有限,可以选择咬合排列形式[图 6.13(e)];有空间时可以在排桩后面进行连续形止水形式或者分离式止水形式[图 6.13(f)、(g)]。

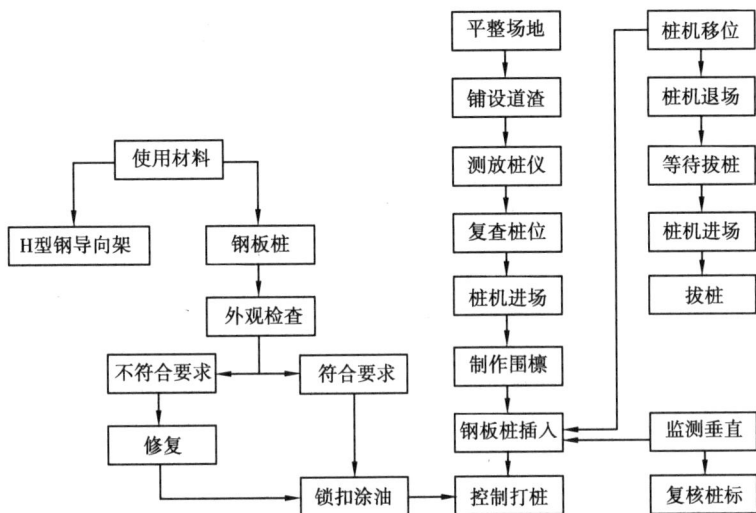

图 6.12　钢板桩施工工艺流程

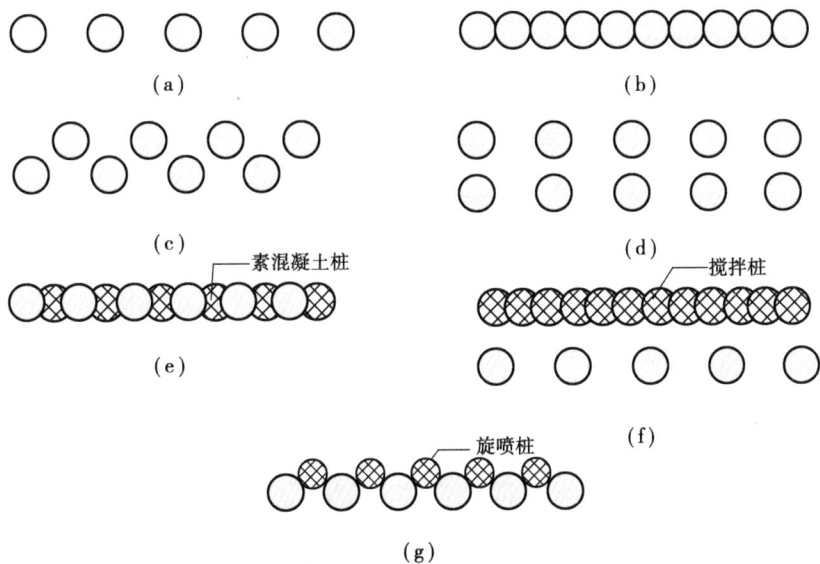

图 6.13　排桩支护结构的常用形式

排桩支护结构适用于中等深度的基坑工程,深基坑工程中可以采用排桩+内支撑或排桩+锚杆的形式,用支撑或锚杆增加支护结构的整体的稳定性,控制位移变形。与地下连续墙支护结构相比,排桩支护结构具有施工工艺简单、成本较低、布置灵活的优点,但是整体性和止水抗渗性不好。

⑤地下连续墙。地下连续墙是在基坑开挖之前,在地面上采用专用的挖槽机械,沿着基坑的周边,按照事先设计的轴线,在泥浆护壁条件下开挖出一条狭长的深槽,清槽后,在槽内吊放钢筋笼,然后用导管法灌注水下混凝土筑成一个单元槽段,如此逐段进行。在地下沿着基坑四周筑成一道连续钢筋混凝土墙壁,作为截水、防渗、承重、挡水的结构。其主要适用于深度不小于 10 m 的基坑。

地下连续墙作为基坑支护结构有如下优点:施工时振动小、噪声小,墙体刚度大,对周边地层扰动小;可适用于多种土层,除夹有孤石、大颗粒卵砾石等局部障碍物时影响成槽效率外,对黏土、无黏性土、卵砾石层等各种地层均能高效成槽。

a.成槽方式。地下连续墙通常采用泥浆护壁措施下的挖槽方式,挖槽方法一般有抓斗式、冲击式和回转式等类型。

b.槽段接头。地下连续墙宜采用圆形锁口管接头、波纹管接头、楔形接头、工字钢接头或混凝土预制接头等柔性接头;当地下连续墙作为主体结构外墙,且需要形成整体墙体时,宜采用刚性接头;刚性接头可采用一字形或十字形穿孔钢板接头、钢筋承插式接头等;在采取地下连续墙墙顶设置通长的冠梁、墙壁内侧槽段接缝位置设置结构壁柱、基础底板与地下连续墙刚性连接等措施时,也可采用柔性接头。

c.常用的地下连续墙施工工艺流程见图6.14。

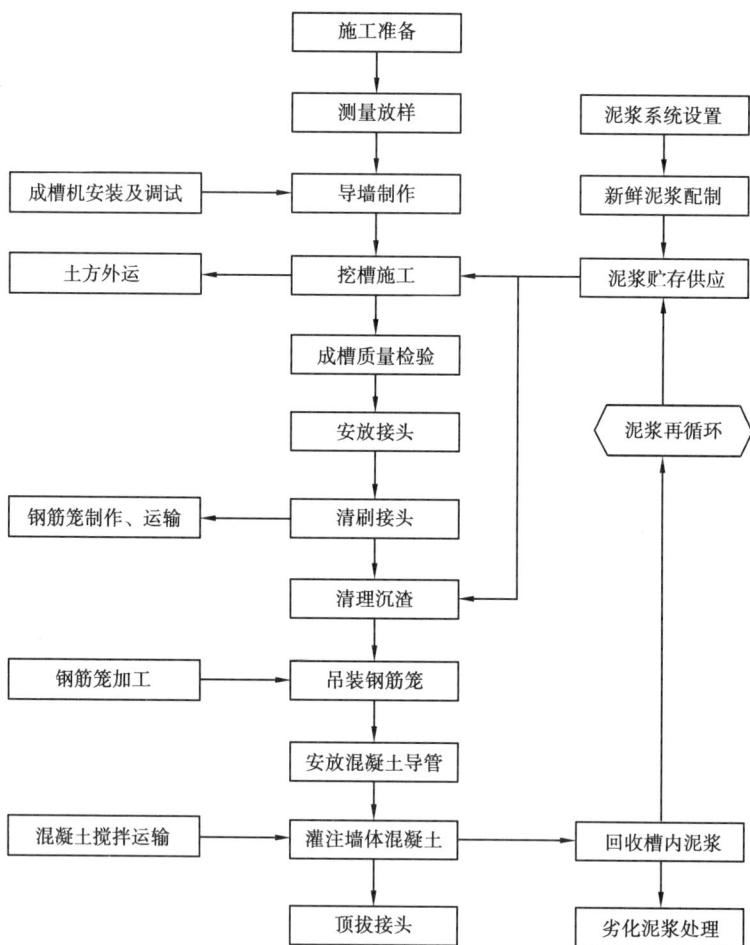

图6.14 现浇混凝土壁式地下连续墙的施工工艺流程

5)基坑排水与降水

当基坑在地下水位以下时,随着基坑的下挖,渗水将不断涌集在基坑内,因此在施工过程中不断地排水,以保持基坑干燥,便于基坑土方开挖和基础施工。目前常用的基坑排水方法有集水明排和井点法降水,各种排水方法的适用条件见表6.4。

表 6.4　各种排水方法的适用范围

降水方法		适合地层	渗透系数/(m·d⁻¹)	降水深度/m
集水明排		黏质土、砂土	<0.5	<2
井点法	单层轻型井点	粉质土、砂土	0.1~50	3~6
	多层轻型井点	粉质土、砂土	0.1~50	6~12(由井点层数而定)
	喷射井点	粉质土、砂土	0.1~1	8~20

（1）集水明排

集水明排是在基坑开挖过程中,沿坑底周围开挖排水沟,在排水沟最低处设置集水井,基坑底、排水沟底与集水井底应保持一定的水流坡度,使水流入集水井,然后用水泵将集水井的水抽出基坑外(图 6.15)。除了发生严重的流砂情况外,一般情况下均可采用集水明排的方式排水。

集水坑一般设在下游位置,坑深应大于进水龙头高度,并用荆篱、竹篾、编筐或木笼围护,以防止泥沙阻塞吸水龙头。

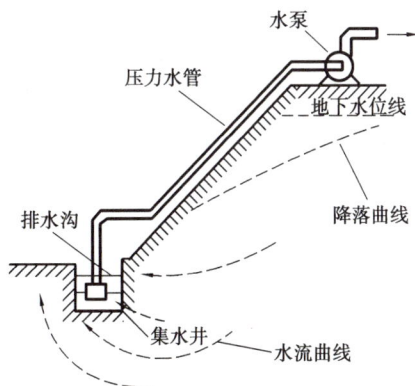

图 6.15　集水明排降水示意图

采用集水坑排水时应符合下列规定:

①基坑开挖时,宜在坑底基础范围外设置集水坑并沿坑底周围开挖排水沟,使水流入集水坑内,排出坑外。集水坑的尺寸宜根据渗水量的大小确定。

②排水设备的排水能力宜为总渗水量的 1.5~2.0 倍。

（2）井点法降水

井点法降水适用于粉、细砂或地下水位较高、挖基较深、坑壁不易稳定和普通排水方法难以解决的基坑,通常有轻型井点降水法、喷射井点降水法、电渗井点降水法、水平井点降水法和管井井点降水法等。目前,在公路工程桥梁浅基础施工中常用轻型井点降水。

轻型井点降水系统是沿基坑四周以一定间距埋入井点管至地下含水层内,井点管的上端通过连接管与总管相连接、利用抽水设备将地下水从井点管内不断抽出,使原有地下水位降至坑底以下不小于 50 cm。该系统主要由井点管、连接管、集水总管和抽水设备等组成(图 6.16)。

轻型井点布置应根据基坑平面的大小与深度、土质、地下水位高低与流向、降水深度等要求确定,一般有单排、双排和环形布置等方式。井点管间距一般选用 0.8 m、1.2 m 和 1.6 m 3 种,井点管距离基坑边缘应大于 1.0 m,以防漏气,影响降水效果。

井点降水应在基坑开挖前 3~5 d 投入运行,在施工过程中要不断地抽水,保持降水效果,直至基础施工完成并回填土为止,并按要求在井点降水范围内设置水位观测井以观测降水效果。

（3）土石方开挖

土石方开挖应根据支护结构设计、降水排水要求,分层、分块、对称、均衡地开挖,分块开挖后必须及时施工支撑。当上层支撑未达到设计要求时,严禁向下超挖土方。

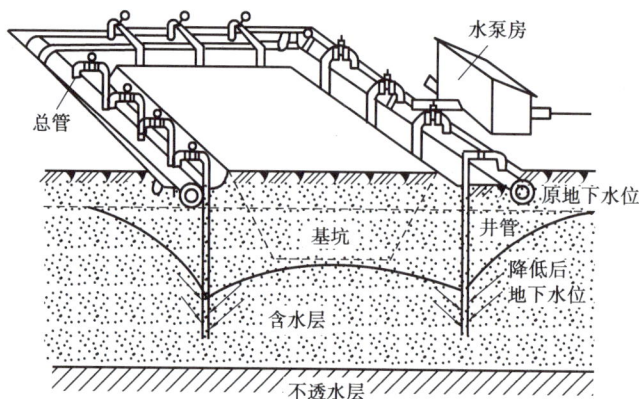

图 6.16　轻型井点系统示意图

井点降水原理

井点管的埋设

集水井降水施工流程

开挖过程中,必须采取措施防止开挖机械等碰撞支护结构、降水井点或扰动基底原状土。当开挖揭露的实际土层性状或地下水情况与设计依据的勘察资料明显不符或出现异常现象、不明物体时,应停止开挖,在采取相应措施后方可开挖。

6)基坑检验及清理

基坑开挖到设计基底高程后,必须进行基底检验,方可进行基础施工。基底检查方法可采用观察或触探方法,触探试验包括静力触探和动力触探两种(图 6.17)。根据基底土质条件、工程要求和操作经验,可采用不同的触探类型、探头规格和方法。对于特大桥及重要的大、中桥墩台基础等,必要时还应在坑底钻探(至少 4 m)取样做土工试验,或按设计的特殊要求进行荷载试验。

图 6.17　基底触探试验

基底检验合格后,应对基底进行必要的清理,根据不同的土质按下列要求进行:

①岩层。在未风化的岩层上修筑基础时,应先将岩面上松碎石块、淤泥、苔藓等清除干净,凿出新鲜岩面,表面应清洗干净;倾斜岩层应将岩面凿平或凿成台阶,以免基础滑动;在风化岩层上建筑基础时,开挖基坑宜尽量不留或少留坑底富余量,将基础圬工填满坑底,封闭岩层。

②碎石类或砂类土层。应将其修理平整,砌筑基础时,先铺一层稠水泥砂浆。

③黏性土层。铲平坑底时,应尽量保持其天然状态,不得用回填土夯实。必要时可夯入一层厚 10 cm 以上的碎石层,碎石层顶面应略低于基底设计标高。处理完后,尽快砌筑基础,不得暴露过久,以免土面风化松软,致使土的强度显著降低。

④泉眼。应用堵塞或排除的方法处理。对水流较小的泉眼,可用木塞、圆木包缠麻袋打入泉眼或向泉眼挤速凝水泥砂浆等封堵;对水流大的泉眼,可用塑料管、钢管等塞入泉眼将水引入集水坑排出,待基础完成后,再用速凝砂浆封堵。

基底检验后报请设计院进行地质确认,经设计院确认基底承载力能满足设计要求后,应尽快进行基础施工,尽量缩短基坑暴露时间。

基底检查时,如发现土质与设计不符,应按照相关程序进行设计变更,由设计院提出相应处理措施。常规的处理方法有换填地基、重锤夯实、强夯、挤密桩、砂桩、碎石桩、粉喷桩和旋喷桩等,所用处理方法应满足《公路桥涵施工技术规范》(JTG/T 3650—2020)的相关规定。

7)基础施工

基础施工常采用组合钢模板就地浇筑混凝土施工,施工中注意防止模板胀模、跑模及爆模,对桥墩(桥台)预埋钢筋保证其位置准确,对大体积混凝土工程采取必要的保温降温措施。其施工质量控制参照一般钢筋混凝土结构施工要求执行即可。

8)浅基础施工控制要点

模板支立后应具有足够的强度、刚度和稳定性,具有能够承受新浇筑混凝土的侧压力及施工中可能产生的各项荷载的能力。采用优质胶带粘贴模板接缝,防止接缝处漏浆。混凝土开仓前必须对模板的高程、垂直度、平面位置进行校对,核对无误后方可进入下一道工序。

高温期浇筑混凝土前,应做好充分准备,备足施工设备,保证连续进行浇筑。混凝土从搅拌机到入模的时间及浇筑时间要尽量缩短,并尽快开始养护。混凝土浇筑宜选在一天温度较低的时间内进行。应加快混凝土的收光速度。收光时,可用喷雾器喷少量水防止表面裂纹,但禁止直接往混凝土表面洒水。混凝土浇筑前应将模板喷水润湿,浇筑宜连续进行。

混凝土终凝后,用浸湿的草袋或草帘覆盖,再覆盖薄膜,保持潮湿状态最少7 d。混凝土洒水养护时,也可拆模后将混凝土表面洒水湿润,立即采用双层薄膜覆盖,保湿养生。夏季施工混凝土保湿养护安排专人负责,质检员至少每日检查一次。各工点必须制作混凝土养护标牌。混凝土浇筑完毕后,在养护标牌上注明开始养护时间、结束时间,保证养护效果。

6.2.2　桩基础施工

桩基础简称桩基,采用一根桩来传递和承受上部结构荷载的独立基础称为单桩基础,由2根以上桩组成的桩基础称为群桩基础。群桩基础通常由基桩(即桩基础中的桩)和承台板(或系梁)组成。其具有承载力高、稳定性好、沉降稳定快和沉降变形小、抗震能力强,适用于机械化施工以及能适应各种复杂地质条件的显著优点,尤其是桥梁基础中,是一种常用的深基础结构。

桩的分类依据有很多,根据桩的材料有钢桩、混凝土桩、钢筋混凝土桩、预应力混凝土桩及组合材料

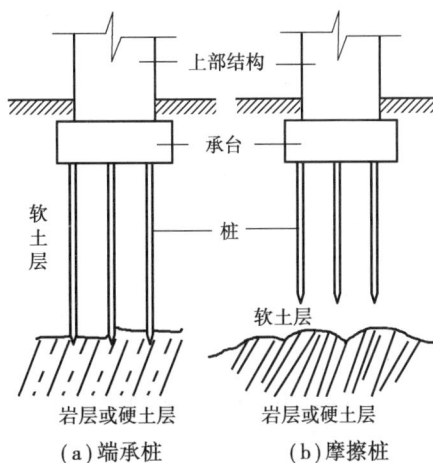

图 6.18　端承桩与摩擦桩

桩等;根据桩截面形式有圆形桩、方形桩、多边形桩等;根据桩的承载性状有摩擦桩和端承桩(图 6.18);根据桩的制作及施工方法有预制沉入桩和现场灌注桩。

1) 预制沉入桩施工

预制沉入桩是指在工厂或工地加工制作的成品桩,运至设计位置后采用沉桩设备插打入地基土中的桩基础。

常用的沉入桩有钢筋混凝土桩、预应力混凝土桩和钢管桩(图6.19)。

(a)钢筋混凝土方桩　　(b)预应力混凝土管桩　　(c)钢管桩

图6.19　常用的沉入桩实物

(1)施工工艺流程

沉入桩的施工工艺流程见图6.20。

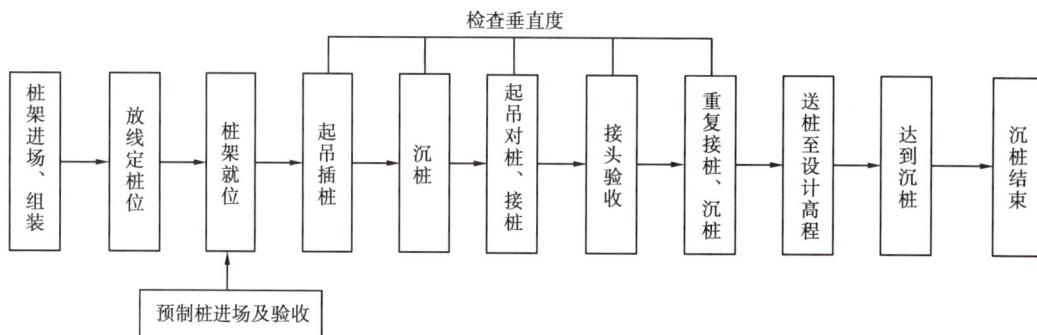

图6.20　沉入桩施工工艺及质量流程

(2)施工准备

①确定沉入施工方法。沉入桩的沉桩方法有锤击沉桩法、振动沉桩法、射水法、静力压桩法。

锤击沉桩法是以桩锤的撞击力撞击预制桩头将桩打入地下土层中的施工方法,一般适用于中密砂类土、软塑和可塑的黏性土。由于锤击沉桩依靠桩锤的冲击能量将柱打入土中,因此桩径不能太大,一般土质中桩径不大于60 cm,桩的入土深度也不能太深,一般土质为20~30 m,否则对打桩设备要求较高,且打桩效率低。该法施工时产生较大的噪声和振动,会受到一定的环境限制。

振动沉桩法是用振动打桩机(振动桩锤)将桩打入土中的施工方法,一般适用于砂质土、硬塑及软塑的黏性土和中密及较松散的碎、卵石类土。该法施工也可用于拔桩,噪声较小、施工速度快,不会损坏桩头,不用导向架也能打进,移位操作方便,但需电源功率大。

射水法是利用小孔喷嘴以0.3~0.5 MPa的压力喷射水,使桩尖和桩周围土层松动,同时桩在自重作用下下沉的方法。该法很少单独使用,常与锤击或振动法联合使用。方法的选择应视土质情况而异。在砂夹卵石层或坚硬土层中,一般以射水为主,锤击或振动为辅;在亚黏土或黏土中,为避免降低承载力,一般以锤击或振动为主,以射水为辅,并应适当控制射水时间和水量;下沉空心桩时,一般用单管内射水。

静力压桩法是在松软地基中,用液压千斤顶或桩头加重物以施加顶进力将桩压入土层中的施工方法,一般适用于高塑性黏土或砂性较轻的亚黏土层。该法施工时产生的噪声和振动较少,桩头不易损坏,不仅可以施工直桩,也可施工斜桩,但机械的拼装、移动等均需要较多的时间。

②相关技术工作:

a.沉桩前应处理空中和地面上下的障碍物,平整场地或搭设支架、平台,做好准备工作。

b.在旱地打桩时,只需将打桩设备移动范围内的地面整平、夯实,再铺设垫木、钢轨及简单脚手架。在浅水中打桩时,先打脚手桩,组成桩排架再搭设工作平台。在深水中,则需拼组打桩船在船上打桩。设置脚手桩时,都应留出桩位。桩位根据墩(台)的纵横中心线测定并做出标志;水中的桩位须用导框控制。

c.打桩前应合理安排打桩顺序,安排打桩顺序时要考虑两个问题:一是尽量减少桩架移动距离;二是考虑打桩时,土壤被挤紧和隆起,致使后续的桩不易打下去,特别是桩数多、间距小时,问题更严重。因此,当基坑较小、土质密实时,应由中间向两端进行;当基坑较大、桩数较多时,应分段进行。

d.编制施工组织设计、施工工艺设计和工序质量控制设计;编制作业指导书和操作规程;制订安全、质量保证及防治措施;组织技术交底和技术培训。

e.对地质复杂的大桥、特大桥,为检验桩的承载能力和确定沉桩工艺应进行试桩。用于地下水有侵蚀性的地区或腐蚀性土层的钢桩应按照设计要求做好防腐处理。

(3)桩架组立

桩架可在地面上拼组后,再用吊车以及桩架本身的起吊设备将其竖立起来,也可逐节向上拼组。桩架竖立好后应按规定设平衡重,再拉好缆风绳,保持桩架稳定。

(4)吊桩、插桩

当桩架组立好后即可吊桩、插桩,吊点应符合规定,各吊点必须同时受力。插桩时要对准桩位,做到桩位、桩中心线及锤中心线在同一直线上,然后徐徐放下桩锤,利用锤重把桩压入土中,开打时应慢打低击,随着桩入土深度的增加逐渐加大锤击力量。打桩过程中应有专人负责填写打桩记录。

(5)打桩

①正式打桩前,在桩位或附近地质相同地点先试桩。施工阶段的试桩,主要是确定施工工艺、选定施工机具设备及检验桩的承载力等。

②打桩选择桩锤时,应根据桩的类型、桩重、桩的设计承载力、土质及施工动力设备等因素综合考虑选取桩锤重量。桩锤太轻,桩难以打下,效率低,还可能将桩头打坏,所以应按"重锤轻击"的原则选锤和确定落距。

③打桩顺序:

a.密集群桩采用隔桩或隔行跳打,或隔行且隔桩跳打,以利于土中水压力消散。

b.先打中部桩,再向两侧推进。在邻近建筑物时,应从接近建筑物的一端向另一端推进。

c.在斜坡上打桩,应从地面较高一侧向低侧推进。

④垂直度控制。当桩尖进入土层 500 mm 后,用经纬仪调整桩机桩架处于垂直位置,然后

再调整首节桩的垂直度(经纬仪一般架设在距桩机 15 m 以外),使桩架与桩身保持平行,其精度误差小于桩长的 1%(首节管桩插入地面时的垂直度偏差不得超过 0.5%),即可沉桩,并在沉桩过程中进行跟踪监测,指挥桩架保持精度。如果超差,必须及时调整,但需保证桩身不裂,必要时拔出重插应尽可能拔出桩身,查明原因,排除故障,以砂土回填后再进行施工。不允许采取强扳的方法进行快速纠偏,否则将桩身拉裂、折断。

⑤打桩遇到岩层或孤石的处理:

a.当基岩面倾斜时,应提出修改设计建议,选择不同长度的桩,满足打到基岩面的深度要求。

b.遇到土中夹大石块时,可以采用钻孔穿透石块,然后再打桩。施工填土时,应将大石块解小,避免影响打桩。

c.桩尖接近基岩时,应控制锤的落距,防止将桩打坏。

d.当桩接近倾斜岩层或孤石而出现桩身倾斜时,应将桩拔出重打。

(6)沉入桩的施工要点

①锤击沉桩法施工要点:

a.沉桩前,应对桩架、桩锤、动力机械等主要设备部件进行检查;开锤前应再次检查桩锤、桩帽或送桩与桩中轴线是否一致;锤击沉桩开始时,应严格控制各种桩锤的动能。如桩尖已沉入施工图标示高程,但沉入度仍达不到要求时,应继续下沉直至达到要求的沉入度为止。沉桩时,如遇到下列情况应立即停止锤击,查明原因,采取措施后方可继续施工:

● 沉入度突然发生急剧变化;

● 桩身突然发生倾斜、移位;

● 桩不下沉,桩锤有严重回弹现象;

● 桩顶破碎或桩身开裂、变形;

● 桩侧地面有严重隆起现象;

● 其他不正常现象。

b.锤击沉桩的停锤控制标准:

● 施工图标示桩尖高程处为硬塑黏性土、碎石土、中密以上的砂土或风化岩等土层时,根据贯入度变化并对照地质资料,确认桩尖已沉入该土层,贯入度达到控制贯入度。

● 当贯入度已达到控制贯入度,而桩尖高程未达到施工图标示高程时,应继续锤入 0.10 m 左右(或锤击 30~50 次),如无异常变化即可停锤;若桩尖高程比施工图标示高程高得多时,应报有关部门研究确定。

● 施工图标示桩尖高程处为一般黏性土或其他松软土层时,应以高程控制、贯入度作为校核。

● 同一桩基中,各桩的最终贯入度应大致接近,而沉入深度不宜相差过大,避免基础产生不均匀沉降。

②振动沉桩法施工要点:

a.振动锤的选择:应验算振动上拔力对桩身结构的影响。

b.施工过程注意事项:

● 振动沉桩机、机座、桩帽必须连接牢固;沉桩和桩中心线应尽量保持在同一直线上。

● 开始沉桩时宜用自重下沉或射水下沉,待桩身有足够稳定性后,再采用振动下沉。

● 每根桩的沉入作业应一次连续完成,不可中途停振过久,以免土的摩阻力恢复,使继续下沉困难。

c.振动沉桩停振控制标准:应以通过试桩验证的桩尖高程控制为主,以最终贯入度或可靠的振动承载力公式计算的承载力作为校核。如果桩尖已达到高程而最终承载力相差较大时,则应查明原因,报请有关单位研究处理。

d.出现异常情况的处理:出现桩的偏移、倾斜或严重回弹,以及其他不正常情况时,均应停止锤振,并查明原因,采取相应对策处理后方可继续沉桩。

③混凝土管桩内射水结合锤击下沉施工要点:

a.施工顺序:

● 按照计算长度配好射水管,将所有接头连接牢固,装上弯管,并与输水胶管接通,进行通水试验。

● 射水管装上导向环,缚好保险绳,插入即将起吊的管桩,然后在桩顶安装钢质送桩。

● 吊插桩基时要注意及时引送输水胶管,防止拉断与脱落。

● 管桩插正立稳后,压上桩帽及桩锤,吊桩钢丝绳暂不解脱,即开启水阀,开始射水冲刷桩尖下的土壤,用较小水压使桩主要依靠自重下沉。开始时使用较小的水压,具体视土质而定。

● 沉桩至距施工图标示高程一定距离(2.0 m以上)停止射水,拔出射水管,进行锤击或振动使桩下沉至施工图标示高程。

b.注意事项:

● 初期应控制桩身下沉过快,以免阻塞射水管嘴,并注意随时控制和校正桩的方向。

● 下沉渐趋缓慢时,可开锤轻击,沉至一定深度(8~10 m)已能保持桩身稳定后,可逐步加大水压和锤的冲击动能。但是在桩的自由长度仍较大时,不宜使用过大的锤击能量。

● 就地接桩需要同时接长射水管时,为防止停水导致泥沙涌入桩内堵塞或卡住射水嘴可在停水前先将射水管吊起约50 cm,继续不停地射水,待桩顶涌出较清水时,停止射水,拆除弯管,进行接管、接桩。接好桩后,开启水阀,并将射水嘴伸出桩尖至原来位置。若在射水管上安装三通阀,则在接桩时可不中断射水,亦可不提起射水嘴。射水时,水阀不宜突然大开,以免射水量、水压突然降低,涌入泥沙堵塞射水嘴。

④钢管桩内射水结合锤击下沉施工要点:

a.施工顺序:

● 吊插钢管桩前,将射水管、供气管安装完毕后放入钢管桩内。

● 将桩吊起后固定,然后接通射水管与供气管。

● 沉桩船行驶至设计位置,固定好船体后进行插桩作业,待桩沉入水中3~5 m时开始冲水供气,桩顶有清水溢出,桩体依靠自重缓慢下沉,直至桩身自沉停止后,重复压锤直到插打至设计高程,沉桩完成。

b.注意事项:

● 桩顶溢出的泥水颜色变淡时,开始锤击。边锤击边射水将桩芯泥沙用压缩空气送出桩顶。

● 射水冲散桩芯泥沙时,应随时注意河面有无大量气泡或翻冒的泥浆。如果有此情况,则表明桩内射水已从桩端溢出,破坏了桩周土壤,应立即停止射水和下沉。

● 施工过程中应严格控制桩内射水的水量及水压,始终保持桩内土芯高度为2.5~6 m,以便锤击沉至施工图标示桩尖高程。

⑤静力压桩法施工要点：

a.压桩过程中,当桩尖碰到砂夹层时,压桩阻力可能增大,甚至超过压桩能力,使柱锤上抬。此时,可以最大的压桩力作用在柱顶上,采用停车"进一进"的方法,使桩可能缓慢穿过砂层。倘有少量桩确实不能沉达施工图标示高程,相差不多时,可截除柱头。

b.接近施工图标示高程时,应注意严格掌握停压时间。停压早,补压困难;停压迟,则沉桩超过深度。

c.压桩时,特别是压桩初期要注意桩的下沉有无走位、偏斜,是否符合桩中心位置,以便及时校正。无法校正时,应拔出重新下沉。如遇障碍,应予清除,重新插桩。

d.多节桩施工,接桩面应距地面 1 m 以上,以便操作。

e.尽量避免压桩中途停歇,停歇时间较长时再次启动的阻力增大。

f.压桩中,桩身倾斜或下沉速度突然加快时,多为桩接头失效或桩身破裂。一般可在原桩位附近补压新桩。

g.当压桩阻力超过压桩能力,或者配重不足,而使桩机发生较大倾斜时,应立即采取停压措施,以免造成断桩或压桩架倾倒事故。

⑥水中沉桩法施工要点。在河流较浅时,一般可以搭设施工便桥、便道、土岛和各种类型的脚手架组成工作平台,其上安置桩架并进行水中沉桩作业。在较宽阔的河中,可将桩安设在组合的浮体上或固定平台,亦可使用专门打桩船。此外还可采用以下方法：

a.先筑围堰后沉桩基法——一般在水不深、桩基临近河岸时采用。

b.先沉桩基后筑围堰法——一般适用于较深的水中桩基。

c.有底钢套箱围堰修筑水中桩基法——一般适用于修筑深水中的高桩承台。

2) 钻孔灌注桩基础施工

钻孔灌注桩是指采用不同的钻孔方法在土中形成一定直径的井孔,达到设计高程后将钢筋骨架(笼)吊入井孔中,再灌注混凝土形成桩基础。我国在公路桥梁上使用钻孔灌注桩是从 1963 年河南省首先进行简易锥具钻孔灌注桩开始的。其后,逐渐在我国发展出冲抓钻、冲击钻、正反循环旋钻、潜水钻等各种钻孔工艺。钻孔直径从 25 cm 发展到 350 cm 以上,桩长从十余米发展到百米以上。

钻孔灌注桩施工技术凭借其成本低、具有良好的适应性优势被广泛地应用在公路桥梁工程中。运用钻孔灌注施工技术不仅能够有效提高公路桥梁工程的质量,增加其安全性,还能够延长公路桥梁的使用年限。当然,由于钻孔灌注桩施工技术具有隐蔽性,其施工操作主要是在地面或者水面进行,往往会涉及比较复杂的施工工艺,因此对钻孔灌注桩的整个施工工艺流程需进行重点把控,避免出现质量事故。

（1）钻孔灌注桩施工工艺流程

钻孔灌注桩施工工艺流程见图 6.21。

（2）施工准备

钻孔灌注桩施工前,施工技术人员应按照技术管理的相关规定对施工图纸进行认真识读,重点把控相应工点的桩数、桩长、桩基及桩位,对不同类型的桩基配筋图进行区分,最好能够对各部位桩基做详细的分析并记录。图 6.22 所示为某公司技术人员的桩基设计数据记录。

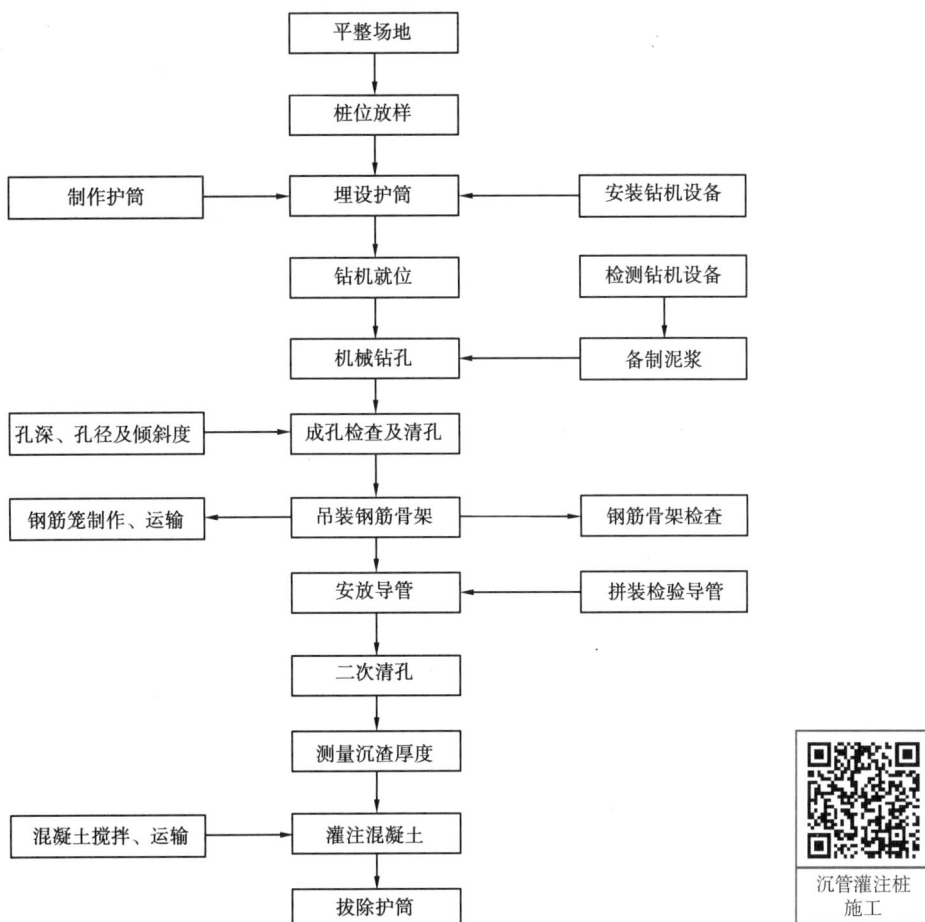

图 6.21　钻孔灌注桩施工工艺流程

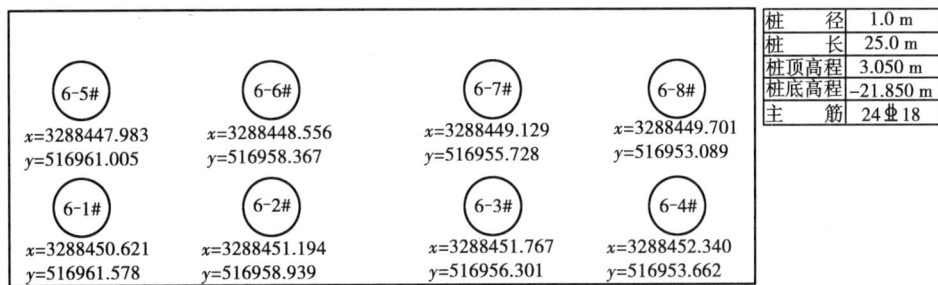

图 6.22　钻孔灌注桩数据准备示意图

（3）施工场地平整

钻孔前,测量放样出钻孔作业工作场地范围,并进行必要的场地准备工作及平面布置工作（图 6.23、图 6.24）。其内容包括:

①场地为旱地时,应清除杂物,换除软土,整平、夯实;

②场地为陡坡时,可用枕木、型钢等搭设工作平台;

③场地为浅水时,宜采用筑岛施工,筑岛面积应根据钻孔方法、设备大小等要求确定;

④场地为深水或淤泥较厚时,应搭设工作平台。平台必须牢固、稳定,能承受工作时所有的静、动荷载,并保证施工机械能安全进出。

（a）旱地平整   （b）筑岛施工   （c）钢桩平台

图 6.23   施工工作平台准备

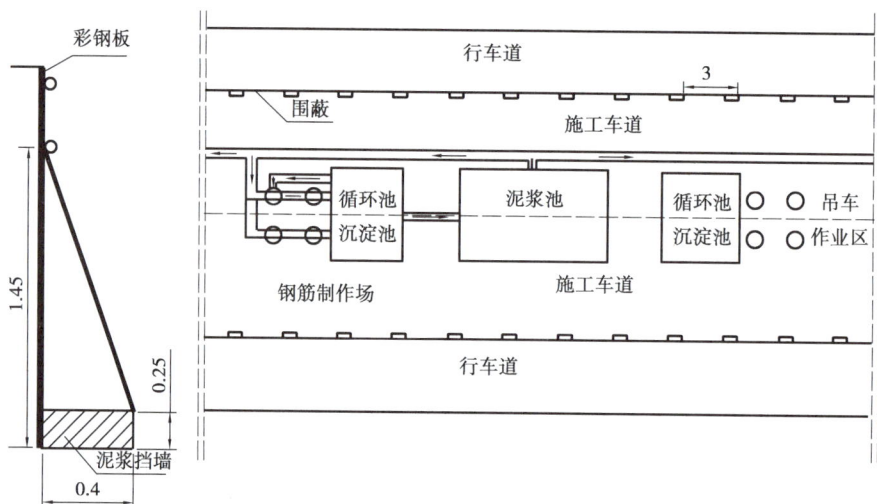

图 6.24   施工平面布置示意图（单位:m）

如水流平稳,水位升降缓慢,全部工序可在船舶或浮箱上进行,但必须锚固稳定,桩位准确。如流速较大,但河床可以整理平顺,可采用钢桩或钢丝网水泥薄壁浮式沉井,就位后灌水下沉至河床然后在其顶部搭设工作平台,在其底部安设护筒;某些情况下,可在钢板桩围堰内搭设钻孔平台。

（4）桩基放样

利用全站仪或 GPS 通过坐标法对桩基进行放样,放样时应放出桩位中心桩同时打入标示桩,在标示桩四周 5 m 范围内沿桩中心呈"十"字形引出 4 个护桩用来控制桩位（图 6.25）。单桩护桩采用 3 cm×3 m 木桩,桩顶钉钉,高度 80 cm,埋入地下 45 cm,并用砂浆或素混凝土保护。测量完成后,向测量监理工程师报检,经监理检验合格后进入下一步施工。

（5）埋设钢护筒

护筒的作用是固定钻孔位置;开始钻孔时对钻头起导向作用;保护孔口防止孔口土层坍塌;隔离孔内孔外表层水,并保持钻孔内水位高出施工水位以产生足够的静水压力稳固孔壁。

护筒制作要求坚固、耐用、不易变形、不漏水、装卸方便和能重复使用。一般用木材、薄钢板或钢筋混凝土制成,护筒内径应比钻头直径稍大,旋转钻须增大 0.1～0.2 m,冲击钻或冲抓钻增大 0.2～0.3 m。

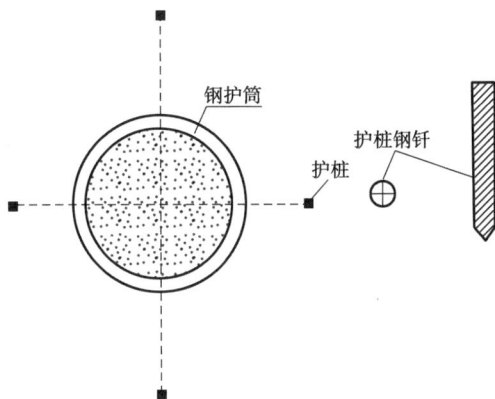

图 6.25 桩基放样及设置十字护桩

护筒埋设可采用下埋式,适于旱地埋置[图 6.26(a)];上埋式,适于旱地或浅水筑岛埋置[图 6.26(b)、(c)];下沉埋设,适于深水埋置[图 6.26(d)]。

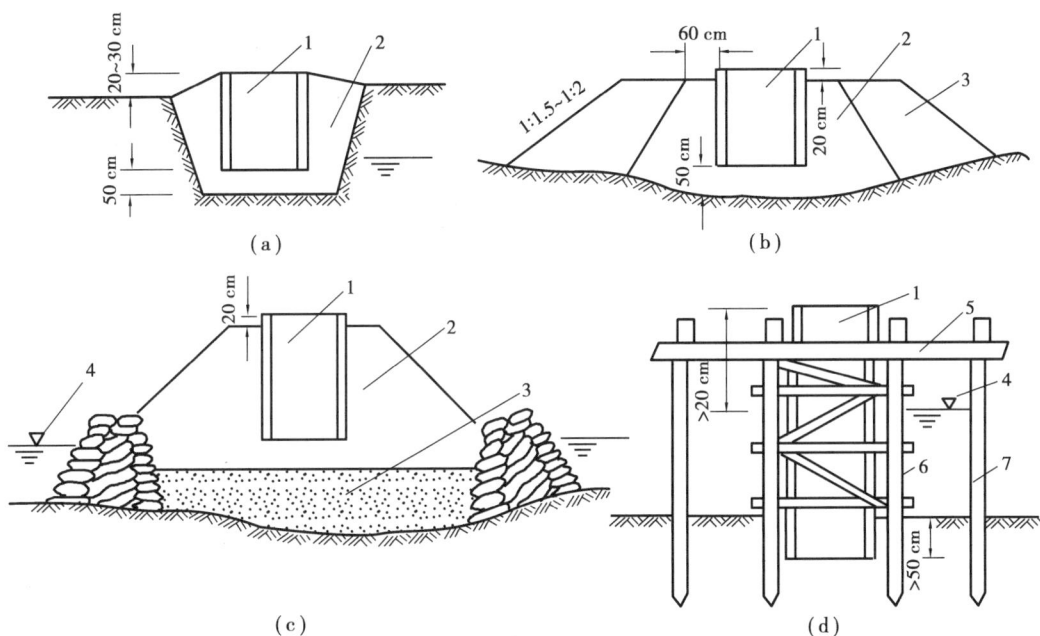

(a)

(b)

(c)

(d)

图 6.26 护筒的埋置

1—护筒;2—夯实黏土;3—砂土;4—施工水位;5—工作平台;6—导向架;7—脚手桩

护筒埋置时应注意以下 5 点:

①护筒平面位置应埋设正确,偏差不宜大于 50 mm,倾斜度不得大于 1%。

②护筒顶面宜高出地面 0.3 m 或水面 1.0~1.2 m。当钻孔内有承压水时,应高出稳定后的承压水位 2.0 m 以上。处于潮水影响地区时,应高于施工水位 1.5~2.0 m,并应采取稳定护筒内水头的措施。

③护筒底应低于施工最低水位(一般低于 0.1~0.3 m 即可)。深水下沉埋设的护筒应沿导向架借自重、射水、振动或锤击等方法将护筒下沉至稳定深度。对于入土深度,黏性土应达到 0.5~1 m,砂性土则为 3~4 m。

④下埋式及上埋式护筒挖坑不宜太大(一般比护筒直径大 0.1~0.6 m),护筒四周应夯填密实黏土。护筒应埋置在稳固的黏土层中,否则应换填黏土并密实,其厚度一般为 0.5 m。

⑤护筒连接处要求筒内无突出物,应耐拉、压,不漏水。

根据桩基设计直径,选择相应规格的钢护筒,防止顶部土层塌方对钻孔桩施工造成影响。

护筒埋置过程中,采用十字护桩复核钢护筒中心(图 6.27),人工进行调整,调整好后,护筒四周采用黏土回填,并人工夯实。护筒埋设完成后,测量班对桩位中心进行复测,并记录护筒实测顶面高程,计算设计孔深(图 6.28)。

图 6.27 采用十字护桩复核护筒埋置位置

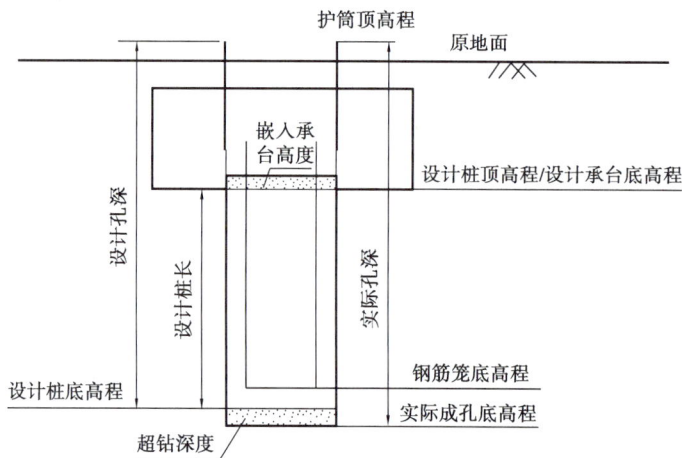

图 6.28 设计孔深计算示意图

(6)泥浆制备

在钻孔过程中,为了防止坍孔,常采用高稠度的泥浆对孔壁进行保护(图 6.29)。泥浆由水、黏土(膨润土)和添加剂[羧甲基纤维素、CMC 及纯碱(Na_2CO_3)]组成,它具有浮悬钻渣、冷却钻头、润滑钻具、增大静水压力,并有在孔壁形成泥膜、隔断孔内外渗流、防止坍孔的作用。

调制的钻孔泥浆及经过循环净化的泥浆,应根据钻孔方法和地层情况采用不同的性能指标。泥浆稠度应视地层变化和操作要求,灵活掌握。泥浆太稀,排渣能力小,护壁效果差;泥浆太稠,会削弱钻头冲击功能,降低钻进速度。其性能指标见表 6.5。

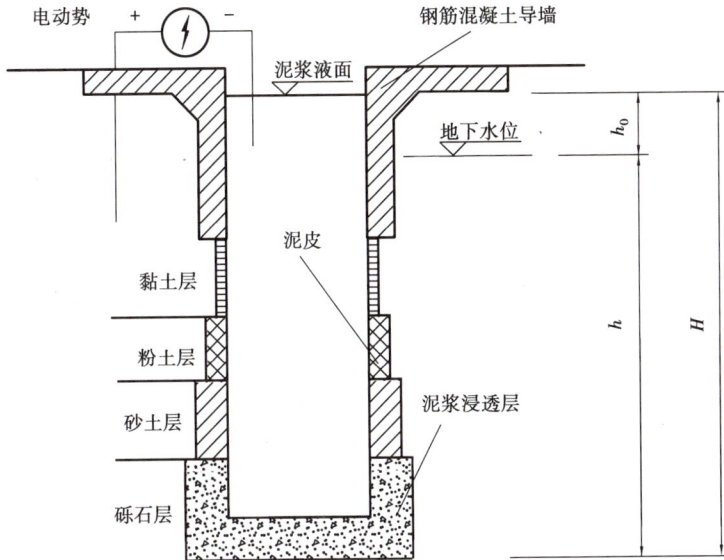

图 6.29　泥浆护壁示意图

表 6.5　泥浆性能指标选择

钻孔方法	地层情况	泥浆性能指标						
		相对密度	黏度/(Pa·s)	含砂率/%	胶体率/%	失水率/%	静切力/Pa	酸碱度
冲击钻	一般地层	1.10~1.20	18~24	≤4	≥95	≤20	1~1.25	8~11
旋挖钻	一般地层	1.03~1.1	18~22	≤4	≥95	≤20	1~1.25	8~11
正循环	一般地层	1.05~1.20	16~22	4~8	≥96	≤25	1.0~2.5	8~10
	易坍地层	1.20~1.45	19~28	4~8	≥96	≤15	3~5	8~10
反循环	一般地层	1.02~1.06	16~20	≤4	≥95	≤20	1~1.25	8~10
	易坍地层	1.06~1.10	18~28	≤4	≥95	≤20	1~1.25	8~10
	卵石土	1.10~1.15	20~35	≤4	≥95	≤20	1~1.25	8~10

对大直径或超长钻孔灌注桩,泥浆选择应根据钻孔的工程地质情况、孔位、钻机性能、泥浆材料条件等确定。在地质复杂、覆盖层较厚、护筒下沉不到岩层的情况下,宜使用不分散、低固相及高黏度的泥浆,如丙烯酰胺即 PHP 泥浆。

(7)钻孔

根据井孔中土(钻渣)的取出方法不同,常用的方法有螺旋钻孔、正循环回转钻孔、反循环回转钻孔、潜水钻机钻孔、冲抓钻孔、冲击钻孔、旋挖钻机钻孔等。在公路工程中,常采用冲击钻孔、旋挖钻机钻孔、正循环回转钻孔及反循环回转钻孔。

①冲击钻孔。冲击钻孔是通过反复提钻、落钻,采用重力原理反复冲击岩层,将岩层砸成碎末、细渣,并采用泥浆循环的方式将石渣排出孔外。其适用于黄土、黏性土或粉质黏土和人工杂填土层,特别适合于在有孤石的砂砾石层、漂石层、硬土层、岩层中使用。

施工中根据现场地质状况,合理地选择冲击钻(图 6.30)。冲击钻成孔一个最重要的关键点就是泥浆护壁,护壁泥浆含沙量一定要小。泥浆浓度可以根据试验测定或经验判断,泥浆太浓,钻孔速度慢;泥浆太轻,护壁容易坍塌。开始钻进宜慢不宜快,因为护筒刃脚周围岩层处最容易穿孔,需反复冲击挤压密实;施工中注意垂直度校正,2~3 m后立即校正,钻孔太深且偏差太大必须回填重来;岩层一般是倾斜的,与钻机解除面位置垂直,此处位置通过回填卵石反复冲钻,直到岩层平整,然后再继续钻进,防止卡钻、孔位倾斜等。

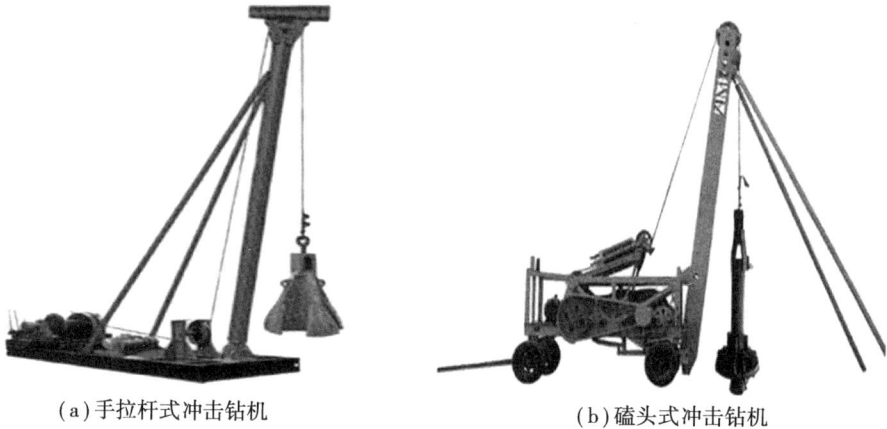

(a)手拉杆式冲击钻机　　　　　　　(b)磙头式冲击钻机

图 6.30　冲击钻机示意图

　　施工过程中护筒及时跟进,护筒内水头一定要保持,随时检查控制泥浆指标,不可马虎。随时检查钻机、钢丝绳等,防止掉钻;每天根据钻渣判断地质情况,做好地质柱状图标识;钻至设计位置后通知监理验收,共同确定孔底地质与设计是否一致;钻孔整个过程控制应严谨,防止刃脚穿孔、塌孔、偏孔、十字孔、卡钻、埋钻、吊钻事故发生。

　　②旋挖钻机钻孔。旋挖钻机是一种高度集成的桩基施工机械,采用一体化设计、履带式360°回转底盘及桅杆式钻杆,一般为全液压系统(图 6.31)。旋挖钻机采用筒式钻斗,钻机就位后,调整钻杆垂直度,注入调制好的泥浆,然后进行钻孔。当钻头下降到预定深度后,旋转钻斗并施加压力,将土挤入钻斗内,仪表自动显示筒满时,钻斗底部关闭,提升钻斗将土卸于堆放地点。钻进施工过程中应保证泥浆面始终不得低于护筒底部,保证孔壁稳定性。通过钻斗的旋转、削土、提升、卸土和泥浆撑护孔壁,反复循环直至成孔。

螺旋钻头

旋挖钻头

取芯筒钻

图 6.31　旋挖钻机及钻头

　　旋挖钻机特殊的桶形钻头直接取土出渣,不需接长钻杆,钻孔时孔口注浆以保持孔内泥浆高度即可,因而能大大缩短成孔时间,提高施工效率。由于带有自动垂直度控制和自动回位控制,成孔垂直度和孔位等能得到保证。桶钻取土上提过程中对孔壁扰动较小,桶钻周边设有溢浆孔,溢出泥浆可起到护壁作用。旋挖钻机一般适用黏土、粉土、砂土、淤泥质土、人工回填土及含有部分卵石、碎石的地层。具有大扭矩动力头和自动内锁式伸缩钻杆的钻机可适用微风化岩层的孔施工。

③正循环回转钻孔。正循环回转钻孔是指利用钻具旋转切削土体钻进,泥浆泵将泥浆压进泥浆笼头,通过钻杆中心从钻头喷入钻孔内,泥浆挟带钻渣沿钻孔上升,从护筒顶部排浆孔排出至沉淀池,钻渣在此沉淀而泥浆流入泥浆池循环使用[图 6.32(a)]。其特点是钻进与排渣同时连续进行,在适用的土层中钻进速度较快,但需设置泥浆槽、沉淀池等,施工占地较多,且机具设备较复杂。

④反循环回转钻孔。与正循环法不同的是泥浆输入钻孔内,然后从钻头的钻杆下口吸进,通过钻杆中心排出至沉淀池内[图 6.32(b)]。其钻进与排渣效率较高,但接长钻杆时装卸麻烦,钻渣容易堵塞管路。另外,因泥浆是从上向下流动,孔壁坍塌的可能性较正循环法大,为此需用较高质量的泥浆。

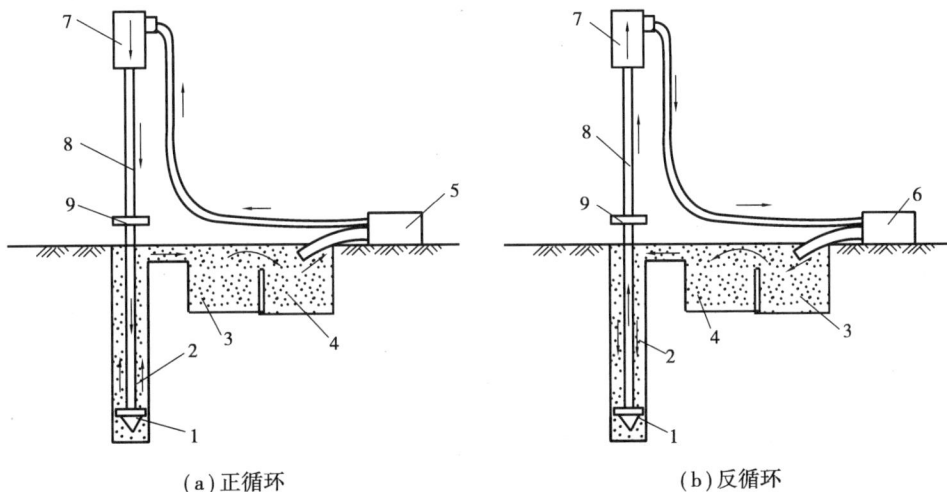

正循环钻孔
灌注桩施工

（a）正循环　　　　　　　　　　　（b）反循环

图 6.32　正反循环成孔工艺

1—钻头;2—泥浆循环方向;3—沉淀池;4—泥浆池;
5—泥浆泵;6—砂石泵;7—水阀;8—钻杆;9—钻机回旋装置

各种钻孔方法的适用范围可参考表 6.6。

表 6.6　各种钻孔方法的适用范围

成孔设备	适用范围			
	土　层	孔径/cm	孔深/m	泥浆作用
冲击实心钻	各类土层	80~200	50	悬浮钻渣并护壁
冲击空心钻	黏性土、砂土、砾石、松散卵石	60~150	50	悬浮钻渣并护壁
全护筒冲抓和冲击钻	各类土层	80~200	30~40	不需泥浆
旋挖钻	黏土、粉土、砂土、淤泥质土、人工回填土及含有部分卵石、碎石的地层	150~400	60~90	护壁

续表

成孔设备	适用范围			
	土　层	孔径/cm	孔深/m	泥浆作用
正循环回转钻	黏性土、砂土、粒径小于 10 cm 砾石含量少于 30%卵石土	80~200	30~200	悬浮钻渣并护壁
反循环回转钻	黏性土、砂土、粒径小于钻杆的 2/3 卵石含量少于 20%碎石土	80~250	泵吸<40 气举 100	护壁
正循环潜水钻	淤泥、黏性土、砂土,粒径小于 10 cm 砾卵石含量少于 20%碎石土	60~150	50	悬浮钻渣并护壁
反循环潜水钻	黏性土、砂土、粒径小于钻杆的 2/3 卵石含量少于 20%碎石土	60~150	泵吸<40 气举 100	护壁

⑤钻孔注意事项。钻进过程中做到勤抽渣、勤检查钢丝绳和钻头的磨损情况。抽渣后及时向孔内补浆或补水。钻进过程中,做好相关的现场记录,包括钻孔记录(开钻成孔时间、钻机型号、地质描述等内容)、泥浆测试记录、地质取样资料。正常钻进按照 4 h 抽取泥浆稠度。针对设计图纸地层变化捞取渣样。正常钻进每 2 m 取一次,接近微风化时每 0.5 m 取一次样,渣样提取后存放于渣样盒中,并标明取渣时间、桩号、标高和渣样名称,判明后记入记录表,并绘制桩基地质柱状图(图 6.33)。

图 6.33　正常钻机及渣样

钻孔过程中应防止坍孔、孔形扭歪或孔斜,钻孔漏水、钻杆折断,甚至把钻头埋住或掉进孔内等事故,因此钻孔时应注意以下几点:

a.钻孔过程中,始终要保持孔内外既定的水位差和泥浆浓度,以起到护壁、固壁作用,防止坍孔。若发现有漏水(漏浆)现象,应找出原因及时处理。如护筒本身漏水或因护筒埋置太浅而发生漏水,应堵塞漏洞或用黏土在护壁周围夯实加固,或重埋护筒;若因孔壁土质松散,泥浆加固孔壁作用较差,应在孔内重新回填黏土,待沉淀后再钻进,以加强泥浆护壁。

b.钻孔过程中,应根据土质等情况控制钻进速度、调整泥浆稠度,以防止坍孔及钻孔偏斜、卡钻和旋转钻机负荷超载等。

c.钻孔宜一气呵成,不宜中途停钻以避免坍孔,若坍孔严重应回填重钻。

d.钻孔过程中应加强对桩位、成孔情况的检查工作。终孔时应对桩位、孔径、形状深度、倾斜度及孔底土质等情况进行检验,合格后立即清孔、吊放钢筋笼,灌注混凝土。

钻进过程中应认真填写钻进记录,详细记录地层变化情况、出现的有关问题(如加钻杆、钻进深度、地质特征、机械设备损坏、障碍物等情况)及处理措施和效果。发现地层异常时,应及时通知现场技术人员。记录必须认真、及时、准确、清晰,钻机操作手或班长必须在记录上签字。

当成孔深度达到设计深度后,由项目部技术员进行成孔质量检验符合设计、规范要求后,请监理复检认可。

(8)钻孔弃渣处理及泥浆外运

①钻渣外运。旋挖钻机等钻孔机械挖出的渣土不能直接随地倾倒,应运至设计的弃渣场堆放。若渣土是湿泥状态,无法直接装车运走,必须转运至工地临时存土场晾晒后再倒运出工地。临时堆存场的渣土应使用人工配合装载机、挖掘机打齐堆放并用黑色网覆盖,防流失、防扬尘。

渣土宜采用挖掘机装车,自卸汽车运输。运输车出场前,使用洗车机清洗车底部及四周,使其满足环保要求,不对道路造成污染,运输时间及线路需遵守国家及地方政府的法律法规。

②泥浆外运。钻进、清孔及灌注过程中产生的废浆应采用全封闭的罐式运输车及时外运至指定的处理场地,不得随地倾倒污染环境。废弃的泥浆可采用物理、化学及生物等方式处理,处理时不得污染环境及影响居民生活。

(9)成孔检查

钻孔灌注桩在成孔过程中及终孔后,以及灌注混凝土前,应对钻孔进行阶段性的成孔质量检查(如孔深、孔径、垂直度、沉淀厚度等),检测前准备好检测工具(如测绳、检孔器等)。

①孔径和孔形检测。孔径检测在桩孔成孔后,下钢筋笼前进行。孔径及孔形检查通常采用检孔器进行检查。检孔器采用直径不小于 20 mm 的螺纹钢筋制作,其尺寸参考表 6.7。内部每1.5 m 设置一道加劲箍筋,加劲箍筋上焊接十字钢筋固定。

表 6.7　检孔器长度参考尺寸

桩径/m	1.0	1.1	1.2	1.3	1.4	1.5	1.6	1.7
检孔器直径/m	1.0	1.1	1.2	1.3	1.4	1.5	1.6	1.7
检孔器长度/m	6.0	6.6	7.2	7.8	8.4	9.0	9.6	10.2

检测时将检孔器吊起,孔中心与起吊钢绳保持一致,慢慢放入孔内,检孔器靠自重下沉,不借助其他外力顺利下至孔底,不停顿,证明钻孔符合规范及设计要求,如不能顺利下至孔底,则用钻机进行扩孔处理(图 6.34)。

②孔深和孔底沉渣检测。钻孔深度=护筒顶部标高−设计桩底高程,孔深和孔底沉渣采用测绳和标准锤检测。测锤一般采用锥形锤,锤底直径 13~15 cm,高 20~22 cm,质量 4~6 kg,挂在测绳上,利用测锤自重锤击检查。测绳采用钢尺进行校核,浇筑混凝土前检查孔底沉渣厚度,要求厚度不大于 5 cm,严禁采用加深钻孔深度方法代替清孔。

③合格标准。成孔检查验收标准见表 6.8。

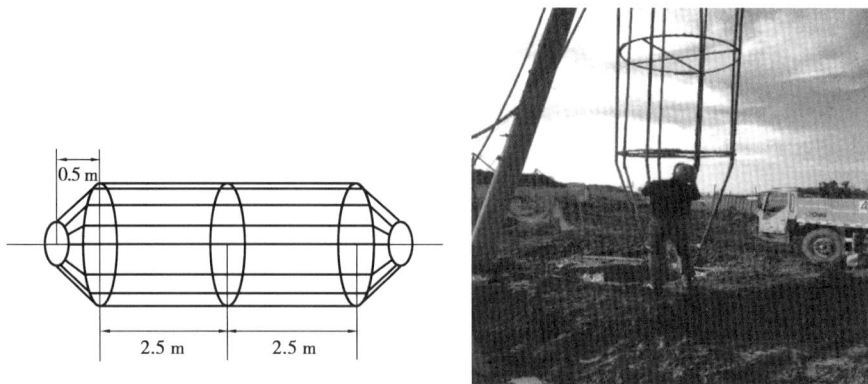

图 6.34　检孔器大样及施工现场

表 6.8　成孔检查验收标准

项　目		规定值或允许偏差
钻孔桩	孔的中心位置	群桩:100mm;单排桩:50mm
	孔径	不小于设计桩径
	倾斜度	钻孔:<1%;挖孔:<0.5%
	孔深	摩擦桩:不小于设计规定; 支承桩:比设计深度超深不小于 0.05m
	沉淀厚度	摩擦桩:符合设计规定。设计未规定时,对于直径≤0.5m 的桩,≤200mm;对桩径≥1.5m 或桩长≥40m 或土质较差的桩,≤300mm; 支承桩:不大于设计规定;设计未规定时≤50mm
	清孔后泥浆指标	相对密度:1.03~1.10;黏度:17~20Pa·s;含砂率:<2%;胶体率:>98%

终孔检查完毕后,应填写终孔检查记录,经监理工程师签证认可后进行清孔工作。

（10）清孔

钻孔作业过程中,通常需要稠度大、比重大的泥浆,而大稠度的泥浆会黏结在钢筋上影响结构受力。在灌注水下混凝土过程中,大稠度的泥浆会导致孔底沉渣过厚,也会增加灌注阻力和灌注难度,因此在吊放钢筋笼前需要将孔内泥浆进行稀释,以使孔底沉渣厚度、泥浆液中含浮土量符合质量要求和设计要求,即清孔。

常用的清孔方法有换浆法、抽浆法、掏渣法及喷射清孔法等,应根据设计要求、钻孔方法、机具设备和土质条件决定。其中抽浆法清孔较为彻底,适用于各种钻孔方法的灌注桩。对于孔壁易坍塌的钻孔,清孔时操作要细心,防止塌孔。

目前公路工程桥梁中,广泛使用换浆法(泥浆循环法)进行清孔,即利用泥浆泵向孔底输入新鲜的低稠度泥浆以置换孔底稠泥浆,并使稠泥浆携带着孔底浮土排出孔外泥浆池中,如此循环,直到清孔完成为止。清孔完毕,检查泥浆比重,清孔的泥浆比重控制在 1.03~1.1。

清孔结束,自检合格后与监理工程师共同进行孔深测量,作为浇筑前测沉淤的依据。

（11）钢筋笼制作与就位

①钢筋笼加工制作见图6.35。

（a）人工焊接加工　　　　　　　　　（b）滚焊机加工

图6.35　钢筋笼加工制作

a.钢筋笼应在经过地基混凝土硬化处理的钢筋加工厂内集中的严格按照图纸设计制作,允许偏差按《公路工程质量检验评定标准　第一册　土建工程》(JTG F80/1—2017)执行。

b.长度较小的钢筋笼可以采取整体制作、整体吊装的方式施工。长度较大的钢筋笼一般分段制作,现场钢筋笼正常按照钢筋长度9 m/12 m一节进行加工配制,制作时可采用人工或滚笼焊机进行加工,钢筋笼加工质量均应满足模块5第5.2.2节的要求。

c.超声波检测管安装。根据设计文件,如桩基检测需要预埋超声波检测管,应根据设计要求,每根桩内埋设相应数量的声测管,具体施工措施如下:

● 钢筋笼内声测管需要定位筋固定,采用ϕ10钢筋加工成U形卡焊接在骨架上,长度45 cm,每3 m一道等距布置在声测管外围,分段吊装,接头采用专用接头连接;

● 声测管底端和顶端应采用专用堵头进行封堵;

● 为便于桩基检测及桩基后压浆施工,要求声测管顶部高出地面50 cm。

d.后压浆管安装。根据设计文件,如桩基施工完毕后需要进行桩基后压浆,应根据设计要求,每根桩内埋设相应数量的无缝压浆钢管,具体施工措施如下:

● 钢筋笼内压浆管需要定位筋固定,采用ϕ10钢筋加工成U形卡焊接在骨架上,长度30 cm,每3 m一道等距布置在声测管外围,分段安装,接头采用专用管箍接头连接;

● 压浆管底端和顶端应采用专丝堵进行封堵;

● 为便于桩基后压浆施工,要求压浆管顶部高出地面50 cm。

e.钢筋笼制作完成后移运至成品区临时存放,临时存放的场地必须保证平整、干燥。存放时,每个加劲筋与地面接触处都垫上等高的方木,以免受潮或沾上泥土。每组骨架的各节段要排好次序,挂上标志牌,便于使用时按顺序装车运出。

②钢筋笼运输。钢筋笼验收合格后,应采用专用平板运输车从钢筋存放场地进行二次倒运,用平板拖车通过便道运至墩位处,运输过程中应保持骨架不变形。

③钢筋笼吊装就位:

a.安装钢筋笼时,宜采用两点、三点或四点起吊,每个吊点均应采用U形卡扣连接牢固(图6.36)。

b.钢筋笼开始吊装时,现场安全员进行全程安全监控,指挥吊车及现场工人规范操作,先将钢筋笼吊离地面20 cm左右,安全防护人员检查吊车的稳定性和制动器等是否灵活和有效,经检查吊车稳定、制动器灵活,继续进行吊装施工。

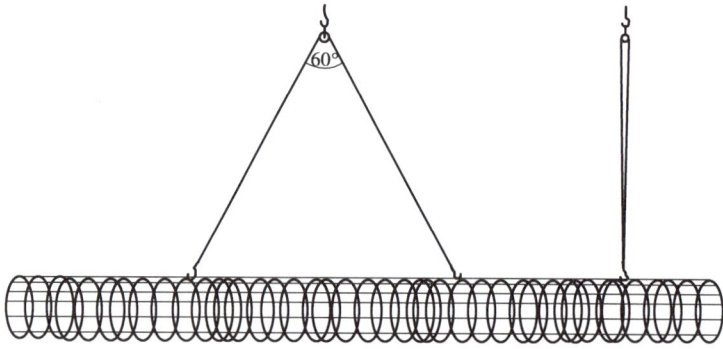

图 6.36　钢筋笼吊点布置示意图

钢筋笼吊放入孔时,对准孔位,保持垂直,轻放、慢放入孔,入孔后徐徐下放,不得左右旋转,严禁摆动碰撞孔壁,若中途遇阻不得强行下放(可适当转向再下放)(图 6.37)。如果仍无效果,则应起笼扫孔后重新下放。

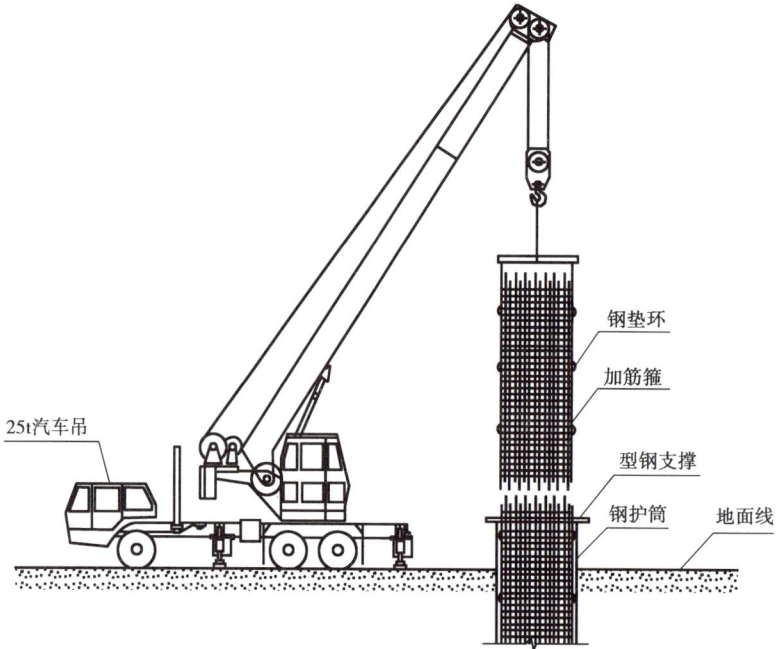

图 6.37　钢筋笼吊放示意图

第一节骨架放到最后一节加劲筋位置时,穿入可承载相应重量的钢棒或型钢,将钢筋骨架临时支撑在孔口平台上,再起吊第二节骨架与第一节骨架连接。连接时上下主筋位置对正,保持钢筋笼上下轴线一致,先连接一个方向的两根接头,然后稍提起,以使上下节钢筋笼在自重作用下垂直,再连接其他所有的接头。接头焊好后,骨架吊高,抽出支撑工字钢后,下放骨架。如此循环,使骨架下至设计标高。钢筋笼连接时应同步进行声测管和压浆管安装。

最后一节钢筋笼吊装时,以与钢筋笼主筋相同的钢筋焊接为定位筋,定位筋长度=护筒顶高程−钢筋笼顶部高程+0.5 m(吊环)+10 d(焊接长度),用于钢筋笼孔口高程定位安装。定位筋应采用双数对称布置,数量应根据钢筋笼的重量确定(图 6.38)。

c.钢筋笼安放完成后,在护桩上拉十字线,用吊垂检查两十字交叉点是否重合。不符合要求时,应调整穿杠上的钢筋笼定位筋,使之重合。

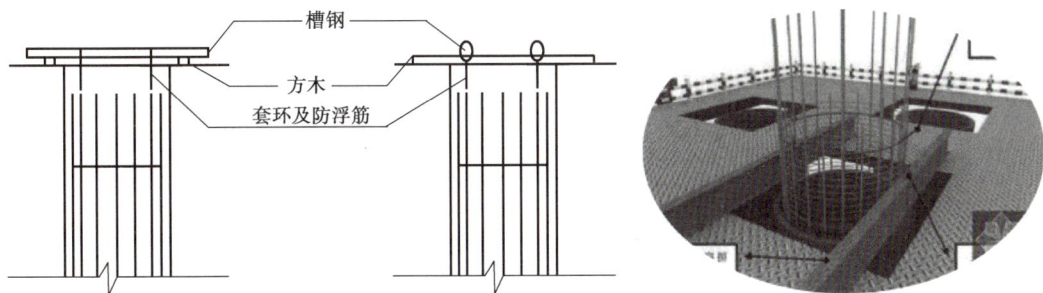

图 6.38　钢筋笼定位示意图

（12）导管安装及二次清孔

①导管选择及其安装：

a.水下混凝土一般用钢导管灌注，导管内径为 200~350 mm，视桩径大小而定，导管应配置 0.5 m、1 m、2 m、3 m 及 4 m 等不同长度的节段，以便根据实际孔深进行组合搭配。

b.导管使用前应进行水密承压和接头抗拉试验，严禁用压气试压。进行水密试验的水压不应小于孔内水深 1.3 倍的压力，也不应小于导管壁和焊缝可能承受灌注混凝土时最大内压力的 1.3 倍。

c.导管轴线偏差不宜超过孔深的 0.5%，且不宜大于 10 cm。

d.导管采用法兰盘接头宜加锥形活套；采用螺旋丝扣型接头时，必须有防止松脱装置。

e.导管底部至孔底的距离应在 30~50 cm。

②二次清孔。导管安装完毕后，吊放钢筋笼和安装导管过程中，孔内泥浆一直处于静置状态，泥浆中的泥土会不断地沉淀在孔底造成孔底沉渣过厚，因此需要根据实际情况进行一定时间的二次清孔，以减少孔底沉渣量及泥浆比重。

（13）水下混凝土灌注

水下混凝土一般采用导管法灌注（图 6.39、图 6.40）。将导管居中插入离孔底 30~50 cm（不能插入孔底沉积的泥浆中），导管上口接漏斗，在接口处设隔水栓，以隔绝混凝土与导管内泥浆接触。在漏斗中储备足够数量的混凝土后，瞬间放开隔水栓，储备的混凝土连同隔水栓在重力作用下瞬间向孔底猛落，这时孔内水位骤涨外溢，说明混凝土已灌入孔内。当落下有足够数量的混凝土时，则将导管内的水全部压出，并使导管下口埋入孔内混凝土 1~1.5 m 深，保证钻孔内的水不可能重新流入导管。随着混凝土不断通过漏斗、导管灌入钻孔，钻孔内初期灌注的混凝土及其上面的水或泥浆不断被顶托升高，相应地不断提升导管和拆除导管，并保持导管埋入混凝土内部，直至钻孔灌注混凝土完毕。

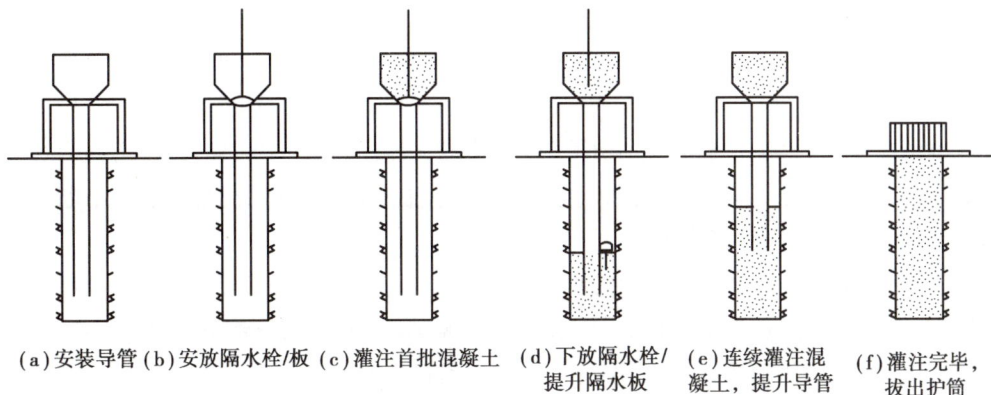

(a)安装导管　(b)安放隔水栓/板　(c)灌注首批混凝土　(d)下放隔水栓/提升隔水板　(e)连续灌注混凝土，提升导管　(f)灌注完毕，拔出护筒

图 6.39　水下混凝土灌注示意图

图 6.40　水下混凝土灌注施工

①灌注施工要点：

a.混凝土配合比应通过试验确定,须具备良好的和易性,坍落度宜为 180～220 mm。

b.首批混凝土数量应能满足导管首次埋置深度(≥1.0 m)和填充导管底部的需要。

c.首批混凝土拌合物下落后,混凝土应连续灌注,导管埋置深度宜控制在 2～6 m。

d.为防止钢筋骨架上浮,当灌注的混凝土顶面距钢筋骨架底部 1 m 左右时,应降低混凝土的灌注速度。当混凝土拌合物上升到骨架底口 4 m 以上时,提升导管,使其底口高于骨架底部 2 m 以上,即可恢复正常灌注速度。

e.灌注过程中,应始终保持导管埋入混凝土内 2～6 m,上提及拆除导管前均应先准确测量混凝土面的高程,以防止将导管提出混凝土灌注面。

f.灌注的桩顶高程应高出设计高程 0.5～1.0 m,确保桩头浮浆层凿除后桩基混凝土达到设计强度。

g.灌注桩的实际浇筑混凝土量不得小于计算体积。灌注过程中应做好施工记录。

②施工中易出现的问题及预防和处理方法：

a.钢筋笼上浮是指灌注桩在浇筑混凝土时钢筋笼上浮。

• 原因分析:混凝土在进入钢筋笼底部时浇筑速度太快;钢筋笼未采取固定措施。

• 防治措施:当混凝土上升到接近钢筋笼下端时,应放慢浇筑速度,减小混凝土面上升的动能作用,以免钢筋笼被顶托而上浮。当钢筋笼被埋入混凝土中有一定深度时,再提升导管,减少导管埋入深度,使导管下端高出钢筋笼下端有相当距离时再按正常速度浇筑,在通常情况下,可防止钢筋笼上浮。此外,浇筑混凝土前,应将钢筋笼固定在孔位护筒上,也可防止上浮。

b.断桩。断桩是成桩后,经探测桩身局部没有混凝土,存泥夹层或截面断裂的现象,是最严重的一种成桩缺陷,直接影响结构基础的承载力。

• 原因分析:混凝土坍落度太小、骨料太大、运输距离过长、混凝土和易性差致使导管堵塞,疏通堵管再浇筑混凝土时,中间就会形成夹泥层;计算导管埋管深度时出错,或盲目提升导管,使导管脱离混凝土面,再浇筑混凝土时,中间就会形成夹泥层;钢筋笼将导管卡住,强力拔管时,使泥浆混入混凝土中;导管接头处渗漏,泥浆进入管内,混入混凝土中;混凝土供应中断,不能连续浇筑,中断时间过长,造成堵管事故。

• 预防措施:混凝土配合比应严格按照有关水下混凝土的规范配制,并经常测试坍落度,防止导管堵塞;严禁不经测算盲目提拔导管,防止导管脱离混凝土面;钢筋笼主筋接头要焊平,以免提升导管时,法兰挂住钢筋笼;浇筑混凝土应使用经过检漏和耐压试验的导管;浇筑混凝土前应保证混凝土搅拌机能正常运转,必要时应有一台备用搅拌机。

• 治理方法：当导管堵塞而混凝土尚未初凝时，可吊起导管，再吊起一节钢轨或其他重物在导管内冲击，把堵管的混凝土冲散或迅速提出导管，用高压水冲掉堵管混凝土后，重新放入；当断桩位置在地下水位以上时，如果桩的直径较大（一般在 1 m 以上），可抽掉桩孔内泥浆，在钢筋笼的保护下，人下到桩孔中，对先前浇筑的混凝土面进行凿毛处理并清洗钢筋，然后继续浇筑混凝土；当断桩位置在地下水位以下时，可用直径较原桩直径稍小的钻头，在原桩位处钻孔，钻孔至断桩部位以下适当深度时，重新清孔，并在断桩部位增设一节钢筋笼，笼的下半截埋入新钻的孔中，然后继续浇筑混凝土；当导管被钢筋笼挂住时，如果钢筋笼埋入混凝土中不深，可提起钢筋笼，转动导管，使导管脱离，如果钢筋笼埋入混凝土中很深，只好放弃导管；灌注桩因严重塌方而断桩或导管拔出后重新放入导管时均形成断桩，是否需要在原桩外侧补桩，须经检测后与有关单位商定。

通常情况，断桩没有特别有效的治理方法，上述方法仅限于理论，实际施工中难以采用上述方法进行补救。因此，实际灌注混凝土过程中被认可为已经形成了断桩，应及时返工。特别是对于单桩基础，在混凝土灌注前应做好充分的准备，确保桩基混凝土灌注过程顺利。

c.桩身混凝土质量差是指桩身出现蜂窝、空洞、夹泥层或级配不均。

• 原因分析：浇灌混凝土时未边灌边振捣，使桩身混凝土不密实；浇灌混凝土时或上部放钢筋笼时，孔壁土坍落在混凝土中，造成桩身夹泥；混凝土配合比坍落度掌握不严，下料高度过大，混凝土产生离析，造成桩身级配和强度不均匀。

• 防治措施：浇灌混凝土时应边灌边振捣；浇灌混凝土时或上部放钢筋笼时，注意不要碰撞土壁，造成土体坍落；认真控制混凝土的配合比和坍落度，浇灌混凝土时设置串筒下料，防止混凝土产生离析现象，使混凝土强度均匀。

（14）桩后压浆

钻孔灌注桩施工工艺决定了其桩体周围会存在泥皮和桩底存在沉渣。桩体周围泥皮和桩底沉渣的存在会影响灌注桩的单桩承载力、造成工程沉降及增加工程造价。为了解决上述问题，通常采取桩后压浆技术进行处理。

桩后压浆包括桩底压浆和桩侧压浆，其施工原理是以注浆泵将配制的水泥浆加压输入桩身内预埋管，通过桩底或桩侧注浆管注入周围介质。桩底注浆时通过渗入（粗粒土）和劈裂（细粒土）作用注入桩底沉渣和周围一定范围的土体中，并在桩土软弱界面上扩大至桩底以上 10 ~ 20 m 甚至更大的范围。桩侧注浆时，浆液通过渗入和劈裂注入注浆点以上的桩土界面一定范围内的土体中。注浆压力根据地层性质和深度确定，风化岩压力最高，软土压力最低。

限于本书篇幅，本节不再详述桩底及桩侧后压浆相关内容，请参考规范学习。

3）人工挖孔桩施工

人工挖孔桩是以人力为主，配合以小型机具（人力镐、钢钎、风镐、水磨钻机）或爆破等方式成孔并及时施做混凝土护壁结构，待成孔并验收后，下放钢筋笼，灌注混凝土而成的桩基。其施工主要构造见图 6.41。

人工挖孔桩施工方便、速度较快、不需要大型机械设备，挖孔桩要比木桩、混凝土打入桩抗震能力强，造价比冲锥冲孔、冲击锥冲孔、冲击钻机冲孔、回旋钻机钻孔、沉井基础低，从而在公路、民用建筑中得到广泛应用。但挖孔桩井下作业条件差、环境恶劣、劳动强度大、工期较长，安全和质量控制风险较大。

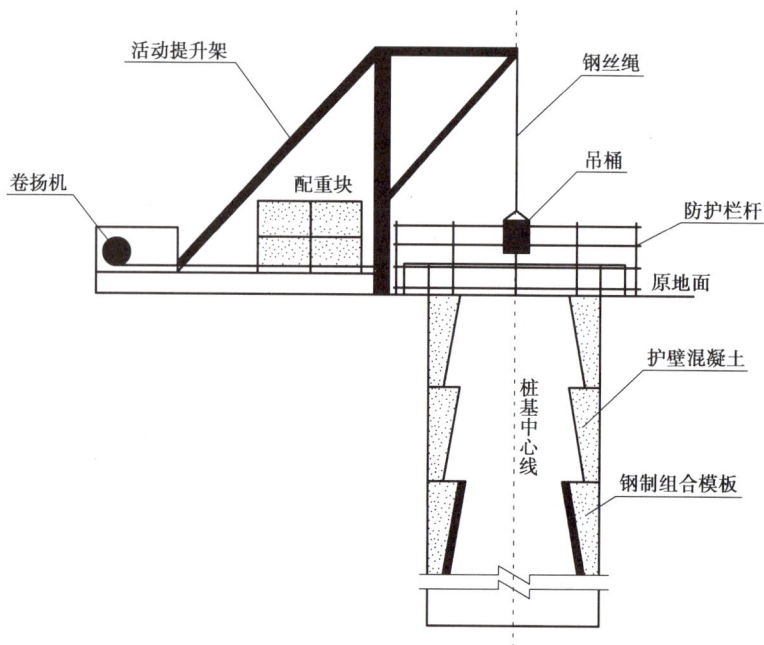

图6.41　人工挖孔桩构造示意图

限于本书篇幅,人工挖孔桩的施工技术可参考相关最新法律法规和规范学习。

6.3　承台施工

大跨径桥梁通常采用群桩基础(图6.42)。为了能够让桩基础形成一个整体共同承受其上部结构荷载,采用承台将各单桩联系为一个整体,把上部结构和墩台的荷载传递给各基桩。对于公路桥梁标准跨径的桥梁,常采用2根或3根桩基,其上设置桩基系梁将各单桩联系为一个整体。

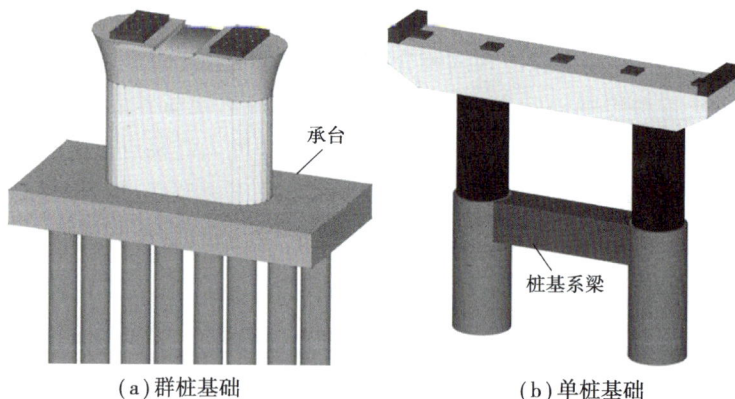

(a)群桩基础　　　(b)单桩基础

图6.42　承台与桩基系梁

无论是承台还是桩基系梁,其二者作用是一致的,其施工工艺流程也相同。但是对于承台而言,在施工中往往涉及大体积混凝土的相关知识。鉴于承台结构的广泛适用性,且其施工技术较为成熟,所涉及的钢筋加工及安装、模板加工及安装和混凝土浇筑的相关内容,在此不再详述。

本节针对承台施工中的关键工序——桩头凿除、桩基检测及大体积混凝土施工技术进行探讨。

6.3.1　一般陆地承台施工

一般陆地承台施工与陆地扩大基础施工工艺类似,相对于扩大基础施工而言,其中增加了桩头凿除和桩基检测相关内容,施工工艺流程见图 6.43。

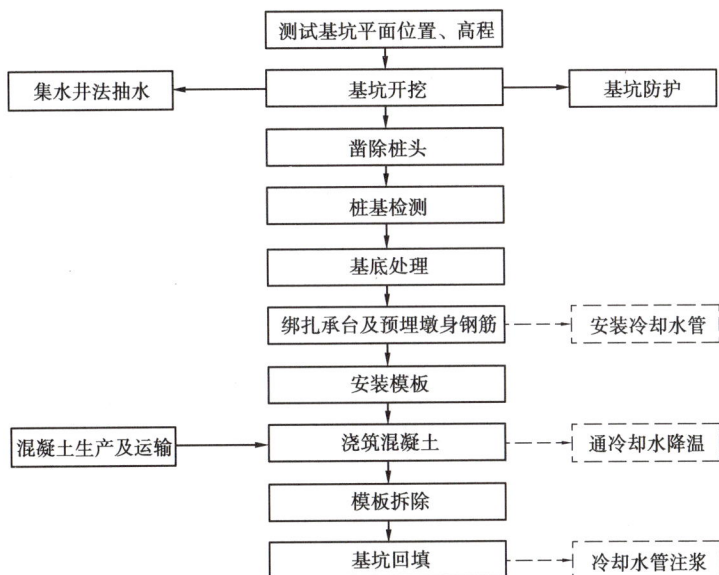

图 6.43　承台施工工艺流程

1)桩头凿除

在施工过程中,为了保证钻孔灌注桩桩身的整体质量,混凝土灌注时对桩头进行超灌,超灌部分的桩基在承台施工前需要进行凿除以使桩基达到设计的尺寸。目前,桩头凿除的方法主要有人工风镐凿除法、环切法、液压破碎法及摘除法等(图 6.44)。目前,公路桥梁施工中环切法应用较为广泛。

环切法凿除桩头是首先在设计桩顶位置采用切割机环向切割混凝土,然后人工采用风镐剥离出钢筋,再在环切处对称环向分布打入楔子将要吊离桩身部分与预留部分进行分离,并用机械将桩头吊离至基坑外,最后人工采用手持式打磨机进行修整。其施工工艺主要包括测量放样、环向切割桩头、人工剥离钢筋、楔断桩头、吊离桩头及清理桩头。

(1)测量放样

采用水准仪逐桩进行高程测量,找出设计凿除位置,然后在凿除处标示出环向切割线(图 6.45)。

(2)环向切割

采用手持式混凝土切割机沿着标示线环向切割混凝土,切割深度控制在 3~5 cm,避免伤及主筋(图 6.46)。

(3)凿除保护层混凝土

在设计凿除位置环向切缝切割完成后,在桩顶环切线上部 5~10 cm 位置再切一刀环切缝,在 2 道环切缝中间用风镐小心地凿出一条环形槽(此为控制凿桩质量的关键步骤),槽宽

（a）人工风镐凿除　　　　　　　　　　　（b）环切法凿除

（c）液压破碎法凿除　　　　　　　　　　（d）摘除法凿除

图 6.44　常用桩头凿除方法

图 6.45　测量放样

5~10 cm,深度以找出主筋为标准,在设计桩顶处形成一条保护隔离带,彻底消除破除桩头时混凝土裂纹向下延伸的可能。

用风镐沿桩头自上而下、由外向内进行,凿出 V 形槽剥离混凝土,保证逐根声测管和钢筋剥离,但不得损坏声测管及钢筋(图 6.47)。

（4）切断桩头及吊离

钢筋剥离后,在切缝线以上 1~2 cm,沿桩头四周,每根桩均匀布置 12~15 个孔位,采用风镐打孔,打孔深度为桩径的 1/5。打入时尽量对称水平打入,以保证断裂面保持在同一水平面。钻孔完成后,插入楔形钢钎,加钻顶断或大力敲击楔断桩头(图 6.48)。桩头与桩身分离后,采用吊车将桩头吊离,起吊过程中尽量避免损坏钢筋。

(a)环向切缝

(b)开凿V形口

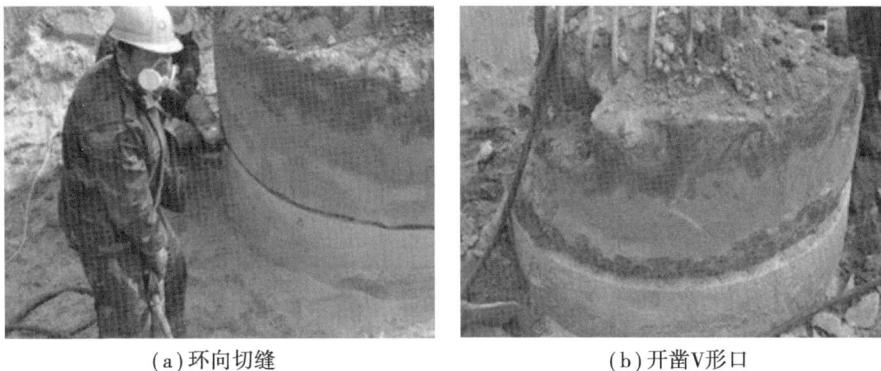

图 6.46　环向切割

(a)风镐剥离钢筋

(b)剥离出的成型钢筋

图 6.47　桩头混凝土剥离

(a)风镐钻孔

(b)楔断桩头

图 6.48　楔断桩头

(5)修整桩头

桩头吊离后,在断裂面会有部分位置凹凸不平整,应进行人工凿除处理,将桩头残余混凝土进行凿除打磨,确保桩顶面平整、密实(图 6.49)。采用低应变检测的桩基,按照检测要求打磨相应检测点位。

2)桩基检测

桩基检测是评价桥梁基桩施工质量的关键环节。

| (a) 吊离桩头 | (b) 桩头修整 | (c) 成型效果 |

图 6.49 桩头修整及成型效果

(1)检测范围及频率

公路工程基桩应进行 100% 的完整性检测。重要工程的钻孔灌注桩应埋设声测管,检测的频率符合表 6.9 的规定。

表 6.9 桩基检测频率

桥梁分类 检测方法	特大桥		大 桥		中小桥
	特殊墩台	一般墩台	特殊墩台	一般墩台	
超声波法	100%	50%	70%	50%	50%
低应变反射波法	—	50%	30%	50%	50%
钻孔取芯法	3%	2%	3%	2%	1%~2%
	同时不少于 2 根,群桩基础每墩不少于 1 根				

注:①表中所列的频率为指导性频率。

②确定各种检测方法频率时,宜根据如下原则:当桩的长度≥50 m,桩的直径≥1.8 m,桩的长径比≤5 时,不宜采用低应变反射波法检测。

③特殊墩台是指桥梁结构对桩基受力有特殊要求的墩台,如悬索桥、斜拉桥主墩等。

④中小桥基桩钻孔取芯法频率可以每标段为计数单元。

⑤各桥梁具体检测方法及频率由建设单位组织确定,并应在该桥梁基桩开工之前确定。

(2)检测内容及方法

桥梁桩基检测包括基桩的承载力和完整性检测两项主要内容。基桩承载力检测包括单桩竖向抗压承载力、单桩竖向抗拔承载力和单桩水平承载力检测。桩身完整性检测是判定桩身截面尺寸的相对变化、桩身材料的密实性和连续性。

根据公路工程桥梁基桩检测要求及相关技术要求,目前对桥梁基桩通常只进行桩身完整性检测,对地质勘探不到位的桥梁基桩才考虑进行承载力检测,本节仅对完整性检测做相关介绍。目前桥梁基桩完整性检测主要采用低应变反射波法、声波透射法和钻孔取芯法,其适用范围见表 6.10。

表 6.10 桩基检测方法及其适用范围

检测方法	检测目的	适用范围
低应变反射波法	检测桩身缺陷及其位置,判定桩身完整性类别	一般桥梁桩径小于 1.8 m,桩长≤50 m

续表

检测方法	检测目的	适用范围
声波透射法	检测桩身缺陷及其位置、范围和程度,判定桩身完整性类别	一般桥梁桩径≥1.8 m或桩长>50 m;承载力较大的端承桩;特殊结构桥梁的基桩;地质条件复杂的基桩;设计有特殊要求的基桩或抗滑桩
钻孔取芯法	检测桩长、桩身混凝土强度、桩底沉渣厚度,鉴别桩端岩土性状,验证或判定桩身完整性类别,以及各种混凝土结构的内在质量	有疑问的基桩或指定的基桩;验证其他方法检测有异常的部位

①低应变反射波法。低应变反射波法是假设所要检测的桩基桩长远远大于桩的孔径,并且整个桩基是等截面各向同性的一维梁体,在此理论基础上,用振动仪对桩基的桩顶位置进行激振,这样荷载致使整个桩身与周围土体产生振动(图6.50),并通过桩基本身的应变计将桩基振动的加速度和速度传递给仪器。

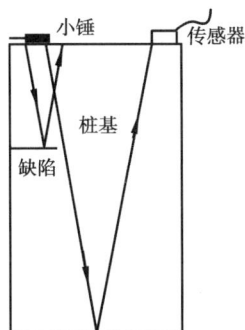
(a)原理示意

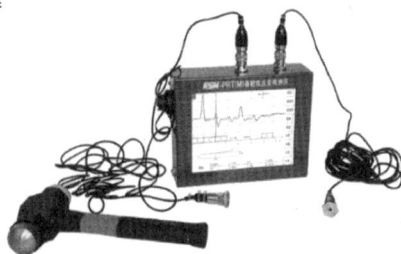
(b)检测设备

(c)检测现场

图6.50 低应变反射波法检测示意图

如果桩基本身具有扩径、缩径、断桩等差异性界面,那么弹性波在传播的过程中就会出现反射,通过传感器对声波进行过滤放大,之后将数据通过波动理论进行分析,研究桩土之间动态响应,然后进行反演分析实测出来的速度信号,频率信号从而达到判断桩基本身质量以及桩基本身的长度。低应变反射波法其检测速度快、检测方便、检测范围广,被广泛应用于工程实践。

②声波透射法(图6.51)。声波透射法也是目前较为常用的一种方法,主要原理就是根据声波在不同传播介质中所表现出来特性的差异来判断桩基质量的好坏。由于混凝土本身材料的不均匀性,桩基本身就会产生不同声阻抗声学界面,这样声波在混凝土桩基传播时,就会沿着不同阻抗截面进行传播,大量声波能量散射,从而衰减也较快。在声波传播过程中,混凝土界面上就会产生诸多折射波和散射波,大量的折射波与散射波相互叠加之后就会导致声能散失。当遇到混凝土桩基本身有超大缺陷时,其声波的传播路线就不会是直线,而是绕着缺陷进行传播。这时声波传播的路径要比直线传播的距离长,从而体现声学参数上的声时也就变大了,然后通过两声测管的测距与声时进行计算,这样就会得到声速由于声时的变大而变小。另外,由于声波在遇到缺陷桩基混凝土截面时会发生多次反射、折射等现象,这样声波的声能会逐渐衰减,波幅与频率都会变小。这样直线传播的声波与通过缺陷桩基的声波相互叠加,整个波形就会发生

畸变。工程实际检测就会通过相应参数和工程实践经验相结合进行判定。

(a)检测设备　　　　　　　　　　(b)检测现场

图 6.51　声波透射法检测

采用声波进行桩基检测的主要过程是:在混凝土灌注前预留孔道,然后在预留的混凝土灌注桩孔道内埋设几根超声波探测管,并在管道内灌满耦合剂,然后将探测仪和接收仪沿着桩的纵向进行不同高度上下移动,逐步测量超声脉冲经过横截面的数据,通过对声波在不同介质传播的物理参数的差异判断桩的完整性。声波透射法针对桩基的长度和孔径要求不大,由于其需要在混凝土灌注前预留孔道预埋声测管,对检测管道的垂直性要求较高,检测适用范围为直径不小于 800 mm 的混凝土灌注桩基,主要包括跨孔透射法和单孔透射。

③钻孔取芯法。钻孔取芯法是桩基检测采用较早的一种方法,严格看来钻芯法属于有损检测的范围,其工作过程是利用人工钻头对混凝土桩进行钻芯取样,判断桩基本身的长度、桩基本身混凝土的剥落情况、混凝土强度以及桩底沉渣厚度等,从而为桩基承载力验收提供依据。

采用钻芯法检测桥梁桩基的主要特点是检测周期长、成本高,仅适用于桥梁桩基局部判断,类似于桥梁桩基断桩、离析、桩底夹泥等病害检测,要求检测人员须有较强的专业能力和实践经验,并且钻芯法无法检测桩基本身存在缩径等微小缺陷情况。

(3)检测报告及桩身完整性类别判定

①检测报告应用词规范,结论明确。其内容应包括工程概况、岩土工程勘察、检测技术及方法、桩位平面布置图、测试曲线、检测结果汇总表、结论及评价等。

②桩身完整性类别应按表 6.11 划分。

表 6.11　桩身完整性类别划分

桩身完整性类别	特　征
Ⅰ类桩	桩身完整,可正常使用
Ⅱ类桩	桩身基本完整,有轻度缺陷,不影响正常使用
Ⅲ类桩	桩身有明显缺陷,对桩身结构承载力有影响
Ⅳ类桩	桩身有严重缺陷,对桩身结构承载力有严重影响

3)大体积混凝土施工

公路桥梁群桩承台通常属于大体积混凝土,其一次浇筑方量较大,且其本身几何尺寸不小,因此水泥水化反应放出的热量在自然情况下难以传递到表面,这就导致混凝土结构内部温度急剧上升,而外部温度又较低,从而使得混凝土结构内外产生较大的温差而引起温度应力使表面受拉,最终使抗拉强度并不高的混凝土产生开裂现象,破坏其整体性,改变结构的受力,削弱了混凝土结构的功能。

对于桥梁工程中的大体积混凝土,应有针对性地进行水化热分析,得出结构在施工过程中的温度场及应力场数据,并结合计算结果制订详细的温度控制措施。

(1)温度控制标准

①大体积混凝土的养护,应根据气候条件采取温控措施,并按需要测定浇筑后的混凝土表面和内部温度,将温差控制在设计要求的范围内,当设计无要求时,温差不宜超过25 ℃。

②在混凝土结构中布置冷却水管,混凝土终凝后开始通水冷却降温。设计好水管流量、管道分布密度和进水温度,使进出水温差控制在10 ℃左右,水温与混凝土内部温差不大于20 ℃。

③混凝土浇筑后应按照规定覆盖并洒水进行养护。当气温急剧下降时须注意保温,并应将混凝土内外温差控制在25 ℃以内。

(2)常用的温控措施

①原材料及配合比设计。大体积混凝土在选用原材料和进行配合比设计时,应按照降低水化热温升的原则进行,并应符合下列规定:

a.宜选用低水化热和凝结时间长的水泥品种。粗集料宜采用连续级配,细集料宜采用中砂。宜掺用可降低混凝土早期水化热的外加剂和矿物掺合料,外加剂宜采用缓凝剂、减水剂;掺合料宜采用粉煤灰、矿渣粉等。

b.进行配合比设计时,在保证混凝土强度、和易性及坍落度要求的前提下,宜采取改善粗集料级配、提高掺合料和粗集料的含量、降低水胶比等措施,减少单方混凝土的水泥用量。

c.大体积混凝土进行配合比设计及质量评定时,可按60 d 龄期的抗压强度控制。

②施工控制措施。大体积混凝土的施工前应制订专项施工技术方案,并应对混凝土采取温度控制措施。大体积混凝土的浇筑、养护和温度控制应符合下列规定:

a.施工前应根据原材料、配合比、环境条件、施工方案和施工工艺等因素,进行温控设计和温控监测设计,并应在浇筑后按该设计要求对混凝土内部和表面的温度实施监测和控制。对大体积混凝土进行温度控制时,应使其内部最高温度不大于75 ℃、混凝土内部和表面温差不大于25 ℃。

b.大体积混凝土可分层、分块浇筑,分层、分块的尺寸宜根据温控设计要求及浇筑能力合理确定;当结构尺寸相对较小或能满足温控要求时,可全断面一次浇筑。

c.分层浇筑时,在上层混凝土浇筑前应对下层混凝土的顶面做凿毛处理,且新浇混凝土与下层已浇筑混凝土的温差宜小于20 ℃,并应采取措施将各层间的浇筑间歇期控制在7 d 以内。

d.分块浇筑时,块与块之间的竖向接缝面应平行于结构物的短边,并应在浇筑完成拆模后按施工缝的要求进行凿毛处理。分块施工所形成的后浇段,应在对大体积混凝土实施温度控制且其温度场趋于稳定后方可浇筑;后浇段宜采用微膨胀混凝土,并应一次浇筑完成。

e.大体积混凝土的浇筑宜在气温较低时进行,但混凝土的入模温度应不低于5 ℃。热期施工时,宜采取措施降低混凝土的入模温度,且其入模温度不宜高于28 ℃。

f.大体积混凝土的温度控制宜按照“内降外保”的原则,对混凝土内部采取设置冷却水管通循环水冷却,对混凝土外部采取覆盖蓄热或蓄水保温等措施进行。在混凝土内部通水降温时,进出口水的温差宜不大于10 ℃,且水温与内部混凝土的温差宜不大于20 ℃,降温速率宜不大于 2 ℃/d;利用冷却水管中排出的降温用水在混凝土顶面蓄水保温养护时,养护水温度与混凝土表面温度的差值应不大于 15 ℃。

g.大体积混凝土采用硅酸盐水泥或普通硅酸盐水泥时,其浇筑后的养护时间不宜小于 14 d,采用其他品种水泥时不宜小于 21 d。在寒冷天气或遇气温骤降天气时浇筑的混凝土,除应对其外部加强覆盖保温外,尚宜适当延长养护时间。

6.3.2 水中承台施工

当承台位于水中时,对于浅水区承台采用土石围堰或土石筑岛施工;深水承台施工,结合深水基桩施工统筹考虑,常采用钢板桩围堰、套箱围堰或双壁钢围堰等施工。所谓的"深水"和"浅水",尚没有严格的定量界限,但根据一般传统的土力学地基及基础所介绍的水中围堰概念,可将深水基础初步定义为:水深在 5~6 m 及以上,不能采用一般土围堰、木板桩围堰等防水技术施工的桥梁基础,称为深水,其余情况视为浅水。

(1)围堰施工的一般规定

围堰的作用主要是防水和围水,有时还起着支承施工平台和基坑坑壁的作用。公路桥梁常用的围岩类型有土围堰、土袋围堰、钢板桩围堰、套箱围堰、双壁钢围堰。围堰的结构形式和材料应根据水深、流速、地质情况以及通航要求等条件确定。但不论采用哪种围堰,均需满足以下要求:

①围堰高度应高出施工期间可能出现的最高水位(包括浪高)0.5~0.7 m。

②围堰外形一般有圆形、圆端形(上、下游为半圆形,中间为矩形)、矩形、带三角的矩形等。围堰外形直接影响堰体的受力情况,必须考虑堰体结构的承载力和稳定性。围堰外形还应考虑水域的水深,以及因围堰施工造成河流断面被压缩后,流速增大引起水流对围堰、河床的集中冲刷和对航道、导流的影响。

③堰内平面尺寸应满足承台施工的需要。

④围堰要求防水严密,减少渗漏。

⑤堰体外坡面有受冲刷危险时,应在外坡面设置防冲刷设施。

(2)土围堰

土围堰是采用黏性土、粉质黏土或砂质黏土等材料填筑而成,其施工方便、速度快、效率高,但挡水能力较弱,通常应用于水深小于 1.5 m、流速小于 0.5 m/s、河边浅滩、河床渗水性较小的区域(图 6.52)。

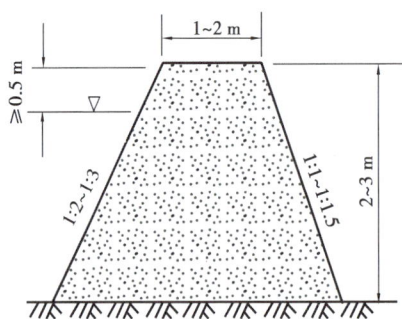

图 6.52　土围堰

土围堰的施工工艺流程为:围堰结构设计→河床清淤→填土→边坡防护。在施工过程中应注意以下几点:

①填土应自上游开始至下游合龙。

②筑堰前,必须将筑堰部位河床上的杂物、石块及树根等清除干净。

③堰顶宽度可为 1~2 m。机械挖基时不宜小于 3 m。堰外边坡迎水流一侧坡度宜为 1:2~1:3,背水流一侧可在 1:2内。堰内边坡宜为 1:1~1:1.5。内坡脚与基坑边的距离不得小于 1 m。

（3）土袋围堰

①围堰两侧用草袋、麻袋、玻璃纤维袋或无纺布袋装土堆码。袋中宜装不渗水的黏性土,装土量为土袋容量的 1/2~2/3。袋口应缝合。堰外边坡为 1:0.2~1:0.5。围堰中心部分可填筑黏土及黏性土芯墙。

②堆码土袋,应自上游开始至下游合龙。上下层和内外层的土袋均应相互错缝,尽量堆码密实、平稳。

③筑堰前,堰底河床的处理、内坡脚与基坑的距离、堰顶宽度与土围堰要求相同。

（4）钢板桩围堰

施工中最常用的防护类型为板桩围堰,钢板桩围堰是最常用的一种板桩围堰(图 6.53)。钢板桩是带有锁口的一种型钢,其截面有直板形、槽形及 Z 形等,有各种大小尺寸及联锁形式。常见的有拉尔森式、拉克万纳式等。

其优点是:强度高,容易打入坚硬土层;可在深水中施工,必要时加斜支撑成为一个围笼;防水性能好;能按需要组成各种外形的围堰;施工工艺较为成熟,施工速度快;可多次重复使用以降低使用成本等,因此,被广泛应用于修建桥梁深水基础时的围堰工程。

图 6.53　钢板桩围堰

钢板桩围堰施工时应符合下列规定:

①有大漂石及坚硬岩石的河床不宜使用钢板桩围堰。

②钢板桩的机械性能和尺寸应符合规定。

③施打钢板桩前,应在围堰上下游及两岸设测量观测点,控制围堰长、短边方向的施打定位。施打时,必须备有导向设备,以保证钢板桩的位置正确。

④施打前,应对钢板桩的锁口用止水材料捻缝,以防漏水。

⑤施打顺序一般从上游向下游合龙。

⑥钢板桩可用捶击、振动、射水等方法下沉,但在黏土中不宜使用射水下沉方法。

⑦经过整修或焊接后的钢板桩应用同类型的钢板桩进行锁口试验、检查。对于接长的钢板桩,其相邻两钢板桩的接头位置应上下错开。

⑧施打过程中,应随时检查桩的位置是否正确、桩身是否垂直,否则应立即纠正或拔出重打。

（5）钢吊箱围堰

钢吊箱围堰属于非着床型钢围堰,一般适用于承台底面高于河床面的深水基础施工(图6.54)。钢吊箱围堰由底板、侧板、内支撑和吊挂系统四大部分组成,其作用是通过吊箱围堰侧板和底板上的封底混凝土围水,为承台施工提供无水的干处施工环境。

图 6.54　非着床型吊箱围堰

钢吊箱围堰的施工工艺流程主要是:桩基施工完成→吊箱围堰拼装→起吊下沉装置拼装→整体下沉至设计高程→封底或喇叭口堵漏→抽水施工承台。

施工要点如下:

①吊箱围堰为有底围堰,底板按照桩基钢护筒的竣工资料开孔,以便吊箱能顺利下至设计标高。

②桩基础施工完成,下放围堰到达设计标高,若通过预埋在桩基础上的立柱支承和固定围堰(预埋立柱支撑顶面高差不得大于 3 mm),则预埋立柱要考虑承受围堰抽水后的上浮力(不考虑封底混凝土作用)及混凝土浇筑时的竖向荷载,所以预埋立柱应有足够强度、刚度及预埋深度;在桩顶预埋立柱的施工方案应事先征得设计方同意。也可采取延长桩基钢护筒或其他支撑、固定围堰的办法。

③吊箱围堰设置封底混凝土进行围堰底止水时,封底混凝土的厚度计算参照套箱围堰封底混凝土计算方法。不设置封底混凝土的吊箱围堰,其底板结构刚度及强度必须足够,以保证承受抽水后的水浮力及混凝土浇筑时的竖向力,其堵漏可采取水下不离析混凝土封住底板喇叭口。

④吊箱围堰拼装好后,要进行必要的检测及水密试验,以确保围堰各连接部位密贴不漏水。

⑤在水中用止水材料对围堰底板与桩基础之间的空隙进行堵漏,或在围堰内浇筑水下混凝土封底进行堵漏,然后将水抽干,使围堰内处于无水状态施工承台混凝土。

（6）双壁钢围堰

双壁钢围堰施工是通过现场预制节段,整体托运至设计位置下沉,灌注双壁间混凝土施工工法。双壁钢围堰采用双层面板加内部支撑结构,承担水压力、桩基钻孔荷载,适用于深水基础围护,根据所在河床标高、最高施工水位等要求专门设计其强度、刚度、稳定性必须满足设计规范及施工要求(图6.55)。

双壁钢围堰施工首先应确定下沉方案,现场加工钢围堰节段。在双壁钢围堰就位下沉前,首先将墩位处河床表面进行清理整平,利用水上打捞设备清除河中石块,使河床表面平整,标高达到设计要求后,才能进行钢套箱下沉。下沉前应搭设拼装平台,标准节段运至设计位置后首先进行底节下沉,逐步采用标准分段进行接高,灌注封底混凝土及双壁间混凝土。双壁钢围堰

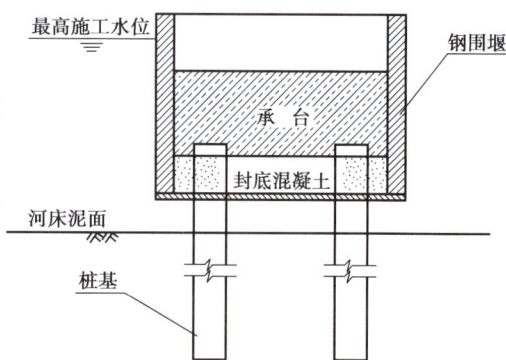

图 6.55　双壁钢围堰

全部安装完毕后,搭设桩基钻孔平台并插打钢护筒,最后完成桩基、承台及墩身施工。施工中注意合理确定双壁钢围堰拆除顺序,待水面以下工程全部施工完成后及时拆除双壁钢围堰。

施工要点如下:

①双壁钢围堰应做专门设计,其承载力、刚度、稳定性、锚碇系统及使用期等应满足施工要求。

②双壁钢围堰应按设计要求在工厂制作,其分节分块的大小应按工地吊装、移运能力确定。

③双壁钢围堰各节、块拼焊时,应按预先安排的顺序对称进行。拼焊后应进行焊接质量检验及水密性试验。

④钢围堰浮运定位时,应对浮运、就位和灌水着床时的稳定性进行验算。尽量安排在能保证浮运顺利进行的低水位或水流平稳时进行,宜在白昼无风或小风时浮运。在水深或水急处浮运时,可在围堰两侧设导向船。围堰下沉前初步锚碇于墩位上游处。在浮运下沉过程中,围堰露出水面的高度不应小于 1 m。

⑤就位前应对所有锚绳、锚链、锚碇和导向设备进行检查调整,以使围堰落床工作进行,并注意水位涨落对锚碇的影响。

⑥锚碇体系的锚绳规格、长度应相差不大。锚绳受力应均匀。边锚的预拉力要适当,避免导向船和钢围堰摆动过大或折断锚绳。

⑦准确定位后,应向堰体壁腔内迅速、对称、均衡地灌水,使围堰落床。

⑧落床后应随时观测水域内流速增大而造成的河床局部冲刷,必要时可在冲刷段用卵石、碎石垫填整平,以改变河床上的粒径,减小冲刷深度,增加围堰稳定性。

⑨钢围堰着床后,应加强对冲刷和偏斜情况的检查,发现问题及时调整。

⑩钢围堰浇筑水下封底混凝土前,应按照设计要求进行清基,并由潜水员逐片检查合格后方可封底。

⑪钢围堰着床后的允许偏差应符合设计要求。当作为承台模板用时,其误差应符合模板的施工要求。

(7)承台施工

围堰封底混凝土达到设计强度后,抽干围堰内的水,将封底混凝土表面整平,检查修整确定无渗漏现象,然后进行钻孔灌注桩桩头处理,绑扎承台钢筋,设置降低水化热影响的冷却管及各种预埋件。检测合格后按照前述一般陆地承台施工工艺施工即可。

钢套箱施工

6.4　桥墩台施工

桥墩是多孔桥梁处于相邻桥孔之间支承上部结构的构造物。桥台是桥梁两端支承上部结构的构筑物。桥墩台一般由垫石、盖梁（或墩台帽）和墩台身组成。

6.4.1　桥梁墩台类型

1）桥墩类型

（1）按结构形式划分

①实体墩。实体墩又称重力式墩，依靠自重保持稳定的桥墩（图6.56）。它的整体性和耐久性好。实体墩的墩身常用抗压强度高的石料砌筑或混凝土浇筑，其自重大、体积大，在公路工程桥梁中应用较少。

图6.56　实体墩

②薄壁墩。薄壁墩指用钢筋混凝土制作的实体薄壁桥墩或空心薄壁桥墩（图6.57）。实体薄壁桥墩适用于中小跨径桥梁。空心薄壁桥墩多用于大跨径桥和高桥墩桥。

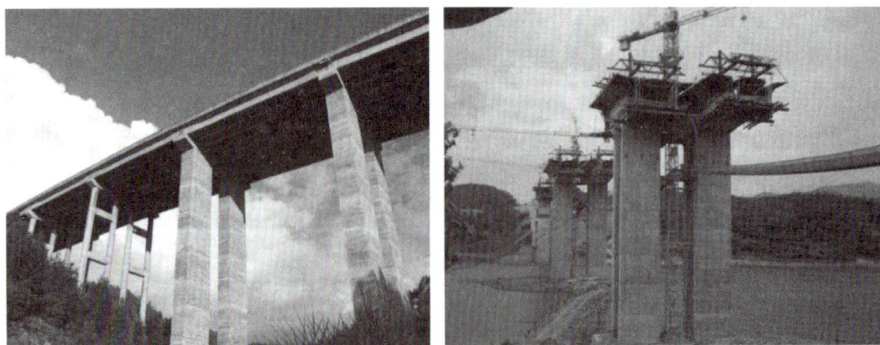

（a）单肢空心薄壁墩　　　　　　　　　　（b）双肢实体薄壁墩

图6.57　薄壁墩

③柱式墩。柱式墩指在基础上浇筑混凝土单柱或双柱、多柱所建成的墩，在柱之间设横系梁以增加刚度（图6.58）。

(a)独柱墩　　　　　　　　　　(b)双圆柱墩

图 6.58　柱式墩

（2）按建筑材料划分

按建筑材料分有石砌墩台、混凝土墩台和钢筋混凝土墩台。

（3）按施工工法划分

①现浇桥墩。现浇桥墩是在桥墩设计位置进行模板安装、钢筋绑扎及浇筑混凝土等一系列工序形成的，也是目前桥梁普遍采用的施工方法。

②装配式桥墩。装配式桥墩台是近年来出现并不断推广的施工方法，将墩台分节分段预制后运输至施工现场组装施工，其建桥速度快、施工质量好，适用于山谷、工地干扰多、施工场地狭窄、缺水与砂石供应困难的地区。

2）桥台类型

桥台指的是位于桥梁两端并与路基相连接的支承上部结构和承受桥头填土侧压力的构造物。在岸边或桥孔尽端介于桥梁与路堤连接处的支承结构物。它起着支承上部结构和连接两岸道路同时还要挡住桥台背后填土的作用。

桥台具有多种形式，主要分为重力式桥台、轻型桥台、框架式桥台、组合式桥台、承拉桥台等。目前，在公路桥梁上广泛采用 U 形桥台、一字形桥台和桩柱式桥台（图 6.59）。

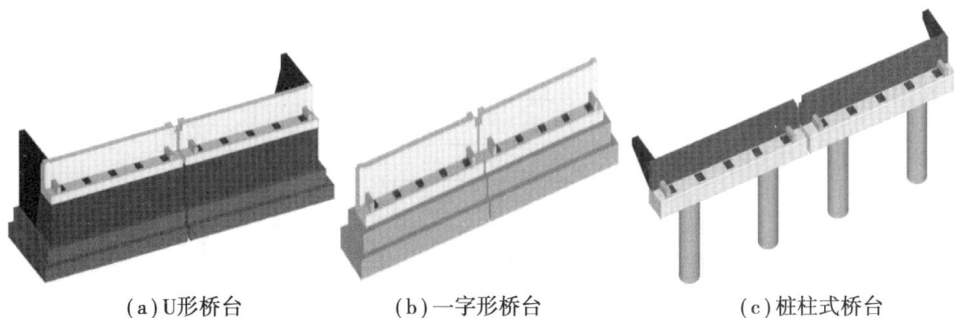

(a)U形桥台　　　　　　(b)一字形桥台　　　　　　(c)桩柱式桥台

图 6.59　桥台形式

6.4.2　双圆柱墩施工

双圆柱墩是公路工程标准跨径桥梁常用的一种形式，其主要包括墩柱和墩身盖梁两部分，其结构形式单一、施工简单（图 6.58）。在施工中，重点控制其平面位置及高程、墩身浇筑分段、混凝土浇筑质量及墩柱的养护。

1)墩柱施工

双圆柱墩常采用就地现浇法施工,墩钢筋在加工场集中加工、现场绑扎,模板采用大块定型钢模板现场拼装、风缆与脚手架配合固定,搅拌站集中拌制混凝土,混凝土罐车运输至现场,吊车、串筒与料斗或泵车与窜筒配合浇筑混凝土入模,人工振捣,混凝土浇筑 7 d 后拆模,采用无纺布覆盖、洒水养护。

高度小于 12 m 墩混凝土可采用一次浇筑。墩身高度大于 12 m 时,采取翻模法分节浇筑施工,第一节段浇筑 12 m,其后根据现场施工条件分节段浇筑施工,注意在墩系梁底高程处必须进行分节,以便施工墩系梁。

墩柱高度在 30 m 以下时,采用汽车吊辅助施工;墩柱高度为 30~50 m 且墩多时,采用塔吊辅助施工,仅个别墩高时或个别墩柱由于地形限制时采用井字架与卷扬机辅助施工,采取一级泵输送混凝土施工;桥墩高度大于 50 m 时采用塔吊辅助施工,采取一级泵输送混凝土施工。墩周边搭设施工脚手架或施工电梯作为施工上下通道。

(1)施工工艺

施工工艺流程见图 6.60。

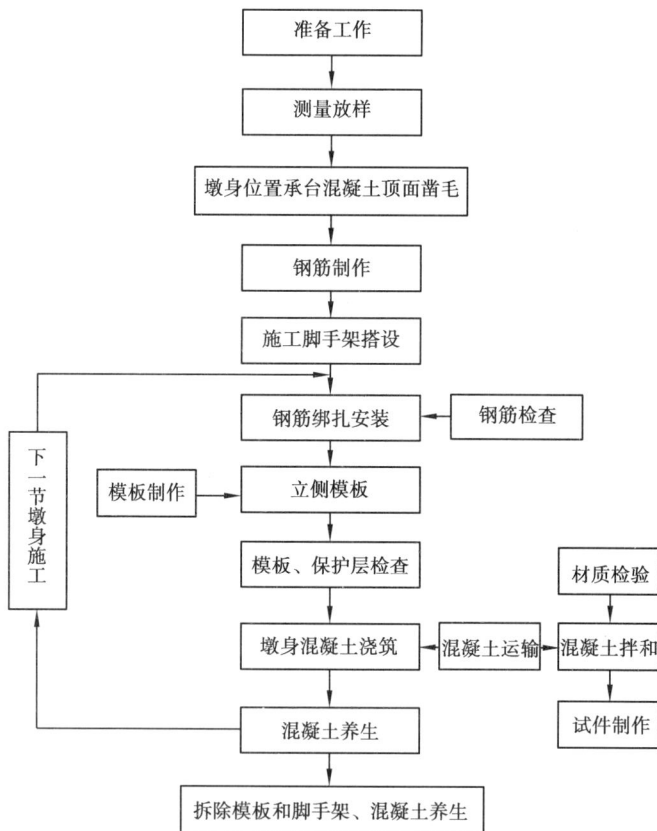

图 6.60 墩柱施工工艺流程

(2)桩顶浮浆凿除施工

墩柱施工前要对桩基桩头进行处理,对墩柱轮廓线范围内的桩顶面(承台顶面)混凝土全部凿毛(包括钢筋保护层范围内)。待桩混凝土强度不小于 10 MPa 时,采用人工手持风镐凿除桩顶(承台顶)的浮浆。经过凿毛处理后的混凝土表面,用压力水冲洗干净,使表面保持湿润但不积水。浇筑墩柱混凝土时,按照规范要求铺一层 1~2 cm 厚 1:2 同等级水泥砂浆。有系梁的桩直接在桩系梁顶准备墩柱施工。

（3）测量放样

墩柱测量放样前组织进行图纸交底,详细对墩柱所在的曲线要素、高程位置、分次浇筑高度进行交底。测量数据经过不少于 2 人进行复核计算,计算无误后由测量组在桩基上放出墩柱中心十字线,然后利用十字线控制桩点,根据十字交叉法定出墩柱模板位置的控制线,弹出墨线。

（4）施工脚手架搭设

采用钢管脚手架在墩柱周边搭设施工作业平台脚手架,钢管脚手架基础进行平整夯实处理,立杆及横杆间距经过设计计算确定,搭设严格按有关规定及标准执行,确保脚手架刚度及稳定性,并设置安全网(图 6.61)。

图 6.61　脚手架标准化搭设

为便于施工人员上下操作,搭设"之"字形斜道。斜道附着外脚手架设置,宽度不小于 1 m,坡度采用 1:3;拐弯处设置平台,其宽度不小于斜道宽度;斜道两侧及平台外围均设置栏杆及挡脚板,栏杆高度为 1.2 m,挡脚板高度为 200 mm,并用合格的密目式安全网封闭。

（5）钢筋制作与安装

钢筋采用钢筋成型机集中制作。钢筋、机械连接器、焊条等的品种、规格和技术性能符合国家现行标准规定和设计要求。受力钢筋同一截面的接头数量、搭接长度、焊接和机械接头质量符合施工技术规范要求。

（6）模板安装与支撑

模板应根据设计图纸的尺寸,统一在预制厂家订购,并根据实际需要配置一定数量不同长度模板。每节采用两块模板围成。拼缝处采用螺栓固定,横竖向法兰螺栓均要拧紧,保证模板的整体性,使模板在吊装过程中不变形。

模板的安装与拆卸均由吊车完成,在正式安装前需在现场进行试拼工作。拼装前要仔细检查模板的规格型号、平整度和光洁度,并涂刷脱模剂,不符合要求的模板不能使用。

模板在现场预拼检验合格后进行整体吊装、安装,模板安装前需检验模板底口地面平整度满足要求,并对第一层模板进行抄平。

墩柱模板安装时重点控制模板的平面位置、高程、倾斜度及错台。平面位置采用全站仪或 GPS 进行定位;墩柱高程定位采用检定过的钢尺进行,先用悬挂钢尺水准测量的方法测定,再以控制网为基准用三角高程间接法,对墩身标高进行复核;倾斜度用经纬仪精确控制,浇筑混凝土前进行校核;模板节面之间设置一道双面胶条,防止浇筑施工中浆液串漏,保证模板错台小于1.0 mm。

模板拼装完成后,安装4根钢丝绳作为缆风绳,上端拉住模板,下端固定在地面上的预埋钢筋桩上,然后利用全站仪进行复测。在测量组的指挥下,调节缆风绳上的松紧螺栓使模板垂直,最后用脚手架钢管撑紧模板,以保证稳定(图6.62)。

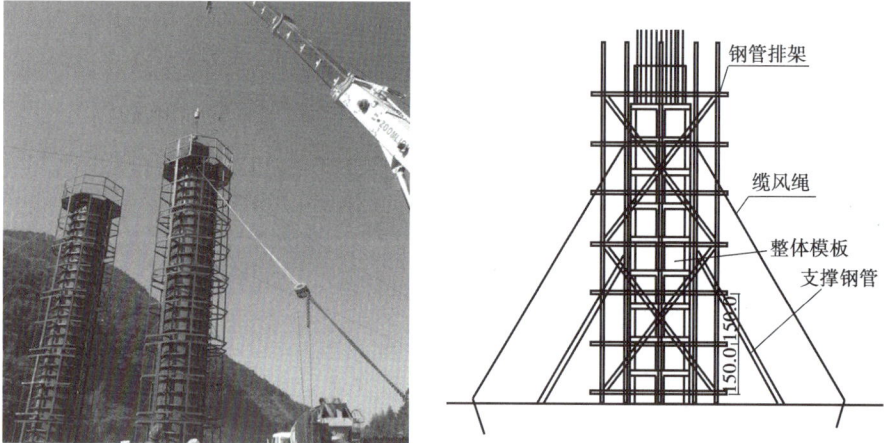

图6.62　模板安装及支撑示意图

(7)混凝土浇筑

混凝土应采用搅拌站集中拌制,混凝土运输车运送至施工现场,汽车泵泵送入模或卸料至料斗,通过吊车吊起经串筒滑落入模,插入式振捣器人工插捣密实(图6.63)。

图6.63　混凝土浇筑现场

混凝土应严格控制施工配合比、坍落度。混凝土浇筑方式为水平分层浇筑,每层厚度不超过300 mm,每层混凝土在前一层混凝土初凝前浇筑和振捣,以防损害先浇的混凝土,同时避免两层混凝土表面间脱开,形成明显接缝。振动棒移动距离不大于20 cm,且插入下层混凝土内5~10 cm。浇筑时先沿钢筋笼周围仔细振捣,直至混凝土停止下沉,不再冒出气泡,表面平坦、泛浆为止,使砂浆紧靠模板以使表面光滑,无水囊、砂眼或蜂窝。振捣中振捣器与模板间保持5~10 cm的距离,并避免与钢筋接触。

在混凝土浇筑过程中,实行"三定",即定人、定位、定机具,并设专人对模板垂直度、平面位置、模板接缝等进行观察,发现问题及时进行处理。浇筑过程中注意防雨。浇筑到墩顶时,在墩身上预留盖梁施工措施。

（8）拆模、养护

当混凝土终凝以后，开始洒水养护，每天由专人利用高压喷水对墩柱进行喷水养生，每天养生次数根据天气及气温情况确定，以保证墩柱处于湿润状态为准（图 6.64）。

图 6.64 墩柱混凝土养护

拆除模板时的强度按浇筑混凝土时同期制作的试件做抗压试验确定。利用汽车吊拆除模板，拆除过程中尽量少用人工撬动。

模板拆除以后，可在墩顶设置养护桶确保混凝土表面长时间内保持潮湿，并用薄膜覆盖养生，养生期不少于 7 d。

（9）特别注意事项

①模板严格按照设计尺寸制作，每 3 节模板用全站仪精确测定墩位一次，上下模板间连接螺栓螺帽要上足、拧紧。

②垫块相互错开、梅花形分散设置在钢筋与模板之间，垫块在结构或构件侧面和底面所布设的数量为 4 个/m²，重要部位可适当加密。

③垫块与钢筋必须绑扎牢固，且其绑丝的丝头不能进入混凝土保护层内。

④混凝土浇筑前，对垫块的位置、数量和紧固程度进行检查，不符合要求时及时处理，保证钢筋保护层厚度满足设计要求。

2）盖梁施工

公路工程桥梁墩身盖梁是桥梁下部结构的重要组成部分，虽然其结构形式较简单，但结构尺寸大、质量重且属于高空构筑物，因此施工工艺要求高、质量控制严、施工风险较大。

（1）施工工艺

施工工艺流程见图 6.65。

（2）支撑体系施工

目前盖梁的施工方法主要分为两类支撑体系，一类是落地支撑体系，它通过临时结构将上部荷载直接传递给地面地基；另一类是悬空支撑体系，它利用已建成的下部构筑物的承载性能，通过上部临时支撑结构将荷载传递给下部的墩柱和桩基。这两类支撑体系根据使用的材料不同和利用方法不同，在实际运用中又进行了细分（表 6.12）。

```
┌─────────────────┐
│  墩柱上测量放线   │
└────────┬────────┘
         │
┌────────▼────────┐
│   安装支撑体系    │
└────────┬────────┘
         │
┌────────▼────────┐      ┌─────────────┐
│    钢筋绑扎      │◄─────│ 钢筋制作、运输 │
└────────┬────────┘      └─────────────┘
         │
┌────────▼────────┐
│   预埋支座钢筋    │
└────────┬────────┘
         │
┌─────────────┐   ┌────────▼────────┐      ┌─────────────┐
│  砂、石料试验 │   │    安装侧模      │      │   支座放线   │
└──────┬──────┘   └────────┬────────┘      └──────┬──────┘
       │                   │                       │
┌──────▼──────┐   ┌────────▼────────┐      ┌──────▼──────┐
│  水泥取样试验 │   │    检验合格      │      │  支座钢筋绑扎 │
└──────┬──────┘   └────────┬────────┘      └──────┬──────┘
       │                   │                       │
┌──────▼──────┐   ┌────────▼────────┐      ┌──────▼──────┐
│  设计混凝土配比│   │    浇筑混凝土    │      │   支座立模   │
└──────┬──────┘   └────────┬────────┘      └──────┬──────┘
       │                   │                       │
┌──────▼──────┐   ┌────────▼────────┐      ┌──────▼──────┐
│   掺入外加剂  │   │    混凝土养生    │      │   检查合格   │
└──────┬──────┘   └────────┬────────┘      └──────┬──────┘
       │                   │                       │
┌──────▼──────┐   ┌────────▼────────┐      ┌──────▼──────┐
│ 确定施工配合比│   │  拆模、拆支撑体系  │      │  支座混凝土浇筑│
└─────────────┘   └─────────────────┘      └──────┬──────┘
                                                  │
                                           ┌──────▼──────┐
                                           │   拆模养护   │
                                           └─────────────┘
```

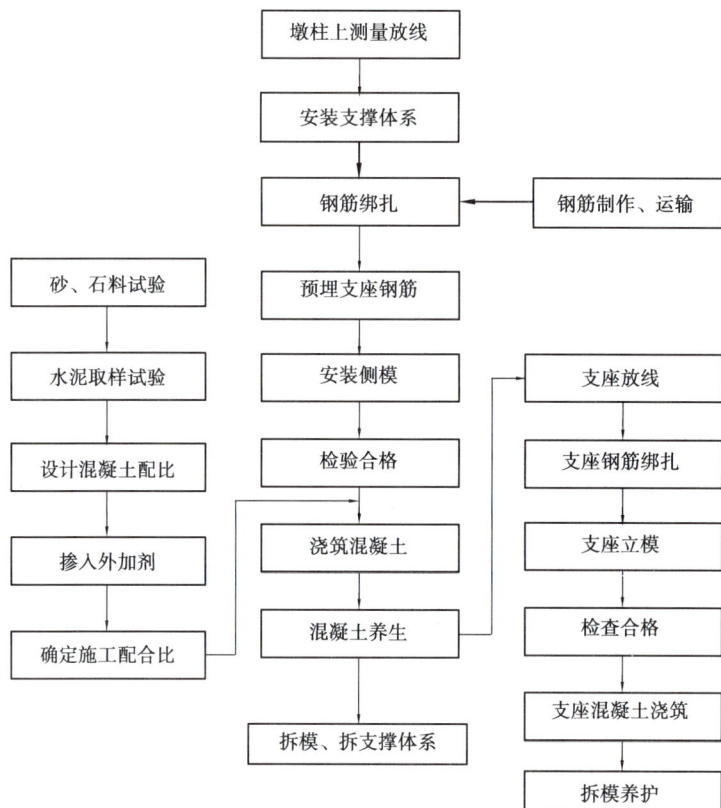

图 6.65　抱箍法施工工艺流程

表 6.12　盖梁施工方法的比较

支撑体系	施工工法	荷载和高度影响灵活性和美观性	尺寸变化组合	地基要求	风载影响
落地支撑	扣件式钢管支撑架	均随高度和荷载增加而增大;门式架最轻,碗扣架最重,扣件架组装最灵活	灵活	承载力要求高	设计要考虑
	门式钢管支撑架		需要非标准连接件	承载力要求高	设计要考虑
	碗扣式钢管支撑架		需要非标准连接件	承载力要求高	设计要考虑
悬空支撑	摩擦抱箍桁架支撑	不受高度约束,随荷载调整;钢锭要预埋或留孔,影响墩柱美观;钢梁撑一次安装重量大,桁架可分块或整体就位	圆形墩	无要求	无影响
	摩擦抱箍钢梁支撑		圆形墩	无要求	无影响
	抗剪钢锭钢梁支撑		无影响	无要求	无影响
	墩旁托架		矩形墩	无要求	无影响

注:摩擦抱箍桁架撑法在施工中还未被广泛使用,较多施工单位采用摩擦抱箍钢梁撑施工法。

①落地支撑。落地支撑施工法又称为支架施工法,主要适用于墩身高度较低且有条件搭设满堂式脚手架的施工区域,施工时所有临时设施重量及盖梁重量均由支架传至中系梁或地系梁和地面承受(图 6.66)。

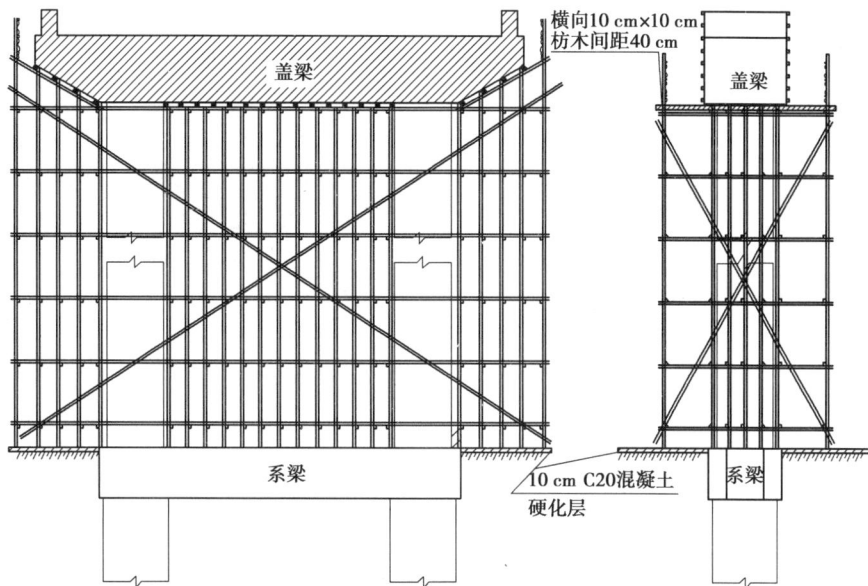

图 6.66　落地支撑示意图

②悬空支撑。悬空支撑施工法通常适用于墩身较高、地基条件较差或因其他原因难以进行支架法盖梁施工的情况。悬空支撑按照其结构又分为摩擦抱箍桁架支撑、摩擦抱箍钢梁支撑、抗剪钢锭钢梁支撑及墩旁托架。这几种方法在实际施工中均有使用,其中抱箍支撑和抗剪钢锭使用最为广泛。

a.抱箍法:利用两个半圆形的钢板通过连接板上的螺栓连接在一起并与墩柱密贴,使之与墩柱之间产生的最大静摩擦力克服临时设施及盖梁的质量(图 6.67)。抱箍法是临时荷载及盖梁质量直接传给墩柱,对地基无任何要求;抱箍的安装高度可随墩柱高度变化,不需要额外调节底模高度的垫木或分配梁;抱箍法适应性较强,不论水中岸上、有无系梁,只要是圆形墩柱就可采用;节省人力物力是显而易见的,因此从经济上讲是最合算的;抱箍法不会破坏墩柱外观,而且抱箍法施工时支架不存在非弹变形,不用进行预压。

图 6.67　抱箍大样图

施工中常用的抱箍法又分为摩擦抱箍钢梁支撑法(图 6.68)、摩擦抱箍桁架支撑法(图 6.69)。

b.抗剪钢锭法:又称剪力销法,是墩身施工时在墩身内的预留孔洞安设圆钢锭(钢棒),由圆钢锭支撑支架、模板及整个盖梁的重量,待盖梁施工完成后用同等级混凝土填塞圆钢锭预留孔道(图 6.70)。这种方法不受墩柱形状的影响,适用范围较广。

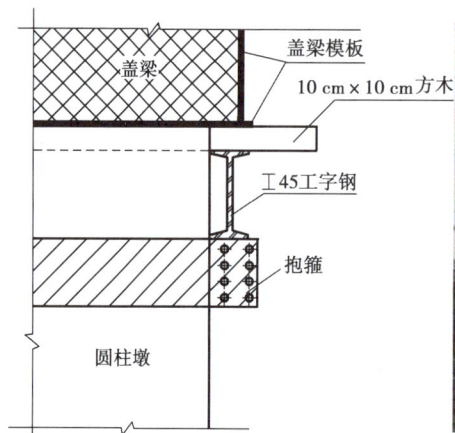

图 6.68　摩擦抱箍钢梁支撑法

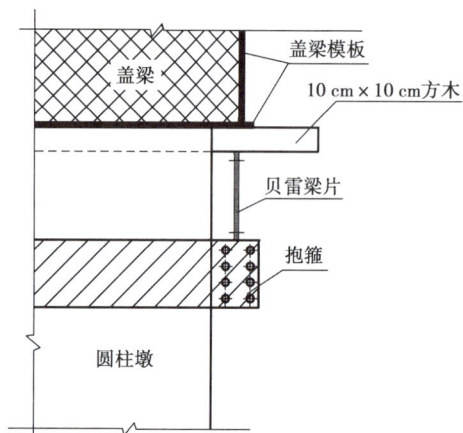

图 6.69　摩擦抱箍桁架支撑法

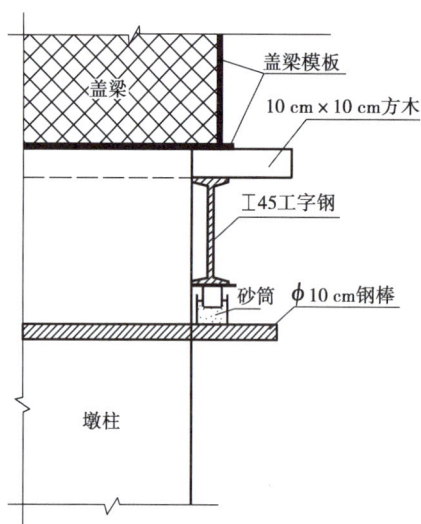

图 6.70　抗剪钢锭钢梁支撑法

c.墩旁托架法:墩身施工时在墩身内部埋设钢板,其后施工盖梁时在预埋钢板上焊接型钢支架以支撑整个施工荷载(图 6.71)。

图 6.71　墩旁托架法

（3）安装底模

盖梁底模一般采用定型钢模板铺设于底模支架上,底模与横担之间以勾头螺栓连接。施工前用全站仪在支架平台上精确放出盖梁底板尺寸大样。铺设底模时,用水平仪调整底模高程,用木方与横梁之间的木楔调整底模高程直至符合设计要求。待调整完底模中心线和高程后,质检员检查验收,报请监理工程师验收直至合格。

（4）钢筋加工及安装

盖梁底模安装结束经验收合格后,开始进行钢筋安装。盖梁钢筋可采用整体或逐片骨架吊装的方式安装,采用吊车吊运至盖梁底模上(图 6.72)。在底模上按常规施工方法绑扎安装成型,与墩柱钢筋以电焊加固,用地锚拉线调整相应位置后固定,松开拉线。

如盖梁顶部设置支座垫石,则需根据横纵中线在钢筋骨架顶面放出支座垫石预埋筋位置及其他附件位置,进行支座垫石钢筋焊接安装。钢筋间距必须符合设计和施工规范的要求,不符合要求的要加以调整直至符合。

(a) 钢筋笼整体吊装　　　　　　　　(b) 骨架片单片安装

图 6.72　盖梁钢筋安装

（5）安装侧模

盖梁侧模一般采用组合钢模板,钢框架加固,上下用拉杆对拉,底板和侧模以“墙包底”的形式连接。模板板面之间应平整,接缝严密,不漏浆,保证结构物外露面美观,线条流畅(图6.73)。模板接缝宜采用双面胶止浆。

模板支立前在现场涂刷优质脱模剂,用吊车吊运至盖梁位置以人工配合手拉葫芦安装,待侧模立完毕,通过外框架上下对拉筋固定,用经纬仪及吊锤测量线形及垂直度,用地锚拉线、手动葫芦找正,并同时用水平仪调整顶面高程及支座垫石高程。调正结束后,用水冲洗底板,质检员验收,报监理工程师验收直至合格。

图 6.73 盖梁模板安装及加固

模板安装完毕后,应对其平面位置、顶部标高、节点联系及纵横向稳定性进行检查,符合要求后方可浇筑混凝土。浇筑混凝土前,模板应涂刷脱模剂,外露面混凝土模板的脱模剂应采用同一品种,不得使用废机油等油料,且不得污染钢筋及混凝土施工缝处。

(6)混凝土浇筑

混凝土宜采用吊车或泵车输送入模,一次连续浇筑完成(图 6.74)。罐车到现场后宜先检查混凝土坍落度、和易性是否符合施工要求。

图 6.74 盖梁混凝土浇筑

浇筑时分层下料,分层振捣,分层厚度宜为 30 cm。插入式振捣器移动间距不大于振捣棒作用范围的 1.5 倍。一般每点振捣 30~35 s。振捣时注意钢筋密集及洞口部位,不得出现漏振、欠振或过振。为使上下层混凝土结合成整体,上层混凝土振捣要在下层混凝土初凝前进行,并要求振捣棒插入下层混凝土 50~100 mm。混凝土浇筑的顺序是:从盖梁的两头向中间分层浇筑,振捣器与模板保持 5~10 cm 的距离,避免振捣器碰到模板。盖梁混凝土浇筑时需制作同条件试块,用作底模拆除时强度的判定依据。

(7)养护及拆模

混凝土外露表面待收浆、初凝后即用塑料薄膜覆盖潮湿养护。当盖梁混凝土抗压强度达到 2.5 MPa 时,可拆除侧模板。拆模时,注意保护盖梁表面及棱角。

混凝土强度达到设计强度 75% 以上时,再拆除底模板及支架。拆除模板时,采用人工和手拉葫芦的方法进行拆除。拆模时,注意保护盖梁表面和棱角,严禁用撬棍插入模板和混凝土间撬动拆除,以免损坏混凝土表面及崩角。拆模后要及时清除模板上的灰浆污垢,维修整理及保养,妥善存放,防止变形。拆除模板后,要马上用塑料薄膜或土工布包裹潮湿养护(图 6.75),要求养护 14 d。

图 6.75 盖梁养护

6.4.3 空心墩施工

(1)空心墩构造

空心墩相比实体墩具有节省材料、刚度大、减轻结构自重及减小地震惯性力等优点,所以在桥梁建设中得到了广泛应用(图 6.76)。

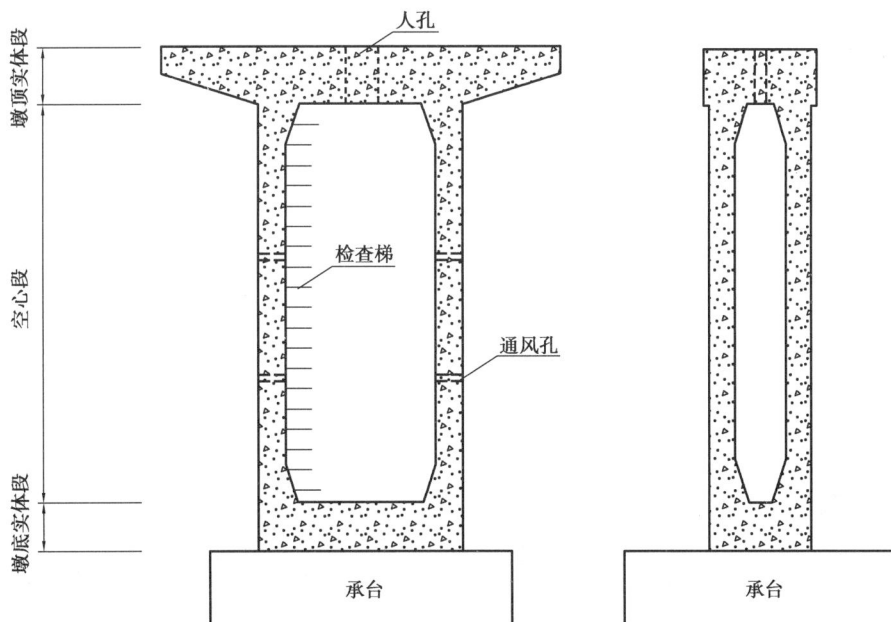

图 6.76 空心墩构造

(2)施工工艺流程

空心墩台施工工艺流程见图 6.77。

(3)施工措施

①墩身外侧模板宜选用大块钢模板,内侧采用定型钢模板。加工时,派专业工程师在加工

```
┌─────────────────┐
│   承台顶面清理    │
└────────┬────────┘
         ↓
┌─────────────────┐
│     测量放样      │
└────────┬────────┘
         ↓
┌─────────────────┐
│    绑扎墩身钢筋    │
└────────┬────────┘
         ↓
┌─────────────────┐
│       立模        │
└────────┬────────┘
         ↓
┌──────────────┐   ┌─────────────────┐   ┌─────────────────┐
│ 混凝土拌制、运输 │→│  浇筑墩底实体混凝土 │→│   制作混凝土试件   │
└──────────────┘   └────────┬────────┘   └────────┬────────┘
                            ↓                      ↓
                   ┌─────────────────┐   ┌─────────────────┐
                   │     测量放样      │   │      养护        │
                   └────────┬────────┘   └─────────────────┘
                            ↓
                   ┌─────────────────┐
                   │   绑扎空心节段钢筋  │
                   └────────┬────────┘
                            ↓
                   ┌─────────────────┐
                   │   立空心节段模板   │
                   └────────┬────────┘
                            ↓
┌──────────────┐   ┌─────────────────┐   ┌─────────────────┐
│ 混凝土拌制、运输 │→│   浇筑空心节段混凝土 │→│   制作混凝土试件   │
└──────────────┘   └────────┬────────┘   └────────┬────────┘
                            ↓                      ↓
                   ┌─────────────────┐   ┌─────────────────┐
                   │  绑扎墩顶实体段钢筋 │   │      养护        │
                   └────────┬────────┘   └─────────────────┘
                            ↓
┌──────────────┐   ┌─────────────────┐   ┌─────────────────┐
│ 混凝土拌制、运输 │→│  浇筑墩顶实体段混凝土 │→│   制作混凝土试件   │
└──────────────┘   └────────┬────────┘   └─────────────────┘
                            ↓
                   ┌─────────────────┐
                   │      养护        │
                   └─────────────────┘
```

（空心段重复工序）

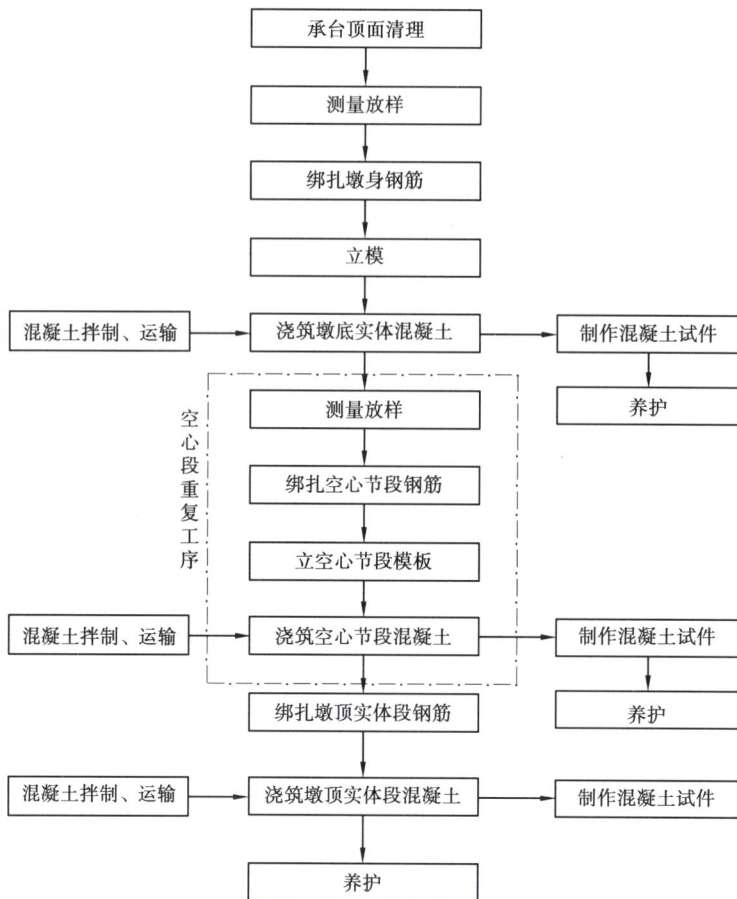

图 6.77　空心墩台施工工艺流程

厂家进行全过程跟踪,保证面板平整度、接缝、尺寸误差的质量要求。对于收坡高墩,且同类型桥墩数量较多的,应采用大块成套钢模,分段支立、浇筑,在不同墩位间倒用。

②混凝土浇筑分三阶段进行,墩底实体段、墩身空心薄壁、墩顶部实体段。混凝土宜采用集中拌和生产,混凝土运输车运输,泵送入模。

③墩身下实体段、空心段、上实体段混凝土施工时,特别注意实体段与空心墩身连接处的混凝土质量和外观。特别在实体段,由于一次浇筑混凝土体积过大,采取大体积混凝土施工保证措施降低水化热。

④空心段宜分节施工,且结合高墩施工措施。

6.4.4　高墩施工

桥墩施工分为一般桥墩施工和高墩施工。一般桥墩高度不大于 20 m,墩身施工可采用一次性支模浇筑,工艺简单、操作方便。墩身高度大于 20 m 为高墩施工,高墩施工中墩身模板选型、墩身线形控制、混凝土浇筑为施工控制重点。根据墩身模板不同,常规的高墩施工方法有翻模法、爬模法及滑模法 3 种。由于滑模法施工质量难以控制,近年来一些施工单位在滑模法的基础上改进形成了辊模法以代替滑模法。

1)高墩翻模施工

翻模施工法是将一段混凝土塔柱的模板分为 3 节,每节高度为 1~3 m,在浇筑完混凝土后,上一节模板保留不动,利用已浇筑成型的钢筋混凝土为支撑主体,内、外模板通过拉杆与混凝土实现密贴,由下层模板与混凝土之间的黏结力和摩擦力支撑上层模板及操作平台。随着墩身钢筋骨架的接高,通过起重设备逐节向上翻升模板,完成每次预定高度的墩身混凝土浇筑,如此反复循环直至墩顶。

（1）翻模系统

翻模系统是由 3 节段大块组合模板及支架、内外工作平台、塔式起重机、手动葫芦组合而成的成套模具(图 6.78)。

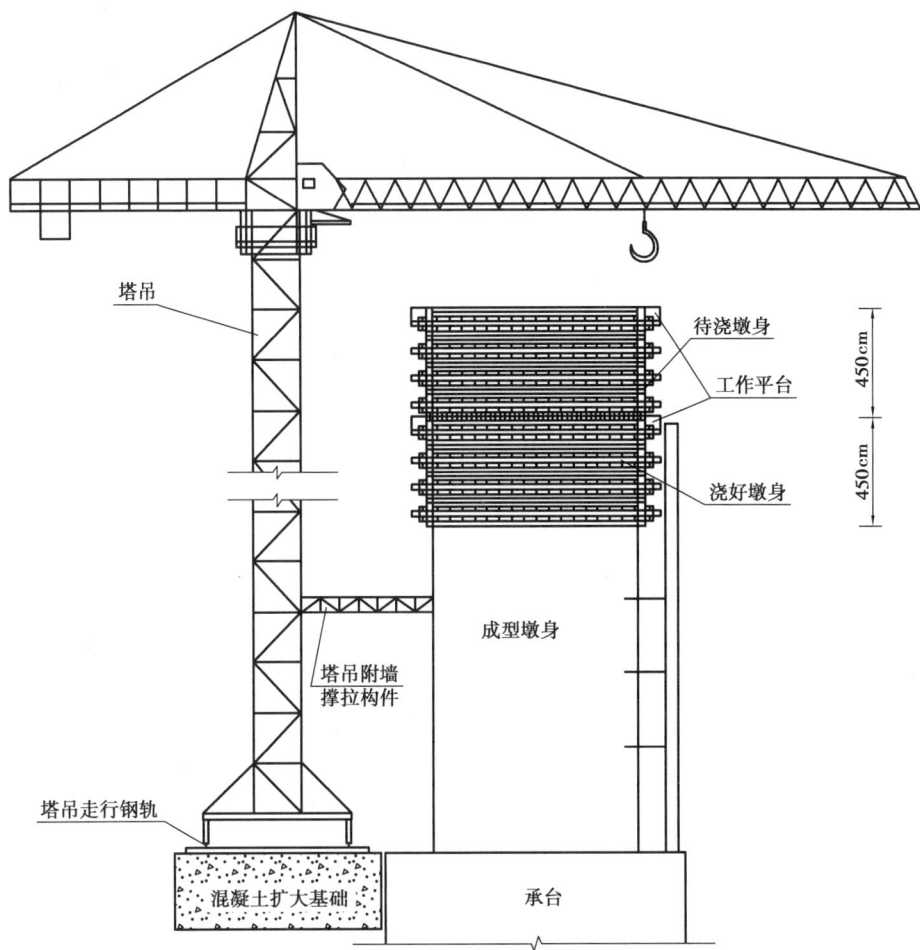

图 6.78　翻模系统示意图

（2）施工工艺

翻模施工工艺流程见图 6.79。

```
                    ┌──────────────┐          ┐
                    │   测量定位    │          ┊
                    └──────┬───────┘          ┊
┌──────────┐        ┌──────┴───────┐          ┊
│ 钢筋加工  │───────▶│安装劲性骨架及墩身钢筋│     ┊
└──────────┘        └──────┬───────┘          ┊
┌──────────┐        ┌──────┴───────┐          ┊
│模板设计、加工│──────▶│安装调整节和实心段模板│    墩底实心段施工
└──────────┘        └──────┬───────┘          ┊
┌──────────┐        ┌──────┴───────┐          ┊
│混凝土拌和、运输│────▶│ 浇筑实心段混凝土 │       ┊
└──────────┘        └──────┬───────┘          ┊
                    ┌──────┴───────┐          ┊
                    │ 混凝土养护、等强 │         ┘
                    └──────┬───────┘
┌──────────┐        ┌──────┴───────┐          ┐
│ 钢筋加工  │───────▶│安装劲性骨架墩身钢筋│◀──┐   ┊
└──────────┘        └──────┬───────┘    │   ┊
                    ┌──────┴───────┐    │   ┊
                    │ 翻升、支立内外模 │    │   ┊
                    └──────┬───────┘    │   ┊
                    ┌──────┴───────┐    │   ┊
                    │ 加固校正内外模  │    │  空心段施工
                    └──────┬───────┘    │   ┊
┌──────────┐        ┌──────┴───────┐    │   ┊
│混凝土拌和、运输│────▶│ 浇筑空心节混凝土 │    │   ┊
└──────────┘        └──────┬───────┘    │   ┊
                    ┌──────┴───────┐    │   ┊
                    │ 混凝土养护、等强 │────┘   ┘
                    └──────┬───────┘
                    ┌──────┴───────┐          ┐
                    │ 墩顶实心段施工  │          ┊
                    └──────┬───────┘          ┊
                    ┌──────┴───────┐          ┊
                    │安装墩顶实心段底模│          ┊
                    └──────┬───────┘          ┊
┌──────────┐        ┌──────┴───────┐          ┊
│ 钢筋加工  │───────▶│ 安装墩顶钢筋   │          ┊
└──────────┘        └──────┬───────┘          ┊
                    ┌──────┴───────┐         顶端实心段施工
                    │ 外模拆除、翻升、支立│        ┊
                    └──────┬───────┘          ┊
┌──────────┐        ┌──────┴───────┐          ┊
│混凝土拌和、运输│────▶│   浇筑混凝土   │         ┊
└──────────┘        └──────┬───────┘          ┊
                    ┌──────┴───────┐          ┊
                    │ 混凝土养护、等强 │          ┊
                    └──────┬───────┘          ┊
                    ┌──────┴───────┐          ┊
                    │拆除模板,修整混凝土表面│       ┘
                    └──────────────┘
```

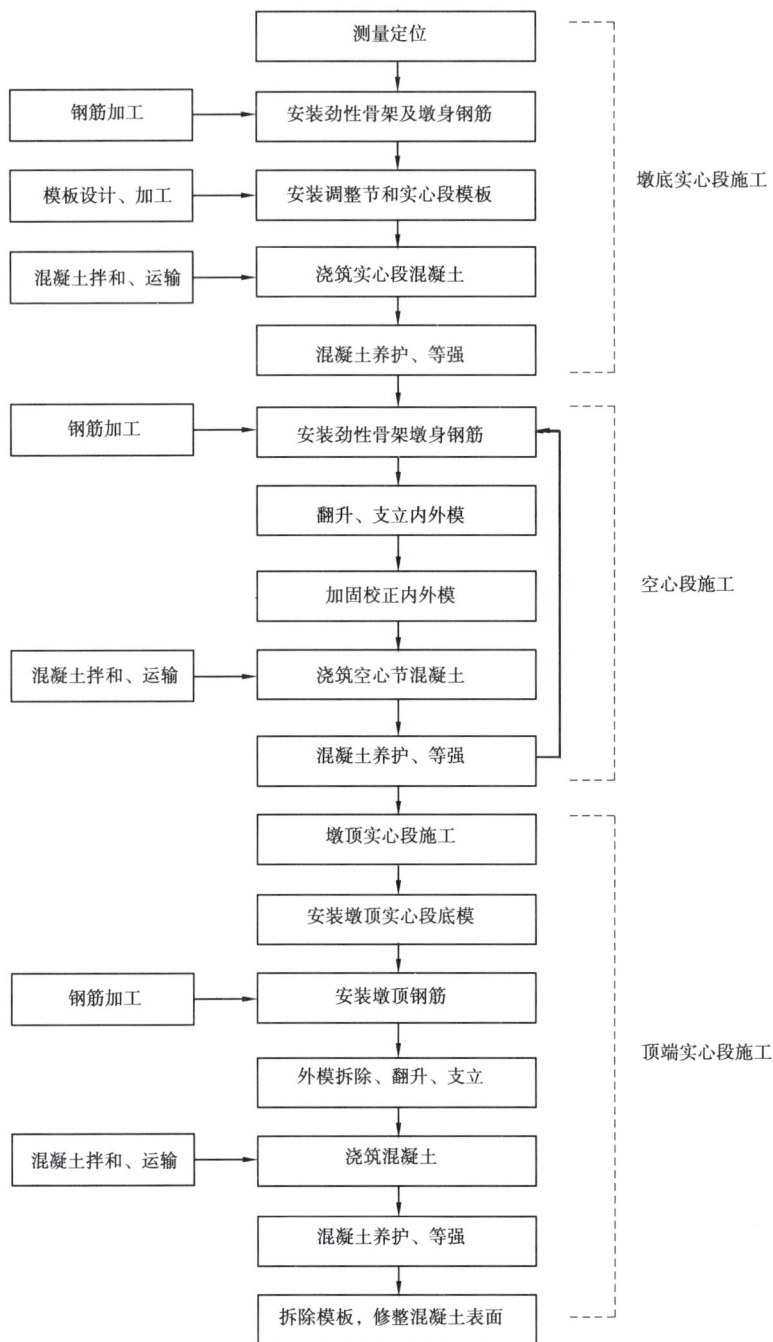

图 6.79　翻模施工工艺流程

（3）施工要点

①模板设计：

a.模板分节。模板的总节段量根据模板设计高度,从墩顶往下排,不足整节模板高度者称为调整节,调整节模板必须单做。

空心墩翻模施工工艺采用的模板均为钢模板,外模由大块平模和调整坡比的角模组成,内模板由小块定型钢模和调整坡比的角模组成。内外模加固,采用内撑外拉加固方式,配备起重设备进行起吊翻升模板。

b.外模设计。采用大模板设计,根据墩身高度、墩身断面尺寸、起重设备的起吊能力、运输设备,以及施工高度综合考虑来确定,一般高度取 2~3 m/节,宽度可根据现场实际情况确定。

从节约成本、加快施工进度方面考虑,每个空心墩一般采用 2~3 节模板,每次向上翻升1~2节,保留一节作为接头模。总节段数量要综合考虑墩的数量和墩的截面形式。节段模板角模编号自墩顶向下,按节段顺序依次编号,以便于模板设计、加工和安装。同时,模板设计中也可以考虑其他结构物的尺寸,以便模板多次利用。

c.内模设计。除少量异形内模可采用木模外,其余模板均采用定型钢模板,模板加固采用带可调丝杠的钢管作为内支撑杆。内模设计时,为了方便脱模,在竖向倒角连接处一侧设计成锐角。

d.操作平台和安全设施。采用桁片结构做施工平台,并作为模板加固的背杠,增强模板刚度。平台设计时根据所承受小型机具、周转材料和操作人员的重量进行设计,在桁片上安装竖向钢管作为栏杆立柱,加横杠两道,并挂设安全网做防护,平台上焊花纹钢板。内、外竖向设挂梯,方便作业人员上下通行。

在设计内、外模板和其他受力构件时,均需进行强度、刚度和稳定性检算,使其符合《公路桥涵施工技术规范》(JTG/T 3650—2020)中模板、支架和拱架设计的相关要求。

②模板加工:

a.加工标准:按照设计的模板加工图和《钢结构工程施工质量验收标准》(GB 50205—2020)进行内、外模板加工。

b.质量验收:在厂家或施工现场进行自由状态下预拼装,根据设计图纸和规范进行验收。检查模板的长、宽、高、螺栓孔直径、大面平整度、接缝错台(含节间接缝)、焊接质量等,检查合格后,对角模进行编号和坡比标注,编号由墩顶向下按顺序进行。

c.运输存放:根据模板的长度、宽度和重量选用车辆;模板在运输车上支点、两端伸出长度及绑扎和安装方法均须保证模板不变形、不损伤涂层。

模板存放场地应平整坚实、无积水。按照规格、型号、安装顺序分区存放;模板底层垫枕须有足够的支撑面,防止支点下沉。相同型号的模板垫放时,各层的支点在同一垂直线上,防止模板被压坏或变形。

③模板安装。采取先安装外模,再安装内模的施工顺序。内撑外拉、借助螺栓锁紧,防止浇筑混凝土过程中模板出现移位、漏浆现象。钢筋拉杆采用 PVC 管做套管,以便拉杆反复使用。

墩身模板的校正采用千斤顶、木楔和内拉配合使用。即墩底层模板校正时,在承台上用千斤顶在模板偏的一侧将模板顶高校正即可(千斤顶的力作用于模板围檩上);从第二节向上,模板校正与第一节相同,只是千斤顶均在模板围檩上操作。

④模板拆除、翻升、修整、涂刷脱模剂。每节段混凝土浇筑完成后,向上接长钢筋,待钢筋安装好以后,进行模板拆除、翻升、修整、涂刷脱模剂,顺序为先外后内、先下后上逐块逐节进行。具体程序如下:

a.清理干净操作平台上的机、具、料,然后预松拉杆,拆除相邻模板之间的连接。

b.起吊扣件锁紧后,将模板吊至地面并支垫。

c.用刮平刀或手持打磨机清理模板面板残留的混凝土,注意不要把模板面刮伤。如肋边发生翘曲、弯折、板面发生变形时,需进行矫正平直,在开焊处补焊牢固,并将面板清理干净。

d.在模板表面均匀涂刷同一品种的脱模剂。

e.提升并安装模板。

2)高墩自爬模施工

自爬模施工是采用一套模板,在完成第一层混凝土浇筑的同时完成导轨和支架预埋系统,通过液压油缸对导轨和爬架交替顶升来实现爬模墩柱混凝土施工。

支架、模板及施工荷载全部由预埋件承担,不需另搭脚手架,适于高空作业;模板部分可整体后移 650 mm;模板可利用锚固装置使其与混凝土贴紧,防止漏浆及错台;模板部分可相对支撑架部分上下左右调节,使用灵活;利用斜撑模板可前后倾斜,最大角度为 30°;各连接件标准化程度高,通用性强;模板上设吊平台,可用于埋件的拆除及混凝土处理;支架设有斜撑,可方便调整模板的垂直度。

(1)爬模的结构组成

爬模由支架系统、固定系统、模板系统 3 个部分组成(图 6.80)。

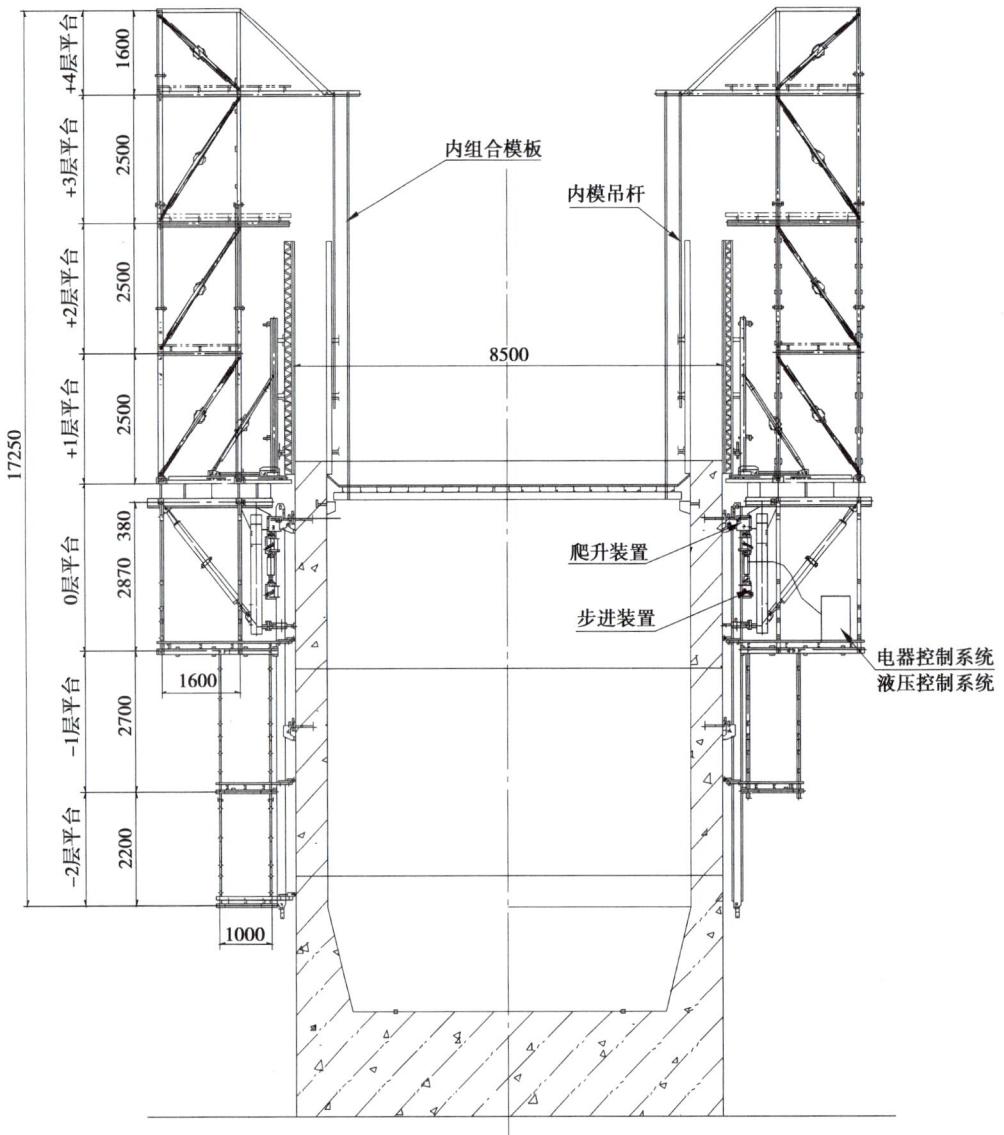

图 6.80 爬模总体结构图

①支架系统:由三脚架、操作平台、吊平台和内支架组成。吊平台可用于周转的预埋件和修饰需处理的混凝土面。操作平台和吊平台四周均设置栏杆和防护网。

②固定系统:模板、支架及施工荷载全部由预埋件和锚固装置承担,模板倾斜度由可调斜撑控制。

③模板系统:墩身外模采用工字木梁模板,由 20 mm 厚胶合板作为面板,20 号工字木梁作为竖肋,两根 14 号槽钢靠背组合作为横肋和 M20 高强螺栓组成。

相关细部构件、操作平台相关细节见图 6.81、图 6.82。

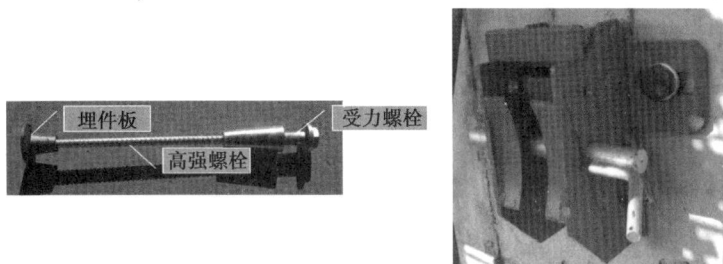

图 6.81　相关细部构件

图 6.82　操作平台相关细节

(2)爬模施工工艺

爬模施工工艺流程见图 6.83。

(3)施工关键工序及控制要点

①墩身首节段模板安装、锚锥埋设、测量放线。安装前清理模板,以无污痕为标准,刷脱模剂。模板采用塔吊安装(图 6.84),首先进行墩底实心段模板安装,安装模板时现场技术员必须严格控制墩底中线、水平。

预埋件埋设正确与否,对整个爬模安装至关重要。在锚锥与高强螺杆连接处,应涂抹黄油;在锚锥表面处均匀涂抹黄油,便于埋件拆除。预埋件固定在模板上,通过安装螺栓,将埋件固定在模板上,待墩身第一节段混凝土浇筑完后,取出安装螺杆,埋件仍留在墩身内。为避免预埋件与墩身钢筋发生冲突,在绑扎墩身钢筋时,就应考虑墩身钢筋要避开预埋件位置。

待模板安装完后,由精测队精确放出结构外轮廓线,确保墩身位置的准确性。

②浇筑第一节段混凝土。混凝土采用自动计量拌和站生产,输送车运输,泵送入模(图6.85)。

浇筑前,对支架、模板、钢筋和预埋件进行检查,清理干净模板内的杂物、积水和钢筋上的污垢;模板缝隙填塞严密,模板内面涂刷脱模剂;检查混凝土的均匀性和坍落度;混凝土分层浇筑厚度不超过 30 cm;采用振捣器振动捣实。混凝土浇筑连续进行,如因故必须间断时,其间断时

```
┌─────────────────────────────┐
│  埋设锚锥、浇筑第1节段混凝土  │
└─────────────────────────────┘
               │
               ▼
┌─────────────────────────────┐
│ 拆模，以起始段锚锥为支点拼装爬架 │
└─────────────────────────────┘
               │
               ▼
┌─────────────────────────────────┐
│ 调整模板位置、埋设锚锥及浇筑第2节段混凝土 │
└─────────────────────────────────┘
               │
               ▼
┌─────────────────────────────┐
│  拆模、安装并爬升轨道使其上部挂在  │
│   锚锥悬挂件上形成爬升轨道     │
└─────────────────────────────┘
               │
               ▼
┌─────────────────────────────┐
│        安装下吊架           │
└─────────────────────────────┘
               │
               ▼
┌─────────────────────────────┐      ┌──────────────┐
│ 主筋墩粗直螺纹快速接长、安装定位架 │◄─────│ 提升爬架并固定 │
└─────────────────────────────┘      └──────────────┘
               │                            ▲
               ▼                            │
┌─────────────────────────────┐            │
│        钢筋绑扎            │            │
└─────────────────────────────┘            │
               │                            │
               ▼                            │
┌─────────────────────────────┐            │
│    埋设锚锥、模板安装到位      │            │
└─────────────────────────────┘            │
               │                            │
               ▼                            │
┌─────────────────────────────┐            │
│      浇筑节段混凝土          │            │
└─────────────────────────────┘            │
               │                            │
               ▼                            │
┌─────────────────────────────┐            │
│   施工缝处理、混凝土养护      │────────────┘
└─────────────────────────────┘
```

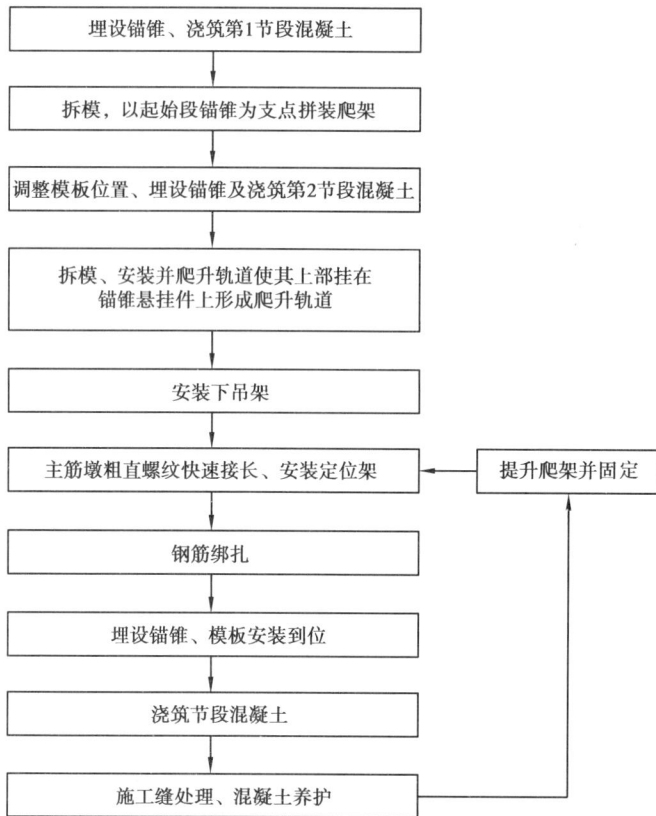

图 6.83 爬模施工工艺流程

图 6.84 墩身首节混凝土浇筑

间小于前层混凝土的初凝时间，允许间断时间经试验确定。若超过允许间断时间，按工作缝处理。

③墩身第二节段施工。待墩身第一节段混凝土达到一定强度后拆除模板，用塔吊起吊爬架，并将爬架安装在相应的预埋件上（图 6.86）。

爬架安装好后，首先安装墩身横桥向的 8 块模板，然后安装顺桥向的模板。模板、平台和三脚架在平地进行预拼检查，起吊前通过后移装置将模板后移 30 cm，然后用塔吊起吊模板，人工配合安装。模板主要依靠预埋螺栓和三脚架支撑定位。模板安装就位后，先调整墩身横桥向模

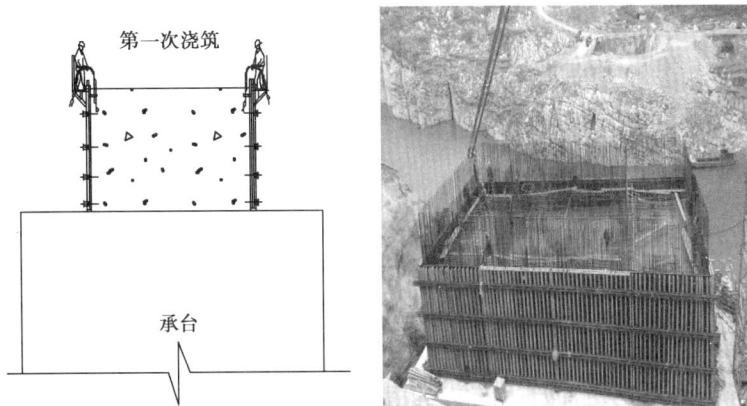

图 6.85　第一阶段混凝土浇筑

图 6.86　爬架预埋件安装及第二节混凝土浇筑

板,然后调整顺桥向模板。操作工人站在平台上通过后移装置和斜撑一起调节模板至紧贴已浇筑混凝土面,通过锚固装置将模板下沿与上次浇筑完的混凝土结构表面顶紧,确保不漏浆、不错台(图6.87)。侧模的坡度通过上口宽度调节,每一标准节段浇筑 4.5 m,上口混凝土顶面每侧各缩减 37.5 cm,调节时主要依靠斜撑上的螺栓控制。

图 6.87　第一次爬模到位

外模安装完毕后,开始内模拼装,边角和倒角位置尺寸准确。主筋采用直螺纹连接,钢筋绑扎完毕后,内、外模之间采用对拉螺杆加固,对拉螺杆外套一根 PVC 管,以便于拆除。

模板安装完并初校后,经测量人员校核调整无误方可进行混凝土浇筑。由于墩身底有一节 6 m 高的实心段,第二节段实心段和空心段一次性浇筑,先浇筑实心段,一般间隔 3~4 h,待实心段混凝土有一定的强度后,再进行空心段浇筑,从而不必支设实心段顶部模板。由于每节段浇筑高度为 4.5 m,混凝土由泵送入模,通过串筒浇筑,以免混凝土离析散落。为保证墩身模板受力均衡,混凝土分层下料振捣,分层厚度不大于 30 cm,振捣棒与模板保持 5~10 cm 的距离。

④后续墩身节段施工见图 6.88。

图 6.88　后续墩身节段施工

在支架下安装吊平台,利用吊平台方便拆除可周转的埋件、修饰混凝土的缺陷。

根据规范要求,混凝土达到一定强度后即可拆模,拆模时要求不能猛烈敲打和强扭,以免损伤混凝土表面和棱角。

拆模后将模板整体后移 65 cm,利用塔吊吊住模板及支架,拆除支架与预埋件的连接件,塔吊缓缓提升模板及支架至下一位置就位,通过预埋件和连接件安装好支架,同时在空心段相应位置预留 $\phi 20$ cm 通气孔,用 U 形或井字形钢筋牢固定位在主筋上。如此循环,直至将全部模板及支架提升到位。

⑤施工注意事项如下:

a.爬模组装属高空作业,不得安排交叉作业。

b.模板必须严格按照墩身尺寸拼组,各模板搭接密贴,内外大模板对称分布,保持上缘平齐,拉杆所套的 PVC 管长短适宜,以便拔出模板拉杆。

c.为了确保每个桥墩内实外美和上下颜色一致,在施工准备时充分考虑桥墩的施工时间,每个桥墩用同一批号水泥。

d.爬模施工时预埋件很多,确保不漏不错,位置正确。

3)高墩辊模施工

辊模施工是结合翻模及滑模两种施工方法优点的高墩施工新工艺,应用于跨峡谷及河流高墩施工中,辊模施工充分利用翻模施工质量好、滑模施工快的特点。利用无缝钢管支撑结构体系,通过技术创新在模板和混凝土之间增加一种新的内衬模板(图 6.89)。外框架与混凝土面直接摩擦滑动是造成混凝土表面质量差的主要原因,故改为外模板与内衬模板相对滑动,内衬模板与混凝土表面则为静止接触。首先在外模板内逐节安装内衬模板,浇筑混凝土达到一定高度后外模板滑升,再拆除和安装内衬模板,达到内衬模板逐节翻升的目的。

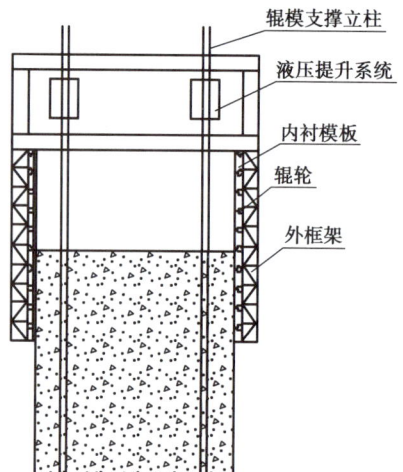

图 6.89　辊模系统示意图

（1）辊模系统组成

辊模装置包括提升系统、外框架、内衬模及辅助工作平台，其中辊是工艺核心，在支撑内衬模的同时兼作外框架的行走轮（图6.89）。随着混凝土的浇筑，外框架间歇上升，内衬模保持静止且不扰动混凝土，待混凝土满足拆模条件后，工人在辅助平台上将内衬模按翻模工艺循环施工。

（2）辊模施工工艺流程

辊模施工工艺流程见图6.90。

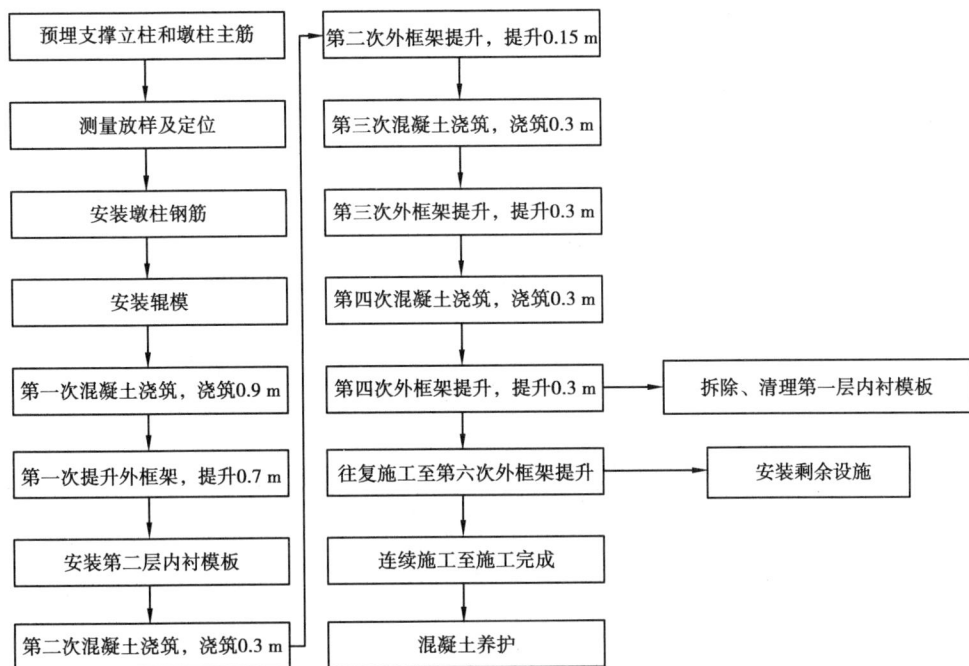

预埋支撑立柱和墩柱主筋	→	第二次外框架提升，提升0.15 m
测量放样及定位		第三次混凝土浇筑，浇筑0.3 m
安装墩柱钢筋		第三次外框架提升，提升0.3 m
安装辊模		第四次混凝土浇筑，浇筑0.3 m
第一次混凝土浇筑，浇筑0.9 m		第四次外框架提升，提升0.3 m → 拆除、清理第一层内衬模板
第一次提升外框架，提升0.7 m		往复施工至第六次外框架提升 → 安装剩余设施
安装第二层内衬模板		连续施工至施工完成
第二次混凝土浇筑，浇筑0.3 m		混凝土养护

图6.90　辊模施工工艺流程

（3）辊模施工工序操作要点

①承台施工预埋钢管立柱。承台混凝土浇筑前，应将4根钢管立柱预埋至承台内，并用钢筋定位和加固，确保混凝土浇筑过程中钢管位置不动。由测量放样定位墩柱四角，根据四角位置用尺定位钢管预埋位置，预埋位置应根据墩柱钢筋位置确定，以不影响主筋安装及千斤顶滑升为主（图6.91）。

②安装墩柱钢筋。墩柱主钢筋下料长度可按4.5 m或6 m制作，并制作主筋定位装置，可用角钢割槽作为定位器，安装在主筋最上端。第一模主筋安装完成后，安装箍筋，安装高度为1.3 m左右，以不影响千斤顶位置为依据。

③测量放样及定位。测量放样前，对施工图提供的导线点、水准点进行复测，对桩位坐标进行复核。测量放样所使用的导线点、水准点必须是经过导线控制测量复测且得到监理工程师批复的导线点、水准点复测成果。必要时要加密控制网，加密点同导线点一起复核测量，复核测量符合规范要求后方可使用。根据批复的测量成果，将墩柱外边线放样并用彩油定位，作为辊模外框架安放的定位点。

④安装辊模系统。辊模系统由厂家统一定制，外框架精度应按照墩柱尺寸达到−5 mm以内。根据测量放样定位成果，安装外框架；4个外框架由高强螺栓连接；安装液压系统；安装上

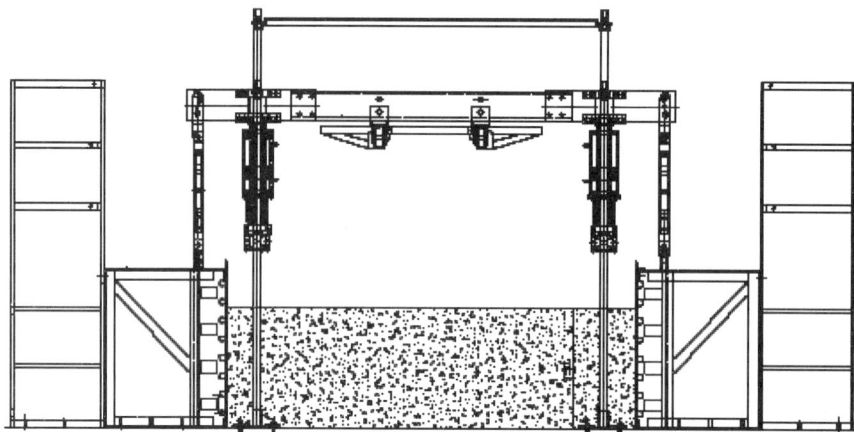

图 6.91　辊模系统侧面图

框架;安装第一层内衬模(图 6.92)。

图 6.92　辊轮及内衬模

　　辊模系统安装前,用砂浆对承台顶面进行找平。辊模系统安装完成后,通过液压装置对辊模顶面进行调平,调平后用砂浆在辊模底面找平。

　　⑤第一次混凝土浇筑(图 6.93)。第一次浇筑 0.9 m,作为整个框架系统支撑,预留 0.1 m 进行第二级内衬模板安装。混凝土浇筑过程中应安排专人观测模板支撑系统安全状况,一旦发现异常立刻停止混凝土浇筑,并立刻通知项目总工程师等技术人员到场分析原因。混凝土浇筑完成后应进行凿毛,并进行测量复测,确认墩柱位置正确无误。在外框架四周吊铅锤,作为垂直度控制装置。

　　⑥第一次外框架提升。第一次提升行程为 70 cm,提升应在混凝土浇筑 12 h 后进行。千斤顶提升过程中应观测内衬模是否有松动和滑移现象,一旦发现应立即停止滑升,然后手动找平,并分析滑移原因,解决后方可继续滑升。千斤顶提升过程中应观察压力表压力值是否在范围内,如果超过规定值应立即停止滑升并检修液压系统和模架系统。在解决问题后方可继续滑升,但必须确保 4 个压力表压力值处于规定范围内。辊模滑升 0.7 m 后进行调平,检查滚动圆管与内衬模板之间是否有混凝土渣或水泥浆,如有应及时进行清除。

　　⑦安装第二层内衬模。第二层内衬模与第一层内衬模之间应用膨胀剂密封,防止漏浆,应在内衬模四角焊接定位钢筋,以防止内衬模滑移和松动。

图 6.93　第一次混凝土浇筑

⑧第二次混凝土浇筑。从第二次混凝土浇筑开始进行连续施工,一般应在 3~5 d 内(墩柱施工高度在 12~20 m)停止施工以进行液压系统、模架系统检修、维护。混凝土浇筑完成后,应测量浮浆厚度,厚度超过 5 cm 应立即通知试验室调整配合比,尽量降低浮浆厚度。

⑨第二次外框架提升。提升高度 15 cm;提升后立即进行钢筋绑扎;钢筋绑扎完成后立即进行第三次混凝土浇筑。

⑩第三次外框架提升。提升后立即进行钢筋绑扎。钢筋绑扎完成后立即进行第四次混凝土浇筑。

⑪第四次外框架提升。提升后立即进行钢筋绑扎。第四次外框架提升完成后,应安排专人拆除、清理第一层内衬模并翻升至操作平台上,同时进行墩柱外表面清理、装饰。往复施工至第六次混凝土浇筑完成。

⑫安装剩余设施。第六次混凝土浇筑完成后,安装第二层外框架,用于拆除内衬模及墩柱装修用,同时安装安全爬梯、物料提升机等设施。上述设施安装完成后,辊模拼装全部完成,进入正常连续施工状态。

⑬混凝土养护。养护采用喷淋养护。在第二层平台下 5 m 位置安装喷淋养生管道,实行 24 h 与墩柱施工同步养生。

⑭其他注意事项:

a.垂直度控制:每天测量进行一次偏位复核和纠正,每次混凝土浇筑前通过铅锤控制垂直度。一旦发现偏位,通过每次提升进行纠正,但每次纠正不得超过 3 cm。

b.混凝土层与层之间接缝控制:应严格控制混凝土浇筑完成后的浮浆厚度,不得超过 5 cm,每次混凝土浇筑应将振捣棒插入下层混凝土内 10 cm 左右,保证新旧混凝土的连接。

c.内衬模拆除后应立即用正在浇筑的混凝土浆液对混凝土表面缺陷进行修补,修补 6 h 后方可进行喷淋养生。

d.浇筑混凝土时务必要注意两层混凝土接缝处的处理,为防止后续上下层间有明显色差,在上层混凝土浇筑前清除下层混凝土上表面浮浆。

e.浇筑完每层混凝土后立即对提升滚动轮进行检查,并清理滚动轮与树脂模板间的混凝土渣及水泥浆,避免给后续提升造成障碍。

f.树脂板安装完成后应在模板顶面做限位装置,避免辊模外框架在提升过程中造成模板上移,影响混凝土外观质量。

g.拆除下层树脂模板时,应严格控制外框架最后一次提升速度,拆模人员应提前就位,避免操作不当造成模板下落。

h.施工尽可能连续,如遇特殊原因必须停工,在浇筑混凝土后应对混凝土表面做凿毛处理;开工后,应对混凝土表面进行清理,安装模板时如因混凝土收缩产生微小缝隙,应使用玻璃胶或其他材料进行封缝处理。

6.4.5 装配式墩台施工

装配式墩台是将高大的墩台沿垂直方向、按一定模数、水平分成若干构件,在桥址周围的预制场地进行浇筑,通过车船运输至现场,起吊拼装。

装配式墩台的主要特点是:墩台构件可采用工厂化预制、实现了基础与墩台柱的平行施工,极大地缩短了建设周期,工厂化预制质量可控,配合大型吊装设备机械化作业,尤其适用于地理环境恶劣、材料紧缺地区桥梁墩台施工,但相对来说,对运输、起重机械设备要求较高。

其施工工序主要为预制构件、安装连接与混凝土填缝。其中拼装接头是关键工序,既要牢固、安全,又要结构简单便于施工。

1)墩台预制方案

目前针对预制墩台施工,主要有两种预制方案,一是预制整体墩身与现浇承台方案[图6.94(a)],墩身与承台连接采用现浇湿接头连接,该法接头区受力复杂,容易产生开裂;二是承台与墩身整体预制,墩身分段接高[图6.94(b)],该法需重点解决预制承台与桩基的连接问题。

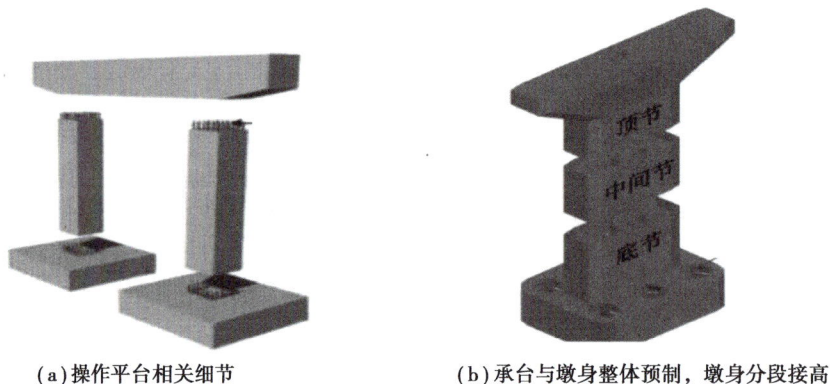

(a)操作平台相关细节　　　　　　(b)承台与墩身整体预制,墩身分段接高

图6.94　墩台预制方案

2)施工工艺流程

装配式构件施工程序主要有构件预制→构件运输→构件吊装→接缝施工。

构件的工厂化预制和现场的机械化拼装是装配式墩台施工的核心。结构节点的连接质量是工程质量控制的关键。

3)施工关键工序及控制要点

(1)墩身预制

根据预制墩身节段的尺寸及质量,合理布置预制场地,宜靠近施工现场,周围道路畅通,便于出运构件,结合具体条件合理安排以节约用地,尽量减少场地内搬运和工序间干扰(图6.95)。

图 6.95　墩身工厂化批量预制

墩身预制宜采用整体式钢模板,立式预制法施工,其工艺流程为:制作预制台座→钢托架安放→内模安装→墩身钢筋绑扎→墩身外模安装→浇筑墩身混凝土→外模拆除→内模拆除→移至存放区→养护。

(2)墩身运输及吊装

施工时应根据预制构件大小、质量选择合理的吊装设备及运输车辆,运输前应对路线实地勘察并优选运输路线。

运输车装载构件时,支撑保护方案包括构件运输方向、支承点设置、外露钢筋的保护等应专项设计并报送相关单位审批。运输车起步和运行应缓慢,平稳前进,严禁突然加速或紧急制动;运输车接近目的地时应减速徐停。

墩身吊装时,采用专用卡尺及全站仪进行精确控制,减少墩身浇筑及拼装阶段的误差(图6.96)。安装过程中尽量做到一次安装到位,避免发生反复起吊、落钩等动作。其施工工艺流程为:拼接面清理→拼接缝测量→调节垫块找平→充分湿润拼接缝表面→立柱吊装就位→调节设备安放→垂直度、高程测量→调节立柱垂直度→接缝施工。

图 6.96　墩身吊装施工现场

(3)拼接接缝施工

预制墩台接缝是节段拼装施工的关键,主要原因是接缝会承受较大的力,是更加容易破坏的部位。节段拼装桥墩因构造方式不同,其力学特性和常规现浇桥墩存在差异。按照接缝的构造特点分类,常用的拼装接头形式有承插式、钢筋锚固、焊接、灌浆套筒、后张预应力等(图6.97),其主要特点见表6.13。在上述连接方式中,钢筋锚固和承插式也称为"湿接缝",即这两种方式都需要临时支撑,钢筋连接部位需通过后浇混凝土方式连接;灌浆套筒与接缝填料有关,可简称"干接缝"或"胶接缝"。

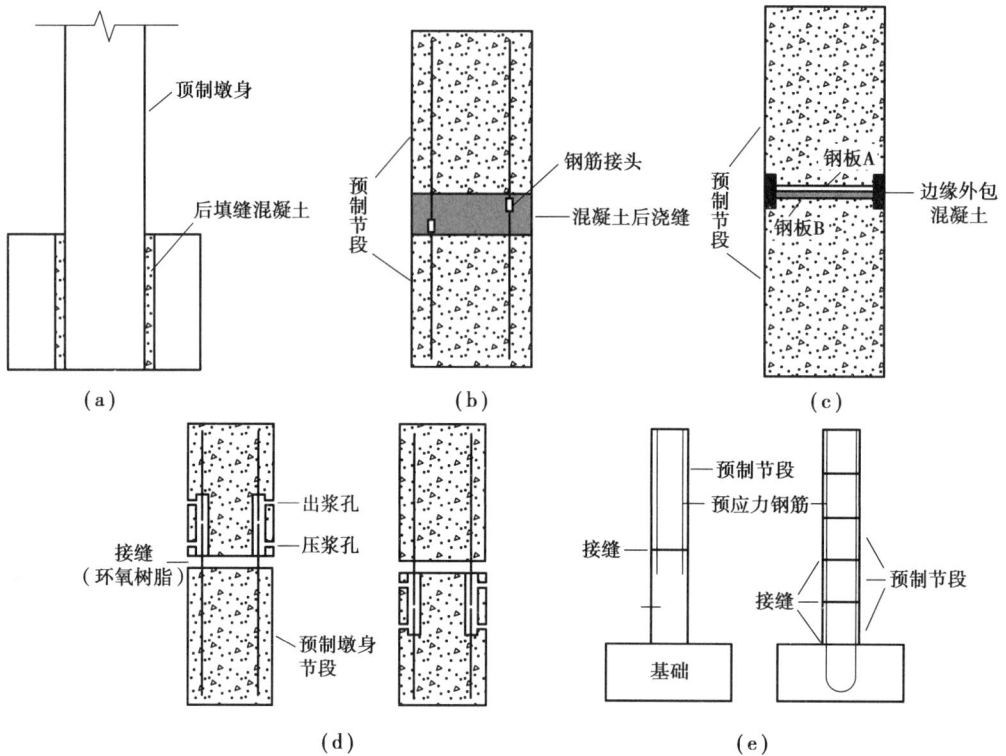

图 6.97 常用的拼装接缝示意图

表 6.13 常用的拼装接缝形式

接缝名称	构造特点
承插式	将预制构件插入相应的承台预留孔内,插入长度一般为 1.2~1.5 倍的构件宽度,底部铺设 2 cm 砂浆,四周以半干硬混凝土填充,常用于立柱与基础的接头连接
钢筋锚固	构件上预留钢筋形成钢筋骨架,插入另一构件的预留槽内,或将钢筋互相焊接,再灌注半干硬混凝土,多用于立柱与墩帽处的连接
焊接	将预埋在构件中的钢板与另一构件的预埋钢板用电焊连接,外部再用混凝土封闭。这种接头易于调整误差,多用于水平连接构件与立柱的连接
灌浆套筒	预制墩身节段通过灌浆连接套筒连接伸出的钢筋,墩身节段之间采用环氧树脂胶接缝构造
后张预应力	采用预应力钢绞线串联成整体,在构件的拼接段上涂以环氧树脂水泥胶薄层,在其硬化前合拢使拼接面接触密贴,提高结构抗剪能力、整体刚度和不透水性

(4)其他注意事项

①墩台柱构件与基础顶面预留的杆形基座应编号,并检查各个墩、台高度和基座标高是否符合设计要求;基口四周与柱边空隙不得小于 2 cm。

②墩台柱吊入基杯内就位时,应在纵、横方向测量,使柱身竖直度或倾斜度以及平面位置均符合设计要求;对重量大、细长的墩柱,需用风缆或撑木固定后,方可放吊钩。

③墩台柱顶安装盖梁前,应先检查盖梁上预留槽眼位置是否符合设计要求,否则应先修凿。

④柱身与盖梁(墩帽)安装完毕并检查符合要求后,可在基杯空隙与盖梁槽眼处浇筑稀砂浆,待其硬化后,撤除楔子、支撑或风缆,再在楔子孔中灌填砂浆。

练习与讨论

6.1　收集 5 种不同类型的桥梁墩台结构,并进行图片解释说明。

6.2　收集目前建设工程施工中泥浆的处理方法。

6.3　请说出图 6.98 中试验器具的用途。

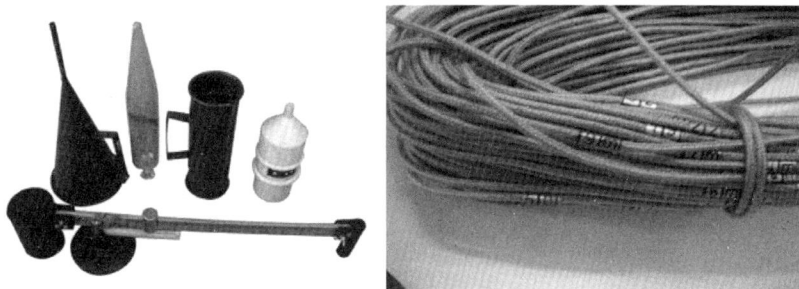

图 6.98　试验器具

6.4　某特大桥主桥为连续刚构桥,桥跨布置为(75+6×120+75)m,桥址区地层从上往下依次为洪积土、第四系河流相的黏土、亚黏土及亚砂土、砂卵石土、软岩。主桥均采用钻孔灌注桩基础,每墩台位 8 根桩,对称布置。其中 0 号、8 号台桩径均为 $\phi1.5$ m,其余各墩桩径均为 $\phi1.8$ m,桩长均为 72 m。

施工中发生如下事件:

事件 1:该桥位处主河槽宽度为 270 m,3~5 号桥墩位于主河槽内,主桥下部结构施工在枯水季节完成,最大水深 4.5 m。考虑到季节水位与工期安排,主墩搭设栈桥和钻孔平台施工,栈桥为贝雷桥,分别位于河东岸和河西岸,自岸边无水区分别架设至主河槽各墩施工平台,栈桥设计宽度为 6 m,跨径均为 12 m,钢管桩基础,纵梁采用贝雷桁架、横梁采用工字钢,桥面采用 8 mm 厚钢板,栈桥设计承载能力为 60 t。施工单位配备有运输汽车、装载机、切割机等设备用于栈桥施工。

事件 2:主桥共计 16 根 $\phi1.5$ m 与 56 根 $\phi1.8$ m 钻孔灌注桩,均采用同一型号的回旋钻机 24 h 不间断施工,钻机钻进速度均为 1.0 m/h。钢护筒测量定位与打设下沉到位,另由专门施工小组负责。钻孔完成后,每根桩的清孔、下放钢筋笼、安放灌注混凝土导管、水下混凝土灌注、钻机移位及钻孔准备共需 2 d 时间(48 h)。为满足施工要求,施工单位调集 6 台回旋钻机。为保证工期和钻孔施工安全,考虑两种钻孔方案,方案一:每个墩位安排 2 台钻机同时施工;方案二:每个墩位只安排 1 台钻机施工。

事件 3:钻孔施工的钻孔及泥浆循环系统示意图见图 6.99,其中 D 为钻头,E 为钻杆,F 为钻机回转装置,G 为输送管,泥浆循环如图中箭头所示方向。

事件 4:2 号墩的 1 号桩基钻孔及清孔完成后,用测深锤测得孔底至钢护筒顶面距离为 74 m。水下混凝土灌注采用直径为 280 mm 的钢导管,安放导管时,使导管底口距孔底 30 cm。此时导管总长为 76 m,由 1.5 m、2 m、3 m 3 种型号的节段连接而成。根据《公路桥涵施工技术规范》(JTG/T 3650—2020)要求,必须保证首批混凝土导管埋置深度为 1.0 m(图 6.100),其中 H_1 为桩孔底至导管底端距离,H_2 为首批混凝土导管埋置深度,H_3 为孔内水头(泥浆)顶面至孔内混凝土顶面距离,h_1 为导管内混凝土高出孔内混凝土顶面的高度,且孔内泥浆顶面与护筒顶面标高持平。混凝土密度为 2.4 g/cm³,泥浆密度为 1.2 g/cm³。

事件 5:2 号墩的 1 号桩持续灌注 3 h 后,用测深锤测得混凝土顶面至钢护筒顶面距离为

47.4 m,此时已拆除 3 m 导管 4 节、2 m 导管 5 节。

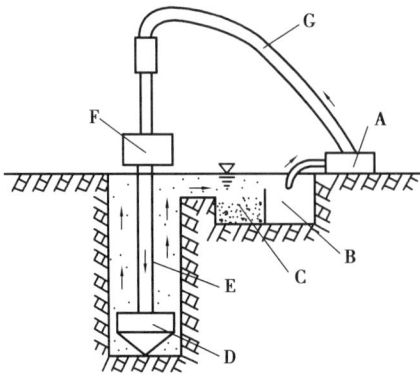

图 6.99　泥浆循环系统　　　　图 6.100　水下灌注混凝土

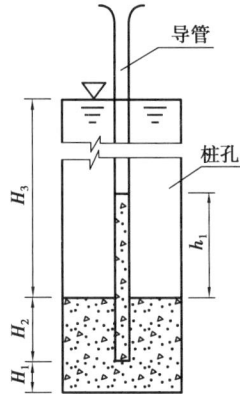

事件 6:某桩基施工过程中,施工单位采取了如下做法:

a.钻孔过程中,采用空心钢制钻杆。

b.水下混凝土灌注前,对导管进行压气试压试验。

c.泵送混凝土中掺入泵送剂或减水剂、缓凝剂。

d.灌注混凝土过程中注意测量混凝土顶面高程,灌注至桩顶设计标高时即停止施工。

e.用于桩身混凝土强度评定的混凝土试件置于桩位处现场,与工程桩同条件养护。

请回答下列问题:

①事件 1 中,补充栈桥施工必须配置的主要施工机械设备。结合地质水文情况,本栈桥施工适合采用哪两种架设方法?

②针对事件 2,不考虑各桩基施工工序搭接,分别计算两种方案主桥桩基础施工的总工期,应选择哪一种方案施工?

③写出图 7 中设备或设施 A、B、C 的名称与该回旋钻机的类型。

④事件 4 中,计算 h_1(单位:m)与首批混凝土数量(单位:m³)(计算结果保留两位小数,π 取 3.14)。

⑤计算说明事件 5 中导管埋置深度是否符合《公路桥涵施工技术规范》(JTG/T 3650—2020)规定?

⑥事件 6 中,逐条判断施工单位的做法是否正确,并改正错误。

6.5　图 6.101 所示为 2 根桩基的检测动测波形图,请判断其桩身完整性。

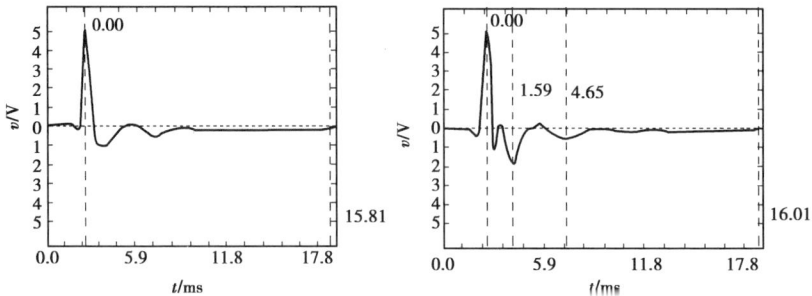

图 6.101　桩基检测动测波形图

6.6　墩身盖梁的施工方法有哪些?各自有哪些优缺点?

6.7　请简述高墩施工方法中翻模、爬模及辊模的优缺点。

模块 7　桥梁上部结构施工技术

【知识框架】

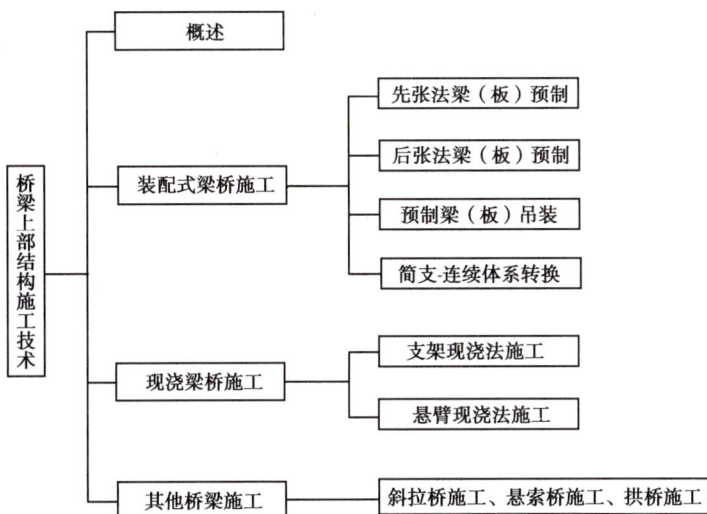

【专业术语】

1.预拱度:为抵消梁、拱、桁架等结构在荷载作用下产生的位移(挠度),在施工或制造时所预留的与位移方向相反的校正量。

2.托架(牛腿):在桥梁某些悬臂部位施工时,利用预埋件与钢构件拼制连接而成的支架。

3.缆索吊装法:利用支承在索塔上的缆索、运输和安装桥梁构件的施工方法。

4.猫道:为悬索桥上部结构施工需要而架设的,一般指缆索支承的空中施工通道。

5.转体施工法:利用地形地貌预制两个半孔桥跨结构,在桥墩或桥台上旋转就位跨中合龙的施工方法。

【学习要求】

通过对桥梁施工方法的介绍,了解桥梁上部结构施工常用的施工方法;通过对装配式梁桥施工内容的学习,掌握先张法和后张法装配式梁桥的施工流程及施工控制要点;通过对现浇梁桥的施工内容的学习,掌握支架现浇法和悬臂现浇法施工的施工流程及施工质量控制要点;通过对斜拉桥、悬索桥及拱桥相关内容的学习,了解斜拉桥、悬索桥及拱桥的常规施工方法。

7.1 概 述

桥梁的上部结构是桥梁的主体,也是桥梁的直接承载结构。其施工质量对整个桥梁的安全性、稳定性及美观性起着至关重要的作用,也直接影响着工程建设成本和施工周期。因此,需要切实重视桥梁上部结构的施工管理及质量控制,充分保证桥梁使用功能的充分发挥。

桥梁上部结构的施工方法多样,且其施工方法将直接影响桥梁的受力情况。在确定桥梁上部结构施工方法时,应根据梁桥的设计要求、施工现场、环境、设备、经验等各种因素综合分析考虑,合理选择最佳的施工方法。常用的桥梁施工方法见图7.1。

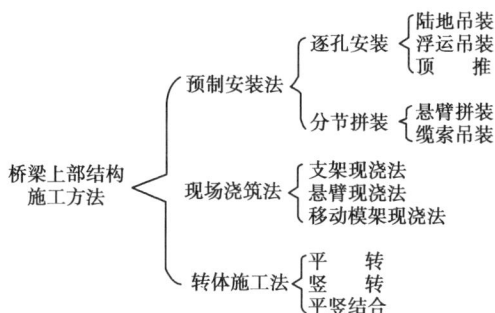

图 7.1 桥梁上部结构常用的施工方法

7.2 装配式梁桥施工

装配式梁桥施工,又称预制安装法,是指桥梁的桥跨结构在非桥址的位置提前集中预制生产,待桥梁下部结构施工完成并满足施工要求后,采用运梁机械将梁体运输至桥址位置并采用起重吊装机械将梁体安放至设计位置的一种施工方法。

装配式梁桥施工可分为预制整孔式安装和预制节段式块件拼装两种。前者主要是指装配式的简支梁桥或先简支后连续梁桥,如空心板梁、T形梁及中小跨径的箱梁等的安装,是先将板梁吊装就位,而后进行横向连接或施工桥面板而使之成为桥梁整体。后者是指梁体(一般为箱梁)沿桥轴向分段预制成节段或节式块件,运到现场进行拼装(悬臂拼装),连续梁、T构、连续刚构和斜拉桥多运用这种方法进行施工。

一般来说,用预制安装法施工的装配式梁桥与就地浇筑的整体式梁桥相比,有如下特点:

①缩短施工工期。构件预制可以提早进行,在下部结构施工的同时进行预制工作,做到上、下部结构平行施工。

②节约支架、模板。装配式梁桥往往采用无支架或少支架施工。另外,构件在预制场或工厂内预制时,采用的模板和支架能做到尽量简便合理,并可更多地考虑反复使用周期。

③提高工程质量。装配式梁桥构件在预制的过程中较易做到标准化和机械化,特别适合50 m跨径以下的套用标准图设计的简支梁桥的施工,可以大大提高经济效益。

④需要吊装设备。主要预制构件的自重,少则几吨或十几吨,一般为几十吨,这就要求施工单位有相应的吊装能力和设备。

目前,我国公路桥梁中的简支梁(板)桥和先简支后连续梁桥大都采用装配式施工,其主要施工程序包括梁(板)预制→预制构件运输→预制构件吊装→构件横纵向连接→桥面系施工。

公路工程中的梁桥大都是预应力混凝土结构,因此本书仅介绍预应力混凝土梁板的施工方法,钢筋混凝土梁板请参阅其他书籍。

7.2.1　先张法梁板预制

在我国,30 m 以下跨径多采用先张法,预应力钢束采用直线布置,且主要用于小跨径预应力混凝土空心板梁中。随着弯起器的应用,在先张法预制梁板中也出现了折线形预应力筋的配置情况。

先张法的制梁工艺是在浇筑混凝土前张拉预应力筋,将其临时锚固在张拉台座上,然后立模浇筑混凝土,待混凝土达到规定的强度时,逐渐将预应力筋放松,这样就因预应力筋的弹性回缩通过其与混凝土之间的黏结作用,使混凝土获得预压应力。

先张法梁板预制施工工艺流程见图 7.2。

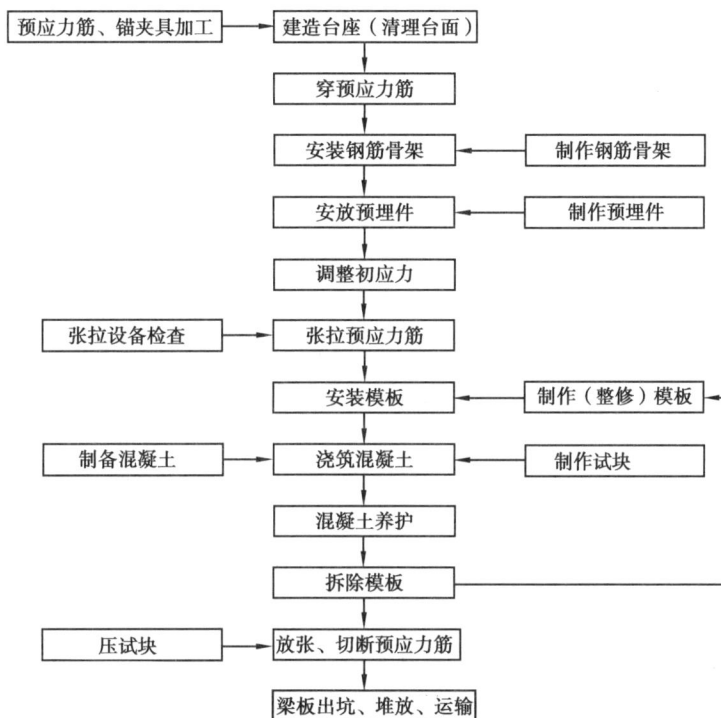

图 7.2　先张法预制梁板施工工艺流程

1)预制台座建造

台座是先张法施加预应力的主要设备之一,它承受预应力筋在构件制作时的全部张拉力。张拉台座必须在受力后不倾覆、不移动、不变形。

（1）台座的类型

①墩式台座。墩式台座是先张法预应力构件应用最为广泛的一种台座形式(图 7.3)。墩式台座靠自重和墩后的被动土压力来平衡张拉力所产生的倾覆力矩,并靠台座与其基底土壤间的摩阻力和反力抵抗水平滑移,适用于总张拉力为 1000~2000 kN 的张拉。在地质情况良好、台座张拉线较长的情况下,采用墩式台座可节约大量混凝土。

②基桩式台座。基桩式台座主要由基桩、横梁和台面等组成(图7.4),主要用桩的抗水平承载力来抵抗拉力。

③压杆式台座(框架式台座)。压杆式台座主要由压杆、横梁、台面组成(图7.5)。它既可以承受钢筋张拉时的反力,又可以作为构件采用蒸汽养护的养生槽。压杆主要承受预应力张拉时的反力,一般用钢筋混凝土整浇而成。对于公路工程施工,由于预制场是临时性的,所以最好采用装配式的压杆,装配式的压杆可用钢管、钢箱等制成。这样便于拆除运输和重复使用,也便于按照地形条件、构件长度和工艺要求而改变台座长度。

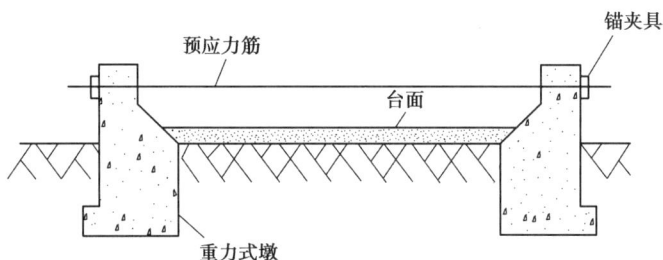

图 7.3　墩式台座示意图

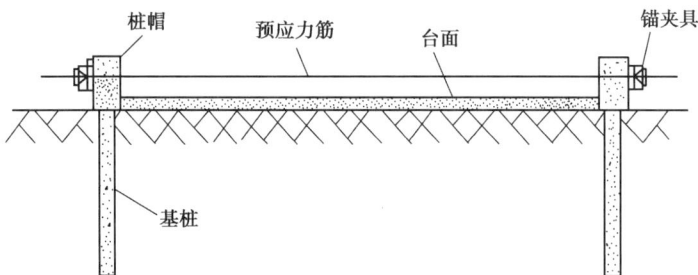

图 7.4　基桩式台座示意图

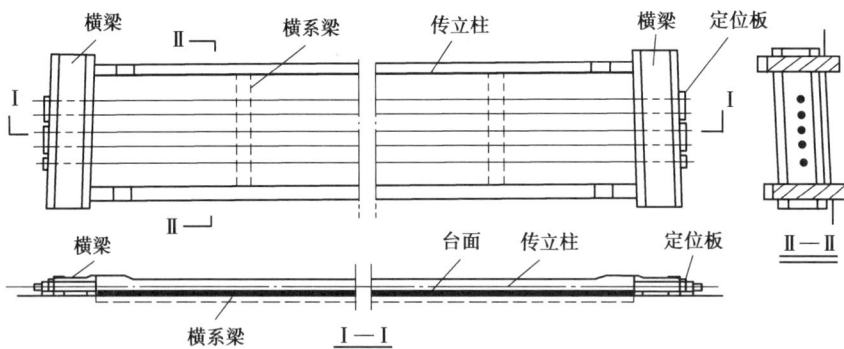

图 7.5　压杆式台座示意图

墩台式台座、基桩式台座和压杆式台座的性能见表7.1。在实际施工过程中应根据工程结构、工程环境及工期要求进行合理选择,不拘泥于常规的台座形式,并在满足台座强度、刚度、稳定的前提下创新设计其他轻型结构,如薄壁轻型、组合型等。

(2)台座构造

①底板(台面)。底板作为预制构件的底模,要求平整、光滑。一般采用在夯实平整的土基上浇筑5~8 cm厚的C15~C20素混凝土,每隔10~20 m留伸缩缝。其宽度由制作预应力构件的宽度决定,对底板要采取可防止沾污铺放在台座上的预应力筋的措施。模板隔离剂应选用非

油质类的。

②承力架(支承架)。承力架为台座的主要受力结构,是台座的支承架。它要求承受全部张拉力,制造时要保证承力架变形小,经济、安全、便于操作。承力架形式很多,如框架式、墩式等。

③横梁。横梁是将预应力筋的张拉力传给承力架的横向构件,常用型钢或钢筋混凝土制作。其断面尺寸由横梁的跨径、张拉力的大小决定,并应保证刚度和稳定的要求,受力后挠度应不大于 2 mm。

表 7.1　先张法张拉台座性能对比表

台座形式	作用原理	张拉能力	适用范围	优　点	缺　点	结构形式
墩式台座	依靠自重来抵抗倾覆;依靠台座与土壤间的摩阻力和土壤顶推力来抵抗滑移	约 1000kN	张拉力在500~1000kN 较为合适;地质条件较好,中小型预应力构件	构造简单,应用较为广泛,容易拆除	体积大,埋设深,耗材多	台墩横梁台面
基桩式台座	抗倾覆力矩主要用桩基或地锚来承担	1000~4000kN	对土质条件要求较高,爆扩桩或一般桩基,在岩石地基上可采用地锚	台座变形较小,便于构件横移	材料消耗多,施工时间较长,基桩部分清除量太大	基桩横梁台面
压杆式台座	主要通过压杆自身的强度来抵抗压力	1000~4000kN	使用于各种地质条件及大吨位张拉	台座变形小,又可作构件蒸汽养护的养生槽,较易拆除	材料消耗多,需用时间长	压杆、横梁、台面

④定位板。定位板用来固定预应力筋,一般用钢板制成,连接在横梁上。它必须保证承受张拉力后,具有足够的强度和刚度。孔的位置根据梁体预应力筋的位置设置,孔径比预应力筋大 2~4 mm,以便穿筋。

⑤固定端装置。用于固定力筋位置并在梁预制后放松力筋,它设在非张拉端,仅用于一段张拉的先张台座。

2)预应力筋安装

预应力筋(钢绞线)按计算长度切割,在失效段套上塑料管,放在台座上,线两端穿过定位钢板。卡上锚具,用液压千斤顶单束张拉,先张拉中间束,再向两边对称张拉。

3)普通钢筋制作及安装

普通钢筋制作及安装要求参照模块 5 第 5.2.2 节。

4)预应力钢筋张拉

(1)确定张拉方法

先张法通常采用一端张拉,另一端在张拉前要设置好固定装置或安放好预应力筋的放松装置,但也有采用两端张拉的方法。

先张法张拉预应力筋,分单根张拉和多根张拉,以及单向张拉和双向张拉。单根张拉设备比较简单、吨位要求小,但张拉速度慢,张拉顺序不应使台座承受过大的偏心力。多根张拉一般需有两个大吨位千斤顶,张拉速度快。数根预应力筋同时张拉时,必须使它们的初始长度一致,张拉后每根预应力筋的应力均匀。因此,可在预应力筋一端选用螺丝杆锚具和横梁、千斤顶组成张拉端,另一端选用镦粗夹具为固定端,这样可以利用螺丝端杆的螺母调整各根力筋的初始长度。如果预应力筋直径较小,在保证每根预应力筋下料长度精确的情况下,可两端采用镦粗夹具。

(2)张拉设备的选用

桥梁工程中通常采用液压拉伸机作为预应力的张拉设备,它由千斤顶和配套的高压油泵、压力表及外接油管组成。施工时必须根据构件特点、张拉锚固工艺情况及预应力筋的规格和根数等情况选用张拉设备,一般主要选择适宜的张拉吨位及压力表。

①张拉设备需要的张拉力。为保证预应力筋张拉工作安全、可靠和准确,所选用张拉设备的张拉力应大于预应力筋的张拉力。预应力筋张拉力的计算方法按照公式(7.1)计算。

$$N_y = \sigma_{con} \times A_g \times n \times \frac{1}{1000} \times (1.03 \sim 1.05) \tag{7.1}$$

式中 N_y——预应力筋的张拉力,kN;

σ_{con}——预应力筋的张拉控制应力,MPa;

A_g——每根预应力筋的截面面积,mm^2;

n——同时张拉的预应力筋的根数。

1.03~1.05——超张拉系数,不超张拉时为1.0。

σ_{con}指预应力筋张拉后锚固前,张拉预应力筋的千斤顶显示的总拉力除以预应力筋截面积所得的预应力筋应力值。《公路桥涵施工技术规范》(JTG/T 3650—2020)指出,σ_{con}包括预应力损失值。设计文件对 σ_{con} 有规定时,采用设计值。无规定时,对于消除应力钢丝、钢绞线,σ_{con} = $0.75f_{ptk}$;对于中强度预应力钢丝,σ_{con} = $0.70f_{ptk}$;对于预应力螺纹钢筋,σ_{con} = $0.85f_{pyk}$。f_{ptk} 为预应力钢丝、钢绞线极限强度标准值,f_{pyk} 为预应力螺纹钢筋屈服强度标准值。

张拉设备的张拉力应有一定的富余量。根据《公路桥涵施工技术规范》(JTG/T 3650—2020)的规定:"张拉千斤顶的额定张拉力为所需张拉力的1.5倍,且不得小于1.2倍。"

$$F = 1.2 \times N_y \tag{7.2}$$

式中 F——张拉设备所需要的张拉力,kN。

②油压千斤顶的作用力。油压千斤顶的作用力一般用压力表测定和控制,压力表的指示读数为油缸内的单位油压。理论上,将其乘以活塞面积即为千斤顶的作用力。

压力表上的读数反映预应力千斤顶工作活塞上单位面积所承受的压力,正确掌握油压大小才能保证正确的张拉力和生产的安全。压力表读数与张拉力的关系参照公式(7.3)。

$$p_u = \frac{N_y}{A_u} \tag{7.3}$$

式中 p_u——压力表读数,MPa;

N_y——预应力配筋的张拉力,N;

A_u——张拉设备的工作油压面积,mm^2。

压力表的量程应为该项压力最大值的 1.3~2.0 倍,其应为防震型产品,直径宜采用150 mm,精度宜为 0.4 级,不应低于 1.0 级。

(3)张拉设备的标定

实际中千斤顶的油缸与活塞有摩阻力存在,千斤顶和油压表在使用前必须通过标准压力计进行标定。根据标定数据,可采用一元线性回归分析法与直线插值法计算油压表读数,用以控制张拉力。张拉用的千斤顶、油压表、油泵应配套标定、配套使用,标定应在国家授权的法定计量技术机构定期进行。标定时,千斤顶活塞的运行方向应与实际张拉工作状态一致。当处于下列情况之一时,应重新进行标定:

①千斤顶使用时间超过 6 个月。

②张拉次数超过 300 次。

③使用过程中千斤顶或油压表出现异常情况,如油压表经过碰撞、指针不能退回零点等。

④千斤顶、油压表检修或更换配件后。

⑤张拉中预应力筋发生多根破断或张拉伸长值误差较大。

(4)张拉理论伸长值计算

预应力筋采用应力控制方法张拉,采用伸长值做校核。实际伸长值与理论伸长值的差值应符合设计规定;设计未规定时,其偏差应控制在±6%以内,否则应暂停张拉,待查明原因并采取措施予以调整后,方可继续张拉。

先张法预应力筋通常采用直线形布置,如需采用曲线形布置需要布设弯起器。直线形预应力筋的理论伸长值计算非常简单,采用式(7.4)进行计算。

$$\Delta L = \frac{P_{\mathrm{p}} L}{A_{\mathrm{p}} E_{\mathrm{p}}} \tag{7.4}$$

式中　P_{p}——预应力筋的张拉力,直线筋取张拉端的张拉力,N。

【例 6.1】　某先张法预应力板全长 20 m,该梁采用直线形预应力筋布置,其中 1 号钢绞线束为 5A15.20 钢绞线(预应力钢绞线 1×7-15.20-1860 束),单端张拉,张拉控制应力为钢绞线抗拉强度的 75%,张拉端和固定端的张拉工作长度共 0.50 m,试求该束钢绞线的理论伸长值。

【解】　张拉控制应力:$\sigma_{\mathrm{con}} = 0.75 \times f_{\mathrm{k}} = 0.75 \times 1860 = 1395(\mathrm{MPa})$。

预应力筋的张拉力:$P_{\mathrm{p}} = \sigma_{\mathrm{con}} \times A_{\mathrm{y}} = 1395 \times (5 \times 140) = 976500\ \mathrm{N} = 976.5(\mathrm{kN})$。

预应力筋的张拉计算长度:$L = 20 + 0.5 = 20.5(\mathrm{m})$。

该束钢绞线的理论伸长值为:

$$\Delta L = \frac{P_{\mathrm{p}} L}{A_{\mathrm{p}} E_{\mathrm{p}}} = \frac{(976.5 \times 10^{3}) \times 20.5}{(5 \times 140 \times 10^{-6}) \times (2.0 \times 10^{5} \times 10^{6})} = 0.143(\mathrm{m}) = 143(\mathrm{mm})$$

(5)张拉程序

先张法预应力筋张拉的程序应符合设计要求,设计无要求时,其张拉程序可按表 7.2 的规定执行。

张拉时,同一构件内预应力钢丝、钢绞线的断丝数量不得超过 1%,同时对于预应力钢筋不允许断筋。

(6)张拉操作注意事项

张拉前,应先安装定位板,检查定位板的力筋孔位置和孔径大小是否符合设计要求,然后将定位板固定在横梁上。检查预应力钢筋数量、位置、张拉设备和锚具后,方可进行张拉。

表 7.2   先张法预应力筋张拉程序

预应力筋种类	张拉程序
螺纹钢筋	$0 \rightarrow$ 初应力 $\rightarrow 1.05\sigma_{con}$（持荷 5 min）$\rightarrow 0.9\sigma_{con} \rightarrow$（锚固）
钢丝、钢绞线	对于夹片式等具有自锚性能的锚具： 普通松弛预应力筋：$0 \rightarrow$ 初应力 $\rightarrow 1.03\sigma_{con}$（锚固） 低松弛预应力筋：$0 \rightarrow$ 初应力 $\rightarrow \sigma_{con}$（持荷 5 min 锚固）
	其他锚具：$0 \rightarrow$ 初应力 $\rightarrow 1.05\sigma_{con}$（持荷 5 min）$\rightarrow 0 \rightarrow \sigma_{con}$（锚固）

5）模板制作及安装

模板制作及安装要求参照模块 5 第 5.2.1 节。

6）混凝土浇筑

浇筑前，应会同监理工程师对模板、钢筋以及预埋件位置进行检查。

（1）混凝土的浇筑速度

为了保证浇筑混凝土的整体性，防止在浇筑上层混凝土时破坏下层混凝土，浇筑层次的增加须有一定的速度，须使次一层的浇筑能在先浇筑的一层混凝土初凝以前完成。

（2）混凝土的浇筑顺序

考虑主梁混凝土的浇筑顺序时，不应使模板和支架产生不利的下沉。为了使混凝土振捣密实，应采用相应的分层浇筑。当在斜面或曲面上浇筑混凝土时，一般应从低处开始。

①水平分层浇筑。对于跨径不大的简支梁桥，可在钢筋全部扎好以后，将梁和板沿一跨全长内水平分层浇筑，在跨中合龙。分层的厚度视振捣器的能力而定，一般为 0.15~0.3 m。当采用人工捣实时，可采用 0.15~0.2 m。

②斜层浇筑。跨径不大的简支梁桥混凝土的浇筑，还可用斜层法从主梁两端对称向跨中进行，并在跨中合龙。T 梁和箱梁采用斜层浇筑的顺序。采用斜层浇筑时，混凝土的倾斜角与混凝土的稠度有关，一般为 20°~25°。

气候炎热时，混凝土入模温度不宜高于 28 ℃，还应避免模板和新浇混凝土受阳光直射。模板与钢筋温度以及周围温度不超过 40 ℃。

当室外日平均气温连续 5 d 低于 5 ℃时，按冬季施工进行。

7）混凝土养护

混凝土浇筑完成后应及时进行养护。在养护期间，应使混凝土保持湿润、防止雨淋、日晒、受冻及受荷载的振动、冲击，以促使混凝土硬化，并在获得强度的同时，防止混凝土干缩引起的裂缝。为此，对于混凝土外露面，在表面收浆、凝固后，即用草帘等物覆盖，并应经常在覆盖物上洒水（或用水喷淋）养护。洒水养护时间一般不少于 7 d，可根据空气的湿度、温度和水泥品种及掺用的外加剂等情况，酌情延长或缩短。

当室外日平均气温连续 5 d 稳定低于 +5 ℃或日最低气温低于 -3 ℃时，应按冬季施工要求进行养护。

8) 模板拆除

模板拆除参考模块 5 第 5.2.1 节。

9) 预应力放张

当混凝土达到设计规定的放张强度后(设计无规定时,一般应在大于混凝土设计强度等级值的 80%、弹性模量不低于混凝土 28 d 弹性模量的 80%),可在台座上放张受拉的预应力筋(称为放张),对预制梁施加预应力。预应力放张通常采用砂箱放张法、千斤顶直接放张法、千斤顶再张拉放张法和氧气-乙炔切割法进行。

(1)砂箱放张法

采用砂箱作为放张装置,在张拉时将砂箱放置在非张拉端,张拉前将砂箱内装满干砂并使其顶着横梁。张拉时,砂箱内砂被压实承受横梁反力。放张预应力筋时,打开出砂口,人工用工具掏出砂箱内的砂,活塞缩回,逐渐放张预应力筋。

(2)千斤顶直接放张法

千斤顶放张法原理和砂箱放张法类似,在台座固定端的承力架与横梁之间张拉前就安放千斤顶,待混凝土达到规定放张强度后,即可让千斤顶同步回程,使拉紧的力筋慢慢回缩,将力筋放张。

(3)千斤顶再张拉放张法

在台座固定端设置螺杆或夹具和张拉架。张拉架顶紧横梁,让预应力筋锚固在张拉架上;放张时,再略微拉紧力筋,然后拧松螺母,再将千斤顶回油,力筋就慢慢回缩,张拉力即被释放。

(4)乙炔-氧气切割法

目前,工程中多用乙炔-氧气切割法,即直接用氧气-乙炔焰沿构件端部将锚固在台座上的预应力筋切断。这种放张预应力筋方法快速、方便,但对预应力冲击很大,易产生裂缝和造成大批预应力损失。预热放张法是用氧气-乙炔焰轮流烘烤,随着温度的升高,烘烤部分产生局部伸长,然后熔割切断。氧割操作人员只允许沿横向站立,严禁站在预应力筋上进行操作。

预应力筋放张的速度不宜太快,以砂箱放松为宜。如采用千斤顶再张拉法放张,所施加的应力值不得超过原张拉时的控制应力。当采用单根放松时,应分阶段、对称相互交错地进行。每根预应力筋严禁一次放完,以免最后放松的预应力筋自行绷断。

10) 梁板移位及存放

梁板移运时,混凝土强度应不低于设计强度的 80%。

梁板移运时的吊点位置应按设计文件的规定设置。如设计无规定时,梁、板构件的吊点应根据计算决定。构件的吊环应顺直。吊绳与起吊构件的交角小于 60°时,应设置吊架或扁担,尽可能使吊环垂直受力。根据吊具的不同,必须采取不同的梁体保护装置。

梁、板、构件移运和堆放的支承位置应与吊点位置一致,并应支承牢固,避免损伤构件。在顶起各种构件时,应随时设置好保险垛。

吊移板式构件时,不得吊错上、下面,以免折断。构件运输时,应有特制的固定架以稳定构件。小构件宜顺宽度方向侧立放置,并注意防止倾倒;如平放,两端吊点处必须设置支搁方木。

7.2.2 后张法梁板预制

后张法施工工艺是先浇筑留有预应力孔道的梁体,待混凝土达到规定强度后,再在预留孔道内穿入预应力筋进行张拉锚固(对后穿入预应力筋困难时,可在浇筑混凝土之前穿入),最后进行孔道压浆并浇筑梁端封头混凝土。

后张法梁体分节段预制的方法通常有长线浇筑或短线浇筑两种方法,既可以采用立式预制也可以采用卧式预制。

(1)长线预制

长线预制是在预制厂或施工现场按桥梁底缘曲线制作固定台座,在台座上安装底模进行节段混凝土浇筑工作。长线法预制节段施工顺序和模板构造见图 7.6、图 7.7。

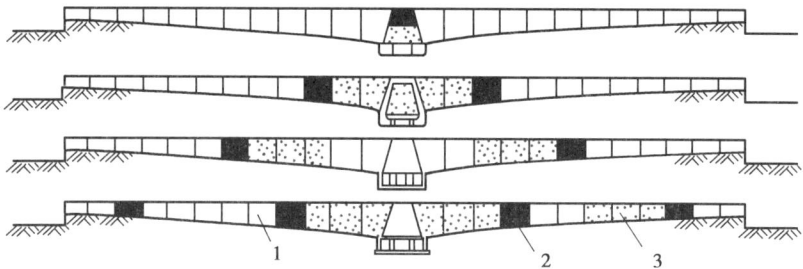

(a)施工顺序

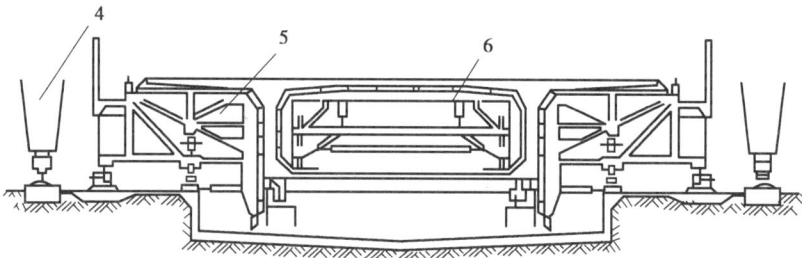

(b)模板构造

(c)长线法预制场

图 7.6 长线法预制节段施工顺序和模板构造

1—待浇注段;2—浇注中节段;3—已完成节段;4—龙门吊机;5—外模支架;6—内模

(a) 底模制作　　　　　　　(b) 侧模制作　　　　　　　(c) 内模制作

(d) 外侧模制作　　　　　　(e) 封头板安装　　　　　　(f) 节段养护

图 7.7　长线法预制节段施工

（2）短线预制

短线预制在固定台位且能纵移的模板内浇筑，由可调整内、外部模板的台车与端梁来完成。当第一节段混凝土浇筑完成后，在其相对位置上安装下一节段模板，并利用第一节段混凝土的端面作为第二节段的端模。完成第二节段混凝土的浇筑工作。

短线法预制节段梁模板主要由四大部分组成：端模（匹配梁）、外侧模及支架、内模及滑车、底模及台车等。模板的安装顺序为：底模安装→端模定位→侧模安装→内模安装。短线法预制见图 7.8。

对比长线法、短线法可以看出，采用长线台座法制梁时成桥后梁体线形较好。长线台座使梁段存储有较大余地，但占地较大，地基要求坚实，混凝土的浇筑和养护移动分散。短线预制场地相对较小，浇筑模板及设备基本不需移动，可调的底、侧模便于平竖曲线梁段的预制。但其精度要求高、施工严、周转不便，工期相对较长。预制场地布置见图 7.9。

后张法生产预应力混凝土梁，不需要大型的张拉台座，便于桥梁工地现场施工，而且又适宜于配置曲线预应力筋的重、大型构件制作，因此在公路桥梁上应用广泛。

后张法整体箱梁预制施工工艺基本流程见图 7.10。

后张法预制梁板施工中，普通钢筋制作与安装、模板支架的制作与安装、混凝土的浇筑及养护工序与普通钢筋混凝土梁板施工中的相关工序及要求类型相同，在此不再做介绍。本节主要介绍后张法预制梁板施工中，与后张法预应力施工相关的孔道、张拉、注浆及封锚等内容。

1）孔道预留

梁体内预留孔道的生产主要有两种方式：埋置式和抽拔式。埋置式制孔主要采用金属波纹管和塑料波纹管。抽拔式制孔（俗称抽拔管）常用的有橡胶抽拔管、金属伸缩抽拔管和钢管等。常用预埋波纹管和抽拔橡胶管的方式制孔见图 7.11。

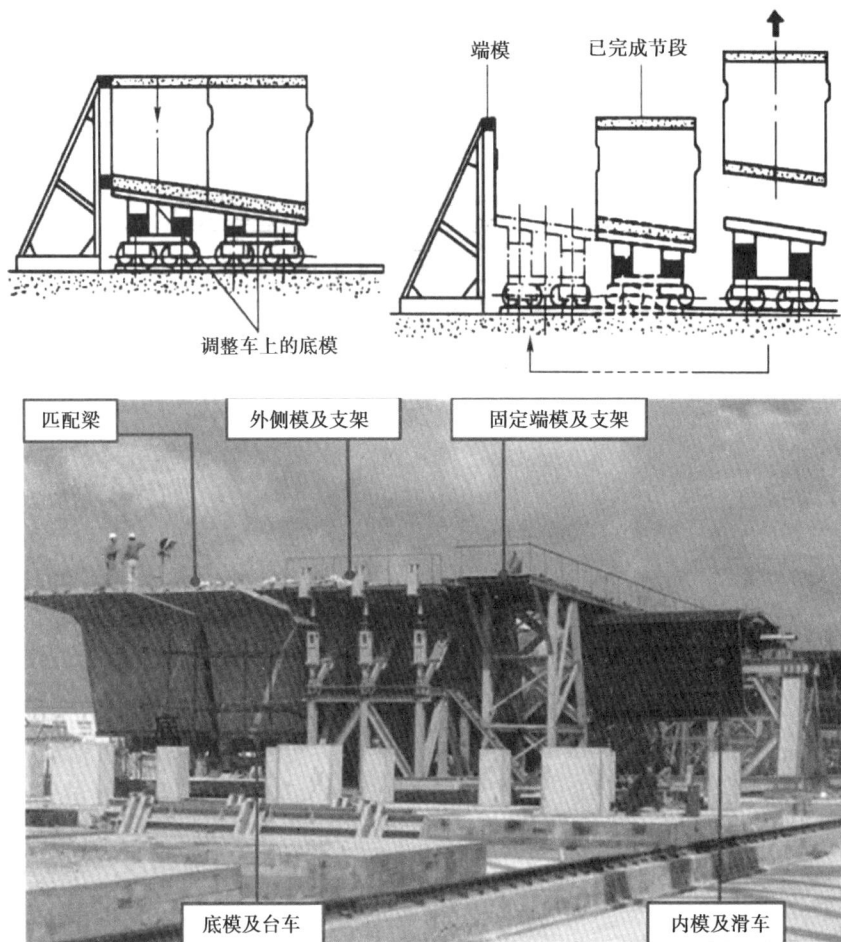

图 7.8　短线法预制

（a）长线法预制场地　　　　　　　　（b）短线法预制场地

图 7.9　预制场地布置

　　抽拔橡胶管制孔是按设计位置将抽拔橡胶管固定在钢筋骨架中，待混凝土抗压强度达到 4~8 MPa时（即混凝土初凝后，终凝前），再将橡胶管拔出以形成孔道。这种制孔的方式比较经济，管道内压注的水泥浆与构件混凝土结合较好。但缺点是不易形成多向弯曲、形状复杂的管道，且需要控制好抽拔的时间点。

　　预埋波纹管是在浇筑混凝土前，将波纹管按预应力钢筋设计位置绑扎于箍筋焊连的钢筋托

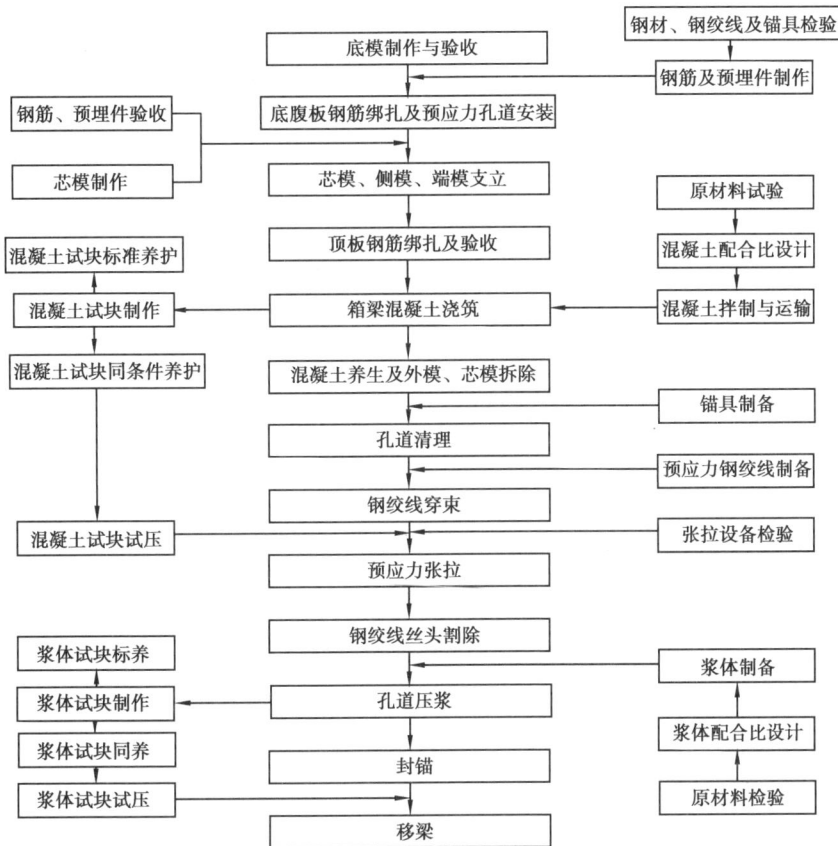

图 7.10　后张法整体箱梁预制施工工艺流程

（a）预埋波纹管制孔　　　　　　（b）抽拔橡胶管制孔

图 7.11　常用的孔道制作方式

架上,再浇筑混凝土,结硬后即可形成穿束的孔道。金属波纹管是用薄钢带经卷管机压波后卷成,其重量轻,纵向弯曲性能好,径向刚度较大,连接方便,与混凝土黏结良好,与预应力钢筋的摩阻系数也小,是后张法预应力混凝土构件一种较理想的制孔方式。

2) 预应力筋下料

预应力筋下料参见模块 5 第 5.2.2 节。

3) 预应力钢绞线穿束

①当梁体混凝土强度达到设计强度的 80% 以上时,方可进行穿束张拉。

②穿束前,可用空压机吹风等方法清除孔道内的污物和积水,以确保孔道畅通。

③箱梁钢绞线可采用钢套牵引法。穿束时钢绞线头缠胶带,防止钢绞线头被挂住。

4)预应力筋的张拉

(1)张拉前的准备工作

预应力筋张拉前必须对千斤顶和油压表进行校验,计算与张拉吨位相应的油压表读数和钢绞线伸长量,确定张拉顺序和清孔、穿束等,并完成制锚工作。

(2)预应力筋理论伸长值的计算

后张法预应力梁板一般采用曲线布置的形式,曲线预应力筋伸长值的计算较直线预应力筋复杂,根据《公路桥涵施工技术规范》(JTG/T 3650—2020),曲线预应力筋理论伸长值的计算按照式(7.5)计算。

$$\Delta L = \frac{P_p L}{A_p E_p} \tag{7.5}$$

式中　P_p——预应力筋平均张拉力,N,直线筋取张拉端的张拉力,注意该值不等于各分段钢绞线的起点力和终点力的平均值。

$$P_p = \frac{P\left[1 - e^{-(kx+mq)}\right]}{kx + mq} \tag{7.6}$$

P——预应力筋张拉端的张拉力(分段计算时,为分段起点端的张拉力,其中梁内线段每段终点力按照 $P_{终} = P_{起} e^{-(kL+mq)}$ 计算),N;

x——从张拉端至计算截面的孔道长,mm;

q——从张拉端至设计截面曲线孔道部分切线的夹角之和,rad;

m——孔道每米局部偏差,参见表7.3;

k——预应力筋与孔道壁的摩擦系数,参见表7.3;

L——预应力筋的张拉工作长度,mm;

A_p——预应力筋的截面面积,mm²;

E_p——预应力筋的弹性模量,MPa。

表7.3　系数 k 和 m 值表

孔道成型方式	k	m	
		钢丝束、钢绞线	螺纹钢筋
预埋铁皮管道	0.0030	0.35	0.4
预埋钢管	0.0010	0.25	—
抽芯成型孔道	0.0015	0.55	0.60
预埋金属波纹管	0.0015	0.20~0.25	0.50
预埋塑料波纹管	0.0015	0.14~0.17	0.45

【例6.2】　某30 m后张法预应力箱梁的N3号预应力钢绞线束的布置立面见图7.12,图中单位:cm。

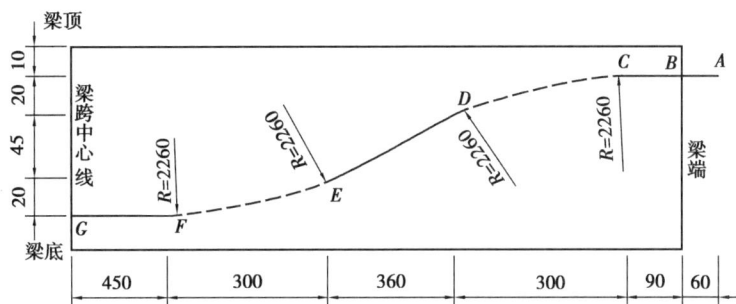

图 7.12　N3 钢绞线布置图示(图中粗实线为直线段,粗虚线为曲线段)

该束预应力筋采用 3A15.20 钢绞线(1×7-15.20-1860),弹性模量 $E = 2 \times 10^5$ MPa,孔道采用抽拔橡胶管成孔,采用两端对称张拉的方式,千斤顶的有效工作长度为(锚垫板与千斤顶工具锚板外缘的距离)0.50 m,锚圈口摩阻损失按 3% 计算,试求该预应力钢绞线束的伸长值。

【解】　曲线预应力筋伸长值的计算采用分段计算各段伸长值,然后求和的思路,将该半侧钢绞线划分为 AB、BC、CD、DE、EF、FG 6 段,各段的弯起角度及长度见表7.4。

根据预应力筋的类型及成孔的方式查表,取 $k = 0.0015$,$m = 0.55$。采用 Excel 表格计算得结果如表 7.5 所示。其中梁内线段,每段终点力按照 $P_{终} = P_{起} e^{-(kL+mq)}$。

因此,该钢绞线束的张拉伸长值为:

$$DL_L = 2 \times (4.3 + 6.3 + 20.5 + 24.2 + 19.6 + 28.6) = 207(\text{mm})$$

表 7.4　钢绞线各段的弯起角度及长度

	AB	BC	CD	DE	EF	FG
长度 x/cm	60	90	3.007	3.628	3.007	450
弧度 θ/rad	0	0	0.0665	0	0.0665	0

表 7.5　钢绞线束伸长值计算

线段	L/m	q/rad	$kL+mq$	$e^{-(kL+mq)}$	起点力/N	终点力/N	P_p/N	DL_L/mm
AB	0.6	0	0	0	201159	201159	201159	4.3
BC	0.9	0	0.00135	0.998651	195300	195036.5	195168.2	6.3
CD	3.007	0.0665	0.041086	0.959747	195036.5	187185.7	191084.2	20.5
DE	3.628	0	0.005442	0.994573	187185.7	186169.8	186677.3	24.2
EF	3.007	0.0665	0.041086	0.959747	186169.8	178676	182397.2	19.6
FG	4.5	0	0.00675	0.993273	178676	177474	178074.3	28.6

(3)张拉程序

后张法预制梁,当跨径或长度大于或等于 25 m 时,宜采用两端同时张拉的工艺。只有短构件可用单端张拉,非张拉端用固定锚具。

当梁体混凝土强度达到设计强度的 75% 以上时,才可进行穿束张拉。穿筋工作一般采取直接穿筋,较长的钢筋可借助钢丝作为引线,用卷扬机进行穿筋。

预应力筋张拉端的设置应符合设计要求,当设计无具体要求时,曲线预应力筋和长度大于 25 m

的直线预应力筋,应采用两端对称张拉;长度等于或小于 25 m 的直线预应力筋,可在一端张拉。预应力筋的张拉应符合设计要求,当设计无要求时,可分批分阶段对称张拉。分批张拉时,应按顺序对称地进行,以防过大偏心压力导致梁体出现较明显的侧弯现象,同时应考虑后张拉的预应力筋对先张拉的预应力筋所带来的预应力损失。后张法预应力筋的张拉应分级进行。

张拉程序按设计文件或技术规范的要求进行。设计无规定时,其张拉程序可按表 7.6 的规定进行。

表 7.6　后张法预应力筋张拉程序

锚具和预应力筋类别		张拉程序
夹片式等具有自锚性能的锚具	钢绞线束、钢丝束	普通松弛预应力筋:$0 \rightarrow$ 初应力 $\rightarrow 1.03\sigma_{con}$
		低松弛预应力筋:$0 \rightarrow$ 初应力 $\rightarrow 1.03\sigma_{con}$(持荷 5 min 锚固)
其他锚具	钢绞线束、钢丝束	$0 \rightarrow$ 初应力 $\rightarrow 1.05\sigma_{con}$(持荷 5 min)$\rightarrow 0 \rightarrow \sigma_{con}$(锚固)
		$0 \rightarrow$ 初应力 $\rightarrow 1.05\sigma_{con}$(持荷 5 min)$\rightarrow \sigma_{con}$(锚固)
螺母锚固锚具	螺纹钢筋	$0 \rightarrow$ 初应力 $\rightarrow \sigma_{con}$(持荷 5 min)$\rightarrow 0 \rightarrow \sigma_{con}$(锚固)

后张预应力筋断丝及滑丝不得超过表 7.7 中规定的控制数。

表 7.7　后张预应力筋断丝、滑丝限制

类　别	检查项目	控制数
钢丝束和钢绞线束	每束钢丝断丝或滑丝	1 根
	每束钢绞线断丝或滑丝	1 丝
	每个断面断丝之和不超过该断面钢丝总数的百分比	1%
单根钢筋	断筋或滑移	不容许

注:①钢绞线断丝系指单根钢绞线内钢丝的断丝。
　　②超过表列控制数时,原则上应更换。当不能更换时,在许可的条件下可采取补救措施,如提高其他束预应力值,但须满足设计上各阶段极限状态的要求。

预应力筋在张拉控制应力达到稳定后方可锚固。预应力筋锚固后的外露长度不宜小于 30 mm,且不应小于 1.5 倍预应力筋直径。锚具应用封端混凝土保护,当需长期外露时,应采取防止锈蚀的措施。一般情况下,锚固完毕并经检验合格后即可切割端头多余的预应力筋,严禁用电弧焊切割,强调用砂轮机切割。一般防锈措施为砂浆封堵。

张拉完后即封堵。完成后,即对外露多余钢绞线、钢筋进行切割,封堵方法是用素灰浆锚头封住,然后用塑料布将其裹住进行养护,以防止裂缝而使锚头漏浆、漏气,影响压浆质量。

此外,张拉时应注意夹片的回缩量,并做好记录予以减除。用自锚式锚头时,夹片的回缩量即钢绞线回缩量,一般为限位板位槽深减去夹片外露量。夹片外露量由张拉完毕后量得。

5)孔道压浆

孔道压浆能保护预应力筋不受锈蚀,并使预应力筋与混凝土梁体黏结成整体,从而既能减轻锚具的受力,又能提高梁的承载能力、抗裂性能和耐久性能。孔道压浆应比选压浆设备及压浆方法。预应力筋张拉锚固后,孔道应尽早压浆,且在 48 h 内完成,否则应采取避免预应力筋锈蚀的措施。

（1）压浆的目的

孔道压浆的目的：一是保护钢绞线不生锈，延长结构使用年限，所以压浆要饱满、密实；二是作为媒介，在钢绞线松弛后，向梁体传递一部分应力，即增加钢筋与混凝土之间的黏结力。

（2）压浆工艺

普通压浆：压浆前先用压力清水冲洗将要压浆的孔道，再将水泥净浆从孔的一端压入，另一端排出浓浆后封闭。加大压力至 0.5~0.7 MPa，持续 2~5 min 后结束。

真空压浆：压浆前，先用真空泵抽吸预应力孔道中的空气，使孔道的真空度达到负压0.1 MPa左右，然后在孔道另一端用压浆泵以一定的压力将搅拌好的水泥浆体压入预应力孔道并产生一定的压力。由于孔道内只有极少数空气，浆体中很难形成气泡。同时，由于孔道内和压浆泵之间存在正负压力差，大大提高孔道内浆体的饱满和密实度，而且在水泥浆中，由于降低水胶比需添加专用的外加剂，从而减少了浆体的离析、析水和干硬收缩，同时提高了浆体的强度。

（3）孔道压浆一般要求

①压浆材料：

a.后张预应力孔道宜采用专用压浆料或专用压浆剂配制的浆液进行压浆。

b.水泥应采用性能稳定、强度等级不低于 42.5 的低碱硅酸盐或低碱普通硅酸盐水泥。

c.外加剂应与水泥具有良好的相容性，且不得含有氯盐、亚硝酸盐或其他对预应力筋有腐蚀作用的成分。减水剂应采用高效减水剂，且应满足《混凝土外加剂》（GB 8076—2008）中高效减水剂一等品的要求。

d.矿物掺合料的品种宜为 I 级粉煤灰、磨细矿渣粉或硅灰，并应符合规范的规定。

e.水不应含有对预应力筋或水泥有害的成分，每升水中不得含有 350 mg 以上的氯化物离子或任何一种其他有机物，宜采用符合国家卫生标准的清洁饮用水。

f.膨胀剂宜采用钙矾石系或复合型膨胀剂，不得采用以铝粉为膨胀源的膨胀剂或总碱量0.75% 以上的高碱膨胀剂。

g.压浆材料中的氯离子含量不应超过胶凝材料总量的 0.06，比表面积应大于 350 m^2/kg，三氧化硫含量不应超过 6.0%。

②浆体。采用压浆材料配置的浆液，其性能应符合表 7.8 的规定。

表 7.8　压浆材料性能表

项　目		性能指标	检验试验方法标准
水胶比/%		0.26~0.28	《水泥标准稠度用水量、凝结时间、安定性检验方法》（GB/T 1346—2011）
凝结时间/h	初凝	≥5	
	终凝	≤24	
流动度（25℃）/s	初始流动度	10~17	《公路桥涵施工技术规范》（JTG/T 3650—2020）附录 C3
	30 min 流动度	10~20	
	60 min 流动度	10~25	

续表

项	目	性能指标	检验试验方法标准
泌水率/%	24 h 自由泌水率	0	《公路桥涵施工技术规范》（JTG/T 3650—2020）附录 C4
	3 h 钢丝间泌水率	0	《公路桥涵施工技术规范》（JTG/T 3650—2020）附录 C5
压力泌水率/%	0.22 MPa	≤2.0	《公路桥涵施工技术规范》（JTG/T 3650—2020）附录 C6
	0.36 MPa		
自由膨胀率/%	3h	0~2	《公路桥涵施工技术规范》（JTG/T 3650—2020）附录 C7
	24 h	0~3	
充盈度		合格	《公路桥涵施工技术规范》（JTG/T 3650—2020）附录 C7
抗压强度/MPa	3 d	≥20	《水泥胶砂强度检验方法（ISO 法）》（GB/T 17671—2021）
	7 d	≥40	
	28 d	≥50	
抗折强度/MPa	3 d	≥5	
	7 d	≥6	
	28 d	≥10	
对钢筋的锈蚀作用		无锈蚀	《混凝土外加剂》（GB 8076—2008）

注：①有抗冻性要求时，宜在压浆材料中掺用适量引气剂，且含气量宜为 1%~3%。

②有抗渗性要求时，抗氯离子渗透的 28 d 电量指标宜小于或等于 150 ℃。

③压浆设备：

a.搅拌机的转速应不低于 1000 r/min，搅拌叶的形状应与转速相匹配，其叶片的线速度不宜小于 10 m/s，最高线速度宜限制在 20 m/s 以内，且应能满足在规定时间内搅拌均匀的要求。

b.用于临时储存浆液的储料罐亦应具有搅拌功能，且应设置网格尺寸不大于 3 mm 的过滤网。

c.压浆机应采用活塞式可连续作业的压浆泵，其压力表的最小分度值应不大于 0.1 MPa，最大量程应使实际工作压力在其 25%~75% 的量程。不得采用风压式压浆泵进行孔道压浆。

d.真空辅助压浆工艺中采用的真空泵应能达到 0.10 MPa 的负压力。

（4）压浆施工

①准备：

a.应在工地试验室对压浆材料加水进行试配，各种材料的称量（均以质量计）应精确到 ±1%。经试配的浆液其各项性能指标应均满足表 7.8 的要求后方可用于正式压浆。

b.应对孔道进行清洁处理。对抽芯成型的孔道应冲洗干净并应使孔壁完全湿润；金属和塑料管道在必要时亦应冲洗清除附着于孔道内壁的有害材料。对孔道内可能存在的油污等，可采用已知对预应力筋和管道无腐蚀作用的中性洗涤剂或皂液，用水稀释后进行冲洗；冲洗后，应使用不含油的压缩空气将孔道内的所有积水吹出。

c.应对压浆设备进行清洗，清洗后的设备内不应有残渣和积水。

②压浆：

a.压浆过程中及压浆后48 h内,结构或构件混凝土的温度及环境温度不得低于5 ℃,否则应采取保温措施,并应按冬季施工的要求处理。浆液中可适量掺用引气剂,但不得掺用防冻剂。当环境温度高于35 ℃时,压浆宜在夜间进行(图7.13)。

（a）多余钢绞线切割　　　　　　（b）封锚及压浆

图7.13　后张法预应力梁封锚及压浆现场

b.压浆时,对曲线孔道和竖向孔道应从最低点的压浆孔压入;对结构或构件中以上下分层设置的孔道,应按先下层后上层的顺序进行压浆。同一管道的压浆应连续进行,一次完成。压浆应缓慢、均匀地进行,不得中断,并应将所有最高点的排气孔依次一一打开和关闭,使孔道内排气通畅。

c.浆液自拌制完成至压入孔道的延续时间不宜超过40 min,且在使用前和压注过程中应连续搅拌,对因延迟使用所致流动度降低的水泥浆,不得通过额外加水增加其流动度。

d.对水平或曲线孔道,压浆压力宜为0.5~0.7 MPa;对超长孔道,最大压力不宜超过1.0 MPa;对竖向孔道,压浆压力宜为0.3~0.4 MPa。压浆的充盈度应达到孔道另一端饱满且排气孔排出与规定流动度相同的水泥浆为止。关闭出浆口后,宜保持一个不小于0.5 MPa的稳压期,该稳压期的保持时间宜为3~5 min。

e.采用真空辅助压浆工艺时,在压浆前应对孔道进行抽真空,真空度宜稳定在-0.06~-0.10 MPa。真空度稳定后,应立即开启孔道压浆端的阀门,同时启动压浆泵进行压浆。

f.压浆时,每一工作班应制作留取不少于3组尺寸为40 mm×40 mm×160 mm试件,标准养护28 d,进行抗压强度和抗折强度试验,作为质量评定的依据。

③压浆后：

a.压浆后应通过检查孔抽查压浆的密实情况,如有不实,应及时进行补压浆处理。

b.压浆完成后,应及时对锚固端按设计要求进行封闭保护防腐处理。需要封锚的锚具,应在压浆完成后对梁端混凝土凿毛并将其周围冲洗干净,设置钢筋网浇筑封锚混凝土;封锚应采用与结构同强度的混凝土,并应严格控制封锚后的梁体长度。长期外露的锚具,应采取防锈措施。

c.对后张预制构件,在孔道压浆前不得安装就位;压浆后,应在浆液强度达到规定的强度后方可移运和吊装。

d.孔道压浆应填写施工记录。记录项目应包括压浆材料、配合比、压浆日期、搅拌时间、出机初始流动度、浆液温度、环境温度、稳压压力及时间,采用真空辅助压浆工艺时应包括真空度。

6）封端

对设计需要进行锚端封闭的梁体，孔道压浆后应立即将梁端水泥浆冲洗干净，并将断面混凝土凿毛。对端部钢筋网的绑扎和封端板的安装，要妥善处理并确保固定，以免在浇筑混凝土时因模板移动而影响梁长。封端混凝土的强度等级应不低于梁体混凝土强度等级的80%。浇完混凝土并静置1~2 h后，应按一般规定进行保湿养护。

对需封锚的锚具，压浆后应先将其周围冲洗干净并对梁端混凝土凿毛，然后设置钢筋网浇筑封锚混凝土。封锚混凝土的强度应符合设计规定，一般不宜低于构件混凝土强度等级的80%。必须严格控制封锚后的梁体长度。长期外露的锚具，应采取防锈措施。

对后张预制构件，在管道压浆前不得安装到位，在压浆强度达到设计要求后方可移运和吊装。孔道压浆应填写施工记录。

7）梁的吊运

梁体压浆结束后，待浆体强度达到设计强度的80%方可移至存梁区。当梁体混凝土强度达到设计强度的100%方可进行架设。

7.2.3 预制梁板的吊装

预制装配式桥梁施工是将在预制厂或桥梁现场预制的梁运至桥位处，使用一定的起重设备进行安装并完成横向连接组成桥梁的施工方法。目前，预制安装法是简支梁经常采用的一种施工方法。预制梁的安装主要有架桥机法、跨墩龙门式吊车架梁法、自行式吊车架梁法、扒杆架设法、浮吊架设法和高低腿龙门架配合架桥机架设法等。

1）一般规定

由于梁体长、笨重，起吊、运输都比较困难，因此要合理选择起吊、运输的工具和方法，以确保安全。梁体起吊时，混凝土强度应符合设计规定。压浆强度不得低于设计强度的75%，封端混凝土强度不得低于设计强度的50%；吊点、支点位置应经计算确定，其距离误差不得大于规定的200 mm，无论起吊、运输或存放都要有防止倾覆措施。桥梁施工架梁前常需先卸后架，应有一处存梁场地。场地位置要慎重选择，一般可在车站、区间或桥头存放，也可在施工线路上选择适当地点存放。存梁场应有良好的排水系统和设施，宜优先采用大跨度吊梁龙门架装卸桥梁。采用滑道移梁时，滑道应有一定的强度和刚度，并满足移梁作业的需要。

2）吊装方法

（1）架桥机法

架桥机可分为单导梁式、双导梁式、斜拉式和悬吊式等类型。其中双导梁架桥机以高安全性、高效性及适应性强的特点，在高速公路桥梁架设中广泛使用。

架桥机法整体施工工艺流程见图7.14。

（2）跨墩龙门式吊车架梁法

跨墩龙门吊车安装适用于桥不太高，架梁孔数又多，地势平坦，沿桥墩两侧铺设轨道不困难，无水或浅水河滩区域安装预制梁。一台或两台跨墩龙门吊车分别设于待安装孔的前后墩位置，预制梁内平车顺桥向运至安装孔一侧，移动跨墩龙门吊车上的吊梁平车，对准梁的吊点放下吊架将梁吊起。当梁底超过桥墩顶面后，停止提升，用卷扬帆牵引吊梁平车慢慢横移，使梁对准

```
                    ┌─────────────────┐
                    │  梁（板）预制完成  │◄──────── ┌──────────────────────┐
                    └────────┬────────┘          │ 架桥机进场拼装及检验合格 │
                             │                    └──────────────────────┘
┌──────────────┐   ┌────────▼────────┐
│   墩顶清理     │──►│   梁（板）装车    │
└──────────────┘   └────────┬────────┘
                             │
                    ┌────────▼─────────┐
                    │ 运输梁（板）至施工现场 │         ┌──────────────────┐
                    └────────┬─────────┘◄────────│   特种作业人员就位  │
                             │                    └──────────────────┘
┌──────────────────┐ ┌──────▼──────┐
│ 测量放样（平面及高程）│─►│  运梁台车喂梁 │
└──────────────────┘ └──────┬──────┘          ┌──────────────────┐
                             │     ◄──────────│  起重指挥进行指挥   │
                    ┌────────▼────────┐        └──────────────────┘
                    │  前后天车依次喂梁  │
                    └────────┬────────┘
                             │
┌──────────────────┐ ┌──────▼───────┐
│（临时）支座安装完成  │─►│落梁至（临时）支座│
└──────────────────┘ └──────┬───────┘       ┌──────────────────┐
                             │    ◄──────────│  检查箱梁安装质量   │
                    ┌────────▼────────┐       └──────────────────┘
                    │   辅助支撑梁体    │
                    └─────────────────┘
```

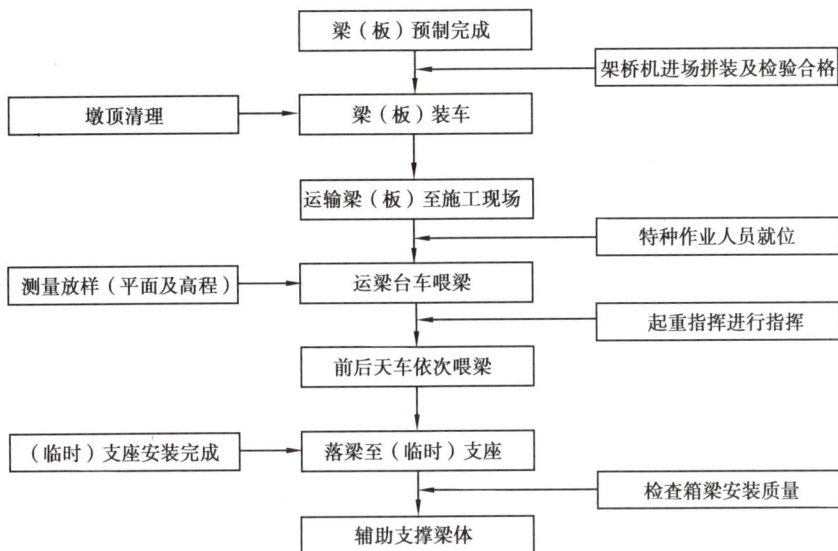

图 7.14 架桥机法架设梁板施工工艺流程

桥墩上的支座,然后落梁就位,接着准备架设下一片梁(图 7.15)。

（a）跨墩龙门吊架梁   （b）跨墩龙门吊配合架桥机架梁

图 7.15 跨墩龙门式吊车架梁作业

山区预制梁易受场地影响。为满足施工进度需求,经常把预制梁场地设置在桥梁下狭小场地内,采用运梁车将桥下预制梁运至高低腿龙门吊下,利用高低腿龙门吊将预制梁提升到桥面,然后再用运梁小车把箱梁运到架桥机下面进行预制梁架设。通常梁板预制场位于桥址中部时,也采用跨墩龙门吊作为初架段梁体的架设、架桥机及预制梁的上下桥作业。

（3）自行式吊机架梁法

在桥不高、场内又可设置行车便道的情况下,用自行式吊车(汽车吊车或履带吊车)架设中、小跨径的桥梁十分方便(图 7.16)。此法视吊装重量不同,还可采用单吊(一台吊车)或双吊(两台吊车)两种形式。其特点是机动性好,无须动力设备和准备作业,架梁速度快。

（4）浮吊架设法(水上架设)

在海上和深水大河上修建桥梁时,选用可回转的伸臂式浮吊架梁比较方便,也可用钢制万能杆件或贝雷钢架拼装固定的悬臂浮吊进行(图 7.17)。此架梁方法高空作业较少、吊装能力大、工效高、施工较安全,但需要大型浮吊。由于浮吊船来回运梁航行时间长,需增加费用,一般采取用装梁船存梁后成批架设的方法。浮吊架梁时,需在岸边设置临时码头来移运预制梁。架梁时浮吊要仔细锚固,流速不大时,可用预先抛入河中的混凝土锚作为锚固点。

（a）单机起吊作业　　　　　　　（b）双机抬吊作业

图 7.16　自行式吊机架梁作业

图 7.17　浮吊架设法作业

　　预制梁（板）的吊装常采用上述 4 种方法,除此之外,还有扒杆法(钓鱼法)、简易型钢导梁架设法等其他方法,在规范中明确严禁使用扒杆法施工。

　　（5）悬臂拼装

　　预制拼装施工是将梁体沿纵桥分节段预制,当下部结构完成后,将预制节段转运至桥下,逐段起吊拼装,并施加预应力,对称延伸连接成桥梁整体。其具有以下特点:施工速度快、混凝土收缩徐变小、整体质量高、对交通及环境影响小,但对场地、运输及拼装设备等配置要求较高,工序复杂,技术难度大。悬臂拼装施工见图 7.18。

图 7.18　悬臂拼装施工

　　节段拼装梁之间的连接一般有 3 种方法:胶接法、湿接法、干接法(现较少应用)。

　　①胶接法:在悬臂端面上涂环氧胶,使接缝密贴(图 7.19)。胶黏剂宜采用机械拌和,应连续搅拌并保持其均匀性。抹胶时,需保证匹配面干燥与清洁,胶黏剂在使用时应涂抹均匀,覆盖

整个匹配面。为避免结构胶挤入孔道内,在预应力孔道外围贴发泡聚乙烯橡胶"O"形垫圈,同时避免后续压浆发生漏浆、窜浆现象。

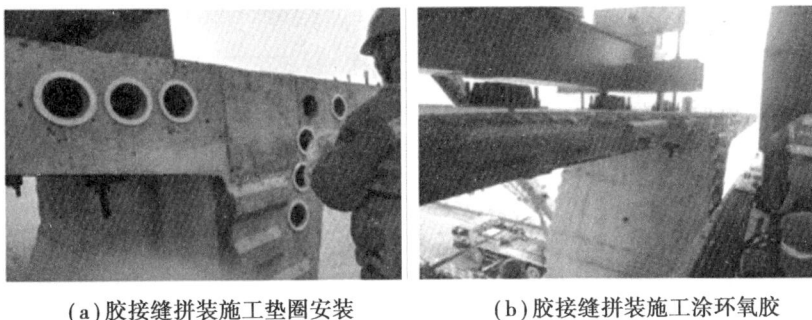

(a)胶接缝拼装施工垫圈安装　　　　　(b)胶接缝拼装施工涂环氧胶

图 7.19　胶接法

②湿接法:节段间留设不小于 10cm 宽度的后浇缝,端面预留搭接钢筋,节段就位后焊接搭接钢筋,搭设湿接缝模板,随后现浇混凝土,待混凝土强度达到要求后往前推移(图 7.20)。由于需要等待混凝土强度满足要求,故湿接法拼装每孔施工的时间较长;由于湿接缝能够对桥梁线形做较大的适应调整,常常用做合龙段的接缝施工。

(a)湿接缝梁节段　　　　　　　(b)湿接混凝土浇筑

图 7.20　湿接法

7.2.4　简支-连续体系转换

对于公路工程桥梁,为保证行车的舒适性,通常采用多跨连续梁结构以减少桥梁伸缩缝的数量,因此采用装配式施工的连续梁桥,在梁(板)架设完毕后,需要将处于简支体系的梁(板)按设计要求转换为连续体系。

先简支后连续施工技术具有以下优缺点:

①适合于梁高较低箱梁及 T 形截面梁集零为整,形成连续梁。

②适宜跨径为 25~50 m,且宜等跨径布置桥孔,施工工艺成熟简单。

③下部结构和预制梁可安排平行作业施工,桥梁总体施工期短。

④顶板负弯矩波纹管施工中,由于靠近梁体上部,混凝土浇筑中容易出现位移,造成两梁端部的对应管道错位,增加了内摩阻力和其他应力。振捣棒易破坏波纹管,易导致穿束困难。

⑤锚固段在张拉时,钢绞线从固定端锚板滑丝,锚固区混凝土开裂,锚板变形,伸长值超标。

⑥张拉端在张拉时,锚垫板压坏,出现滑丝现象。

⑦两梁对接的连续端波纹管和张拉槽、固定槽间断的波纹管搭接困难,浇筑整体化混凝土时向管内渗浆,造成穿束困难和张拉应力误差较大。

⑧由于预留张拉槽、固定槽和连续端的多处波纹管搭接,压浆困难,无法直观判断压浆饱满情况,可能出现出浆口不出浆现象。

简支-连续体系转换的实现主要是通过分片预制简支梁,在桥墩上设置临时支座,中间保留永久支座(图7.21),将预制梁吊装后,永久支座暂不受力;由临时支座参与结构受力,临时支座每跨之间为简支体系,待一联全部吊装完成后,将各主梁的预留钢筋连接,并浇筑湿接缝,先使结构连成整体的连续结构体系;再撤去临时支座,使原来布置的连续体系的永久支座参与结构受力,这样就完成了梁体的转换和结构体系的从简支到连续的转换。

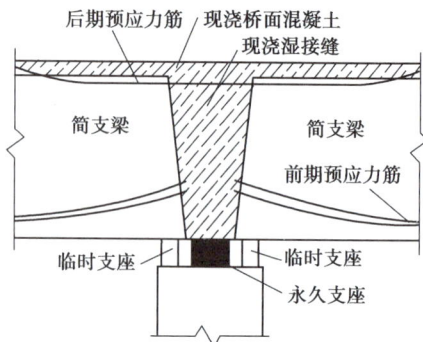

图7.21　简支转连续构造图

1)简支-连续体系转换的顺序

简支转连续施工体系转换的顺序一般有以下3种:

①从一端起依次逐孔连续,即先将第一孔与第二孔形成两跨连续梁,然后再与第三孔形成三跨连续梁,依次类推,形成一联连续。

②从两端起向中间依次逐孔连续。

③从中间孔起依次逐孔连续。

如遇长联,可按上述3种方法灵活综合选用。显然,不同的体系转换方法所产生的混凝土二次力及预加力产生的二次力是不同的。

2)临时支座

临时支座可采用油压千斤顶、砂筒及硫磺砂浆。由于砂筒经济、方便,目前在施工中常采用砂筒作为临时支座(图7.22)。

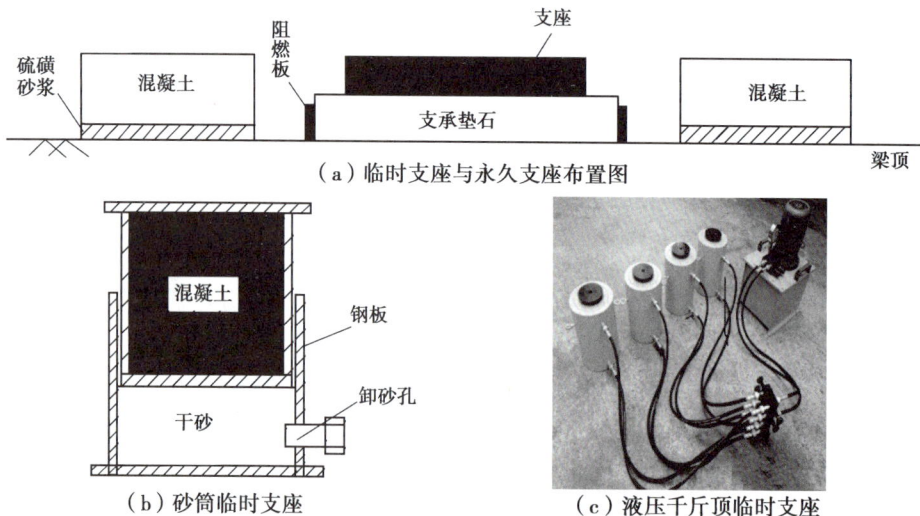

(a)临时支座与永久支座布置图

(b)砂筒临时支座

(c)液压千斤顶临时支座

图7.22　临时支座类型及布置

3)施工工艺流程

简支转连续总体施工原则:先纵向后横向、先边跨后中跨、先中间后两边,其施工工艺流程见图7.23。

```
                    ┌──────────────┐
                    │  梁体预制    │
                    └──────┬───────┘
                           │
┌────────────────┐  ┌──────▼───────┐  ┌──────────────┐
│临时支座及永久支座安装│→│ 梁体运输、安装 │←│  架桥机拼装   │
└────────────────┘  └──────┬───────┘  └──────────────┘
                           │
                    ┌──────▼───────┐
                    │横隔板钢筋焊接 │
                    └──────┬───────┘
                           │
                    ┌──────▼───────┐
                    │墩顶湿接头底模安装│
                    └──────┬───────┘
                           │
                    ┌──────▼───────┐
                    │墩顶湿接头钢筋安装│
                    └──────┬───────┘
                           │
┌────────────────┐  ┌──────▼───────┐
│ 墩顶预应力筋穿束 │→│墩顶湿接头侧模安装│
└────────────────┘  └──────┬───────┘
                           │
                    ┌──────▼───────┐
                    │墩顶湿接头混凝土浇筑│
                    └──────┬───────┘
                           │
┌────────────────┐  ┌──────▼───────┐
│ 预应力施工准备   │→│墩顶连续预应力施工│
└────────────────┘  └──────┬───────┘
                           │
                    ┌──────▼───────┐  ┌──────────────────────┐
                    │横隔板湿接缝施工│←│连续端横隔梁与湿接头一起浇筑│
                    └──────┬───────┘  └──────────────────────┘
                           │
                    ┌──────▼───────┐
                    │拆除临时支座、体系转换│
                    └──────────────┘
```

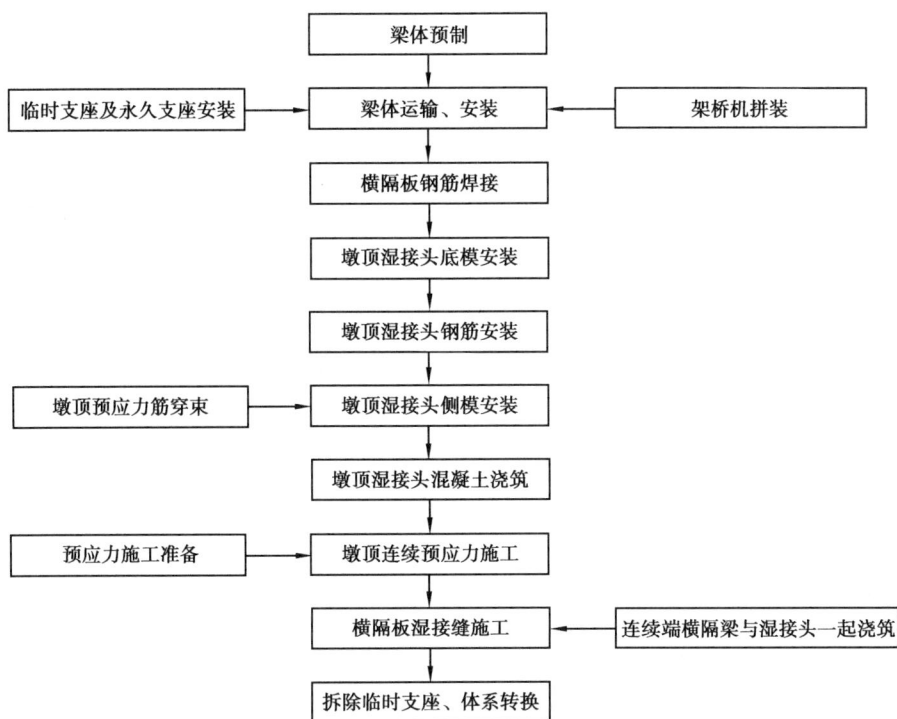

图 7.23　简支转连续施工工艺流程

(1)施工准备

简支-连续梁桥通过将简支梁在墩顶实施结构连续或墩梁固结而成,所以,简支梁体是基础,墩顶结构连续、墩梁固结(刚构)或桥面连续构造是关键,施工必须高度重视。强化施工设计,明确施工工序,制定精细化的施工方案,实行首件(试制)制。

(2)梁预制与安装

预制台座稳定性好,顶面光滑,易于脱模。严格按照设计图纸,制作强度、刚度、稳定性均满足预制梁需要的模板系统,同时,模板必须能根据预制梁顶横坡、锚固齿板等需要具有可调整功能。从控制混凝土原材料、配比、几何尺寸、一期预应力体系建立精度、养护等方面入手,采取有效措施,确保预制梁预拱度符合设计要求。临时支座必须满足强度、刚度、稳定性要求。建议采用砂筒等方便拆除的结构形式。注意事先设置的永久支座的安装精度并保持稳定性。

(3)墩顶湿接头浇筑

混凝土需做专门配比,保证高强度、低收缩、高韧性的设计要求。对于简支结构连续梁桥,墩顶湿接头混凝土浇筑前,梁端面、梁端横隔板以及端横隔板靠墩侧面以外的梁肋侧面应按要求凿毛,或刷净水泥浆,或刷专用黏结剂等增加新老混凝土连接性能的处理。对于简支刚构连续梁桥,墩顶湿接头混凝土浇筑前,梁端面、梁端横隔板、端横隔板靠墩侧面以外的梁肋侧面以及桥墩盖梁顶面应按要求凿毛,或刷净水泥浆,或刷专用黏结剂等增加新老混凝土连接性能的处理。

墩顶湿接头浇筑应严格按设计要求执行。设计无明确要求时,墩顶连续应在一天中温度最低且变化最小的时间内进行,同时保证在温度升高时,混凝土已有20%以上的强度。如遇昼夜温差大于15 ℃时,建议在墩顶湿接头内设置劲性骨架,以避免因温度升高过大而对混凝土凝结产生不利影响。墩顶湿接头混凝土应有专门的养护方案,确保此类间隙混凝土强度增长。

(4)二次预应力体系建立

按照设计要求,严格控制预制梁中预应力管道、锚固齿板的几何精度。采用专门的塑料波纹管,确保预应力管道畅通。二次预应力施工前,必须对预应力管道,特别是管口借助衬管等实施特别保护。二次预应力张拉时,混凝土强度必须满足设计要求,张拉时间、顺序应符合设计规定。简支刚构连续梁桥墩梁固接用竖向预应力预埋在桥墩盖梁中。在墩梁固接构造混凝土浇筑前,应对竖向预应力筋做特别保护。应有专门的管道压浆配方,采用真空压浆。

(5)临时支座、永久支座安装

对于搁置空心板梁的临时支座,其强度和刚度必须保证在梁板架设过程中不破损,基本无沉降量,可采用四周硬木板条用拉杆细栓箍紧方箱装砂层办法处理。搁置梁的临时支座可用将钢管截成筒状侧边钻孔临时阀门封闭灌装砂层的办法,高度可比永久支座略高 3~5 mm,以便体系转换时最后拆除。浇筑湿接头混凝土前,应对永久性橡胶支座表面进行保护(塑料膜或薄钢板覆盖),其接缝处残渣、杂质可用空压机清除干净,并仔细检查各支座放置的平整度。先简支后连续桥支座在伸缩缝处和连续墩处不同,伸缩缝处采用 GJZF4 或 GYZF4 支座,连续墩处采用 GJZ 或 GYZ 支座。在连续墩处支座下设一定高度的支座垫石,GJZF4 及 GYZF436 支座不允许倾斜安装。永久橡胶支座安装时,纵坡≥1%时需采取措施使支座平置;当有纵坡时,必须采用梁底预埋钢垫板调平后再放置支座。

(6)结构体系(支座)转换

在满足强度、刚度、稳定性及拆除方便的要求下,对临时支座(对于单支座简支连续梁桥)构造、安装、拆除方案进行研究,提出实施方案。严格按照设计要求的时间、顺序进行结构体系(支座)转换。

(7)新老混凝土连接面处理

湿接头部位新老混凝土接合最容易成为结构的薄弱环节。新老混凝土强度必须达到一致,连成整体,所以湿接头部位老混凝土去皮相当重要。对于新老混凝土连接面处理,有试验资料表明,新老混凝土连接面的抗拉强度与施工时的处理方法有关,经凿毛处理的新老混凝土面的弯曲抗拉强度较低(如 C40 混凝土仅为 1.25 MPa)。所以,对现浇接头部位的梁顶面应去皮处理,对有周边接触面的(如空心板铰缝)也应在预制场内凿毛洗净,以减少高空作业并保证新老混凝土黏结质量。同时由于该部位钢筋、波纹管较密集,湿接头混凝土一般用小石子混凝土分层浇筑,层层仔细振捣。梁板预制时,湿接头预埋钢筋位置一定要准确,板端钢筋预留长度要一致,避免当梁板全部安装完毕后处理接头钢筋造成的操作环境差、工人劳动强度大而无法保证接头钢筋连接质量情况出现。梁体上老混凝土去皮凿毛工作必须提前进行,预制梁板刚拆模后即开始施做。除对梁板端部接头老混凝土凿毛外,还必须重视铰缝混凝土和梁上部负弯矩区梁顶凿毛,避免梁板全部安装完毕,钢筋接头接好后再做此道工序而费时、费工。残渣、杂质飞落湿接头缝隙内,用高压风或高压水枪均无法彻底清除,避免影响湿接头混凝土浇筑质量,给今后桥梁运营安全带来隐患。

(8)结构性现浇层与梁端湿接头浇筑顺序

先简支后结构连续梁桥靠梁端湿接头和墩顶连续段预应力筋实现体系转换。墩顶连续段预应力筋一方面为结构性现浇层提供预压应力,另一方面为桥梁提供支点正弯矩,以抵抗桥梁运营时的支点负弯矩。结构性现浇层与梁端湿接头的施工顺序、施工时间间隔,对桥梁受力状态产生比较大的影响。因此,选择合理的施工顺序,可使桥梁成桥时获得更好的受力状态。

国内的施工单位主要使用以下两种方式进行湿接头浇筑。

第 1 种浇筑方式:先浇筑一部分结构性现浇,再浇筑梁端湿接头和剩余结构性现浇层、张拉墩顶连续段预应力筋。

第 2 种浇筑方式:先浇筑湿接头和一部分结构性现浇层,并张拉墩顶连续段预应力筋,再浇筑剩余结构性现浇层。

两种方法对于先简支后结构连续梁桥,先浇筑湿接头再浇筑结构性现浇层对结构受力更不利;而先浇筑结构性现浇层再浇筑湿接头对结构更有利。因此,建议先浇筑结构性现浇层再浇筑湿接头。

(9)结构性桥面铺装和非结构性桥面铺装垫层施工

按照设计要求进行梁顶剪力钢筋预埋,特别是梁翼板现浇带上的预埋。通过预制梁的试制,有必要适当调整剪力钢筋的伸出长度,以适应剪力钢筋与钢筋网之间的连接,尽量避免剪力钢筋失效。结构性桥面铺装和非结构性桥面铺装垫层混凝土浇筑后的基岩效应明显,容易出现收缩裂缝,应在规定的时间(或预制梁龄期)进行施工,同时,应对裸梁顶面应按要求凿毛,或刷净水泥浆,或刷专用黏结剂等增加新老混凝土连接性能的处理。施工时,采用专门的大面薄形混凝土的养护措施。

7.3　现浇梁桥施工

现浇法施工梁桥是指在桥址设计位置采用支架法或悬臂法安装模板、绑扎及安装钢筋、浇筑混凝土的施工方法。

移动模架箱梁
施工

7.3.1　支架现浇法施工

公路工程桥梁支架施工常采用满堂支架(图 7.24)和柱式支架。满堂支架法浇筑预应力混凝土连续箱梁施工工艺流程见图 7.25。

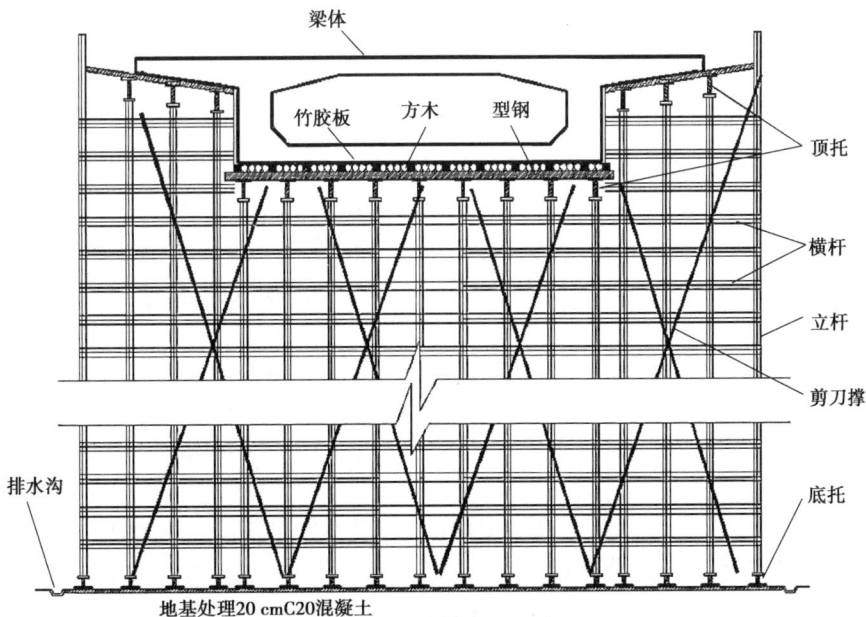

图 7.24　满堂支架构造示意图

1)地基处理

为保证现浇梁体不产生过大的变形,除了保证支架本身的强度、刚度和稳定性外,支架的基础还必须坚实牢靠,并将其沉降控制在容许范围内。

满堂式支架由于其作用面积广,因此常采用碾压夯实、换填稳定土、桩基础或浇筑混凝土层

```
          ┌─────────────┐
          │   地基处理   │
          └──────┬──────┘
          ┌──────┴──────┐        ┌───────────────┐
          │   支架搭设   │◄───────│  支架设计及验算 │
          └──────┬──────┘        └───────────────┘
          ┌──────┴──────┐
          │ 底模、支座安装 │
          └──────┬──────┘
          ┌──────┴──────┐
          │   支架预压   │
          └──────┬──────┘
          ┌──────┴──────┐        ┌───────────────┐
          │ 支架预拱度调整 │        │   原材料进场   │
          └──────┬──────┘        └───────┬───────┘
    ┌────────────┴──────────┐    ┌───────┴───────┐
    │ 底腹板钢筋及钢绞线制作、安装 │◄───│  钢筋及钢筋加工 │
    └────────────┬──────────┘    └───────────────┘
          ┌──────┴──────┐
          │   内模安装   │
          └──────┬──────┘
┌──────────────┐ ┌──────┴──────────────┐ ┌───────────────┐
│   原材料检验   │ │ 顶板钢筋及钢绞线制作、安装 │ │  试块标准养护   │
└──────┬───────┘ └──────┬──────────────┘ └───────┬───────┘
┌──────┴───────┐ ┌──────┴──────┐        ┌───────┴───────┐
│ 混凝土搅拌及运输 │►│   混凝土浇筑   │►───────│   试块制作     │
└──────────────┘ └──────┬──────┘        └───────┬───────┘
          ┌──────┴──────┐        ┌───────┴───────┐
          │   混凝土养护   │        │  试块同条件养护  │
          └──────┬──────┘        └───────┬───────┘
          ┌──────┴──────┐                │
          │  非承重模板拆除 │                │
          └──────┬──────┘                │
          ┌──────┴──────┐        ┌───────┴───────┐
          │ 预应力张拉及压浆 │◄───────│   试块试压     │
          └──────┬──────┘        └───────────────┘
          ┌──────┴──────┐
          │  承重模板拆除  │
          └──────┬──────┘
          ┌──────┴──────┐        ┌───────────────┐
          │   支架拆除   │◄───────│   试块试压     │
          └─────────────┘        └───────────────┘
```

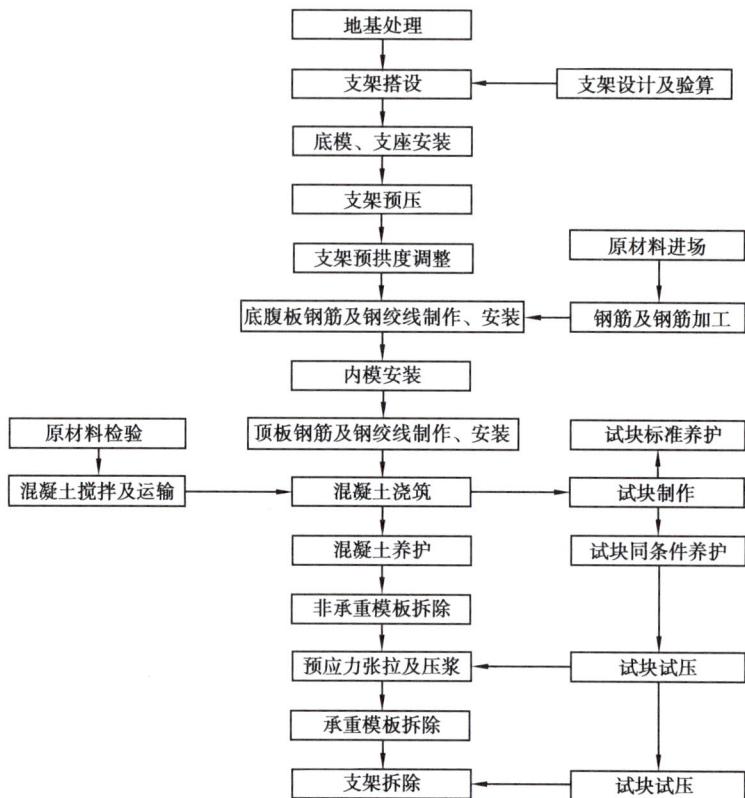

图 7.25　支架现浇施工工艺流程

对地基进行加固处理;正常情况下,常使用推土机配合平地机将支架范围内地基整平,并用 5%白灰处理,用压路机碾压夯实,靠近墩柱 1 m 范围内用人工夯实,压实度不小于 93%。如果存在"弹簧土"现象,原土清除后用灰土换填。为防止下雨浸泡地基而降低地基承载力,在压实的地基上铺设 5 cm 厚砂浆。若地基土层为淤泥和淤泥质土,不宜直接作为支架地基持力层,应在其上覆盖较好土层作为持力层,并采取避免对淤泥和淤泥质土扰动的措施。一般采用对地基进行 3 m 换填的办法,保证覆盖层的厚度满足地基持力结构要求。地基硬化处理后,加强基础范围内的排水工作,在两侧开挖排水沟,设流水槽,防止施工场内积水,以免造成地基不均匀沉降,影响支架稳定性。

梁式或梁柱式支架因其荷载较集中,可设置桩基础、混凝土扩大基础或直接支撑在墩台身或永久性基础上。

2) 支架搭设

地基处理达到要求后,首先测出支架地面高程,根据桥梁净空高度确定各单元块支架所需整平碾压处理的地基高程,按设计的支架平面位置进行立杆位置放样。横桥向设置 10 cm×20 cm 方木,以增加立杆与地基的接触面并保证受力均匀。

杆件安装时,立杆垂直度要求小于 0.2%,以避免偏心受压;横杆水平度要求小于 3%,同时检查锁定是否可靠。支架搭设好后,顶面采用调节范围不小于 45 cm 的可调节顶托作为支撑,顺桥向设左、中、右 3 个控制点,精确调出顶托高程,然后用明显的标记标明顶托伸出量,以便校验。最后再用拉线内插方法,依次调出每个顶托的高程。

顶托高程调整完毕后,在其上按设计间距安放纵横梁。横梁长度随桥梁宽度而定,比顶板一边各宽出至少 50 cm,以支撑外模支架及供检查人员行走。安装纵横梁时,应注意横梁接头与纵梁接头错开,且在任何相邻两根横梁接头不在同一平面上。用底模高程(设计梁底高程+支架变形+前期施工误差调整量)来控制底模立模。

为增强支架体系的整体稳定性,顺桥向和横桥向按要求设置剪刀撑。

3)支架预压和卸载

(1)预压目的

①验证现浇段支架安全性,消除支架、地基的非弹性变形。

②准确测量现浇施工中支架变形对梁板立模高程的影响值,以便为立模的预抬值提供依据。

(2)预压准备

①每阶段梁板预压前,对预压荷载及其分布情况进行详细计算,预压重力为底、腹板箱梁自重的 1~1.3 倍,并绘制出荷载分布平面图,以保证预压可准确模拟箱梁现浇时的支架受力状态。

②准备好预压设备、材料。

(3)预压方法

①砂袋:用编织袋装砂,一般不超过袋子体积的 2/3,以便码放。砂袋逐袋称重。

②水箱(袋):预压液袋、水囊、水袋采用高密度聚乙烯制成,可折叠,将其充满水。桥梁预压水袋一般可重叠压两个,能满足桥梁预压的吨位。

③混凝土预制块:干码混凝土预制块密度按 2.4 t/m³ 计算,由此计算所需预制块堆码的高度。

④加载及支架沉降观测:加载时按照计算预压总荷载的 20%、40%、60%、80%、100%、120%分级进行。中间每级加载完成后,对支架进行一次观测,最后一级加载完成后要进行 24 h 跟踪观测。每次观测都要根据观测记录计算支架在两次观测时间之间的沉降情况。

沉降观测包括地基沉降观测和杆件压缩沉降观测。测设时分别在地基、杆件顶端沿梁纵向每隔 3.0 m 设置一测点,横向设左、中、右 3 个测点,在预压前先将测点标出,并记录好高程,作为沉降观测的基准。具体观测方法为:用水准仪每隔 2 h 测一次地面各测点高程,并算出地面沉降量,此沉降量为不可恢复沉降,在计算支架的弹性变形时应减除。

同样,用水准仪每隔 2 h 观测一次支架各检测点高程,计算出支架沉降量并用此沉降量减去地面沉降量,作为支架的弹性变形量。立模时,应将支架的弹性变形量计入模板顶高程内。预压过程中,根据加载重力和压载时间进行观测、记录并分析。分析出地基沉降量与杆件弹性压缩量,作为立模板的有效数据。

⑤卸载顺序及时间。预压持载时间根据支架观测情况确定,若沉降量或支架变形没有趋于平缓,则适当延长预压时间,直至支架变形及沉降均满足规范要求(连续两天沉降量小于5 mm)即可卸载。卸载按预压总荷载的 20%、40%、60%、80%、100%、120%逐级卸载,每级卸载完成都要对支架进行观测,计算支架的弹性变形情况。

⑥观测成果的整理。预压完成后的支架变形观测成果进行整理,计算出支架、地基、底模板在每级加卸载后的弹性变形及非弹性变形,作为设置施工预拱度调整计算的依据。

⑦预压过程中的注意事项:

a.砂袋称量要准确,设专人控制、指挥加载的数量和部位。加载过程中设专人对支架、地基进行观察,发现异常情况(如较明显沉降、支架明显变形)时,要立即停止加载并及时通知相关技术人员,调查原因并采取相应的措施后可方继续加载。加载前,测量员要为施工人员指明各测量标志的位置。加载过程中注意保护不得碰动,一旦碰动要及时通知测量员。

b.预压完成后要根据预压的观测数据对施工预拱度的设置进行调整计算。因预压已基本消除支架、地基的非弹性形变,调整时主要考虑观测所得支架、地基的弹性变形,按二次抛物线法重新计算各放样点的预拱度值。

调整后,$\delta = \delta_1 + \delta_5 +$ 支架预压观测所得弹性形变量。其中,δ_1 为支架卸载后由上部构造自重及活载一半产生的竖向挠度,δ_5 为由混凝土收缩、温差变化引起的挠度。

c.底模板已在预压以前安装完成,根据调整后的施工预拱度重新计算底模板各点的高程,并对底模板的高程、坐标进行复测,调整消除预压引起的底模板变化,使之符合重新调整计算后的高程,要求与计算值偏差小于 5 mm。

4)模板制作、安装

(1)底模板

底模板采用 18 mm 以上的高强度木胶板或 15 mm 以上的竹胶合板,安装前进行全面的涂刷脱模剂。底板横坡按设计图纸规定的 2% 横坡,横向宽度要大于梁底宽度,梁底两侧模板要各超出梁底边线不小于 5 cm,以便于在底模上支立侧模。模板之间连接部位采用海绵胶条以防漏浆,模板之间的错台不超过 1 mm。模板拼接缝要纵横成线,避免出现错缝现象。

底模板铺设完毕后进行平面放样,全面测量底板纵横向高程,纵横向间隔 5 m 检测一点根据测量结果将底模板调整到设计高程。底板高程调整完毕后,再次检测高程,若高程不符合要求则进行二次调整。

在箱梁底板铺设的同时应安装桥梁支座。支座安装前,应对支座垫石的强度、高程、表面平整度进行全面检查,按照设计尺寸在垫石上画出十字线,将支座垫石清理干净,将画有十字线的支座准确地安放在支座垫石上,要求支座中心线同支座垫石中心线重合。如果支座垫石高于设计高程,应使用砂轮机进行打磨,直到符合设计要求;如果支座垫石低于设计高程,则要使用大于支座周边 2 cm 的钢板铺垫在支座下,并用环氧树脂粘贴。

(2)侧模板和翼缘板模板

侧模板和翼缘板模板采用 15 mm 以上的高强度竹胶板。根据测量放样定出箱梁底板边缘线,在底模板上弹墨线,然后安装侧模板。侧模板与底模板接缝处粘贴海绵胶条防止漏浆。在侧模板外侧背设纵横方木背肋,用钢管及扣件与支架连接,用以支撑固定侧模板。翼缘板底模板安装与箱梁底模板安装相同,外侧挡板安装与侧模板安装相同。挡板模板安装完毕后,全面检测高程和线形,确保翼缘板线形美观。

(3)箱室模板

如果箱梁混凝土分两次浇筑,箱室模板分两次安装。第一次用钢模板做内模板,用方木做横撑,同时用定位筋进行定位固定,并拉通线校正钢模板的位置和整体线形。当第一次混凝土达到一定强度后拆除内模,再用方木搭设小排架,在排架上铺设 2 cm 厚木板,然后在木板上铺一层油毛毡。油毛毡接头相互搭接 5 cm,用一排铁钉钉牢,防止漏浆。浇筑混凝土过程中派专人检查内模的位置变化情况。为方便内模拆除,在每孔的设计位置布设人孔。

如果采用一次性浇筑施工,内模和侧模采用方木或钢管做立杆,并设置两道横向顶丝钢管支撑。面板采用 15 mm 木胶合板,用钢管作为支架。每个箱室顶板设置 1 m×1 m 施工天窗,待施工结束取出内模,最后焊接天窗处的钢筋,用微膨胀混凝土封顶。

5) 钢筋加工、安装

钢筋加工时应按照设计要求尺寸进行下料、成型,钢筋安装时控制好间距、位置及数量。要求绑扎的要绑扎牢固,要求焊接的钢筋,可事先焊接的应提前成批次焊接,以提高工效。焊缝长度、饱满度等方面应满足规范要求。钢筋加工及安装应注意以下事项:

①钢筋在场内必须按不同钢种、等级、规格、牌号及生产厂家分别挂牌堆放。钢筋存放采用下垫上盖的方式,避免钢筋受潮生锈。

②钢筋在加工场内集中制作,运至现场安装。

③混凝土保护层厚度要符合设计要求。

④钢筋安装过程中,及时对设计的预留孔道及预埋件进行设置。设置位置要正确、固定要牢固。

⑤钢筋骨架焊接采用分层跳焊法,即从骨架中心向两端对称、错开焊接,先焊骨架下部,后焊骨架上部。钢筋焊接要调整好电焊机的电流量,防止电流量过大或操作不当造成咬筋现象。钢筋焊接优先采用双面焊,双面焊不具备施工条件时,采用单面焊接。钢筋焊接完毕后,将焊渣全部敲掉。

⑥钢筋安装位置与预应力管道或锚件位置发生冲突时,应适当调整钢筋位置,确保预应力构件位置符合设计要求。焊接钢筋时应避免钢绞线和金属波纹管道被电焊烧伤,防止造成张拉断裂和管道被混凝土堵塞而无法进行压浆。

钢筋加工安装完毕,经自检合格报请监理工程师抽检合格后,方可进行下一道工序施工。

6) 混凝土浇筑

①混凝土浇筑前,用人工及吹风机将模板内杂物清除干净,对支架、模板、钢筋和预埋件进行全面检查,同时对吊车、拌和站、罐车、发电机和振捣棒等机械设备进行检查,确保万无一失。

②混凝土浇筑应沿中心线,先中心、后两侧对称浇筑。混凝土分层厚度为 30 cm,浇筑过程中,随时检查混凝土的坍落度。

③混凝土振捣采用插入式振捣棒,移动间距不应超过振捣棒作用半径的 1.5 倍,作用半径约为振捣棒半径的 8~9 倍。

④振捣棒振捣时与侧模保持 5~10 cm 的距离,避免振捣棒接触模板和预应力管道等。振捣上层混凝土时,振捣棒要插入下层混凝土 10 cm 左右。对每一振动部位振捣至混凝土停止下沉,不再冒气泡,表面平坦、泛浆为止,避免漏振或过振,每一处振完后应徐徐提出振捣棒。

⑤混凝土浇筑过程中,安排专人跟踪检查支架和模板的情况,模板若出现漏浆现象,要用海绵条进行填塞。浇筑混凝土前,在 1/2、1/4 截面位置的底模板下挂垂线,每截面分左边、左中、中线、右中、右边设 5 道垂线。垂线下系钢筋棍,在地面对应位置埋设钢筋棍,在两根钢筋棍交错位置画上标记线,以此来观测混凝土浇筑过程中底板沉降情况;若发生异常情况立即停止浇筑混凝土,查明原因后再继续施工。

⑥箱梁浇筑可以分两次进行,也可以一次浇筑完成。箱梁混凝土分两次浇筑时,第一次浇筑底板和腹板,浇筑至肋板顶部;第二次浇筑顶板和翼板,两次浇筑接缝按施工缝处理。混凝土

高度略高出设计腹板顶部 1 cm 左右,将顶面的水泥浆和松散混凝土凿除,露出坚硬的混凝土粗糙面,用水冲洗干净。

⑦第二次浇筑箱梁顶板混凝土时,在 1/2、1/4、墩顶等断面处,从内侧向外侧间距 5 m 布设钢筋棍,将钢筋棍焊在顶层钢筋上,使顶端高程为顶板高程,以此控制顶板混凝土浇筑高程及横坡。混凝土经振实整平后进行真空吸水。真空吸水时间为 10~15 min,以剩余水灰比检验真空吸水效果。真空吸水机开机后真空度逐渐增加,当达到要求的真空度(500~600 mm 汞柱)开始正常出水后,真空度要保持均匀。结束吸水工作前,真空度逐渐减弱,防止在混凝土内部留下出水通路,影响混凝土密实度。

真空吸水完毕后,用提浆辊滚压,使其表面出浆,便于抹面。提浆辊滚压后,紧跟着人工抹面。抹面时要架设木板,不得踩混凝土面,以免影响平整度。待抹面后约半小时,采用抹光机再次进行抹面整平,最后再人工进行收浆抹面。

混凝土收浆抹面后进行人工拉毛,采用钢丝刷横桥向拉毛,深度控制在 1~2 mm。要掌握好拉毛时间,早了带浆严重,影响平整度,晚了则拉毛深度不够;一般凭经验掌握,在混凝土表面用手指压时有轻微硬感时拉毛为宜,分两次抹面。第一次抹面对混凝土进行找平,在混凝土接近终凝、表面无泌水时,进行二次抹面收光,然后横桥向进行拉毛处理。

⑧浇筑箱梁顶板预留孔混凝土前,应清除箱内杂物,避免堵塞底板排水孔。主梁顶面预留孔四壁凿毛,填筑预留孔混凝土要振捣密实。

⑨混凝土养生采用土工布覆盖洒水养生,保证混凝土表面始终处于湿润状态。养生时间不少于 7 d。用于控制张拉、落架的混凝土强度试块放置在箱梁室内,同条件进行养生。养生期内,桥面严禁堆放材料。

7) 拆除模板和落架

模板、支架的拆除期限和拆除程序等应严格按施工图设计的要求进行。设计未要求时,应据结构物特点、模板部位和混凝土所应达到的强度要求决定。

①非承重侧模板应在混凝土抗压强度达到 2.5 MPa,且能保证其表面及棱角不致因拆模受损坏时方可拆除。

②芯模和预留孔道的内模,应在混凝土强度能保证其表面不发生塌陷或裂缝现象时方可拆除。

③钢筋混凝土结构的承重模板、支架,应在混凝土强度能承受其自重荷载及其他可能的叠加荷载时方可拆除。

④对预应力混凝土结构,其侧模应在预应力钢束张拉前拆除;底模及支架应在结构建立应力后方可拆除。

⑤模板、支架的拆除应遵循后支先拆、先支后拆的原则顺序进行。墩、台模板宜在其上部结构施工前拆除。

⑥拆除梁、板等结构承重模板时,在横向应同时、在纵向应对称均衡卸落。简支梁、连续梁结构模板宜从跨中向支座方向依次循环卸落;悬臂梁结构模板宜从悬臂端开始顺序卸落。

⑦低温、干燥或大风环境下拆除模板时,应采取必要的措施,防止混凝土表面产生裂缝。

⑧拆除模板、支架时,不得损伤混凝土结构。

7.3.2　悬臂现浇法施工

悬臂浇筑施工法又称悬臂挂篮施工法,是指采用移动式挂篮为主要施工设备,以桥墩为中心,两侧对称逐段利用挂篮浇筑混凝土,待混凝土达到一定强度后张拉预应力筋,再移动挂篮并进行下一节梁段的施工,一直推进到悬臂端为止。其主要特点是:

①悬臂施工法比满堂固定脚手架施工法具有更大的桥下净空。

②施工时不受季节、河流水位的影响,不影响桥下通航。

③减少了大量施工支架和施工设备,简化了施工程序,高度机械化,能循环重复作业。

悬臂浇筑施工法广泛应用于大跨径预应力混凝土连续梁桥施工。特别是对于桥址位于深山峡谷之中,不便使用支架法的桥梁;或位于江河之上,水流湍急,需通航或有流冰、流木的桥梁;施工要求不能影响桥下交通的立交桥(图 7.26)。

图 7.26　悬臂现浇法施工

悬臂浇筑施工时,梁体一般分为 4 部分浇筑(图 7.27)。

施工主要程序见图 7.28。

主梁各部分的长度视主梁形式和跨径、挂篮的形式及施工周期而定。0 号块长度一般为 5~10 m,悬臂浇筑节段长度一般为 2~6 m,支架现浇段长度一般为 2~3 个悬臂浇筑节段长,合龙段长度一般为 2 m。

①在墩顶托架或支架上浇筑 0 号块并实施墩梁临时固结系统。

②在 0 号块上安装悬臂挂篮,向两侧依次对称地分段浇筑主梁至合龙段。

③在临时支架或梁端与边墩间临时托架上支模板浇筑边跨现浇梁段。当边跨现浇梁段较短时,可利用挂篮浇筑;当与现浇相接的连接桥是采用顶推施工时,可将现浇梁段锚固在顶推梁前端施工,并顶推到位。此法不需要支撑,省料省工。

④主梁合龙段可在改装的简支挂篮托架上浇筑。多跨合龙段浇筑顺序按设计或施工要求进行。设计无要求时,按照先边跨、后次边跨、最后中跨的顺序进行合龙。

其总体施工的工序流程为:0 号块支架搭设→0 号支架预压检验→0 号块混凝土浇筑施工(墩梁临时锚固)→在 0 号块上拼装挂篮→挂篮预压→挂篮悬臂浇筑节段→边跨现浇段施工→边跨合龙段施工→中跨合龙段施工→体系转换。

施工关键技术	平衡堆载 合龙吊架 预应力张拉 体系转换					平衡堆载 合龙吊架 预应力张拉 体系转换	
	支架现浇	挂篮行走+预应力张拉	托架支架现浇 预应力张拉 墩梁固结	挂篮行走+预应力张拉		挂篮行走+预应力张拉	支架现浇
施工工期	30~60天	7~10天/节段 （低温季节适当延长）	30~60天	7~10天/节段 （低温季节适当延长）		7~10天/节段 （低温季节适当延长）	30~60天
	15~30天			15~30天		15~30天	

边跨现浇节段 0号块两侧对称悬臂浇筑节段 墩顶0号块 0号块两侧对称悬臂浇筑节段 墩顶0号块 0号块两侧对称悬臂浇筑节段 边跨现浇节段

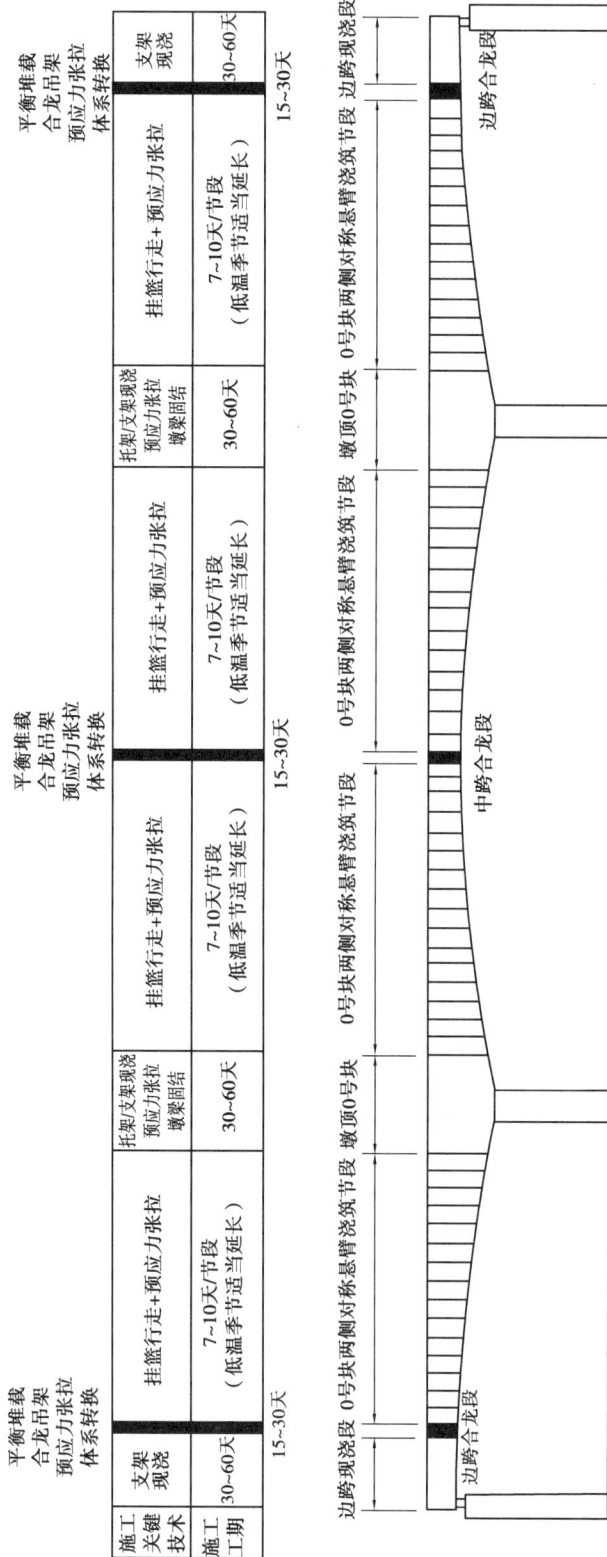

图7.27 悬臂浇筑施工分布图

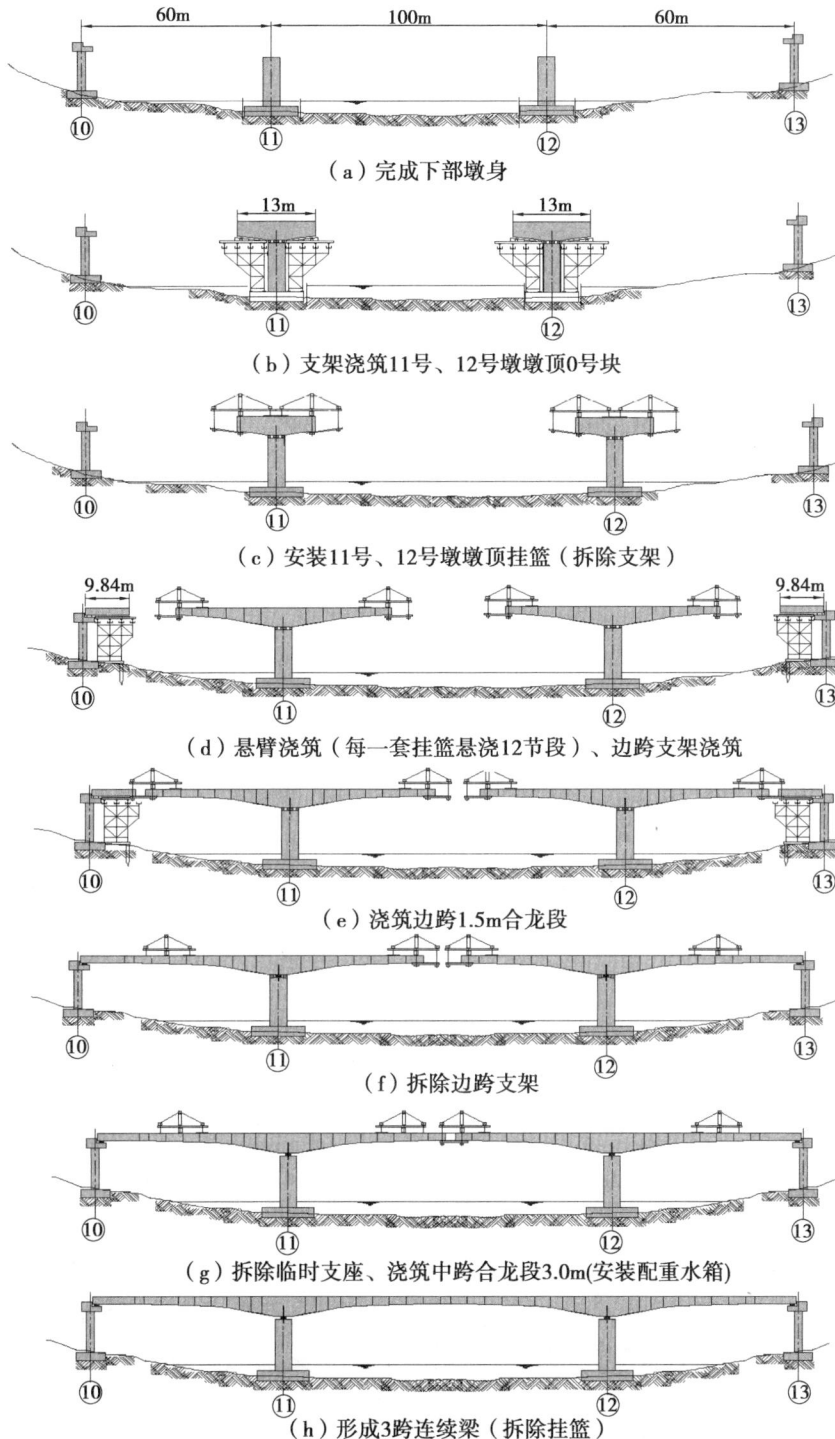

（a）完成下部墩身

（b）支架浇筑11号、12号墩墩顶0号块

（c）安装11号、12号墩墩顶挂篮（拆除支架）

（d）悬臂浇筑（每一套挂篮悬浇12节段）、边跨支架浇筑

（e）浇筑边跨1.5m合龙段

（f）拆除边跨支架

（g）拆除临时支座、浇筑中跨合龙段3.0m(安装配重水箱)

（h）形成3跨连续梁（拆除挂篮）

图 7.28　悬臂浇筑连续梁施工程序图

1)0 号块施工

0 号块即墩顶梁段,是为后续悬臂节段的施工提供安全、稳定的支撑,因此 0 号块是悬臂浇筑施工的首要关键工作。同时,0 号块结构尺寸较大、构造复杂、质量大,预埋件、钢筋、各向预应力钢束及其孔道、锚具密集交错,梁顶面有纵横坡度,端面与待浇段密切相连,给施工带来了巨大的挑战,必须高度重视 0 号块的施工质量及安全。

墩顶 0 号块施工根据承台形式、墩身高度和地形情况,通常可选择落地支架和墩旁托架 2 种施工方法(图 7.29、图 7.30)。当墩身高度较低,周围地形平坦且地基承载力满足要求时,可采用落地支架施工;当墩身较高,周围地形陡峻或无条件搭设满堂支架时宜选择墩旁托架,托架可分别支承在承台、墩身或地面上,托架可采用型钢、万能杆件、贝雷桁架及六四军用桁架等组成,也可采用钢筋混凝土构件作临时支撑。

图 7.29　墩顶 0 号块施工

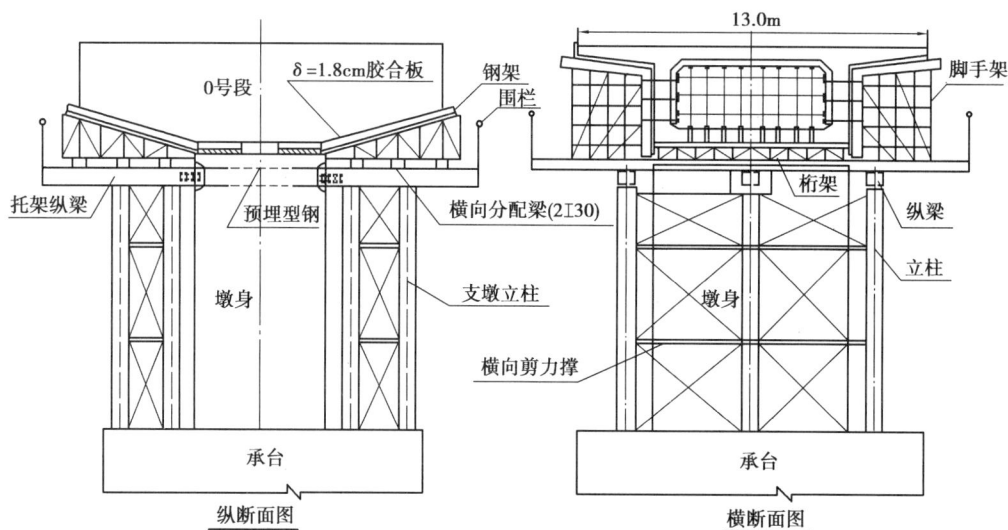

图 7.30　落地支架浇筑墩顶 0 号块构造图

支架(托架)的顶面尺寸,视拼装挂篮的需要和拟浇梁段长度而定,横桥向宽度一般应比箱梁底板宽出 1.5～2.0 m,以便设立箱梁边肋外侧模板。支架(托架)顶面(或增设垫梁)应与箱梁底面纵向线形的变化一致。支架(托架)可在现场整体拼装,亦可分部在邻近场地或船上拼装再运吊就位整体组装。

0 号块施工工艺流程见图 7.31。

(1)地基处理

采用满布支架进行 0 号块施工时,需对原地面进行整平及碾压处理。地基沉降过大或承载力不能满足要求时,可采用换填、设置桩基或采取其他有效的地基加固措施进行处理。

(2)支架(托架)搭设

按照设计图纸及施工技术规范的要求搭设支架,其要求参见模块 5 第 5.2.1 节。

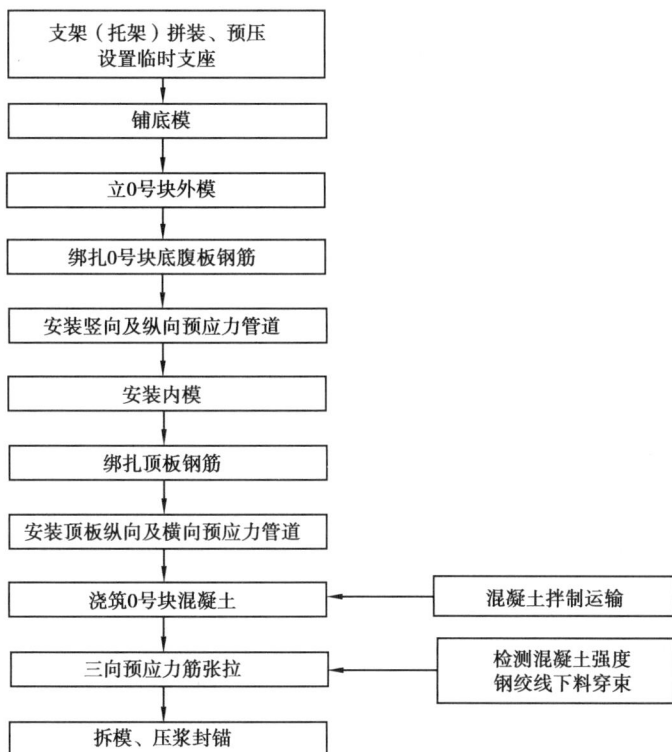

图 7.31　墩顶 0 号块施工工艺流程图

（3）支架（托架）预压

支架（托架）安装完成后，应进行预压，预压以节段质量的 120%～130% 进行压重，以检验支架的刚度、强度、稳定性并消除支架的塑性变形，取得支架弹性变形关系。支架（托架）预压可采用砂袋、预制混凝土块及成捆的钢材等进行预压（图 7.32）。

预压时，按照预压施工荷载的 20%、40%、60%、80%、100%、120% 逐级加载预压时，加载持续时间在 30 min。每次监控量测安排于加载间隔时间的最后 10 min 完成。加载完成后连续测量至变形稳定，测量间隔时间为 2 h。支架的稳定标准为连续观测 24 h 单次变形量小于 2 mm。

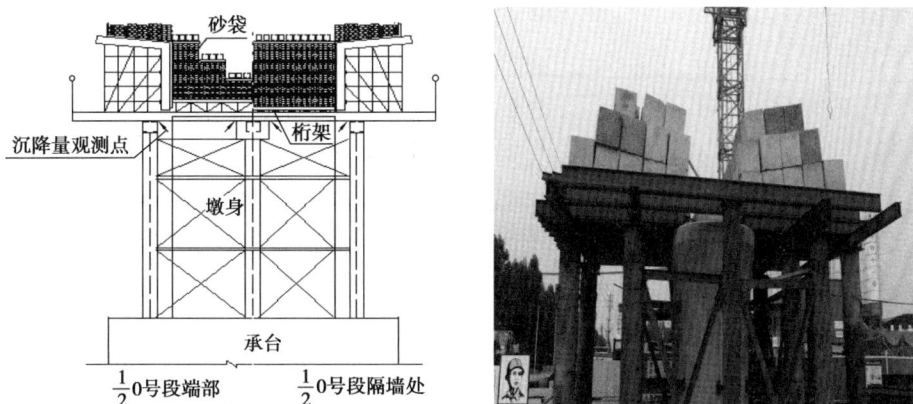

图 7.32　墩顶 0 号块支架预压

（4）支架（托架）高程调整

根据预压监控成果，及时调整支架（托架）顶面高程，以保证 0 号块成品的位置符合设计。

0 号块底模铺设根据支架纵横梁布置以及底模架设计施工,最后放置好底模下纵梁和底模板,然后在底模纵梁下放置螺旋千斤顶,按要求设置预拱度,调整底模板标高,以限位钢楔块作为调整工具,然后加固。

(5)墩梁临时锚固及临时支座设置

大跨径预应力混凝土桥梁采用悬臂施工法施工,如结构采用 T 形刚构,因墩身与梁本身采用刚性连接,所以不存在梁墩临时固结问题。悬臂梁桥及连续梁桥采用悬臂施工法,为保证施工过程中结构稳定可靠,使 0 号块梁段能承受两侧悬臂施工时产生的不平衡力矩,必须采取 0 号块梁段与桥墩临时固结或支承措施(图 7.33)。临时支座的作用是在施工阶段临时固结墩、梁,承受施工时由墩两侧传来的悬浇梁段荷载,在梁体合龙后便于拆除和体系转换。

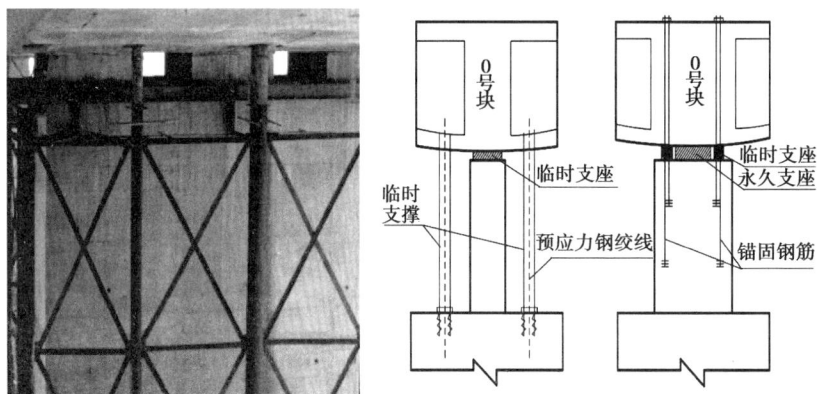

图 7.33 墩顶临时锚固原理

目前,常采用在墩帽(身)埋设 φ32 精轧螺纹钢筋,精轧螺纹钢筋下端部与锚板固结,顶部穿过临时支座垫块混凝土,再通过预留孔道穿过 0 号块底板接长引入 0 号块顶部,之后进行张拉固结(0 号块施工时底板与顶板预留孔道,在 0 号块顶部预埋设锚具)(图 7.34)。在墩帽施工后 0 号块底模安装前,浇筑临时支座垫块混凝土。

位于临时支座垫块底面的墩顶面及垫块顶面,必须刮浆抹平。浇筑垫块混凝土和 0 号块时,先在墩顶面及垫块顶面涂抹隔离剂,以便于拆除临时支座。垫块的顶底面不得夹有杂物,以保证接触面平整。

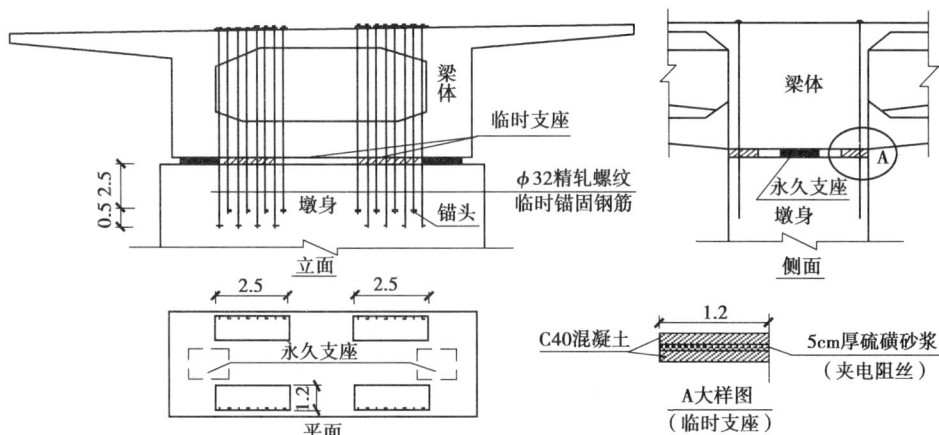

图 7.34 墩顶 0 号块临时锚固结构示意(单位:m)

（6）0 号块模板

0 号块底模及内模通常采用木模板，外模可采用挂篮外模板。底模、内模支撑必须牢固，决不能因支撑不均匀变形而造成梁体开裂。

外模采用挂篮外模时，将侧模用吊车吊至墩顶，支撑在支架上，并用倒链将侧模临时固定在墩身两侧；用千斤顶调整模板标高、垂直度、位置，最后固定牢靠。

（7）绑扎底板、腹板、横隔板钢筋

调整侧模的同时，快速绑扎好底板、横隔板、腹板钢筋，同时上好堵头木模板；在横隔板中间墩顶加立粗钢筋支撑横隔板内模。

底板钢筋与腹板钢筋的连接应牢固，应采用焊接；底板上、下两层的钢筋网应采用两端带弯钩的竖向筋进行连接，使之形成整体；顶板底层的横向钢筋宜采用通长钢筋。

钢筋与预应力管道相互影响时，钢筋仅可移动，不得切断。若挂篮的下限位器、下锚带、斜拉杆等部位影响下一步操作必须切断钢筋时，应在该工序完成后，将切断的钢筋连接好再补孔。

（8）预应力管道设置

为确保预应力筋布置、穿管、张拉、灌浆的施工质量，必须确保预应力管道的设置质量，一般采用预埋金属管、金属波纹管、塑料波纹管或橡胶抽拔管。

预应力管道定位必须采用定位钢筋按照设计位置及线形布设。

（9）浇筑 0 号块混凝土

墩顶梁段宜全断面一次浇筑完成。当梁段过高一次浇筑完成难以保证质量时，可沿高度方向分两次浇筑，但宜将两次浇筑混凝土的龄期控制在 7 d 以内。梁体内各种管道钢筋稠密，给捣固带来困难。振捣采用插入式振捣棒为主，附着式震动器为辅。

浇筑过程中，应采取分部、分层对称浇筑，并保证两端均衡施工，浇筑时采取从两端开始向墩顶进行。对预应力管道端部锚垫板部位，应加强振捣，避免因漏振导致的强度不足，后期张拉时锚垫板附近开裂。

（10）混凝土养护

混凝土初凝后，顶面覆盖土工布保湿，严格按施工规范浇水养护混凝土。

（11）张拉压浆

待混凝土达到设计要求的强度和弹性模量时，设计无要求时，不小于混凝土强度的 75% 时方可进行张拉作业。张拉时，先张拉腹板束，后张拉顶板束，先外后内对称张拉。

2）悬臂节段施工

（1）施工挂篮

挂篮是悬臂浇筑施工的主要机具，是一个能沿着轨道行走的活动脚手架。挂篮的主要功能有支承梁段模板，调整正确位置，吊运材料、机具，浇筑混凝土和在挂篮上张拉预应力筋。

挂篮悬挂在已经张拉锚固的箱梁梁段上，悬臂浇筑时箱梁梁段的模板安装、钢筋绑扎、管道安装、混凝土浇筑、预应力张拉、压浆等工作均在挂篮上进行。当一个梁段的施工程序完成后，挂篮解除后锚，移向下一梁段施工。所以，挂篮既是施工梁段的作业平台，又是预应力筋束张拉前梁段的承重结构。

①挂篮分类及选择。桁架式挂篮按其构成部件的不同，可分为万能杆件挂篮、贝雷梁（或装配式公路钢桁架组合式）挂篮、型钢组合桁架组合式等。按桁架构成形状的不同，又可分为

平行桁架式、平弦无平衡重式、弓弦式、菱形和三角形等。

随着施工技术的不断改进,挂篮已由过去的压重平衡式发展成现在通用的自锚平衡式,其中菱形桁架式挂篮(图7.35)和三角斜拉式挂篮(图7.36)两类,因其施工安全、质量高、成本较低、工期较短、操作简便、成型快及设备利用率高、结构完善、施工灵活和适用性强,已经成为在公路桥梁施工中的首选形式。

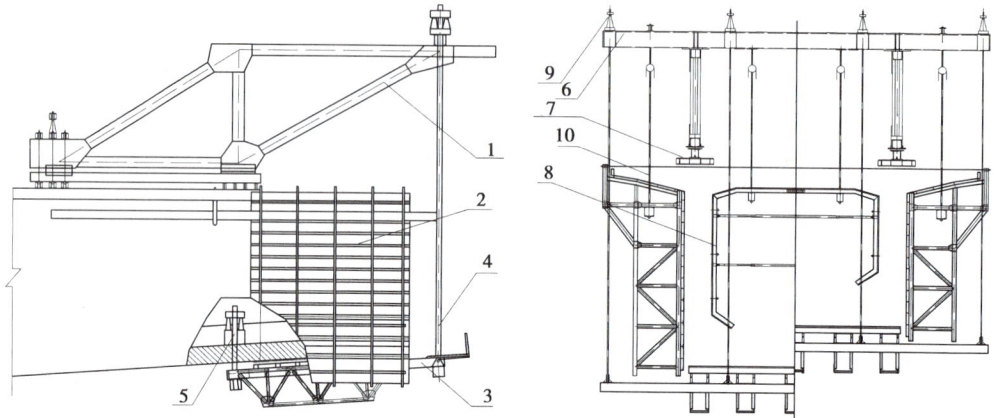

图 7.35　菱形桁架式挂篮结构示意图

1—主构架;2—外侧模;3—底模架;4—前吊装置;5—后吊装置;6—前上横梁;
7—走行及锚固系统;8—内模;9—千斤顶;10—导链

菱形桁架式挂篮主要由菱形桁架、提吊系统、走行及后锚系统、模板系统和张拉操作平台等6个部分组成。

三角斜拉式挂篮也称为轻型挂篮。随着桥梁跨径越来越大,为了减轻挂篮自重,以达到减少施工节段增加的临时钢丝束,在桁架式挂篮的基础上研制了三角斜拉式挂篮。其构造系统与菱形桁架式挂篮类型,图7.36所示为三角斜拉式挂篮装置的一般构造。

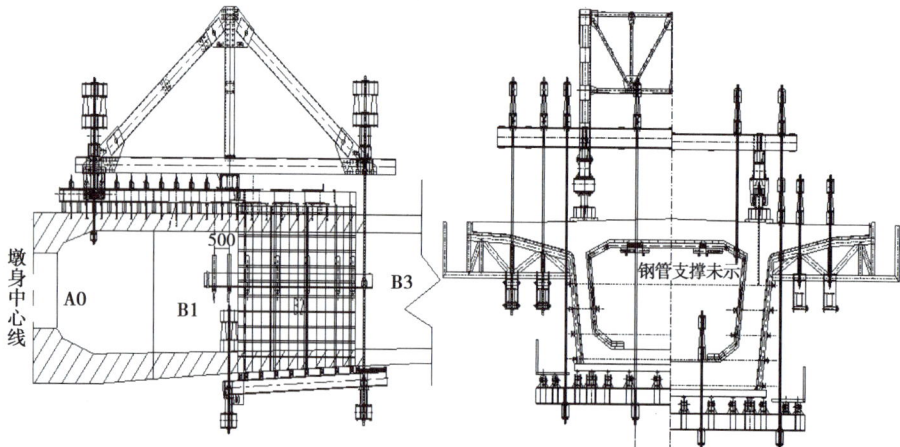

图 7.36　三角斜拉式挂篮结构示意图

②挂篮设计。挂篮的合理设计是保证施工质量、加快施工进度的重要因素。在设计中要求挂篮的质量小、结构简单、受力明确、运行方便、坚固稳定、变形小、装拆方便,并尽量利用当地现有构件。

a.设计时首先需确定悬浇的分段长度。分段长、节段数量少、挂篮周转次数少、施工速度加快,但结构庞大,需要的施工设备相应增多;分段短,节段多,挂篮周转次数多,施工速度较慢,但结构较轻,相应的施工设备较少。因此,悬浇长度应根据施工条件权衡利弊综合考虑确定。

b.设计时,应考虑各项实际可能发生的荷载情况,进行最不利荷载组合。设计荷载有挂篮自重、模板支架自重(包括侧模、内模、底模和端模等)、振捣器自重和振动力、千斤顶和液压泵及其他有关设备自重、施工人群荷载、最大节段混凝土自重等。

c.挂篮横断面布置一般取决于桥梁宽度和箱梁横断面形式。当桥梁横断面为单箱时,全断面用 2 支挂篮施工;当桥梁横断面为双箱时,一般采用 3 个挂篮施工。

d.验算挂篮的抗倾覆稳定性能,确定结构整体的图式和尺寸以及后锚点的锚力等。

③挂篮的安装:

a.挂篮组拼后,应全面检查安装质量,并做载重试验,以测定其各部位的变形量,并设法消除永久变形。

b.在起步长度内,梁段浇筑完成并获得要求的强度后,在墩顶拼装挂篮。有条件时,应在地面上先进行试拼装,以便在墩顶熟练有序地开展拼装挂篮工作。拼装时应对称进行。

c.挂篮的操作平台下应设置安全网,防止物体坠落,以确保施工安全。挂篮应全封闭,四周设围护,上下应有专用扶梯,方便施工人员上下挂篮。

d.挂篮行走时,须在挂篮尾部压平衡重,以防倾覆。浇筑混凝土梁段时,必须在挂篮尾部将挂篮与梁进行锚固。

挂篮运至工地后,应在试拼台上试拼,以发现由于制作不精良及运输中变形造成的问题,保证正式安装时的顺利及工程进度。挂篮组拼后,应全面检查安装质量,并做载重试验,以测定其各部位的变形量,并设法消除其永久变形。

挂篮操作应注意在 0 号块上安装梁顶滑道,然后安装支座及三角形组合梁,并将其梁尾部相连并锚固,配置压重,吊挂相应吊带(杆);将底模平台及侧模支架作为整体起吊,与相应吊点相联结,后下横梁则用吊杆支撑在箱梁底板上;从 2 号块开始,两挂篮分开作业,其尾部各安装接长梁,并将主梁后端锚固在箱梁顶面;挂篮锚固应有专人负责,以保证挂篮在每次变形时规律一致。

④挂篮预压。为了确保悬臂现浇施工安全,通常对挂篮进行预压试验。挂篮预压的目的主要是:

a.检验挂篮的承载能力和挠度值。

b.通过模拟挂篮在悬臂施工时的加载过程来分析结构的弹性变形,消除其非弹性变形。

c.通过其规律来指导挂篮施工中模板的预拱度值及其混凝土分层浇筑顺序。

挂篮试压通常实物堆载(砂袋、混凝土块、钢材等)、反支点张拉法及千斤顶对拉加载 3 种。

a.实物堆载法。采用砂袋、混凝土块、水箱或钢材等实物(图 7.37),按照挂篮实际承受的最大荷载的 1.2~1.5 倍进行堆载,其预压过程及要求与满堂支架预压相同。此方法施工简单、技术条件成熟,但其需要大批量的实物材料及起重吊装设备,加载及卸载施工周期较长、成本高,模拟实际混凝土荷载效果不理想且安全性较差。

b.反支点张拉法。反支点张拉法就是在承台施工时预埋钢绞线,待挂篮拼装就位后,将承台预埋钢绞线接长固定于挂篮的底模纵向分配梁和侧模分配梁上,然后通过千斤顶对钢绞线进行张拉加载,对挂篮施加反力,使其所受反力等于预压荷载,从而达到预拉目的(图 7.38)。此法施工设

图 7.37　挂篮堆载预压

图 7.38　反支点张拉法

备少、无须起重吊装设备,操作方便,能够真实地模拟挂篮的实际受载情况,且节约工期。

c.千斤顶对拉法。千斤顶对拉法又称试验台加压法,是在试验台上将两台拼装好的挂篮两后支点对拼起来,对应的前鼻梁穿入钢绞线,通过锚具将钢绞线锚固在其中一个挂篮的鼻梁上,另一端作为张拉端通过另一挂篮的鼻梁。使用油压千斤顶对挂篮分级加载预压。试验台可利用桥台或承台和在岸边梁中预埋的拉力筋锚住主桁梁后端,前端按最大荷载计算值施力,并记录千斤顶逐级加压变化情况,测出挂篮弹性变形和非弹性变形参数,用作控制悬浇高程的依据(图 7.39)。

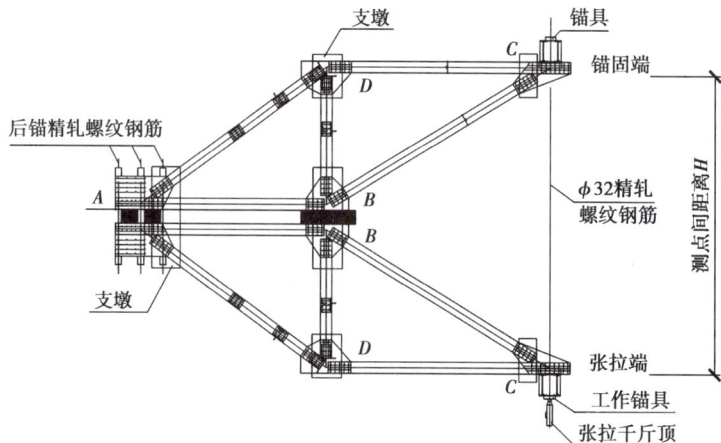

图 7.39　千斤顶对拉法

（2）悬臂节段施工

挂篮安装且预压完成后,即可按照悬臂节段施工要求进行悬臂节段的施工,悬臂节段的施工主要工艺流程见图 7.40。

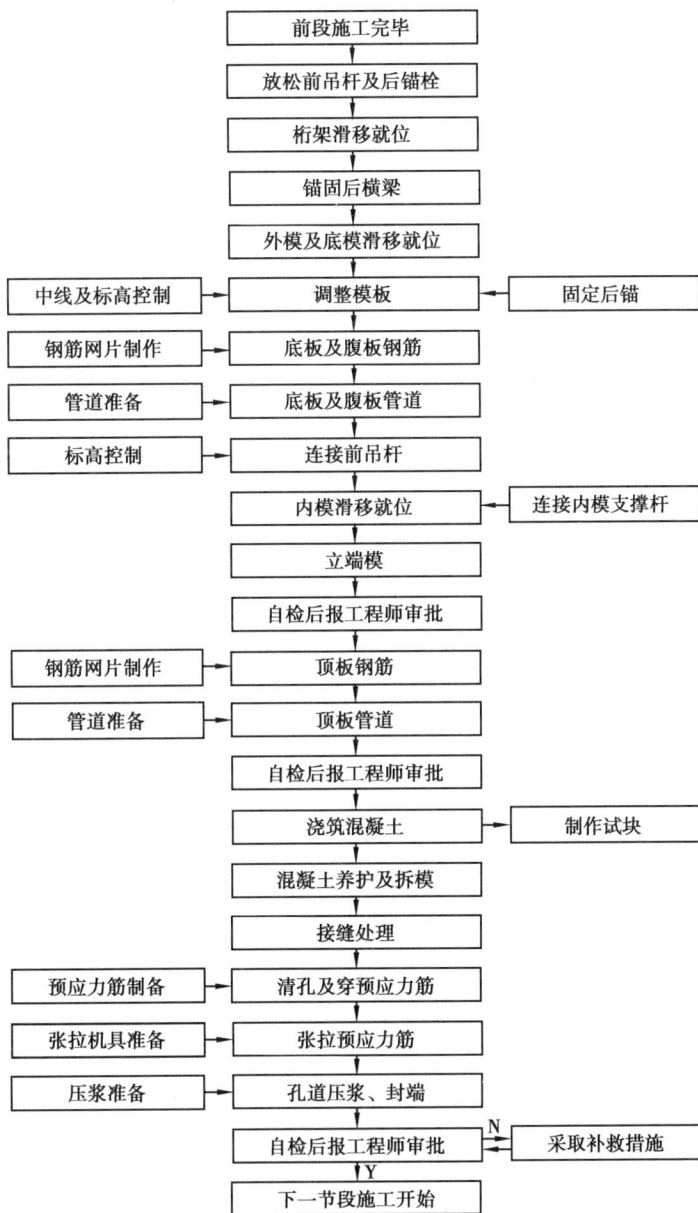

```
前段施工完毕
   ↓
放松前吊杆及后锚栓
   ↓
桁架滑移就位
   ↓
锚固后横梁
   ↓
外模及底模滑移就位
   ↓
中线及标高控制 → 调整模板 ← 固定后锚
   ↓
钢筋网片制作 → 底板及腹板钢筋
   ↓
管道准备 → 底板及腹板管道
   ↓
标高控制 → 连接前吊杆
   ↓
内模滑移就位 ← 连接内模支撑杆
   ↓
立端模
   ↓
自检后报工程师审批
   ↓
钢筋网片制作 → 顶板钢筋
   ↓
管道准备 → 顶板管道
   ↓
自检后报工程师审批
   ↓
浇筑混凝土 → 制作试块
   ↓
混凝土养护及拆模
   ↓
接缝处理
   ↓
预应力筋制备 → 清孔及穿预应力筋
   ↓
张拉机具准备 → 张拉预应力筋
   ↓
压浆准备 → 孔道压浆、封端
   ↓
自检后报工程师审批 →N 采取补救措施
   ↓Y
下一节段施工开始
```

图 7.40　悬臂节段施工工艺流程

①挂篮行走。当前一节段混凝土施工完毕后,需要将挂篮前移至下一个节段施工平台,称为挂篮行走。挂篮行走是一项危险性较大的关键工作,需要精心组织。目前,挂篮行走的方式主要有两种,即以千斤顶顶推法和倒链拖拉法,其中千斤顶顶推法以其施工方便、行走速度快、劳动强度低等特点被广泛使用。

挂篮行走的主要步骤如下:

a.拆除内、外模对拉杆,收折或拆除内模侧板。

b.解除放松各吊点;将挂篮前上横梁上各承重吊杆慢慢松开,同一断面的吊杆必须同步放松。当底模面板离开混凝土面 100 mm 左右时停止,以同样的方式拆除底篮后横梁在梁体上的锚杆,使底模完全脱离梁体。

c.松除挂篮走行轨道的锚固,向前拖曳铺设挂篮走行轨道至指定位置后重新锚固好轨道(锚固间距不大于 3 m),每段行走梁进行 2 个以上销点的锚固,以防止挂篮倾覆。采用螺旋千斤顶顶升挂篮主桁前节点,取出前滑座下方的支垫,放下螺旋千斤顶,使前滑座滚轮坐落于挂篮走行轨道上。

d.采用螺旋千斤顶调整拆除所有后扁担梁上的锚杆,此时挂篮会自由前倾,使后挂滚轮安全地反扣在挂篮走行轨道上。

e.挂篮走行以千斤顶或倒链作动力,不应使用卷扬机钢丝绳牵引。位于同一 T 构的两套挂篮必须同时对称走行,位移差不得大于 40 cm,同一侧挂篮两主桁架前移的速度要一致,否则易造成挂篮扭曲变形。走行速度≤0.1 m/min,中线偏差≤5 mm,两套挂篮位移距离差≤40 cm。挂篮主桁架的移动带动导向系统(内、外模由导向系统承托)和底篮系统等整体前移,挂篮前移到位后重新将后锚杆锚固。挂篮开始行走前,挂篮内的上下人员必须撤离后方可进行,禁止站、坐在行走的挂篮上。

f.重新安装好挂篮底篮后下横梁锚固吊杆。

g.测量及调整模板系统至施工位置。

②钢筋制作、安装。钢筋在钢筋棚集中加工,现场绑扎成型。混凝土浇筑前,钢筋表面必须清洁、无油污等,钢筋下料绑扎、固定必须严格按图施工。

③钢绞线下料、编束和穿束。按设计图表的下料长度下料,下料采用圆盘锯切割,使钢绞线的切割面为一平面,以便在张拉时检查断丝。编束后用 18~20 号铁丝绑扎牢固。为便于穿入,端部焊成锥体状,用铁皮包裹以防止穿坏波纹管。中短束采用人工穿束,长、曲线束采用卷扬机牵引,穿束前清除孔内杂物。

④混凝土施工。箱梁节块混凝土采用泵送一次浇筑成型。浇筑顺序为:横向对称进行,纵向由外向内分层浇筑。浇筑过程中两端平衡进行,混凝土自重偏差控制在+3%~-3%。混凝土初凝后,及时覆盖无纺土工布并安装自动喷淋装置确保养护湿度,洒水养护不少于 7 d,随后用塑料薄膜覆盖 28 d。

⑤张拉、压浆、封端。详见 0 号块施工工艺要求。

(3)注意事项

①在 6 级以上大风、大雾和大雨天气下不得进行挂篮拼装、移动、拆除作业,雨后上挂篮前要做好防滑措施。挂篮设备经过大风、大雨后,要全面检查。

②挂篮走行必须在白天进行,严禁在夜间移动挂篮。

③挂篮设备施工时构部件不得任意改动,不得任意增减挂篮构部件。

④箱梁各阶段立模标高=设计标高+预拱度+挂篮满载后自身变形;后浇筑梁段应在已施工梁段有关实测结果的基础上做适当调整,以逐渐消除误差,保证结构线形匀顺。

⑤箱梁各阶段混凝土浇筑前,必须严格检查挂篮中线、挂篮底模标高,纵、横、竖三向应力管道,钢筋、锚头、人行道及其他预埋件的位置,认真核对无误后方可浇筑混凝土。

⑥各梁段施工加强梁体测量、观测,注意挠度变化。梁段悬臂浇筑时,T 构两端施工荷载要

尽可能保持平衡,并注意防止左右偏载。两端浇筑混凝土进度之差不得大于 2 m^3,悬臂阶段混凝土应一次浇筑成型。

⑦张拉过程中,装锚、量尺工人必须正确佩戴安全绳,且张拉过程中千斤顶前方不得站人,防止张拉过程中预应力钢筋断裂千斤顶飞出伤人。

3)边跨现浇梁段(直线段)施工

边跨支架上的现浇部分,可在墩旁搭设临时墩支承平台,一般采用万能杆件、贝雷架等拼装,在其上整体或分段浇筑(图 7.41),其主要施工方法及内容参见模块 6 第 6.3.1 节。

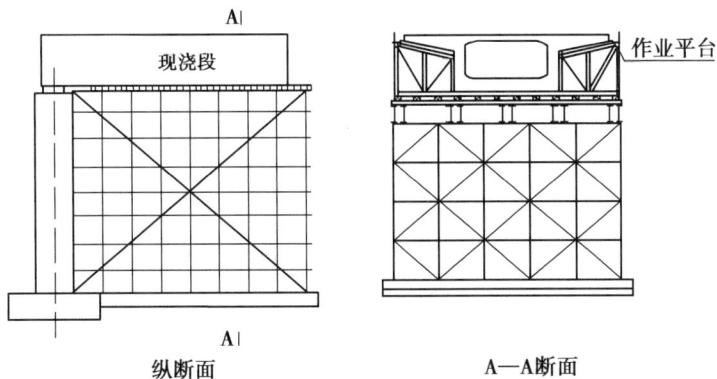

图 7.41　边跨现浇段支架法施工示意图

当与采用顶推法施工的连接桥相接时,可把现浇梁段临时固结在顶推梁上,到位后再进行梁的连接。其步骤如下:

设置临时桩基→浇筑钢筋混凝土承台→加宽边墩混凝土承台和设置预埋件→拼装扇形全幅万能杆件支架→搭设型钢平台→加载试压→安装现浇底模和侧模,底模下设木楔调整块→测量底板高程(包含预抬量)和位置→绑扎底腹板钢筋、竖向预应力筋安装、底板纵向预应力管道及安装端模和腹板模→自检及监理工程师验收→浇筑底板和腹板混凝土→养生待强→安装内顶模→绑扎顶板底钢筋→安装纵向及横向预应力管道→绑扎顶板顶层钢筋→自检及监理工程师验收—浇筑顶板混凝土→养生凿毛→拆除端头模板→张拉竖向预应力筋和顶板横向预应力筋→拖移外侧模→拆除箱内模板。

4)合龙段施工及体系转换

连续梁全梁施工是从各墩顶 0 号段开始至该 T 构的完成,再将各 T 构拼接而形成整体连续梁,这种 T 构拼接就是合龙。合龙是连续梁施工和体系转换的重要环节,合龙施工必须满足受力状态的设计要求和保持梁体线形,控制合龙段的施工误差。

(1)合龙段施工一般要求

①连续梁的合龙施工顺序为:边跨至中跨的顺序合龙、中跨至边跨的顺序合龙、先形成双悬臂刚构再顺序合龙、全桥一次性合龙。公路工程连续梁悬臂施工的合理施工顺序应按设计要求进行。设计无要求时,宜按照先边跨,后次边跨,最后中跨的顺序合龙。

②合龙施工前应对梁端悬臂梁段的轴线、高程和梁长受温度影响的偏移值进行观测,并应根据实际观测值进行合龙的施工计算,确定准确的合龙温度、合龙时间及合龙程序。

③对合龙段两端的悬臂梁段采取施加水平推力的方式调整梁体应力时,千斤顶施力应对称、均衡。

④合龙时,宜采取措施将合龙口两侧悬臂端予以刚性连接,再浇筑合龙段混凝土。合龙段混凝土宜在一天中气温最低且稳定的时间内浇筑,浇筑后应及时覆盖洒水养护。

⑤合龙时,在桥面上设置的全部临时施工荷载应符合施工控制的要求。对预应力混凝土连续梁,合龙后应在规定的时间内尽快拆除墩梁临时固结装置,按设计规定的程序完成体系转换和支座反力调整。

⑥合龙梁段混凝土应按设计采用微膨胀混凝土,混凝土强度等级宜较设计要求提高一级。

(2)合龙段施工方法

合龙段施工通常采用吊架或挂篮施工。其主要的施工工艺流程见图7.42。其中合龙段锁定和合龙段配重是合龙段施工的两关键工作。

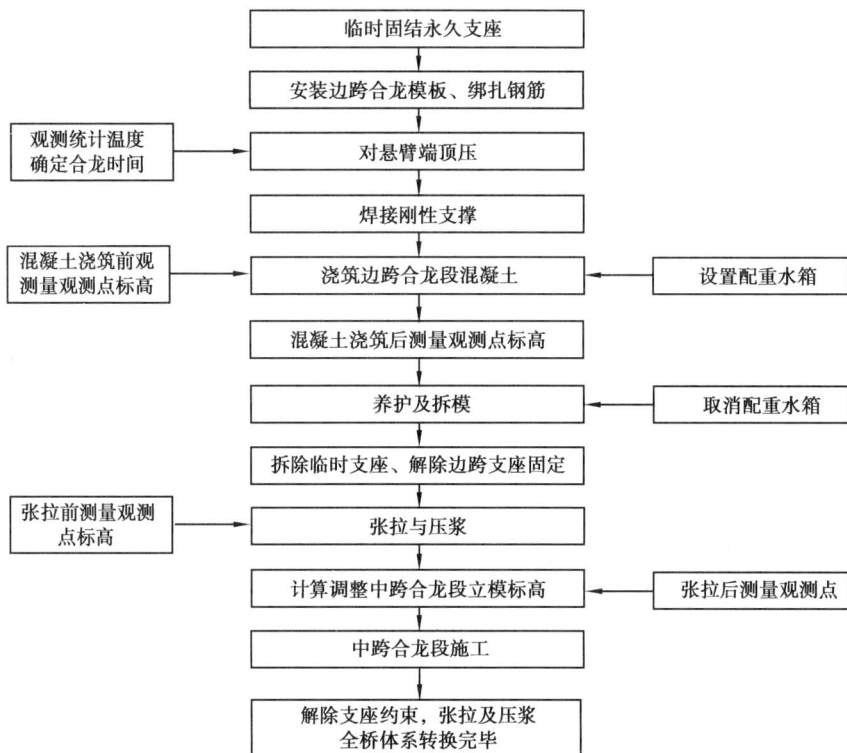

图 7.42　合龙及体系转换施工工艺流程

①合龙段锁定。合龙段锁定的目的是在合龙前将悬臂端与边跨现浇段做临时连接,使其保持相对固定,以防止合龙段混凝土在浇筑及早期硬化过程中发生明显的体积变化,确保合龙段接缝不会出现裂缝。合龙段锁定有内刚性支撑法、外刚性支撑法、刚性支撑和临时束共同作用法3种。

通常合龙段锁定采用刚性支撑和临时束共同作用法。该法一般采用焊接劲性骨架和张拉临时预应力束(图7.43),达到对合龙段"既压又撑"。支撑劲性骨架采用"预埋组合型钢+连接组合型钢+预埋组合型钢"三段式结构,其断面面积及支承位置根据锁定设计确定。合龙时,在两预埋组合型钢之间设置连接组合型钢,并由连接钢板将连接组合型钢与预埋组合型钢焊接成整体。在合龙段和悬臂端上设置临时预应力束,通过张拉临时预应力束达到对合龙段的固定。临时预应力束按设计布置,并在劲性骨架顶紧后进行张拉,临时束张拉锚固后不压浆,合龙完毕后将拆除。

（a）示意图

（b）刚性支撑(顶板支撑)

（c）刚性支撑(底板支撑)

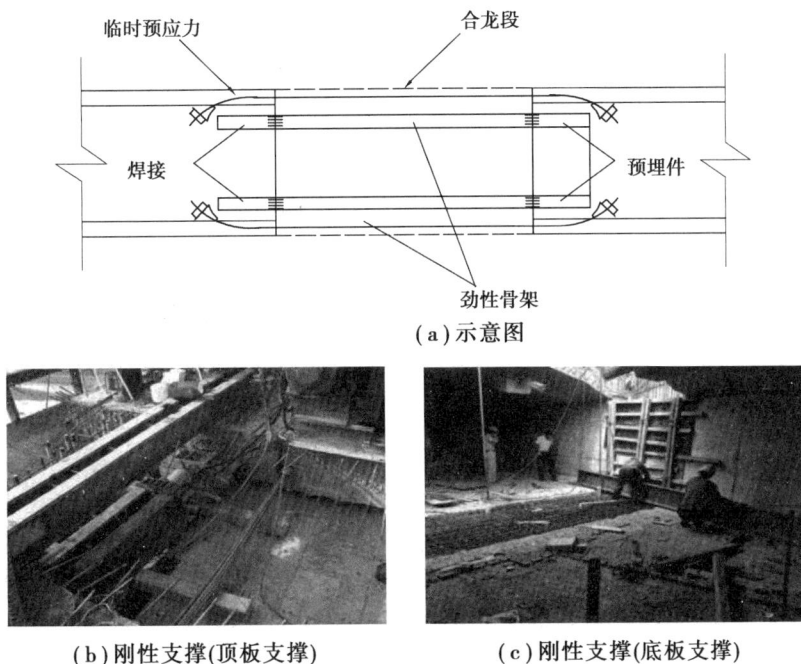

图 7.43　合龙段锁定

②配重的设置。配重的目的是保持结构在施工中整个梁体的受力和变形协调一致。配重按其作用可以分为两种:一是基本配重,二是附加配重。基本配重主要是指等量替换合龙段混凝土湿重,这是为了确保梁体的挠度能达到设计值而设置。附加配重则是根据实际施工状况来定,浇筑时如果出现了重量偏差,就要施加附加配重。配重一般都是用水箱和砂袋来进行加载,根据经济、施工方便确定,在浇筑合龙段混凝土时随着浇筑同步释放压重。配重设置的方法有3 种,主要包括等量配重法、等位移配重法、等弯矩配重法。

a.等量配重法。这是一种在工程施工中最常用也是计算最简单的方法。等量配重法是浇筑前在各悬臂端施加与合龙段等重量的压重,并在施工中随着混凝土浇筑而等重地减压,从而确保合龙段在施工过程中两端的悬臂梁相对挠度不会很大。该方法的优点:容易计算,设计图上直接就有合龙段的混凝土重量,施工人员只要查找即可。但是该方法的缺点也很明显:加载位置设计文件没有说明,只能由施工人员凭经验确定。相对于另外两种方法,这种方法引起的合龙段两悬臂端挠度相对值最大。

b.等位移配重法。相对于另外两种方法,这种方法从理论上来说能更加完美地实现合龙段两悬臂端不发生挠动。该方法是以合龙段两端不产生相对位移为基础,通过简化图形,运用理论计算来确定配重重量和配重位置。其优点:能够最大程度上确保合龙段梁端的挠动不会发生,且能够提供明确的加载位置。其缺点:计算复杂,运用公式多,一般施工人员不会计算。

c.等弯矩配重法。该法是经过实际施工数据总结出来的,即悬臂端吊架或挂篮上的力对墩顶产生的弯矩要等于配重对墩顶产生的弯矩。其优点:容易计算,只有一个公式,很容易掌握,加载位置十分明确,而且经过对比可以算出不同位置的不同配重,从而选取最方便配重的位置。

（3）体系转换

对于悬臂浇筑的桥梁结构,按照一定的顺序施工合龙和解除支座、0号段临时固结措施,将悬臂施工的静定结构转换为成桥状态的超静定连续梁,即为体系转换。公路工程连续梁悬臂施工中,体系转换步骤为:边跨合龙段施工→解除临时锁定和临时支座→形成两个单悬臂静定梁体系→中跨临时锁定→中跨合龙段施工→中跨预应力施工→完成连续梁体系转换。

其中,需要注意的是公路工程技术规范规定在合龙段完成后解除墩梁临时固结,而铁路规范规定在合龙段混凝土浇筑前解除合龙段一侧的墩梁临时固结,其临时固结解除的时间点不同,表示其体系转换的方式有差异,造成结构的内力有变化(图7.44)。两种情况下,箱梁内力变化差异不大。先解除临时固结后浇筑合龙段混凝土,箱梁线形能够准确控制;先浇筑合龙段混凝土后解除临时固结,箱梁线形控制难度较高。

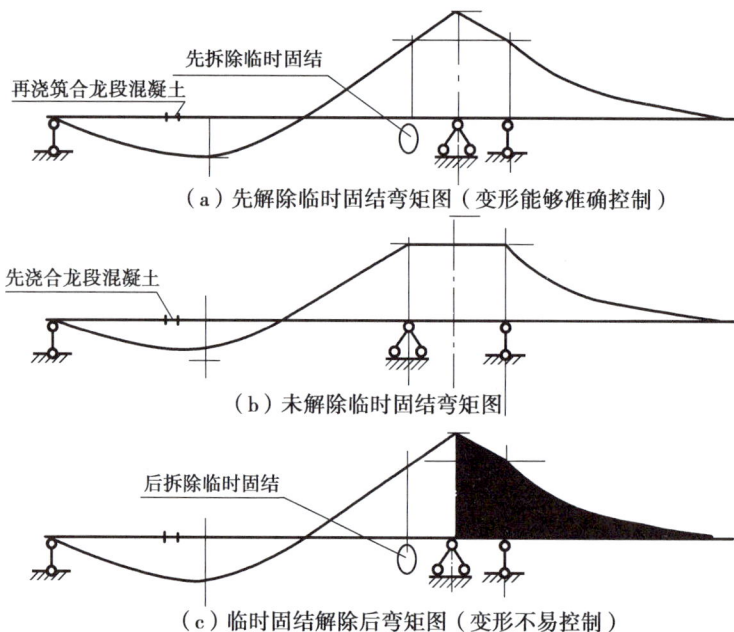

（a）先解除临时固结弯矩图（变形能够准确控制）

（b）未解除临时固结弯矩图

（c）临时固结解除后弯矩图（变形不易控制）

图7.44   临时约束解除先后次序弯矩比较分析示意图

5）施工监控

悬臂浇筑施工是一种自架设体系施工法,其在施工过程中必然给桥梁结构带来较为复杂的内力和位移变化。为使桥梁的线形和内力达到设计的预期值,桥梁施工监控成为十分关键的一环。其通过监测手段得到各施工阶段结构的实际变形,从而可以跟踪掌握施工进程和发展情况。当发现施工过程中监测实际值与计算的预计值相差过大时,就立即进行检查和分析原因,避免施工质量和安全事故的发生。

悬臂浇筑施工前应编写详细的监控方案,经批准审批后组织实施。监控的内容主要包括梁体的线形监控及施工应力、温度场、混凝土弹性模量、预应力等监控。

6）悬臂浇筑梁段混凝土注意事项

①挂篮就位后,安装并校正模板吊架,此时应对浇筑预留梁段混凝土进行抛高,以使施工完成的桥梁符合设计高程。抛高值包括施工期结构挠度、因挂篮重力和临时支承释放时支座产生的压缩变形等。

②模板安装应核准中心位置及高程,模板与前一段混凝土面应平整密贴。如上一节段施工后出现中线或高程误差需要调整时,应在模板安装时予以调整。

③安装预应力预留管道时,应与前一段预留管道接头严密对准,并用胶布包贴,防止灰浆渗入管道。管道四周应布置足够定位钢筋,确保预留管道位置正确,线形平顺。

④浇筑混凝土时,可以从前端开始,应尽量对称平衡浇筑。浇筑时应加强振捣,并注意对预应力预留管道的保护。

⑤为提高混凝土早期强度,以加快施工速度,在设计混凝土配合比时,一般加入早强剂或减水剂。混凝土梁段浇筑一般 5~7 d 一个周期。为防止混凝土出现过大的收缩、徐变,应在配合比设计时按规范要求控制水泥用量。

⑥梁段拆模后,应对梁端的混凝土表面进行凿毛处理,以加强接头混凝土的连接。

⑦箱梁梁段混凝土浇筑,一般采用一次浇筑法。在箱梁顶板中部留一窗口,混凝土由窗口注入箱内,再分布到底模上。当箱梁断面较大时,考虑梁段混凝土数量较多,每个节段可分两次浇筑,先浇筑底板到肋板倒角以上,待底板混凝土达一定强度后再支内模,浇筑肋板上段和顶板。其接缝按施工缝要求进行处理。

⑧箱梁梁段分次浇筑混凝土时,为了不使后浇混凝土的重力引起挂篮变形,导致先浇筑混凝土开裂,应采取消除后浇混凝土引起挂篮变形的措施。

7.4　其他桥梁施工

桥梁按照结构形式分类,可分为梁桥、斜拉桥、悬索桥及拱桥,本节主要是针对斜拉桥、悬索桥及拱桥的常用施工方法进行简要的介绍。对于未涉及的部分,请详细查阅相关专业书籍。

7.4.1　斜拉桥施工

斜拉桥也称斜张桥、斜缆桥或牵索桥等,它是一个由基础、索、塔、梁 4 部分构件组成的超静定组合体系结构(图 7.45),由高强钢材制成的斜拉索从塔上斜向将主梁多点吊起,并将主梁的恒载和车辆荷载传至墩柱,再通过塔柱基础传至地基。主梁因斜拉索的作用而成为具有若干弹性支承点的连续梁,使其结构尺寸大大减小,自重显著减轻,既节省了材料,又大幅度地增大了桥梁的跨越能力。

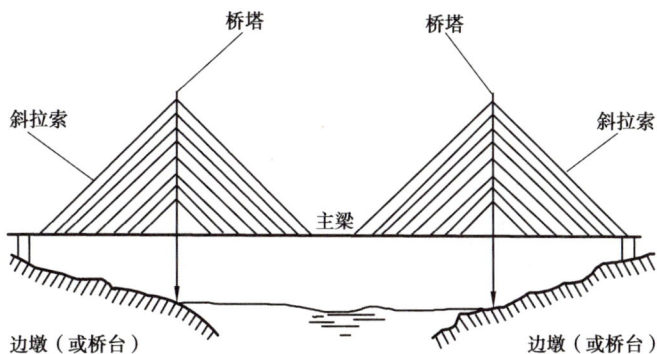

图 7.45　斜拉桥组成示意图

斜拉桥上部结构的施工主要包括 3 个部分,即索塔施工、主梁施工及拉索施工。

1) 索塔施工

斜拉桥索塔一般由基础、承台塔座、下塔柱、下横梁、中塔柱、上横梁、上塔柱(拉索锚固区)、塔顶建筑 8 大部分或其中几部分组成。索塔通常是钢筋混凝土索塔和钢索塔。

(1)钢筋混凝土索塔施工

钢筋混凝土索塔施工可以采用支架、滑模及翻模及预制吊装等多种方法,其横梁可采用满堂支架或托架现浇施工。

①支架现浇。这种方法工艺成熟,无需专用的施工设备,能适应较复杂的断面形式,锚固区的预留孔道和预埋件的处理也较方便,但其缺点是施工周期较长。跨度 200 m 左右的斜拉桥,一般塔高在 40 m 上下,支架现浇比较合适。

②滑模和翻模施工。此种方法是斜拉桥索塔最常用的施工方法。这种方法的最大优点施工速度快,适用于竖直或倾斜的高塔施工;缺点是对斜拉索锚固区预留孔道和预埋处理困难。

③预制吊装。这种方法要求有较强起重能力的吊装设备,当桥塔不是太高时,可以加速施工进度,减轻高空作业的难度和劳动强度。混凝土结构一般采用卧式预制,由绞车和滑轮配合锚在对岸山壁上的钢丝绳和滑轮进行吊装。

(2)钢索塔施工

钢索塔通常采用预制拼装,主要包括工厂分段加工和现场吊装两个阶段。

①工厂分段加工。钢索塔构件在工厂按照设计图纸和技术规范进行加工,加工完毕后的构件经过立体试拼装合格后方可出厂。

②现场吊装。钢索塔在现场吊装时常采用现场焊接接头、高强度螺栓连接、焊接和螺栓混合连接等形式进行装配,其操作应遵循一般钢结构的拼装要求,特别应注意尺寸的准确性,并使结构单元简化,减少拼装时的吊装次数。

2) 主梁施工

斜拉桥主梁施工方法与梁式桥基本相同,大体上可以分顶推法、平转法、支架法及悬臂法 4 种。

(1)顶推法

顶推法的特点是施工时需在跨间设置若干临时支墩,顶推过程中主梁反复承受正、负弯矩。该法较适用于桥下净空较低、修建临时支墩造价不大、支墩不影响桥下交通、抗压和抗拉能力相同,能承受反复弯矩的钢斜拉桥主梁的施工。对混凝土斜拉桥主梁而言,由于拉索水平分力能对主梁提供免费预应力。例如,在拉索张拉前顶推主梁,临时支墩间距又超过主梁负担自重弯矩能力时,为满足施工需要,需设置临时预应力束,在经济上不合算。

(2)平转法

平转法是将上部构造分别在两岸或一岸顺河流方向的支架上现浇,并在岸上完成所有的落架、张拉、调索等所有安装工作,然后以墩、塔为圆心,整体旋转到桥位合龙。平转法适用于桥址地形平坦、墩身矮和结构系适合整体转动的中小跨径斜拉桥。我国四川马尔康地区金川桥(跨径为 68 m+37 m),采用塔、梁、墩固体体系的钢筋混凝土独塔斜拉桥,塔高 25 m,中跨为空心箱梁,边跨为实心箱梁,就是采用平转法施工的。

(3)支架法

当所跨越的河流通航要求不高或岸跨无通航要求,且允许设置临时支墩时,可以直接在脚手架上拼装或浇筑主梁,也可以在临时支墩上设置便梁,在便梁上拼装或浇筑主梁。这种方法的优点是施工简单方便,且能确保主梁结构满足设计线形的要求。

(4)悬臂法

可以在支架上修建边跨,然后中跨采用悬臂拼装法和悬臂施工的单悬臂法;也可以是对称平衡方式的双悬臂法。悬臂施工法分为悬臂拼装法和悬臂浇筑法两种。悬臂拼装法一般是先在塔柱区现浇一段放置起吊设备的起始梁段,然后用各种起吊设备从塔柱两侧依次对称安装节段,使悬臂不断伸长直至合龙。悬臂浇筑法是从塔柱两侧用挂篮对称逐段就地浇筑混凝土。我国大部分混凝土斜拉桥主梁都采用悬臂浇筑法施工。

综上所述,支架法和悬臂法施工是目前混凝土斜拉桥主梁施工的主要方法,前者适用于城市立交或净高较低的岸跨主梁施工;后者适用于净高很大的大跨径斜拉桥主梁施工。

3)斜拉索施工

斜拉索是斜拉桥的一个重要组成部分,桥跨结构的重力和桥上活荷载绝大部分或全部通过斜拉索传递到塔柱上。常用的斜拉索截面形式见图 7.46。斜拉索施工包括拉索的制作、运输以及挂索、拉索张拉与索力测定。

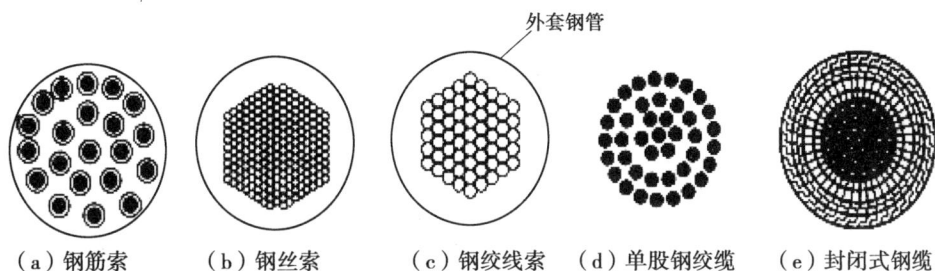

图 7.46 斜拉索的截面形式

(a)钢筋索 (b)钢丝索 (c)钢绞线索 (d)单股钢绞缆 (e)封闭式钢缆

(1)拉索制作

为保证拉索质量,斜拉索制作一般不宜在施工现场制作,最好进行工厂化生产,并对拉索进行跟踪检验。斜拉索的防护分为永久防护和临时防护。临时防护为从出厂到开始永久防护的一段时间。永久防护为拉索钢材下料到桥梁营运期间,分为内防护和外防护。内防护是直接防止拉索锈蚀,外防护是保护内防护材料不致露出、老化等。

(2)拉索运输

拉索在制索场制成后,暂时堆放在制索场并在安装前运到桥上。对小直径的短索来说,其困难不大,但对直径较大且已制作了刚性索套的长索来说,其运输困难是很大的。这不仅是由于大直径索比较重,更重要的是带有索套的索不允许有过小的弯曲半径,否则很容易导致索套开裂破坏。

在专门制索厂制作的拉索需经长途运输时,斜拉索可以盘绕成盘后用汽车或火车运送,盘绕外径不得小于索径的 250 倍。索表面应用麻条或纤维布两层缠包,以保护锚头不生锈。

(3)挂索

挂索是将斜拉索引架到桥塔锚固点和主梁锚固点之间的位置上,其作业方法一般有 3 种。

①在工作索道上引架。这种方法是先在斜拉索位置安装一条工作索道,斜拉索沿着工作索道引架就位。国外早期的斜拉桥较多采用这种方法,目前这种方法已很少使用。

②由临时钢索及滑轮吊索引架。这种方法是在待引架的斜拉索上先安装一根临时钢索的

导向索。斜拉索挂在沿导向索滑动并与牵引索相连接的滑动吊钩上，用绞车引架就位。

③利用卷扬机或起重机直接引架。这种方法最为简洁，也特别适合于密索体系的悬臂施工。浇筑桥塔时，在塔顶预埋扣件，挂上滑轮组，利用桥面上的卷扬机和牵引绳通过转向滑轮和塔顶滑轮将斜拉索起吊，一端塞进箱梁，一端塞进桥塔。这种方法在吊装过程中可能会损伤索外的防护材料，需小心施工。

（4）拉索张拉与索力测定

斜拉索张拉是用千斤顶对拉索的索力进行调整。索力的大小，由设计根据各个不同的工况，经计算后给定。要在施工中准确控制索力，首先掌握测定索力的方法。索力测定方法有压力表测定千斤顶液压、压力传感器直接测定和根据拉索振动频率计算索力。

4）施工控制

斜拉桥是高次超静定结构，为了确保斜拉桥在施工过程中结构的受力状态和变形处在设计值的安全范围内，成桥后的主梁线形符合预期的目标，并使结构处于理想的受力状态，故在施工过程中对其进行施工控制有着十分重要的必要性。

斜拉桥上部结构施工时应对其施工过程进行控制，应保证结构在施工过程中始终处在安全范围内，成桥后的线形、内力和索力应符合设计要求。施工控制的方法宜根据结构特点、施工方案和环境条件等因素综合选择确定。

斜拉桥的施工控制宜遵守以下原则：在主梁悬臂施工阶段以高程控制为主；二期恒载施工阶段以索力控制为主。

施工控制应贯穿在斜拉桥施工全过程中，除施工应按规定的程序进行外，对各类施工荷载应加强管理，并应对施工过程中的变形、应力和温度等参数进行监控测试，且采集的数据应准确、可靠。监控测试应符合下列规定：

①宜选择无风或微风的天气进行测试，减小风对测量的不利影响。

②测试时应停止桥上的机械施工作业，消除机械设备的振动及不平衡荷载等对测试产生的不利影响。

③各种测试均应在尽可能短的时间内完成，应避免测试条件产生较大的变化。测量宜在夜间气温相对稳定的时段进行。

7.4.2　悬索桥施工

悬索桥是从古老的以藤、竹、树茎为材料建造的悬式桥，到今天的利用主缆、吊索作为加劲（钢箱梁）的悬挂体系，主缆吊索将荷载作用传递到索塔、锚碇。其主要的锚碇、索塔、索鞍、主缆吊索与索夹、钢箱梁等构造部分使悬索桥具有跨径大、材料耗费较少、桥型轻巧优美等特点（图7.47）。

悬索桥施工的一般程序：基础施工→锚碇施工→索塔施工→主悬索施工→加劲梁施工→桥面工程及附属设施施工（图7.48）。

1）施工准备

由于现代大跨度悬索桥的规模都很大，所处环境复杂多变，在施工前必须做好充分准备。准备工作内容包括施工场地的准备和加工件的制作。加工件制作内容繁多，具体工作有以下5项。

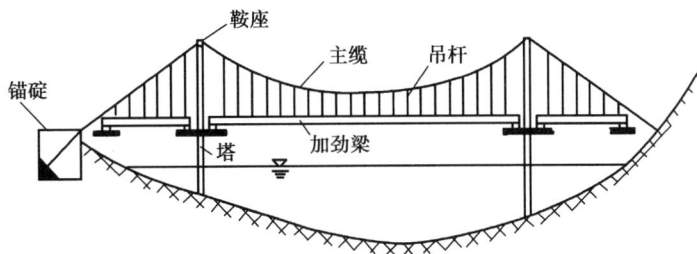

图 7.47　悬索桥的结构组成示意图

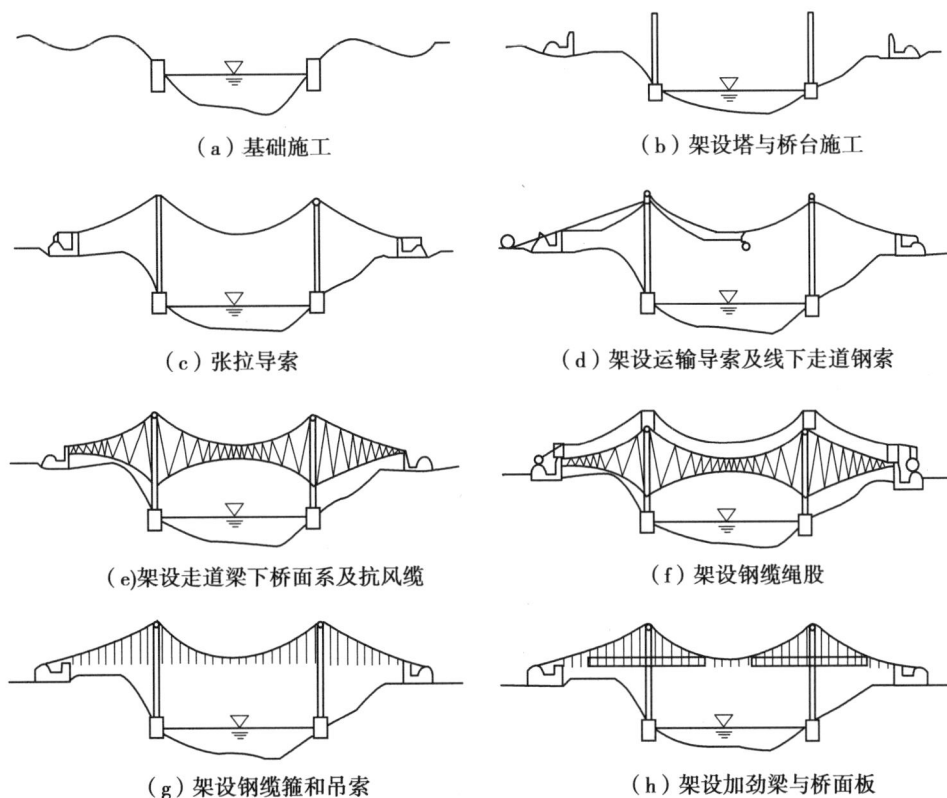

（a）基础施工　　　　　　　　　　　　　（b）架设塔与桥台施工

（c）张拉导索　　　　　　　　　　　（d）架设运输导索及线下走道钢索

（e）架设走道梁下桥面系及抗风缆　　　　　　（f）架设钢缆绳股

（g）架设钢缆箍和吊索　　　　　　　　　（h）架设加劲梁与桥面板

图 7.48　悬索桥施工过程示意图

（1）主索鞍、散索鞍和索夹制作

主索鞍是设置于悬索桥索塔塔顶,用于支撑主缆的永久性大型钢构件。主索鞍主要由鞍头(放置主缆索股的承缆槽)、鞍身(支撑鞍头的骨架)、上底座板(整个鞍体的支撑)、附属装置(下底座板、摩擦副、导向装置等)4 个部分组成。主索鞍的制作方式有全铸式、铸焊式、全焊式、假焊式等。散索鞍设置于锚碇前端,将锚面与主索之间的主缆分为锚跨和边跨,其主要功能是将主缆索胶在竖直方向散开,引入锚固点。散索鞍的制作方式有全铸式、铸焊式、全焊式。索夹是将上缆和吊索相连接的连接件,大跨悬索桥的索夹一般为两个半圆形的铸钢构件,由高强螺栓固定在主缆上。

（2）主缆制作

主缆是悬索桥的主要承重结构。主缆的形成有空中纺丝法(AS 法)和预制平行索股法(PPWS 法)两种,前者无需预先制作索股,直接在桥上架设。为便于主缆截面最终被压缩成圆形,PPWS 法是将丝股先排成六边形,最后通过紧细挤压成圆形。

（3）吊索制作

吊索是连接主缆和加劲梁的主要构件,分为竖直吊索和斜用索两种,后者应用较少。竖直吊索一般采用镀锌钢丝绳制作。钢丝绳吊索的制作工艺流程:材料准备→预张拉→弹性模量测定→长度标记→切割下料→灌铸锥形锚块→灌铸热铸锚头→恒载复核→吊索上盘。

（4）锚头灌铸

悬索桥所用的锚头有主缆索股锚头和吊索锚头。锚头铸体一股采用锌铜合金材料。灌铸锚头的施工顺序如下:

①在索股端部的适当位置绑扎钢丝,以防止索股扭转和滑动。

②清洗索股端部钢丝和锚杯内壁的污物,同时测量锚杯容积,以控制灌注量。

③将索股端部穿入锚杯并均匀散开,使其中心尽量与锚杯中心一致,用清洗剂清洗插入的钢丝和锚杯内壁并安装定位夹具,以保证钢丝的位置正确和锚固长度。

④将准备好的索股提升到灌锚架上,对锚具进行拉平、定位,以保证锚杯顶面与索股保持垂直,然后封底。利用预热罩对装好的锚杯进行预热,用坩埚电炉镕合事先已配好的镀锌铜合金。当锚杯预热温度到指定温度时开始灌铸,并通过称量法检查合金的实际灌铸量(不得小于理论值的 92%),灌铸后待合金温度降至 80 ℃ 以下时,用千斤顶从锚杯后面对灌铸的合金进行预压,其变形量符合设计要求。

（5）加劲梁制造

加劲梁直接承受和传递车辆荷载、风荷载、温度荷载和地震作用,并控制着荷载的分布和大小。加劲梁常采用钢箱梁和钢桁梁。钢箱梁的制造过程:切割→零件和部件矫正→部件及组拼件制造→梁段制造→梁段顶拼及验收→焊接。

钢桁梁的制造过程:切割→制孔→部件组装→梁段试装→焊接、铆接、栓焊接。

2）锚碇施工

锚碇基础分为直接基础、沉井基础、复合基础和隧道基础等。锚碇施工包括主缆锚固体系施工、锚碇体施工和散索鞍安装。

（1）主缆锚固体系施工

在重力式锚碇中,锚固体系根据主缆在锚块中的锚固位置分为后锚式和前锚式两种结构形式。

后锚式是将索股直接穿过锚块,在锚块后面锚固;前锚式是索股锚头在锚块前锚固,通过锚固体系将主缆拉力作用到锚体上。前锚式锚固体系又分为型钢锚固体系和预应力锚团体系两种结构形式。

型钢锚固体系的施工程序:预制锚杆、锚梁→现场拼装支架→安装前锚梁→安装锚杆→精确调整位置→浇筑锚体混凝土。

预应力锚固体系的施工程序:基础施工→安装预应力管道→浇筑→锚体混凝土→管道中穿预应力筋→安装锚固连接器→张拉预应力筋→预应力管道压浆→安装、张拉索股。

（2）锚碇体施工

悬索桥的锚碇体属于大体积混凝土结构,尤其是重力式锚碇,因而要按大体积混凝土的施工方法进行施工。

（3）散索鞍安装

散索鞍安装在底座板安装好后进行，而底座板通过在散索鞍混凝土基础中精确预埋的螺栓固定在基础上。散索鞍是重型构件，需要大型起重设备安装。安装时，可采用重型起重机，也可采用贝雷架或万能杆件架设的龙门架。隧道锚的散索鞍则采用整体拖运和溜放，再用千斤顶顶升就位。

3）索塔施工

索塔按材料可分为钢筋混凝土塔和钢塔。钢筋混凝土塔一般为门式刚架结构，由箱形空心塔柱和模系梁组成。钢塔常见的结构形式有桁架式、刚架式和混合式等。

钢筋混凝土塔身施工时，其模板常采用滑模、爬模、翻模、辊模等形式。塔柱竖向主钢筋接长常采用冷弯套管连接、电渣焊、气压焊等方法。混凝土常采用泵送或吊罐运输。塔身施工到塔顶时，需预埋主索鞍钢框架支座螺栓和塔顶吊架、施工猫道预埋件。

4）主缆施工

（1）牵引系统

牵引系统是架于两锚碇之间，跨越索塔并用于空中拽拉的牵引设备。它主要承担猫道架设、主缆架设和部分牵引吊运工作。牵引系统常用的有循环式和往复式两种形式。架设牵引索之前，通常是先将比牵引索细的先导索渡江（海、河），然后利用先导索架设牵引索。

（2）猫道

猫道是为架设主缆、紧缆、安装索夹、安装吊索以及空中作业所提供的脚手架。猫道承重索的线形与主缆基本一致，在架设过程中要注意左右边跨、中跨作业平衡，尽量减少对塔的变位影响，确保主缆架设质量。猫道上有横梁、面层、横向通道、扶手绳、栏杆立柱、安全网等。

（3）主缆架设

主缆架设空中纺丝法（AS 法）的施工步骤：首先进行标准丝段架设，即把预先在工厂制作好的标准丝段引上猫道，并按设计位置架设就位；其次进行丝股架设，通过多次空中纺丝，使钢丝在散索鞍、主索鞍和猫道上的成型导具内按设计位置排列，形成丝股；最后进行丝段调整。

主缆架设预制平行索股法（PPWS 法）的施工步骤：首先进行索股架设，利用拽拉器将索股牵引到对岸的锚碇处，并安装好索股前端的锚头引入装置；然后用塔顶和散索鞍顶横移装置将索股横移到规定的位置；再进行索股整形，放入鞍座内；最后将锚头引入并锚固。

（4）紧缆

索股架设完成后，需通过紧缆工作，把索股群整形成为圆形。

（5）安装索夹

紧缆完成后，在主缆上用螺栓将索夹安装就位。索夹安装的顺序是中跨是从跨中向塔顶进行，而边跨是从散索鞍向塔顶进行。

（6）架设吊索

架设吊索时，采用塔顶吊机将吊索提升到索塔顶部，再用缆索天车将其从放丝架上吊运到架设地点后进行安装。

5）加劲梁架设

对于桁架式加劲梁，其架设方法可分为按架设单元的架设方法和按连接状态的架设方法。按架设单元可分为按单根杆件、桁片（平面桁架）、节段（空间桁架）进行架设 3 种方法。这 3 种方法可以分别使用,也可以根据需要在同一座桥上采用多种方法。按连接状态架设可分为全铰法、逐次刚接法和有架设铰的逐次刚接法。

箱形加劲梁架设一般采用节段架设法,即在工厂预制成梁段,并进行预拼,将梁段运到现场后,用垂直起吊法架设就位,最后进行加劲梁焊接。

7.4.3　拱桥施工

拱桥是比较常见、具有我国民族传统特点的桥梁结构形式。条件适当时,拱桥是十分经济、合理、坚劲和美观的结构。我国于 2009 年建成通车的重庆朝天门长江大桥(图 7.49),长 1 741 m,主桥为 190 m+552 m+190 m 连续钢桁系杆拱桥,是世界上跨度最大的拱桥。其设计首创多肋式飞燕式钢桁拱形式是古典桥与现代建桥技术的完美结合,是我国大跨度钢桁拱桥设计创新的代表作。

图 7.49　重庆朝天门长江大桥

提篮系杆拱桥
施工

拱桥因为在跨径、材料、位置以及结构形式等方面存在差异,因此其施工方法也不同。拱桥的施工方法主要有拱架法施工、缆索吊装法施工、劲性骨架法施工和转体法施工。

(1)拱架法施工

采取施工时搭设临时性支架施工上部结构的方法,这种施工方法也称拱架施工。其步骤是先使用钢材以及木材等材料搭设形成拱架,接着在拱架上完成主拱圈施工,待主拱圈及其拱上结构施工完毕后,再拆除拱架。

在拱架上对拱圈进行施工时,拱架会由于荷载不断加大而发生相应的变形,可能导致已施工完成的部分圬工出现裂缝。为了使各个施工环节的拱架获得均衡受力,使变形程度最低,保证拱圈质量,务必要使用合理的施工方法以及步骤。该种施工方法对那些跨度较小的桥梁较为合适,而且工艺简单,对施工精度产生影响的因素不多,再加上施工控制力度不足而导致的不良后果也不是非常明显,因此人们易于将其重要性忽略。

(2)缆索装法施工

缆索吊装法施工是通过缆索吊机开展水平运输工作,将拱圈节段垂直起吊并进行安装,利用悬扣(也可以是构成悬臂析架)进行分段安装,并于最后将拱圈合龙。缆索吊装法施工也称为无支架施工,属于拱桥施工过程中经常使用的一种方法。其不仅跨越能力强,而且不论是水平还是垂直运输都灵活、机动,不会因为地形或者是施工场地等而受到影响,同时施工方便快捷。目前该方法主要应用于跨度较大的钢管混凝土拱桥建设过程中。

现今,缆索吊装法施工的拱桥单跨跨径极限值已经超过了 500 m。从单跨缆索演变为双跨连续缆索,其单跨径极限值已超过 400 m,吊装质量实现了 75 t,可以对跨径 160 m 左右的分段预制箱形拱桥进行吊装。与此同时,缆索架桥设备不断改进,目前已开始成套生产。湖南长沙的黑石铺湘江大桥以及茅草街大桥、浙江杭州的钱江四桥、广西南宁的永和大桥以及重庆巫山地区的巫峡长江大桥等都选择了无支架索塔吊装法施工。

(3)劲性骨架法施工

劲性骨架法施工是以钢骨架作为拱圈的劲性拱架,采用现浇混凝土包裹骨架,最后形成钢筋混凝土拱桥。施工中,首先将拱圈的全部受力钢筋按设计形状和尺寸制成,并安装就位合龙形成钢骨架,然后用系吊在钢骨架上的吊篮逐段浇筑混凝土。当骨架全部由混凝土包裹后,就形成钢筋混凝土拱圈(或拱肋)。用这种方法施工的钢骨架,不但需满足拱圈的要求,而且施工中还起临时拱架的作用,因此,需有一定的刚性。一般选用劲性钢材(如角钢、槽钢、钢管等)作为拱圈的受力钢筋。劲性骨架法因能解决拱桥施工的"自架设问题",目前主要用于大跨径拱桥中。这种埋入式拱架的方法在国内外已有施工实例,国外称为"米兰拱"。

采用劲性骨架的拱桥上部施工,主要施工步骤:劲性钢骨架制作→劲性钢骨架安装→拱肋浇筑→横梁和吊杆安装。

(4)转体法施工

转体法施工是将拱圈或整个上部结构分成两个半跨,分别在河两岸利用地形或简单支架浇筑或预制装配成半拱。然后,利用动力装置将两半拱转动至桥轴线位置上或设计标高合龙成拱。转体施工法可减少大量的高空作业,施工安全,并可大幅度地减少对桥下交通的干扰。转体施工法可按转动方向分为三大类:竖向转体、平面转体和平竖结合转体。

竖向转体施工:拱肋制作时的平面位置相同,但拱肋在低位或靠山仰坡上制作,然后再从两边逐渐抬升或放倒预制拱肋搭接成桥。一般只在中、小跨径拱桥中使用。

平面转体施工:将拱圈分成两个半跨,分别利用两岸地形立简单支架,现浇或预制拼装拱肋,安装拱肋横向联系,把扣索一端锚固在拱肋端部(靠拱顶附近),慢速将拱肋转体 180°(或小于 180°)合龙,最后再进行主拱圈和拱上建筑施工。关键设备是转盘。

平竖结合转体施工:钢管混凝土拱桥施工中对转体施工方法发展所做出的突出贡献,同时转体重量也有了极大的提高,它使桥梁转体施工法进入了新的发展阶段。1995 年,安阳文峰路立交桥(主跨 135 m 钢管混凝土系杆拱)首次采用这一方法转体成功。2018 年建成的唐山市二环路上跨津山铁路立交桥,采用此法成功将 3.3 万 t 梁体转体到位,其采用的转体球铰直径 5.5 m,质量 110 t,承载力和尺寸均刷新了世界纪录,使我国桥梁转体施工取得了重大突破。

练习与讨论

7.1　梁式桥上部结构的施工方法有哪些?

7.2　请绘制后张法预应力混凝土箱梁的预制工艺流程。

7.3　请简述简支转连续梁的施工工艺流程。

7.4　现浇梁桥的施工方法有哪些? 各自的适用情况是什么?

7.5　某施工单位承建了一段山区高速公路,其中有一座 21×40 m 先简支后连续 T 形预应力混凝土梁桥,北岸桥头距隧道出口 30 m,南岸桥头连接浅挖方路堑,挖方段长约 2 km。大桥采用双柱式圆形截面实心墩,墩身高度为 10~40 m,大桥立面布置见图 7.50。

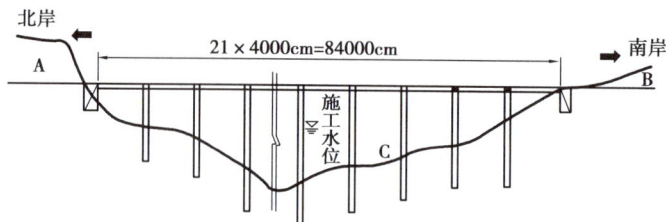

图 7.50　大桥立面布置图

事件 l:施工单位考虑到水源、电力状况、进出场道路和成品梁运输等情况,需在大桥附近设置 T 梁预制梁场,T 梁预制梁场平面布置示意见图 7.51。

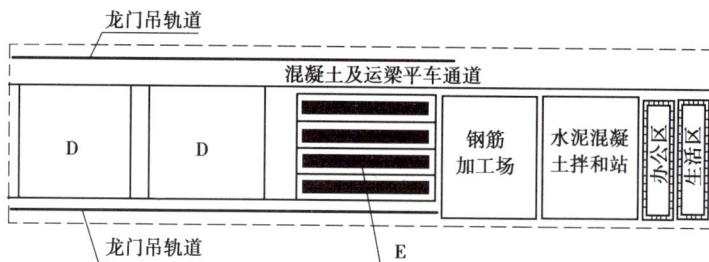

图 7.51　T 梁预制梁场平面布置示意图

事件 2:施工单位拟采用双导梁架桥机架设 40 mT 梁。架设方法如下:

①将轨道上拼装的架桥机前端推移到<u>后跨</u>,固定好架桥机。

②将预制梁由运梁车运至架桥机<u>安装跨</u>,两端同时起吊,横移桁车置于梁跨正中并固定。

③将梁纵移到<u>后跨</u>,固定纵移桁车,用横移桁车将梁横移到<u>设计位置</u>,下落就位。

④待一跨梁全部架设完成,前移架桥机,重复上述程序进行下一跨梁安装。

事件 3:为保证架设安全,施工单位对施工现场进行了重大安全风险辨识和评估,制定了双导梁架桥机架设 T 梁安全专项施工方案,随即安排人员进行 T 梁架设。

问题:

①根据大桥的地形条件,针对图 l 的 A、B、C 位置,T 梁预制梁场应设置在哪里合适? 说明理由。

②写出 T 梁预制梁场示意图中区域 D 和 E 名称。

③在事件 2 中,施工单位拟采用的双导梁架桥机架设方法中下画线处描述的位置是否正确? 如错误,请写出正确的位置。

④在事件 3 中,施工单位对双导梁架桥机架设 T 梁前,在安全管理方面还缺少哪些主要工作?

7.6　某高速公路第五施工合同段地处城郊,主要工程为路基填筑施工。其中 K48+010~K48+328 段原为路基土方填筑,因当地经济发展和交通规划需要,经各方协商,决定将该段路基填筑变更为 5×20 m+3×36 m+5×20 m 预应力钢筋混凝土箱梁桥,箱梁混凝土等级为 C40。

变更批复后,承包人组织施工,上部结构采用满堂式钢管支架现浇施工,泵送混凝土。支架施工时,对预拱度设置考虑了以下因素:

①卸架后上部构造本身及活载一半所产生的竖向挠度。

②支架在荷载作用下的弹性压缩挠度。

③支架在荷载作用下的非弹性压缩挠度。

④由混凝土收缩及温度变化而引起的挠度。

根据设计要求,承包人对支架采取了预压处理,然后立模、普通钢筋制作、箱梁混凝土浇筑、采用气割进行预应力筋下料;箱梁采用洒水覆盖养生;箱梁混凝土强度达到规定要求后,进行孔道清理、预应力张拉压浆,当水泥浆从预应力孔道另一端流出后立即终止。

箱梁现浇施工正值夏季,为避免箱梁出现构造裂缝,保证箱梁质量,施工单位提出了以下 3 条措施:

①选用优质的水泥和骨料。

②合理设计混凝土配合比,水灰比不宜过大。

③严格控制混凝土搅拌时间和振捣时间。

问题:

①确定上述变更属于哪类变更。列出工程变更从提出到确认的几个步骤。

②上述施工预拱度设置考虑的因素是否完善? 说明理由。支架预压对预拱度设置有何作用?

③预应力筋下料工艺是否正确? 说明理由。说明预应力张拉过程中应控制的指标,并指出主要指标。

④上述预应力孔道压浆工艺能否满足质量要求? 说明理由。

⑤除背景中提到的 3 条构造裂缝防治措施外,再列举两条防治措施

7.7　某大桥主桥为四跨一联预应力混凝土连续箱梁桥,最大跨径 120 m,主桥墩柱高度为 16~25 m,各梁段高度为 2.7~5.6 m。主桥 0 号、1 号梁段采用搭设托架浇筑施工。其余梁段采用菱形挂篮悬臂浇筑。

事件 1:施工单位在另一同类桥梁(最大桥段重量与截面尺寸与本桥均相同)施工中已设计制作了满足使用要求的菱形框架式挂篮,单侧挂篮结构及各组成部件见图 7.52。经技术人员验算校核,该挂篮满足本桥施工所要求的强度和刚度性能,且行走方便,便于安装拆卸,按程序检查验收合格后用于本桥施工。

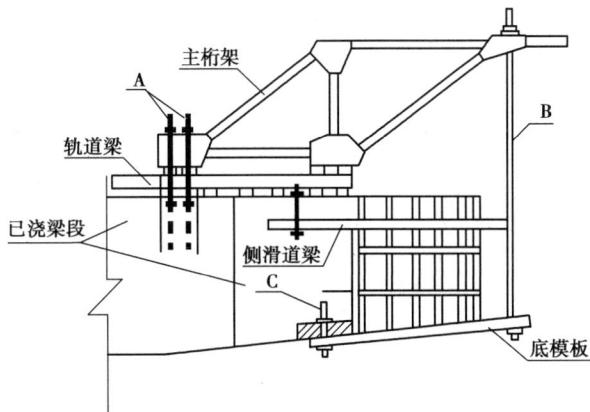

图 7.52　单侧挂篮结构及各组成部件

事件2:施工单位在施工组织设计中,制订的主桥挂篮悬臂浇筑施工工序为:①挂篮组拼就位→②安装箱梁底模及外侧模板→③安装顶板、腹板钢筋及底板预应力管道→④→⑤安装内侧模、顶模及腹板内预应力管道→⑥安装顶板钢筋及顶板预应力管道→⑦浇筑腹板及顶板混凝土→⑧→⑨穿预应力钢丝束→⑩→⑪封锚及预应力管道压浆→⑫挂篮前移就位。

事件3:施工单位编写了挂篮悬臂浇筑安全专项施工方案,制订了详细的安全技术措施,设置了合格的登高梯道、高处作业平台及护栏,做好个人安全防护,施工前进行了安全技术交底。

问题:

①写出图7.45挂篮系统中A、B、C各部件的名称。按平衡方式划分,该挂篮属于哪一种类型?

②在事件1中,挂篮还应完成哪些主要程序后方可投入施工?

③写出事件1中挂篮为满足使用与安全要求还应具备的主要性能。

④写出事件2中工序④、⑧、⑩的名称。

⑤在事件3中应设置何种形式的人行登高梯道?从事挂篮悬臂浇筑的施工作业人员应采取哪些主要的高处作业个人安全防护措施?

7.8 斜拉桥主要组成部分有哪些?斜拉桥的施工关键技术包括哪些部分?

7.9 悬索桥的结构特点是什么?悬索桥的施工方法有哪些?

7.10 拱桥的特点是什么?拱桥的施工方法有哪些?

模块 8　公路隧道施工技术

【知识框架】

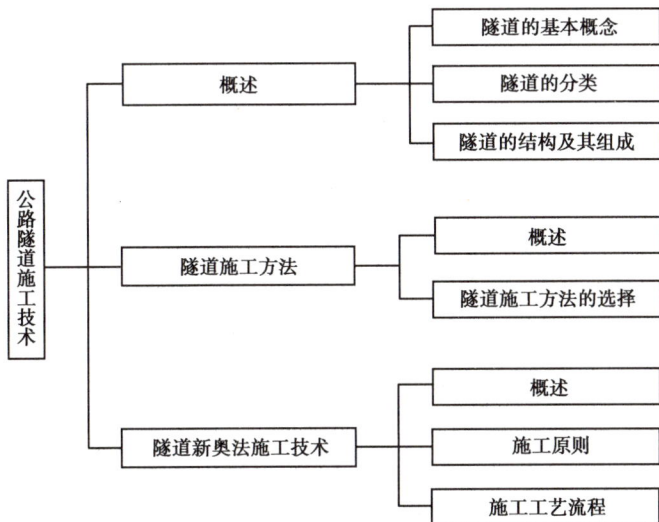

【专业术语】

1.公路隧道:供汽车和行人通行的隧道,一般分为汽车专用和汽车与行人混用的隧道。

2.山岭隧道:贯穿山岭或丘陵的隧道,是相对于城市隧道和水下隧道,表示修建场所不同的名称。

3.洞门:在隧道的洞口部位,为挡土、坡面防护等而设置的隧道结构物。

4.衬砌:为控制和防止围岩的变形或坍落,确保围岩的稳定,或为处理涌水和漏水,或为隧道的内空整齐或美观等目的,将隧道的周边围岩被覆盖起来的结构体。

5.瓦斯:从煤(岩)层内逸出的以甲烷(CH_4)为主要成分的有害气体。

【学习要求】

通过对隧道定义、分类及结构的学习,能够理解隧道的定义及分类,掌握隧道结构及其组成。通过对隧道施工方法的学习,熟悉公路工程隧道常用的施工方法及其优缺点和适应范围,能够根据实际工程选择正确的施工方法。通过对隧道新奥法施工技术的学习,掌握新奥法施工的原则、工艺流程及各工序的质量控制要点。

8.1　概　述

8.1.1　隧道的基本概念

隧道工程是指在交通线路修建过程中为穿越山体或河流、海洋或既有建筑物或构筑物而修筑具有出入口供汽车、火车、行人通行的地下建筑物。

1970 年,国际经济合作与发展组织(OECD)召开的隧道会议综合了各种因素,对隧道所下的定义为:"以任何方式修建,最终使用于地表以下的条形建筑物,其空洞内部净空断面在 2 m² 以上者均为隧道。"

与地面结构物相比,隧道工程具有以下特点:

①隧道工程埋设在地层中,一旦建成就难以更改,在施工过程中主要受到工程地质条件和水文地质条件的影响。

②由于隧道工程的施工穿越地层的地质条件复杂多变,遇到的意外情况比较多,工程的定位、设计和施工方法都必须随时做相应的调整,要求有关规划、勘测、设计、施工和使用管理部门密切配合。

③隧道工程承受爆炸荷载和地震荷载的能力比地面结构强,许多国防、民防工程及抗震和各类防护工程都可采用。

④隧道工程埋设于地下,施工对地面影响较小,可以不受或少受昼夜更替、季节变换、气候变化等自然因素的影响,有助于稳定地安排施工。

⑤隧道工程施工期限长,施工环境较差,施工作业面较窄,可容纳的劳力和机械都受限制,因此施工条件可能极其恶劣。例如,爆破产生粉尘和有害气体、施工噪声、生产废水等,必须采取通风、防尘、照明、消音、隔音、排水等措施,使施工场地条件改善,确保施工人员的身体健康,提高劳动生产率。

⑥隧道工程能穿越天然高程或平面障碍,分担地面交通和人流负荷,节约公路工程用地。

⑦隧道工程造价昂贵,只有在论证它有充分的战略地位、技术条件和经济效益时才宜兴建。

⑧隧道施工会产生大量废土、碎石,须妥善处理,及时外运。但新建隧道往往远离既有交通线路、运输不便,必须加强规划和部署。

8.1.2　隧道的分类

隧道工程所涉及的工程范围较为广泛,可以根据不同的分类方法将隧道分为不同种类,具体分类内容如下所示:

①根据隧道顶部上覆围岩能否形成压力拱(自然拱),将隧道分为浅埋隧道和深埋隧道。不同种类岩石的临界深度也是不一样的,一般采用塌方平均高度 h_q 的 2~2.5 倍为深浅埋的临界高度。

②按照隧道所处地理位置可分为山岭隧道、浅埋及软土隧道、水底隧道等。

③按照隧道所处的地层情况可分为岩石隧道或岩质隧道、土质隧道或软土隧道。

④按照隧道用途分类可分为交通隧道、市政隧道、水工隧道和矿山隧道等。

⑤按隧道断面形式分为圆形断面隧道、多心圆断面隧道、马蹄形断面隧道、矩形断面隧道等。

⑥按隧道的长度分类:隧道长度是指进出口洞门端墙面之间的距离,以端墙面或斜切式洞门的斜切面与设计内轨顶面的交线同线路中线的交点计算。根据《公路隧道设计规范　第一册　土建工程》(JTG 3370.1—2018),公路隧道按其长度可分为 4 类:全长 3000 m 以上为特长隧道;全长 1000 m 以上至 3000 m 为长隧道;全长 500 m 以上至 1000 m 为中隧道;全长 500 m 以下为短隧道。

⑦按上下行隧洞间的距离可分为分离式隧道、小净距隧道和连拱隧道(图 8.1)。

（a）分离式隧道　　　（b）小净距隧道　　　（c）连拱隧道

图 8.1　按照隧洞间距分类

8.1.3　隧道的结构及其组成

隧道结构由主体结构和附属结构组成。其中主体结构包括隧道洞门及洞身衬砌部分。为了满足隧道的使用功能,隧道除应有主体结构外,还应具有其他的一些设施,包括紧急停车带、人行横道、洞内排水系统、电力电缆系统、通风系统等。

1)主体结构

(1)洞门

隧道两端洞口处的结构部分称为洞门。它是在隧道洞口利用圬工材料等修筑用以保护洞口稳定、引离地表水并对周围环境起到装饰作用的支挡结构物。其主要作用是减少洞口土石方的开挖量,稳定边仰坡,引离地表水及装饰洞口。

洞门通常按其结构构造分为端墙式洞门、翼墙式洞门、削竹式洞门、柱式洞门、环框式洞门及遮光棚式洞门等。

(2)洞身衬砌

隧道开挖后,为了避免隧道变形或岩石风化,都需要修建支护结构,即衬砌。根据隧道衬砌施工工艺不同,将隧道衬砌的形式分为喷锚支护、装配式衬砌及整体式衬砌。

①喷锚支护。喷锚支护常用的材料有喷射混凝土(有时加钢筋网或钢纤维)、锚杆和钢拱架。一般可根据地质条件和结构形式的变化组合使用。

a.喷射混凝土。喷射混凝土以压缩空气为动力,将掺有速凝剂的混凝土拌合料与水合成为浆状,喷射到坑道岩壁上凝结而成。喷射混凝土分为干喷、潮喷、湿喷 3 种,以湿喷工艺较优。

b.锚杆或锚索。锚杆或锚索是用金属或其他抗拉强度较高材料制成的一种杆状构件,并使用某些机械装置或黏结介质,将其安设在隧道及地下工程的围岩体或其他工程结构体中,利用杆端锚头的膨胀作用,或利用灌浆黏结,增加岩体的强度和抗变形能力从而提高围岩的自稳能力。

②装配式衬砌。装配式衬砌是构件在现场或工厂预制,然后将构件运进坑道内再进行拼装成一环接着一环的衬砌。其特点是衬砌拼装后能够立即受力,便于机械化施工,改善劳动条件,节省劳力。目前多在盾构法施工的隧道内使用。

③整体式衬砌。整体式衬砌是指就地灌注混凝土施工衬砌,也称模筑混凝土衬砌。其施工工艺流程为:立模→浇筑→养护→拆模。模筑衬砌的特点:对地质条件的适应性强,易于按需要成形,整体性好,抗渗性强,并适用于多种施工条件,如可用木模板、钢模板或衬砌模板台车等。整体式衬砌按照不同的围岩类别采用不同的衬砌厚度。

④复合式衬砌。目前,公路隧道均采用以"初期支护、防水层及二次衬砌(整体式衬砌)"组成的复合式结构(图8.2)。

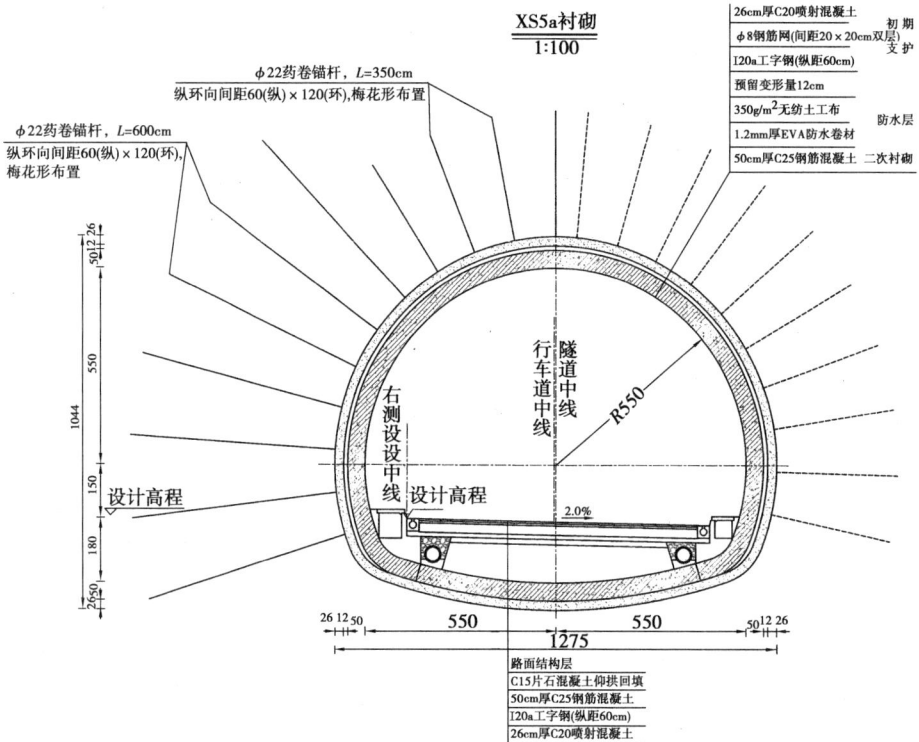

图8.2　复合式衬砌结构示意图

a.初期支护。隧道是埋藏于地面以下的条形建筑物,被岩土体围绕。在隧道周围一定范围内,对洞身的稳定有影响的岩(土)体,即由于受开挖影响而发生应力状态改变的岩(土)体,称为围岩。

隧道在岩土体开挖后,自身很难保持稳定。为了达到洞室稳定及施工安全的目的,而在洞室开挖后对洞室围岩采取支撑、加强作用的构件和其他处理措施总称为支护。

现代隧道施工技术采取的支护手段通常有喷射混凝土、挂网喷射混凝土、钢拱架、锚杆喷射混凝土及其联合支护。

b.防水层。防水层为不透水表面光滑的高分子防水卷材,它不但起到将地层渗水拒于二次衬砌之外的防水作用,而且对初期喷射混凝土及二次衬砌模筑混凝土来说,还起到隔离与润滑作用,使初期支护喷射混凝土对二次衬砌混凝土的约束应力减少,从而避免模筑混凝土产生裂缝,提高了二次衬砌混凝土的防水抗渗能力。防水层通常由两部分组成,缓冲垫层与防水板。防水板采用厚度 1.5 mm 以上的 EVA(乙烯-醋酸乙烯共聚物)或 ECB(乙烯、醋酸乙烯与沥青共聚物),缓冲垫层一般采用质量大于 400 g/m² 无纺布。

c.二次衬砌。二次衬砌一般采用整体式钢筋混凝土衬砌。

d.仰拱填充。隧道仰拱通常是弧形,而车辆行驶面是有一定斜率的平面,因此需要采用建筑材料将仰拱上方和路面结构间的空间进行填充,常用的仰拱填充材料为水泥混凝土。

e.路面结构。路面结构主要有两种,即水泥混凝土路面和沥青混合料路面。

2) 附属结构

(1) 紧急停车带

在较长的公路隧道内,需要设置紧急停车带作为避让车道,避免车辆抛锚长时间占据行车道,故障车必须尽快离开干道,否则会引起阻塞,甚至导致交通事故。为避免发生交通事故,引起混乱,影响通行能力而专供紧急停车使用的停车位置即为紧急停车带。

紧急停车带的间隔,主要根据故障车的可能推动距离确定。一般很难确定距离的大小,如小车较卡车滑行距离长,人力推动也较省力;下坡较上坡滑行距离长,推动也省力。在隧道内一般取 500~800 m。汽车专用隧道取 500 m,隧道长度大于 600 m 时应在中间设置一处。混合交通隧道取 800 m,隧道长度大于 900 m 时应在中间设置一处。

紧急停车带的有效长度应满足停放车辆进入所需的长度,一般进入需 20 m,最低值为 15 m,宽度一般为 3.0 m。

(2) 行车横道和行人横洞

行车横道与隧道正洞应该形成一个小于 90° 夹角,单向交通的隧道采用 45°~60° 夹角。隧道长度在 1000~1500 m 时,宜在隧道中间设一处。

行人横洞是在分离式单向交通的双洞隧道中,一个隧道内发生事故时,汽车无法立即疏散,事故内车辆的乘客可通过行人横洞疏散。行人横道净空为 2.5 m(高)×2 m(宽),设置间距可取 250 m,且不得大于 500 m。

(3) 防排水系统

隧道防排水系统主要是为了保证隧道在运营过程中避免水害带来的影响,以保证结构物和设备的正常使用和行车安全。隧道内的防排水是隧道施工和运营中的一个重要问题,现代隧道通常以"防、排、截、堵相结合,因地制宜,综合治理"的原则设置隧道防排水系统(图8.3),以达到防水可靠、排水通畅、底部无积水、经济合理的目的。

①防水措施。常用的防水措施有喷射混凝土、塑料防水板防水、模筑混凝土衬砌防水、防水涂料防水等。模筑混凝土衬砌防水是指内层衬砌采用就地浇筑混凝土本身具有防水功能。塑料防水板防水是指在内外层衬砌之间敷软聚氯乙薄膜、聚异丁烯片等防水卷材,塑料板防水一般厚度为 1.2 mm。防水层接缝处一般用热气焊接,或用电敏电随焊接,也可采用适当的溶剂做溶解焊接,以达到防水的目的。防水涂料防水是指在隧道内表面涂刷防水涂料,如乳化沥青、环氧焦油等,使在隧道内表面形成不透水的薄膜。防水砂浆抹面是在普通砂浆中掺入防水剂,从而提高砂浆抹面的防水性能。目前,应用较多的是防水砂浆主要有氯化铁砂浆和氯化钙防水砂浆。

②排水。排水常利用"排水盲沟→泄水管→排水沟"的形式进行隧道排水。这种方法主要是将衬砌背后的水引入盲沟内汇集,然后通过与盲沟连接的泄水管将水从盲沟引入隧道内的排水沟,最后从排水沟排走。

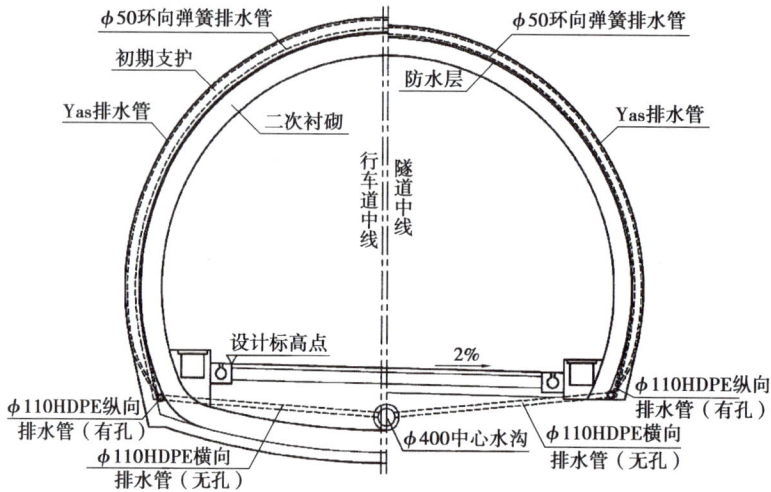

图 8.3　公路隧道防排水系统组成示意图

③截水。截水是将流向隧道的地表水或地下水截断,从而使水改路。对于地表水,应设置地表排水沟、截水沟将水引离隧道;对于地下水,主要采用设置导坑、泄水洞或井点降水等方法。

目前,采用的主要截水措施有以下 4 种:

a.在洞口仰坡边缘 5 m 以外设置天沟,并加以铺砌。当岩石外露、地面坡度较陡时,可不设天沟。仰坡上可种植草皮、喷抹灰浆或加以铺砌。

b.对洞顶天然沟槽加以整治,使山洪宣泄畅通。

c.对洞顶地表的陷穴、深坑加以回填,对裂缝进行堵塞。处理隧道地表水时,要有全局观点,不应妨碍当地农田水利规划,做到因地制宜,一改多利。

d.在地表水上游设截水导流沟,地下水上游设泄水洞、洞外井点降水或洞内井点降水。

④堵水。在隧道施工、运营过程中,有渗漏水时,常采用喷射混凝土、注浆和防水混凝土衬砌等方法进行堵水。

（4）施工缝、变形缝

施工缝,也称循环缝。隧道衬砌混凝土施工所产生的冷接缝,是防水薄弱环节之一,也是隧道中最易发生渗漏的位置。隧道衬砌施工缝处理不好,不仅会造成衬砌混凝土裂缝及洞内漏水,严重影响隧道的正常使用和行车安全,还会降低结构的强度和耐久性。为防止由于衬砌不均匀下沉而引起的裂损,在地质条件变化显著、衬砌受力不匀地段,应设置沉降缝;为防止由于温度变化剧烈或混凝土凝结收缩影响而引起的衬砌开裂,应设置伸缩缝,以上两种结构缝统称为变形缝。变形缝应采用柔性材料做防水处理。

施工缝及变形缝构造及施工图见图8.4。

（5）通风设施

公路隧道的通风方式大体可分为自然通风和机械通风两种。自然通风是利用洞内的天然风流和汽车运行所引起的活塞风(交通风)来达到通风目的。机械通风则是在自然通风不能满足要求时,设置一系列通风机械,通过送入或排出空气来达到通风目的。

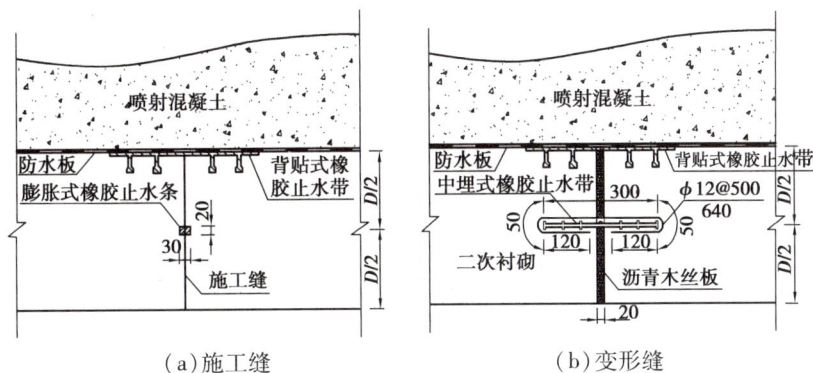

图 8.4　施工缝和变形缝构造及施工图

按车道空间的空气流动方式,公路隧道通风方式可按照图 8.5 进行区分。

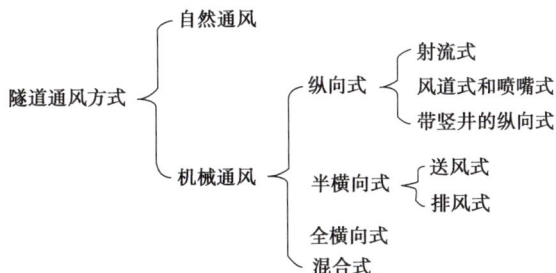

图 8.5　公路隧道常用通风方式

(6)隧道内部装饰

在公路隧道或城市地铁内,为了使隧道内更美观,提高能见度,吸收噪声和改变隧道内的环境,内部装饰有时非常必要。

内部装饰具有保持隧道内的亮度、减少衬砌对汽车尾气的吸收、防止衬砌的腐蚀、吸收噪声等作用。

常见的内部装饰类型有粉刷、涂料、塑料装饰或粘贴各种装饰材料等。

8.2　隧道施工方法

8.2.1　概述

隧道施工是指修建隧道及地下洞室的施工方法、施工技术和施工管理的总称。

隧道施工方法是开挖与支护等工序的组合。隧道施工过程通常包括在地层内挖出土石,形成符合设计断面的坑道,进行必要的支护和衬砌,控制坑道围岩变形,保证隧道施工安全和长期安全使用。

隧道施工技术主要研究解决上述各种隧道施工方法所需的技术方案和措施(如开挖掘进、支护和衬砌施工方案与措施);隧道穿越特殊地质地段时(如膨胀土、黄土、溶洞塌方、流沙、高地温、岩爆、瓦斯地层等)的施工手段;隧道施工过程中的通风、防尘及防有害气体的方式方法和对围岩变化的量测监控方法。

隧道施工管理主要解决施工组织设计(如施工方案选择、施工技术措施、场地布置、进度控制、材料供应、劳力及机具安排等)和施工中的技术管理、计划管理、质量管理、经济管理、安全管理等问题。

隧道施工和工程实践有密切联系,因此应理论与生产实践紧密结合。必须指出,由于地质勘探的局限性和地质条件的复杂性及多变性,隧道施工过程中经常会遇到突然变化的地质条件、意外情况(如塌方、涌水等),原制订的施工方案、施工技术措施和施工进度计划等也必须随之变更。因此,必须学会结合工程实践经验掌握综合运用这些知识的能力,以便正确处理隧道施工中遇到的各种实际问题。

8.2.2 隧道施工方法的选择

1)常用的公路隧道施工方法

目前,常用的公路隧道施工方法见图8.6。

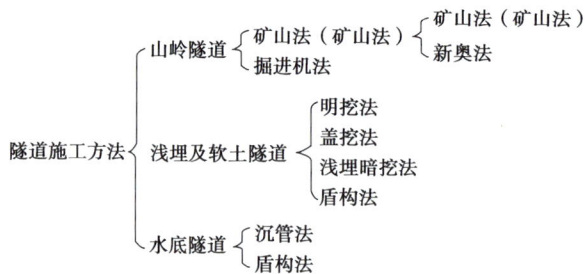

图 8.6 公路隧道常用的施工方法

2)施工方法的选择

针对具体的隧道工程,采用何种施工方法,不仅取决于围岩工程地质和水文地质条件,还受到隧道工程结构条件和工程施工条件的影响。而从工程技术的角度来看,隧道围岩工程地质和水文地质条件是影响施工方法选择的最关键因素,因此需根据表8.1确定隧道的围岩级别。

在确定隧道的围岩级别的基础上,根据隧道工程建筑要求、机具设备、施工技术条件、施工技术水平、施工经验等多种因素和千变万化的地质情况等,参考表8.2选择与隧道断面大小、形状以及洞室的组合情况相适应,并能够满足施工安全、作业空间、施工速度、施工成本控制、工程质量、环境保护、施工组织和管理方面要求的一种或多种施工方法。

表 8.1 公路隧道围岩分级

围岩级别	围岩或土体主要定性特征	围岩基本质量指标 BQ 或修正的围岩基本质量指标[BQ]
I	坚硬岩,岩体完整,巨整体状或巨厚层状结构	>550
II	坚硬岩,岩体较完整,块状或厚层状结构; 较坚硬岩,岩体完整,块状整体结构	550~451
III	坚硬岩,岩体较破碎,巨块(石)碎(石)状镶嵌结构; 较坚硬岩或较软硬质岩层,岩体较完整,块状体或中厚层结构	450~351

围岩级别	围岩或土体主要定性特征	围岩基本质量指标 BQ 或修正的围岩基本质量指标[BQ]
IV	坚硬岩,岩体破碎,碎裂结构; 较坚硬岩,岩体较破碎~破碎,镶嵌碎裂结构; 较软岩或软硬质岩互层,且以软岩为主,岩体较完整~较破碎中薄层状结构	350~251
	土体:①压密或成岩作用的黏性土及砂性土; ②黄土(Q_1、Q_2); ③一般钙质或铁质胶结的碎石土、卵石土、大块石土	—
V	较软岩,岩体破碎; 软岩,岩体较破碎~破碎; 极破碎各类岩体,碎、裂状、松散结构	≤250
	一般第四系的半干硬至硬塑的黏性土及稍密至潮湿的碎石土、卵石土、圆砾、角砾土及黄土(Q_3、Q_4);非黏性土呈松散结构,黏性土及黄土呈松软结构	—
VI	软塑状黏性土及潮湿、饱和粉细砂层、软土等	—

表 8.2　各种施工方法的适用范围

地质条件	矿山法	新奥法	浅埋暗挖	明挖法	盖挖法	盾构法	掘进机法	沉埋法	冻结法
浅埋隧道（软岩、土质）	可用	加特殊措施适用	常用	常用	适用	适用	—	—	可用
深埋隧道	适用	适用、最常用	浅埋段适用	浅埋段适用	—	软岩段适用	适用	—	—
水下隧道（水下地层中）	—	硬岩段适用	—	—	—	软岩段适用	—	—	可用
水底隧道（水下河床上）	—	—	—	—	—	—	—	适用	—

　　浅埋隧道往往采用先将地面开挖,修筑完成支护结构以后再回填土石的明挖法施工。深埋隧道则采用不开挖地面的暗挖法施工,即在地下开挖及修筑支护结构。目前,在长大公路隧道施工过程中,采用小直径 TBM 掘进机,先行完成导坑开挖,然后再采用"新奥法"扩大为正洞,已经成为推荐的组合型施工方法。

应当指出的是,隧道工程施工是在应力岩体中开拓地下空间。由于地质条件的复杂性和多变性,以及地质勘探、施工技术和人们对工程问题认识的局限性,人们在隧道施工过程中不可避免地会遇到预料之外的地质条件,甚至发生如流变、塌方、流沙、突泥、涌水、岩爆等工程事故。所以,隧道施工人员应当根据隧道工程具体条件加以综合考虑、反复比较,选择最经济、最合理的施工方法,一般是多种方法、多种技术综合利用;另一方面应密切关注施工过程中各种因素变化,及时根据实际情况调整施工方案、施工方法、施工技术和施工进度等各项计划。这是一个受多种因素影响的动态择优过程。

8.3 隧道新奥法施工技术

8.3.1 概述

1)定义

新奥法简称为 NATM,即新奥地利隧道施工方法。新奥法概念是奥地利学者拉布西维兹教授于 20 世纪 50 年代提出的,它以隧道工程经验和岩体力学理论为基础,将锚杆和喷射混凝土组合在一起,作为主要支护手段的一种施工方法,经过一些国家的许多实践和理论研究,于 60 年代取得专利权并正式命名。之后新奥法在西欧、北欧、美国和日本等许多地下工程中获得极为迅速的发展,已成为现代隧道新技术标志之一。NATM 于 20 世纪 60 年代传到我国,70 年代末 80 年代初在我国得到迅速发展。可以说,目前我国几乎所有重点、难点的地下工程都使用了新奥法。新奥法几乎成为在软弱破碎围岩地段修筑隧道的一种基本方法。

2)新奥法施工工艺特点

(1)新奥法与传统支护理念的区别

传统支护理念认为隧道围岩是一种荷载,应使用加强的衬砌结构支护松动围岩。而新奥法将围岩视为隧道承载构件的一部分,围岩既是荷载,又是承载结构;构筑薄壁、柔性、与围岩紧贴的支护结构(以喷射混凝土、锚杆为主要手段),使围岩与支护结构共同形成承载体系来承受外荷载,并最大限度地保持围岩稳定,因而不致松动破坏。

新奥法将锚杆、喷射混凝土适当进行组合,形成比较薄的衬砌层,即用锚杆和喷射混凝土来支护围岩,使喷射层与围岩紧密结合,形成围岩—支护系统,保持两者的共同变形,故而可以最大限度地利用围岩本身的承载力。

(2)保护隧道围岩自身的承载能力

新奥法施工在隧道开挖后采取了一系列综合性措施,如构筑防水层、围岩巷道排水,给支护留变形余量,开挖后及时做好支护、封闭围岩等,都是为保护巷道围岩的自身承载能力,使其与人工支护结构共同承受巷道压力。

(3)允许围岩发生一定的变形

新奥法允许围岩有一定量的变形,以利于发挥围岩的承载能力。同时巷道的支护结构也应具有预定的可压缩量,以缓和隧道结构所受的压力。围岩的变形须控制在一定范围内,必须避免围岩变形过大,导致围岩强度削弱而引起垮落、失稳。支护结构应具有一定的变形量,允许巷道围岩产生一定的变形,以缓和来自巷道的巨大压力,更进一步减轻支护荷载。

(4)重视超前地质预报、现场围岩分级和监控量测工作

新奥法施工过程就是一个信息反馈的过程。围岩情况决定着支护参数的选取,通过分析超前地质预报预估围岩的变化情况,以便对不良地质段落提前做好应对准备;通过对每个开挖循环掌子面的围岩进行现场确认,以保证支护措施选取的正确性;通过对已经支护的段落进行监控量测,以便发现危险段落及对支护参数的合理性进行复核。3 种信息手段分工协作,共同用于指导隧道现场施工。

(5)新奥法适用范围

虽然新奥法有广泛的应用,但并非所有的隧道都适合采用新奥法设计施工。新奥法设计施工的隧道主要适合以下围岩:

①具有较长自稳时间的中等岩体;

②弱胶结的砂和石砾以及不稳定的砾岩;

③强风化的岩石;

④刚塑性的黏土泥质灰岩和泥质灰岩;

⑤坚硬黏土,也有带坚硬夹层的黏土;

⑥微裂隙但很少黏土的岩体;

⑦在很高的初应力场条件下,坚硬的和可变坚硬的岩石。

在下述条件下应用新奥法时,必须与一些辅助方法相配合:

①有强烈地压显现的岩体;

②膨胀性岩体(要与仰拱与底部锚杆相配合);

③在一些松散岩体中,要与钢背板相配合;

④在蠕动性岩体中,要与冻结法或预加固法等相配合。

在下列围岩中应慎用新奥法:

①大量涌水的岩体;

②由于涌水会产生流沙现象的围岩;

③极为破碎,锚杆钻孔、安装都极为困难的岩体;

④开挖面完全不能自稳的岩体等。

3)优缺点

①各工序的组合和调整的灵活性很大,尤其是当地质条件发生变化时,它依然表现出很强的适应性。长期的实践已使人们积累了丰富宝贵的施工经验,形成了较为科学合理、完整成熟的施工方案,这些是普遍认同的优势。

②与传统矿山法的钢木构件临时支撑相比较,新奥法的锚喷初期支护具有显著的灵活性、及时性、密贴性、深入性、柔韧性、封闭性等工程特点。

③施工机械和设备的配套比较灵活,且多数是常规设备,其组装设备简单、转移方便,重复利用率高。

④现代隧道工程使用的钢拱架和内层衬砌是力学意义上的承载环,其设计计算方法仍沿用并改进了传统松弛荷载理论的设计计算方法。

值得注意的是,钢拱架、超前管棚、混凝土或钢筋混凝土等刚性构件的作用简明直观、行之有效,且具有较好的耐久性。而锚喷初期支护的支护能力和功效虽然并不亚于刚性构件,但其理论需要专门的培训,对其实施准则的认识和掌握还需要在实践中加以总结和积累。就耐久性而言,因为锚喷支护毕竟是一种松散结构,其耐久性并非最理想且在不同的围岩条件下,其功效大小也不尽相同,还需要用时间来检验。

8.3.2 施工原则

根据对隧道及地下工程的基本问题——"开挖与支护关系"的认识,对围岩的"三位一体特性"的认识,以及对支护的"加固和维护作用"的认识,现代围岩承载理论认为"围岩是工程加固的对象,是不可替代的;支护是加固的手段,是可以选择的"。围岩承载理论在"新奥法"成功应用的基础上,运用岩体力学分析方法,充分考虑围岩在施工过程中的动态变化,逐步形成了"以维护和利用围岩的自承能力为基本出发点,锚杆和喷射混凝土为主要支护措施,对围岩和支护的变形和应力进行测量为监视控制手段,来指导隧道和地下工程设计施工"的基本思路,并进一步总结出提供支护帮助的基本原则,即"围岩不稳,支护帮助,遇强则弱,遇弱则强,按需提供,先柔后刚,监控量测,动态调整"。

根据以上解决问题的基本思路和支护设计的基本原则,作为一种施工方法,新奥法施工的基本原则可以归纳为"少扰动,早锚喷,勤量测,紧封闭"。

少扰动:在进行隧道开挖时,要尽量减少对围岩的扰动次数、扰动强度、扰动范围和扰动持续时间。因此,隧道施工应根据围岩级别,选择合理的开挖方法、掘进进尺和作业循环。具体措施:能用机械开挖的就不用钻爆法开挖;采用钻爆法开挖时,要严格地进行控制爆破;尽量采用大断面开挖,以减少对围岩的扰动次数;对自稳性差的围岩,宜采用分部开挖,小循环作业,并且掘进进尺应短一些;最好采用机械开挖,必要时可采用松动爆破;支护要尽量紧跟开挖面,以缩短围岩应力松弛时间。

早锚喷:开挖后及时施做初期锚喷支护,使围岩变形进入受控制状态。这样做一方面使围岩不致因变形过度而产生坍塌失稳;另一方面使围岩变形适度发展,以充分发挥围岩的自承能力。必要时,可采取超前预支护,甚至注浆加固(地层改良)措施。具体措施:根据围岩级别采用喷射混凝土、锚杆、钢拱架等不同组合形式的初期支护,及时调整支护时机、支护参数,以求达到最佳支护效果。

勤量测:以直观、可靠的量测方法获得量测数据来判断围岩(或围岩加支护)的稳定状态及动态发展趋势,评价支护的作用和效果,以便及时调整支护时机、支护参数、开挖方法、施工速度,确保施工安全和顺利进行。具体措施:在隧道施工中,对围岩进行地质素描、拱顶下沉观测、水平收敛观测、仰拱隆起观测及锚杆抗拔力测试等。量测是掌握围岩动态变化过程的手段和修改支护参数、调整施工措施的依据,也是现代隧道及地下工程理论的重要标志之一。

紧封闭:一方面是采用喷射混凝土等防护措施,避免围岩长时间暴露导致强度和稳定性衰减,尤其是对于易风化的软弱围岩。另一方面,更为重要的是要适时对围岩施做封闭性支护,使之形成"力学意义上的封闭的承载环",即围岩+支护=无薄弱部位且整体稳定的环状(筒状)结构物。这样做不仅可以及时阻止围岩的过度变形,保证隧道稳定,而且可以使支护和围岩能进入良好的共同工作状态,以有效地发挥支护体系的作用。具体措施:在一般破碎围岩地段施工中,及时加固薄弱部位;而在软弱破碎围岩地段施工中,采用短台阶或超短台阶法开挖,及时修筑仰拱,使初期支护尽早形成封闭的承载环。值得注意的是,在一般围岩条件下,模筑混凝土内层衬砌原则上在初期支护与围岩共同工作并已达成基本稳定(变形收敛)的条件下修筑。因而内层衬砌的作用是承受围岩后期压力和提供安全储备。但在围岩自稳能力很弱并具有较强流变特性时,及时采用刚度较大的强支护措施就显得非常必要。

8.3.3 施工工艺流程

隧道新奥法施工工艺流程见图 8.7。

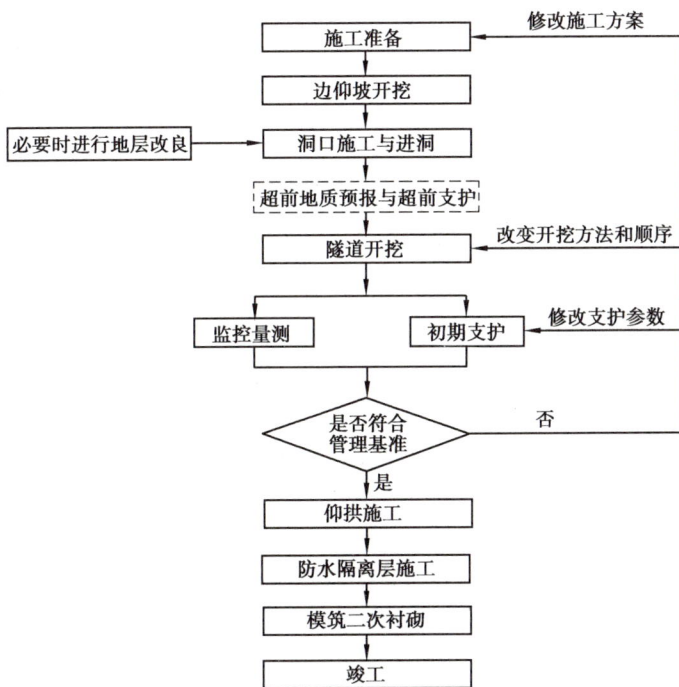

图 8.7 新奥法施工工艺流程

新奥法施工技术详细内容可扫描右侧二维码学习。

练习与讨论

8.1 隧道的概念是什么?

8.2 简述隧道的分类及其作用。

8.3 隧道衬砌都有哪些种类?其各有什么特点?

8.4 公路隧道常用的施工方法有哪些?各种施工方法的适用条件是什么?

8.5 新奥法的基本原理是什么？简述新奥法的施工工艺流程。

8.6 隧道监控量测的方法有哪些？哪些是必须测项目？哪些是选测项目？它们各有什么区别？

8.7 某公路隧道设计为双向四车道分离式隧道,沥青混凝土路面,隧道合同总工期为 36 个月。左右隧道分别长 4855 m,中线间距 30 m,隧道最大埋深 850 m,纵坡为 3%人字坡,其地质条件为:岩性为砂岩、石灰岩,局部有煤系地层;瓦斯含量低,属瓦斯隧道;穿越 F1、F2、F3 三条断层;地下水发育。左右洞围岩级别均为:Ⅱ级 3415 m,Ⅲ级 540 m,Ⅳ 级 310 m,Ⅴ 级 590 m。

在距进口 2100 m(对应里程 K27+850)处设计了一座斜井,斜井长 450 m,向下纵坡5%~8%,隧道纵断面及平面布置示意见图8.8。

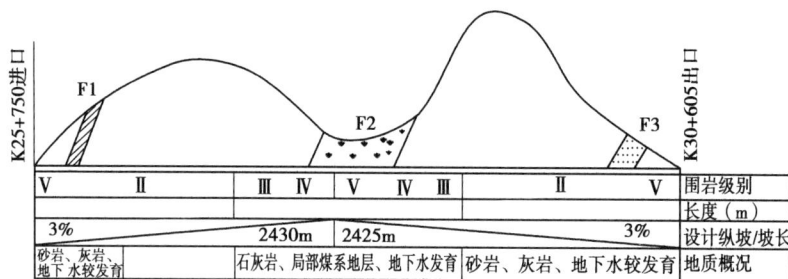

(a)隧道纵断面布置

(b)隧道平面布置

图 8.8 题 8.7 图

施工中发生如下事件:

事件1:施工单位进场后,经现场调查发现,进口处为深沟,且跨沟桥台位于隧道洞口。经综合考虑,施工单位提出了设计变更方案,在距进口 280 m 处增设一条长 150 m 横洞(图8.43)。

事件2:施工单位根据地质条件和施工水平,采用钻爆法开挖施工,无轨运输。施工计划进度指标为:Ⅱ级围岩开挖支护 130 m/月,Ⅲ级围岩开挖支护 90 m/月,Ⅳ级围岩开挖支护 70 m/月,Ⅴ级围岩开挖支护 30 m/月,二次衬砌 144 m/月,施工准备 3 个月,二次衬砌及沟槽施工结束滞后于开挖支护 1 个月,路面铺筑及交通、机电工程施工 2 个月,横洞施工 4 个月,斜井施工 6 个月,不确定因素影响工期 1 个月。进出洞口所增加的时间已综合考虑,不再单独计算。

事件3:根据现场情况,相关单位拟保留横洞而取消斜井。

问题:

①在有斜井和横洞的情况下,本隧道最多有几个开挖面同时施工?绘制平面布置示意图,

并用箭头标明掘进方向。

②该隧道施工的每个工作面需要配备哪些主要开挖及初期支护机械设备?(至少回答6种设备)

③分析事件1中施工单位提出增设进口横洞的理由。

④根据事件2给出的条件,在事件3中保留横洞而取消斜井的情况下,计算隧道施工最短工期。(计算结果以月为单位,保留一位小数)

⑤根据提供的地质信息,本隧道由地质引起的主要施工安全危险源有哪些?

参考文献

［1］中华人民共和国交通运输部.公路路基施工技术规范(JTG/T 3610—2019)［M］.北京：人民交通出版社,2019.

［2］中华人民共和国交通运输部.公路路面基层施工技术细则(JTG/T F20—2015)［M］.北京：人民交通出版社,2015.

［3］中华人民共和国交通运输部.公路水泥混凝土路面施工技术细则(JTG/T F30—2014)［M］.北京人民交通出版社,2014.

［4］中华人民共和国交通运输部.公路沥青路面施工技术规范(JTG F40—2004)［M］.北京：人民交通出版社,2004.

［5］中华人民共和国交通运输部.公路桥涵施工技术规范(JTG/T 3650—2020)［M］.北京：人民交通出版社,2020.

［6］中华人民共和国交通运输部.公路隧道施工技术规范(JTG/T 3660—2020)［M］.北京：人民交通出版社,2020.

［7］中华人民共和国交通运输部.公路交通安全设施施工技术规范(JTG/T 3671—2021)［M］.北京：人民交通出版社,2021.

［8］中华人民共和国交通运输部.公路钢筋混凝土及预应力混凝土桥涵设计规范(JTG 3362—2018)［S］.北京：人民交通出版社,2018.

［9］交通运输部公路局.高速公路施工标准化技术指南［M］.北京：人民交通出版社,2016.

［10］任尚强,王建华,等.公路隧道标准化施工技术指南［M］.北京：人民交通出版社,2014.

［11］《中国公路学报》编辑部.中国隧道工程学术研究综述(2015)［J］.中国公路学报,2015,28(5)：1-65.

［12］中国公路建设行业协会.公路工程工法汇编(2015)［M］.北京：人民交通出版社,2016.

［13］盛可鉴.公路工程施工技术［M］.2版.北京：人民交通出版社,2013.

［14］苏建林.公路工程施工技术［M］.2版.北京：人民交通出版社,2007.

［15］张晓战,徐志民.公路工程施工技术［M］.北京：中国水利水电出版社,2017.

［16］邓超.公路工程施工技术［M］.郑州：黄河水利出版社,2013.

［17］杜玉林.公路工程施工［M］.成都：西南交通大学出版社,2010.

［18］张宁,杭明升.公路工程施工技术一本通［M］.合肥：安徽科学技术出版社,2015.

［19］王琦.公路工程施工技术［M］.北京：科学技术文献出版社,2015.

［20］刘福宏.市政公路工程施工技术及管理［M］.北京：中国建筑工业出版社,2016.

[21] 余丹丹.桥梁工程与施工技术[M].北京:中国水利水电出版社,2014.

[22] 徐永杰.公路工程机械化施工技术[M].2版.北京:人民交通出版社,2017.

[23] 高峰,贾玉辉.公路施工组织[M].北京:人民交通出版社,2011.

[24] 黄晓明.路基路面工程[M].6版.北京:人民交通出版社,2019.

[25] 王晓琳,黄世斌,史洪江.路基与路面工程[M].天津:天津科学技术出版社,2016.

[26] 朱学坤,蔡龙成.路面工程施工[M].北京:人民交通出版社,2015.

[27] 李永成,张立华.路基路面工程施工技术[M].北京:人民交通出版社,2014.

[28] 张艳红,李伟.路基施工技术[M].北京:科学出版社,2013.

[29] 刘创明,李素梅,郭长学.路基工程施工技术[M].成都:人民交通出版社,2012.

[30] 沙爱民,贾侃.填石路基施工技术[M].北京:人民交通出版社,2007.

[31] 冯春.公路工程路基施工[M].北京:人民交通出版社,2013.

[32] 夏连学.路面施工技术[M].北京:人民交通出版社,2011.

[33] 张红春,陆上行,乐斐.骨架密实路面理论及配套施工技术[M].北京:人民交通出版社,2010.

[34] 何晨.路面施工技术[M].北京:化学工业出版社,2013.

[35] 王美宽.路基路面施工技术[M].北京:中国劳动社会保障出版社,2013.

[36] 周泽民.装配式水泥混凝土路面的施工[J].中南公路工程,1991(03):20-23.

[37] 许菲菲,刘黎萍,唐海威,等.温拌沥青混合料与热拌沥青混合料性能对比[J].公路工程,2009,34(03):73-75.

[38] 周先雁,王解军.桥梁工程[M].北京:北京大学出版社,2012.

[39] 张发祥.铁路桥涵工程施工技术(上、下册)[M].北京:中国铁道出版社,2014.

[40] 蒋平江.桥梁施工技术[M].2版.成都:西南交通大学出版社,2015.

[41] 方诗圣,李海涛.道路桥梁工程施工技术[M].2版.武汉:武汉大学出版社,2018.

[42] 卞永明,刘广军.桥梁结构现代施工技术[M].上海:上海科学技术出版社,2017.

[43] 宁英杰.桥梁装配式施工技术[M].北京:人民交通出版社,2018.

[44] 申爱国.桥梁工程施工技术[M].武汉:武汉大学出版社,2016.

[45] 周传林.桥梁上部施工技术[M].2版.北京:人民交通出版社,2014.

[46] 张辉.桥梁下部施工技术[M].2版.北京:人民交通出版社,2015.

[47] 陈从春.桥梁施工技术与安全[M].北京:中国建筑工业出版社,2012.

[48] 贾亚军.桥梁施工技术[M].北京:中国水利水电出版社,2012.

[49] 王修山,王波.道路与桥梁施工技术[M].北京:机械工业出版社,2016.

[50] 王海良.桥梁工程施工技术[M].2版.北京:人民交通出版社,2020.

[51] 李栋国,张洪军.道路桥梁工程施工技术[M].武汉:武汉大学出版社,2018.

[52] 王秀丽.基础工程[M].重庆:重庆大学出版社,2015.

[53] 张省侠,张鹏.桥涵工程技术[M].北京:人民交通出版社,2014.

[54] 盛可鉴.简支转连续梁桥的几个关键问题研究[D].哈尔滨:哈尔滨工业大学,2013.

[55] 李钢,佘志勇.包茂高速公路某预制梁场建设与施工[J].山西建筑,2015,41(5):126-128.

[56] 魏存兰,王效有.福厦客专梁场建设关键技术[J].铁道建筑技术,2010(8):19-22.

[57] 钟竹平,魏晋.混凝土拌和站建设标准及设备选型和配置[J].黑龙江科技信息,2015(18):238.

[58] 李艳茹.预制梁场建设规模优化与内部布局问题研究[D].成都:西南交通大学,2013.

[59] 万江英.钻孔灌注桩施工方法的研究与应用[D].南昌:南昌大学,2014.

[60] 杨浩.旋挖成孔灌注桩的设计、施工及应用研究[D].南昌:南昌大学,2018.

[61] 肖广智.铁路隧道施工新技术[M].北京:人民交通出版社,2016.

[62] 卢正宇,娄健,陈力华,等.广东博深高速公路隧道修建技术[M].北京:人民交通出版社,2012.

[63] 张丽,和秀岭,晏杉.隧道工程[M].北京:人民交通出版社,2015.

[64] 王道远.隧道施工技术[M].2版.北京:中国水利水电出版社,2020.

[65] 王勇,贾飞宇.公路隧道施工技术[M].北京:中国物资出版社,2011.

[66] 赵存明,卢立波.公路隧道施工安全技术管理[M].北京:人民交通出版社,2012.

[67] 陈寿根,张恒.长大隧道施工通风技术研究与实践[M].成都:西南交通大学出版社,2014.

[68] 李志厚,朱合华,丁文其.公路连拱隧道设计与施工关键技术[M].北京:人民交通出版社,2010.

[69] 陈小雄.隧道施工技术[M].北京:人民交通出版社,2011.

[70] 交通运输部工程质量监督局.公路隧道工程施工质量通病防治手册[M].北京:人民交通出版社,2014.

[71] 杨立新,洪开荣,刘招伟.现代隧道施工通风技术[M].北京:人民交通出版社,2012.

[72] 卢刚.隧道构造与施工[M].成都:西南交通大学出版社,2010.

[73] 范智杰.隧道施工与检测技术[M].北京:人民交通出版社,2006.

[74] 侯永生,李友好.隧道施工技术问答[M].北京:中国铁道出版社,2014.

[75] 韩剑.小康高速公路隧道进洞技术研究[D].西安:长安大学,2009.

[76] 王树英.隧道施工对邻近扩大基础桥梁结构的影响研究[D].长沙:中南大学,2007.

[77] 北京市首都公路发展集团有限公司.京承高速公路建设技术论文集[M].北京:人民交通出版社,2010.

[78] 江苏省建设教育协会.质量员专业基础知识(土建施工)[M].2版.北京:中国建筑工业出版社,2016.

[79] 中国水利水电第十一工程局有限公司.高速公路工程施工技术与实例[M].北京:中国铁道出版社,2017.

[80] 中铁建港航局集团岩土工程有限公司.珠三角软基处理试验工程报告集[M].北京:人民交通出版社,2012.

[81] 浙江省公路管理局,浙江省交通工程建设集团.浙江省高速公路施工标准化管理实施细则[M].北京:人民交通出版社,2013.